수능까지 이어지는 **독해의 기술**

독기

중학국어
비문학 독해
과학개념

메가스터디 **BOOKS**

집필

유현진(엠베스트 국어 강사)

김보라(보라국어학원)

나태영(국어전문필자)

문동열(이석호국어학원)

복현자(국어전문필자)

이석호(이석호국어학원)

이승직(아침가지국어학원)

검토

김경민(서문여중)

박영희(개원중)

발행일	2024년 11월 11일
펴낸곳	메가스터디(주)
펴낸이	손은진
개발 책임	배경윤
개발	김지안, 김인순
디자인	(주)에딩크, 이정숙, 윤준호
마케팅	엄재욱, 김세정
제작	이성재, 장병미
주소	서울시 서초구 효령로 304(서초동) 국제전자센터 24층
대표전화	1661.5431(내용 문의 02-6984-6897 / 구입 문의 02-6984-6868,9)
홈페이지	http://www.megastudybooks.com
출판사 신고 번호	제 2015-000159호
출간제안/원고투고	메가스터디북스 홈페이지 <투고 문의>에 등록

메가스터디BOOKS

'메가스터디북스'는 메가스터디㈜의 교육, 학습 전문 출판 브랜드입니다.

초중고 참고서는 물론, 어린이/청소년 교양서, 성인 학습서까지 다양한 도서를 출간하고 있습니다.

· **제품명** 독기 중학국어 비문학독해 과학개념
· **제조자명** 메가스터디㈜ · **제조년월** 판권에 별도 표기 · **제조국명** 대한민국 · **사용연령** 11세 이상
· **주소 및 전화번호** 서울시 서초구 효령로 304(서초동) 국제전자센터 24층 / 1661-5431

개념 톡 생각 열기
개념 쏙 지문 독해
개념 콕 핵심 정리
개념 꽉 집중 암기
수능을 대비한 독해 연습과
중등 과학 교과 개념 학습을
한 번에!

국어
9:00~9:50
(50분간)
비문학 과학 지문 너무 어렵지 않았어?
그래? 난 괜찮았는데?

난 과학 지문이 어려워서 읽는 데 시간이 오래 걸렸어. 답도 틀렸고.
그거 과학 교과서에서 배운 내용이었잖아~. 난 이해하기 어렵지 않았어.

엥? 비문학 과학 지문을 이해하는 데 과학 교과서가 도움이 됐다고?
몰랐구나? 비문학 과학 지문에는 과학 교과서의 핵심 개념이 담겨 있어. 그래서 과학 교과 개념을 다룬 글을 읽으면서 배경지식을 쌓으면 지문을 독해하는 데 도움이 돼.
02 열의 이동방식
#열 #온도 #열의 이동 #전도 #대류 #복사 #열평형 #온도
국어영역

와~ 그럼 과학 교과 개념을 학습하면 과학 지문 읽기가 수월해지겠네?
맞아. 그렇게 다양한 글을 읽다 보면 독해 실력도 오를 거야!
아하!!

고마워!
과학 교과 개념을 다룬 글을 읽으면서 독해력을 기르는 연습을 해 볼게.
YES
GOOD

▶ 왜 교과서로 독해를 공부해야 할까요?

"글을 읽었는데 무슨 내용인지 이해가 안 돼요."
"글을 읽고 이해하는 데 시간이 너무 오래 걸려요."

누구나 독해에 어려움을 겪습니다. 그렇다면 어떻게 해야 독해력을 높일 수 있을까요?

다양한 방법이 있지만, 그중 하나는 **지문을 이해하고 문제를 해결하는 데 필요한 올바른 배경지식을 습득**하는
것입니다. 왜냐하면 배경지식의 유무에 따라 글 읽기의 자신감, 난이도와 속도가 달라지기 때문입니다.
배경지식을 갖추고 있으면 글을 보다 쉽게 이해할 수 있고, 잘 모르는 내용이 제시되더라도 미루어 짐작하기가
가능해집니다.

그런데 이러한 배경지식을 쌓을 수 있는 가장 실용적인 도구가 무엇일까요?

바로 여러분이 학교에서 사용하는 교과서, 특히 사회와 과학 교과서입니다.
실제로 수능 국어의 출제 범위는 교과서이고, 수능에 출제되는 인문 · 사회, 과학 · 기술 지문의 제재들은
사회와 과학 교과서에 나오는 핵심 개념들과 직 · 간접적으로 연결되어 있습니다.
이렇게 **교과서의 주요 개념들을 학습하는 것은 가장 확실한 배경지식을 습득할 수 있는 방법이자,
독해를 잘할 수 있는 매우 실용적인 방법**입니다.

▶ ⟨독기 비문학 독해 - 과학개념⟩을 통해 무엇을 얻을 수 있나요?

⟨독기 비문학 독해 - 과학개념⟩은 어렵고 추상적인 과학 개념을 다양한 글에 녹여
보다 쉽고 자연스럽게 이해할 수 있도록 한 교재입니다.

과학 과목은 교과서에 들어 있는 개념들이 초등 고학년부터 수능까지 촘촘하게 연결되어 있습니다.
또 학년이 올라갈수록 그 수준이 점점 높아져 앞 단계의 내용을 잘 이해하지 못하면 다음 단계의 내용을 이해
하기 어렵습니다.

⟨독기 비문학 독해 - 과학개념⟩을 풀면서 중학교 과학 교과서에 등장하는 과학 개념을 짧은 글과 재미있는 그림
으로 쉽고 명쾌하게 정리할 수 있습니다.
교과 연계 독해를 통해 **과학 분야의 배경지식을 자연스럽게 쌓고 독해 능력을 효과적으로 키우기** 바랍니다.

수능을 대비한 **독해 연습**과 중등 과학 **교과 개념 학습**을 한 번에!

Step 2 교과 개념 쏙 지문 독해

Step 1 교과 개념 톡 생각 열기

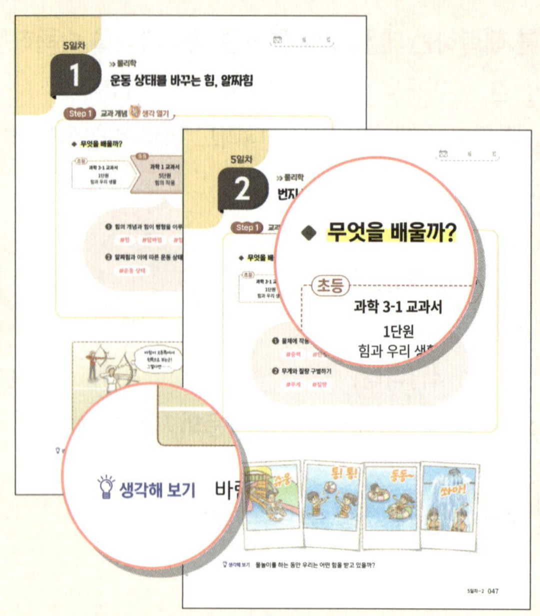

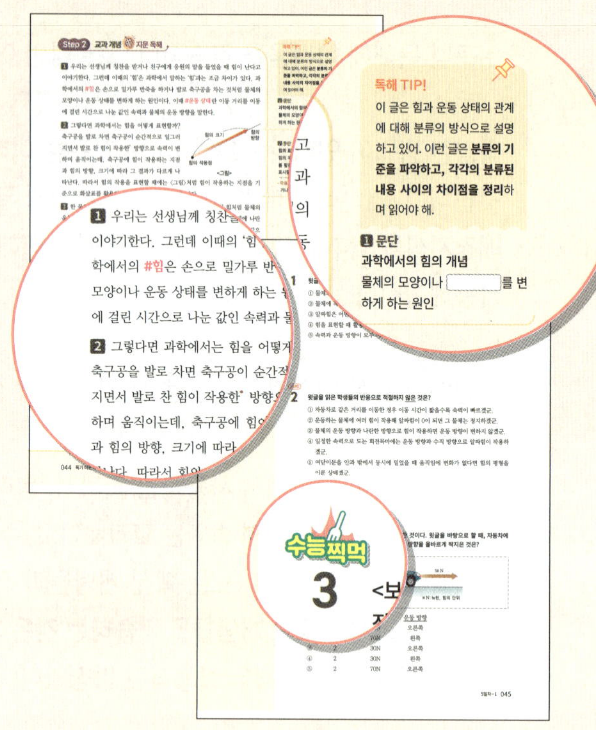

교과 개념과 관련된 배경지식 활성화하기

◆ **무엇을 배울까?** 교육 과정을 반영한 교과 연계표를 제시하여 학교급에 따라 달라지는 교과 개념의 흐름을 확인할 수 있도록 하였고, 독해 목표를 제시하여 학습할 내용을 미리 파악할 수 있도록 하였습니다.

💡 **생각해 보기** 교과 개념과 관련 있는 시각 자료를 제시하여 지문을 읽기 전에 배경지식을 떠올리고 학습할 내용에 대한 흥미와 호기심을 느낄 수 있도록 하였습니다.

교과 개념이 수록된 지문을 독해하고 문제 풀기

교과 연계 지문 중학교 과학 교과서에서 다루어지는 교과 필수 개념과 관련된 내용을 독해 지문으로 재구성하였습니다.

독해 TIP! 지문을 읽기 전에 글의 구조와 내용 이해에 도움이 되는 독해의 기본 원리를 제시하였습니다.

문단별 중심 내용 정리 각 문단의 중심 내용을 정리하고 확인할 수 있는 빈칸 문제를 제시하였습니다.

수능찍먹 실제 수능과 유사한 수능형 문제를 출제하여 독해 실력을 완성하고 수능형 사고를 기를 수 있도록 하였습니다.

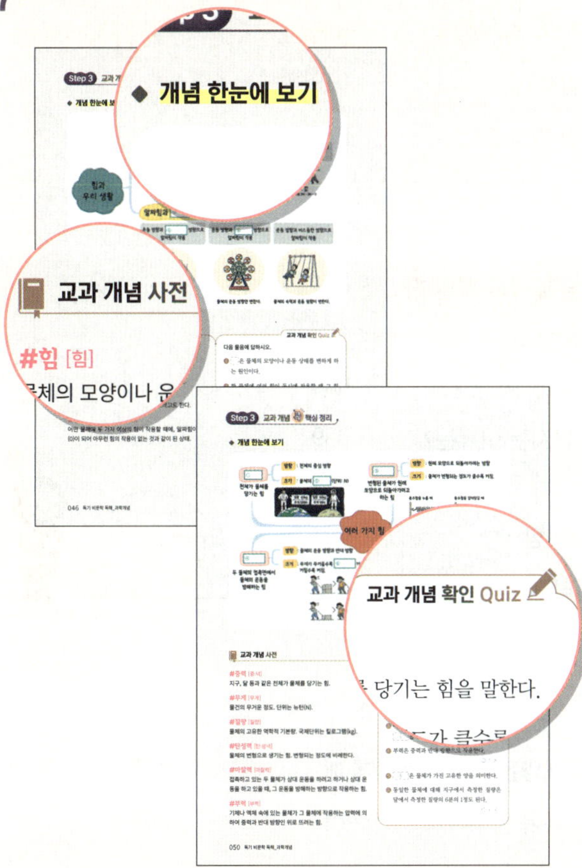

정답과 해설

지문 구조도로 지문 내용을 한눈에 살피고 정답과 해설 읽어 보기

지문 구조도 지문의 내용을 구조도로 보여 주어 지문의 구조와 내용을 명확하게 파악할 수 있도록 하였습니다.

정답과 해설 충실한 정답 해설과 오답 해설을 통해 혼자 공부하더라도 정답과 오답의 근거를 명확하게 이해할 수 있도록 하였습니다.

시각 자료로 배운 내용을 정리하고 사전과 퀴즈로 개념 다지기

◆ 개념 한눈에 보기 지문에 제시된 교과 개념을 그림과 표로 일목요연하게 제시하여 학습한 교과 개념을 보다 효과적으로 이해하고 잘 기억할 수 있도록 하였습니다.

📖 교과 개념 사전 교과 개념의 의미를 분명하게 파악할 수 있도록 용어의 뜻풀이를 수록하였습니다.

교과 개념 확인 Quiz ✏️ 지문에 제시된 교과 개념을 이해했는지, 학습한 내용을 확인할 수 있는 개념 확인 문제를 제시하였습니다.

➕ 부록

과학 개념 꽉 암기 노트 본문에서 학습한 과학 교과 필수 개념을 모두 모아 한 권으로 구성하여 과학 교과 개념을 손쉽게 찾아보며 효율적 반복 학습이 가능하도록 하였습니다.

이 책의 차례

1주

1일차 · 생명과학
1 우리 몸을 이루는 아주 작은 방, 세포 … 011
2 우리 주변에는 어떤 친구들이 살지? … 015

2일차 · 물리학
1 열은 어떤 방법으로 이동할까? … 019
2 열을 받으면 커지는 것들이 있다고? … 023

3일차 · 화학
1 물질의 세 가지 얼굴 … 027
2 에스키모는 왜 이글루 바닥에 물을 뿌릴까? … 031

4일차 · 화학
1 입자는 가만히 있지 않아 … 035
2 하늘 높이 올라간 풍선이 터지는 이유는? … 039

5일차 · 물리학
1 운동 상태를 바꾸는 힘, 알짜힘 … 043
2 번지 점프에 숨어 있는 여러 가지 힘 … 047

2주

6일차 · 지구과학
1 기운 센 태양은 지구를 힘들게 해 … 053
2 지구야, 네가 움직여서 그런 거야 … 057

7일차 · 화학
1 소금물이 100℃에도 끓지 않는 이유 … 061
2 바닷물도 식수가 될 수 있어요 … 065

8일차 · 지구과학
1 돌은 돌고 돌아 돌이 돼요 … 069
2 화산 활동이 자주 일어나는 곳이 있다고? … 073

9일차 · 물리학
1 물속에서는 왜 다리가 짧아 보일까? … 077
2 소리는 어떤 방식으로 전달될까? … 081

10일차 · 화학
1 물질은 무엇으로 이루어져 있을까? … 085
2 원자는 어떻게 이온이 되는 걸까? … 089

3주

11일차 생명과학
1 식물이 만드는 영양분 레시피　095
2 식물은 어떻게 숨을 쉬고 밥을 먹지?　099

12일차 생명과학
1 사람은 어떻게 에너지를 얻을까?　103
2 사람은 어떻게 숨을 쉬고 노폐물을 내보낼까?　107

13일차 물리학
1 찌릿찌릿, 정전기는 왜 생기는 걸까?　111
2 전류가 자석처럼 자기장을 만들어 낸다고?　115

14일차 지구과학
1 별까지의 거리를 어떻게 알 수 있을까?　119
2 밤하늘을 수놓은 천체의 무리, 은하　123

15일차 화학
1 나무를 태우면 질량이 줄어들까?　127
2 에너지가 열을 낸다고?　131

4주

16일차 지구과학
1 지구가 점점 뜨거워진다고?　137
2 공기가 움직이면 바람이 불어요　141

17일차 지구과학
1 바다마다 온도가 다른 이유　145
2 기후를 움직이는 바닷물의 큰 흐름　149

18일차 물리학
1 물체가 어떻게 운동을 할 수 있을까?　153
2 일을 하는데 어떻게 에너지가 생기지?　157

19일차 생명과학
1 눈·코·입의 서로 다른 역할　161
2 우리 몸은 자극에 어떻게 반응할까?　165

20일차 생명과학
1 내 몸은 어떻게 자라는 걸까?　169
2 넌 대체 누굴 닮은 거니?　173

과학 교육 과정) 교과 연계 학습표

일차/영역	단원명	초등	중등 지금 여기!	고등
1일차 생명과학	우리 몸을 이루는 아주 작은 방, 세포	과학 4-1 다양한 생물과 우리 생활	과학 1 생물의 구성과 다양성	통합과학 1 시스템과 상호작용
	우리 주변에는 어떤 친구들이 살지?			
2일차 물리학	열은 어떤 방법으로 이동할까?	과학 5-2 열과 우리 생활	과학 1 열	역학과 에너지 열과 에너지
	열을 받으면 커지는 것들이 있다고?			
3일차 화학	물질의 세 가지 얼굴	과학 4-1 물의 상태 변화	과학 1 물질의 상태 변화	물질과 에너지 물질의 세 가지 상태
	에스키모는 왜 이글루 바닥에 물을 뿌릴까?			
4일차 화학	입자는 가만히 있지 않아	과학 4-1 물의 상태 변화	과학 1 물질의 상태 변화	물질과 에너지 물질의 세 가지 상태
	하늘 높이 올라간 풍선이 터지는 이유는?	과학 4-2 여러 가지 기체	과학 1 기체의 성질	
5일차 물리학	운동 상태를 바꾸는 힘, 알짜힘	과학 3-1 힘과 우리 생활	과학 1 힘의 작용	통합과학 1 시스템과 상호작용
	번지 점프에 숨어 있는 여러 가지 힘			
6일차 지구과학	기운 센 태양은 지구를 힘들게 해	과학 4-2 밤하늘 관찰	과학 1 태양계	지구과학 태양계 천체와 별과 우주의 진화
	지구야, 네가 움직여서 그런 거야	과학 6-1 지구의 운동		
7일차 화학	소금물이 100℃에도 끓지 않는 이유	과학 3-2 물체와 물질	과학 2 물질의 특성	
	바닷물도 식수가 될 수 있어요			
8일차 지구과학	돌은 돌고 돌아 돌이 돼요	과학 4-1 땅의 변화	과학 2 지권의 변화	통합과학 1 물질과 규칙성
	화산 활동이 자주 일어나는 곳이 있다고?			
9일차 물리학	물속에서는 왜 다리가 짧아 보일까?	과학 5-1 빛의 성질	과학 2 빛과 파동	물리학 빛과 물질
	소리는 어떤 방식으로 전달될까?	과학 3-2 소리의 성질		
10일차 화학	물질은 무엇으로 이루어져 있을까?	과학 5-1 용해와 용액	과학 2 물질의 구성	통합과학 1 물질과 규칙성
	원자는 어떻게 이온이 되는 걸까?			

· 본 교재에서 배우는 중등 과학 필수 개념과 관련한 **과학 교육 과정의 흐름을 한눈에 확인할 수 있는 연계 학습표**입니다.

· 학생들은 현재 자신이 배우는 단원의 위치를 확인함으로써 이미 배운 내용을 복습하고 앞으로 배울 내용을
  예상해 볼 수 있습니다.

일차/영역	단원명	초등	중등	고등
11일차 생명과학	식물이 만드는 영양분 레시피	과학 6-1 식물의 구조와 기능	과학 2 식물과 에너지	세포와 물질대사 세포 호흡과 광합성
	식물은 어떻게 숨을 쉬고 밥을 먹지?			
12일차 생명과학	사람은 어떻게 에너지를 얻을까?	과학 5-1 우리 몸의 구조와 기능	과학 2 동물과 에너지	생명과학 생명 시스템의 구성
	사람은 어떻게 숨을 쉬고 노폐물을 내보낼까?			
13일차 물리학	찌릿찌릿, 정전기는 왜 생기는 걸까?	과학 6-2 전기의 이용	과학 2 전기와 자기	물리학 전기와 자기
	전류가 자석처럼 자기장을 만들어 낸다고?	과학 4-1 자석의 이용		
14일차 지구과학	별까지의 거리를 어떻게 알 수 있을까?	과학 4-2 밤하늘 관찰	과학 2 별과 우주	지구과학 태양계 천체와 별과 우주의 진화
	밤하늘을 수놓은 천체의 무리, 은하			
15일차 화학	나무를 태우면 질량이 줄어들까?	과학 6-2 물질의 연소	과학 3 화학 반응의 규칙성	통합과학 2 변화와 다양성
	에너지가 열을 낸다고?			
16일차 지구과학	지구가 점점 뜨거워진다고?	과학 4-2 기후 변화와 우리 생활	과학 3 날씨와 기후 변화	통합과학 2 환경과 에너지
	공기가 움직이면 바람이 불어요			지구과학 대기와 해양의 상호 작용
17일차 지구과학	바다마다 온도가 다른 이유	과학 3-2 지구와 바다	과학 3 수권과 해수의 순환	통합과학 2 환경과 에너지
	기후를 움직이는 바닷물의 큰 흐름			
18일차 물리학	물체가 어떻게 운동을 할 수 있을까?	과학 6-1 물체의 운동	과학 3 운동과 에너지	물리학 힘과 에너지
	일을 하는데 어떻게 에너지가 생기지?			
19일차 생명과학	눈·코·입의 서로 다른 역할	과학 5-1 우리 몸의 구조와 기능	과학 3 자극과 반응	생명과학 항상성과 몸의 조절
	우리 몸은 자극에 어떻게 반응할까?			
20일차 생명과학	내 몸은 어떻게 자라는 걸까?	과학 3-1 생물의 한살이	과학 3 생식과 유전	생명과학 생명의 연속성과 다양성
	닌 대체 누굴 닮은 거니?			

시작~!

1

>> 생명과학

우리 몸을 이루는 아주 작은 방, 세포

Step 1 교과 개념 **톡** 생각 열기

◆ **무엇을 배울까?**

초등	중등	고등	수능기출
과학 4-1 교과서 4단원 다양한 생물과 우리 생활	과학 1 교과서 2단원 생물의 구성과 다양성	통합과학 1 교과서 3단원 시스템과 상호작용	2020학년도 6월 평가원 [37-42] 개체성의 조건

❶ 세포의 구조와 기능을 이해하기

#세포

❷ 생물의 구성 단계를 파악하기

#단세포 생물 #다세포 생물 #조직 #기관 #기관계

💡 **생각해 보기** 나무의 줄기와 사람의 몸은 각각 무엇으로 이루어져 있을까?

1 우리 몸을 이루고 있는 #세포의 개수는 얼마나 될까? 최근 연구에 따르면 우리 몸은 60~100조 개의 세포로 이루어져 있다고 한다. 크기가 가장 작은 세포인 적혈구˙에서부터 가장 큰 세포인 난자˙에 이르기까지 다양한 세포들이 모여 우리 몸을 이루고 있다. 그런데 우리 몸이 이렇게 수없이 많은 세포들로 이루어졌다는 것은 어떻게 알게 되었을까?

2 세포의 발견은 현미경의 발명과 밀접한˙ 관련이 있다. 대부분의 세포들은 매우 작아 맨눈으로 볼 수 없기 때문이다. 1660년경 네덜란드의 레벤후크는 현미경을 만들었는데, 이를 이용해 연못의 물이나 빗물을 관찰하여 그 속에서 꿈틀거리는 미생물들을 발견했다. 비슷한 시기에 영국의 로버트 훅도 현미경을 개발했다. 그는 현미경으로 코르크를 관찰하여 코르크 조각이 작은 방처럼 생긴 공간이 규칙적으로 배열된˙ 구조를 이루고 있음을 알게 되었고, 작은 방 하나하나를 '세포'라고 이름붙였다. 두 사람의 연구 결과는 당대 과학자 모임이었던 영국 왕립 학회에 발표되었고, 이후 각기 미생물학과 세포 이론이 성립되고˙ 발전하는 데 영향을 주었다.

3 1800년대 후반 현미경의 성능˙이 향상되어˙ 이전보다 더 작은 것들을 관찰할 수 있었다. 그 결과 세포 하나의 구조가 어떠한지를 알 수 있게 되었고, ㉠동물의 세포와 ㉡식물의 세포에는 공통점과 차이점이 있다는 것이

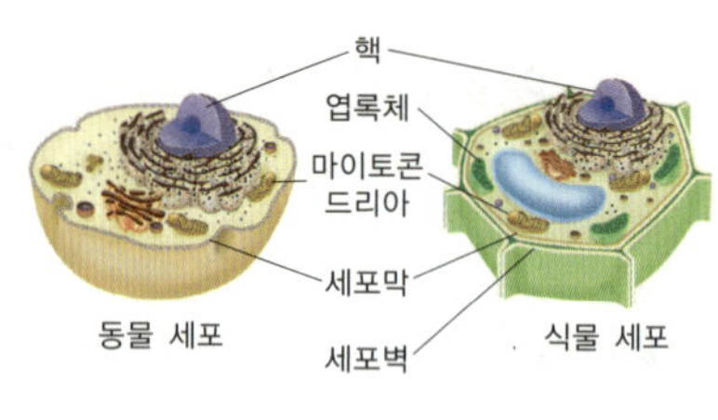

<그림>

밝혀졌다. 〈그림〉처럼 동물 세포는 생명 활동을 조절하는˙ 핵, 세포를 둘러싼 세포막, 세포 내부를 채우는 부분인 세포질로 구성되어 있으며, 세포질에는 생명 활동에 필요한 에너지를 만드는 마이토콘드리아가 있다. 식물 세포 역시 핵과 세포막, 세포질, 마이토콘드리아가 있다. 그러나 동물 세포와 달리 식물 세포에는 세포질 안에 광합성˙을 하여 양분을 만드는 엽록체가 있고, 세포막 바깥쪽에서 세포를 보호하는 두꺼운 벽인 세포벽도 있다. 이렇게 구성된 동식물의 세포에서는 생물이 살아가는 데 필요한 모든 활동이 일어난다.

4 한편 세균이나 짚신벌레 등 하나의 세포로 이루어진 #단세포 생물과 달리, #다세포 생물인 동물은 많은 세포들로 이루어져 있는데, 이 세포들은 단계적으로 모여 개체를 이룬다. 즉 모양과 기능이 비슷한 세포끼리 모여 #조직을 이루고, 여러 조직이 모여 고유한˙ 형태와 특정 기능을 지닌 #기관을 이루며, 이들 중 연관된 기능을 하는 기관들이 모여 하나의 #기관계를 이룬다. 예컨대 근육 세포와 신경 세포는 각각 근육 조직과 신경 조직을 이루고, 이 조직들은 심장이라는 기관을 이룬다. 그리고 심장은 다른 기관들과 함께 온몸에 혈액을 공급하는˙ 순환계를 이룬다. 여기서 순환계는 기관계 중 하나로 다른 여러 기관계들과 함께 몸, 즉 개체를 이룬다.

---

1 문단
우리 몸과 세포의 관계
우리 몸은 수많은 ☐로 이루어짐.

- **적혈구** 혈액 속에 들어 있는 붉은색의 원반 모양의 세포.
- **난자** 암컷의 생식 세포.

2 문단
세포의 발견
레벤후크와 로버트 훅이 ☐을 발명하여 각각 미생물과 세포를 발견함.

- **밀접하다** 아주 가깝게 맞닿아 있다. 또는 그런 관계에 있다.
- **배열되다** 일정한 차례나 간격에 따라 벌여져 놓이다.
- **성립되다** 일이나 관계 따위가 제대로 이루어지다.

3 문단
세포의 구조와 기능
- 세포의 구조: 동물 세포와 식물 세포는 모두 ☐, 세포막, 세포질로 구성되고 세포질 안에 마이토콘드리아가 있으나, 동물 세포와 달리 식물 세포에는 ☐와 ☐이 있음.
- 세포의 기능: 생물이 살아가는 데 필요한 모든 활동이 일어남.

- **성능** 기계 따위가 지닌 성질이나 기능.
- **향상되다** 실력, 수준, 기술 따위가 나아지다.
- **조절하다** 균형이 맞게 바로잡다. 또는 적당하게 맞추어 나가다.
- **광합성** 식물이 빛에너지를 이용하여 양분을 만드는 과정.

4 문단
동물의 구성 단계
세포 → ☐ → 기관 → ☐ → 개체

- **고유하다** 본래부터 가지고 있어 특별하다.
- **공급하다** 요구나 필요에 따라 물품 따위를 제공하다.

1 윗글을 이해한 내용으로 적절한 것은?

① 우리 몸의 세포 중 적혈구는 난자보다 10배 이상 크다.

② 우리 몸을 이루는 세포의 수는 적어도 100조 개 이상이다.

③ 레벤후크의 연구는 미생물학이 성립되고 발전하는 데 영향을 주었다.

④ 1800년대 이전에도 현미경을 통해 세포 내부의 구조를 확인할 수 있었다.

⑤ 로버트 훅은 작은 방들이 규칙적으로 배열된 구조를 세포라고 이름붙였다.

[고난도]

2 ㉠과 ㉡에 대한 설명으로 적절하지 <u>않은</u> 것은?

① ㉠과 ㉡에는 모두 생명 활동을 조절하는 핵이 있다.

② ㉠과 ㉡은 모두 세포 내부가 세포질로 채워져 있다.

③ ㉠과 ㉡에는 모두 에너지를 만드는 마이토콘드리아가 있다.

④ ㉠에는 엽록체가 없지만, ㉡에는 세포의 핵 안에 엽록체가 있다.

⑤ ㉠에는 세포막만 있지만, ㉡에는 세포막 바깥쪽에 세포벽이 있다.

3 윗글을 읽은 학생이 <보기 1>을 읽고, <보기 2>와 같이 동물과 식물의 구성 단계를 정리하였다. ⓐ~ⓓ에 들어갈 말로 적절한 것끼리 묶은 것은?

┌─ 보기 1 ─

　동물과 식물은 모두 세포, 조직, 기관, 개체의 공통된 단계를 거쳐 구성되어 있지만, 동물은 기관계, 식물은 조직계의 서로 다른 구성 단계를 가진다. 식물은 몇 개의 조직이 모여 특정한 기능을 하는 조직계를 구성한다. 그리고 이러한 조직계가 모여 뿌리, 줄기, 잎 등의 기관을 이룬다.

┌─ 보기 2 ─

• 동물의 개체 구성

세포 ⇨ ⓐ ⇨ ⓑ ⇨ 기관계 ⇨ 개체

• 식물의 개체 구성

세포 ⇨ 조직 ⇨ ⓒ ⇨ ⓓ ⇨ 개체

	ⓐ	ⓑ	ⓒ	ⓓ
①	조직	기관	조직계	기관
②	조직	기관	기관	조직계
③	기관	조직	기관	조직계
④	기관	조직	조직계	기관계
⑤	기관	조직	조직계	기관

◆ 개념 한눈에 보기

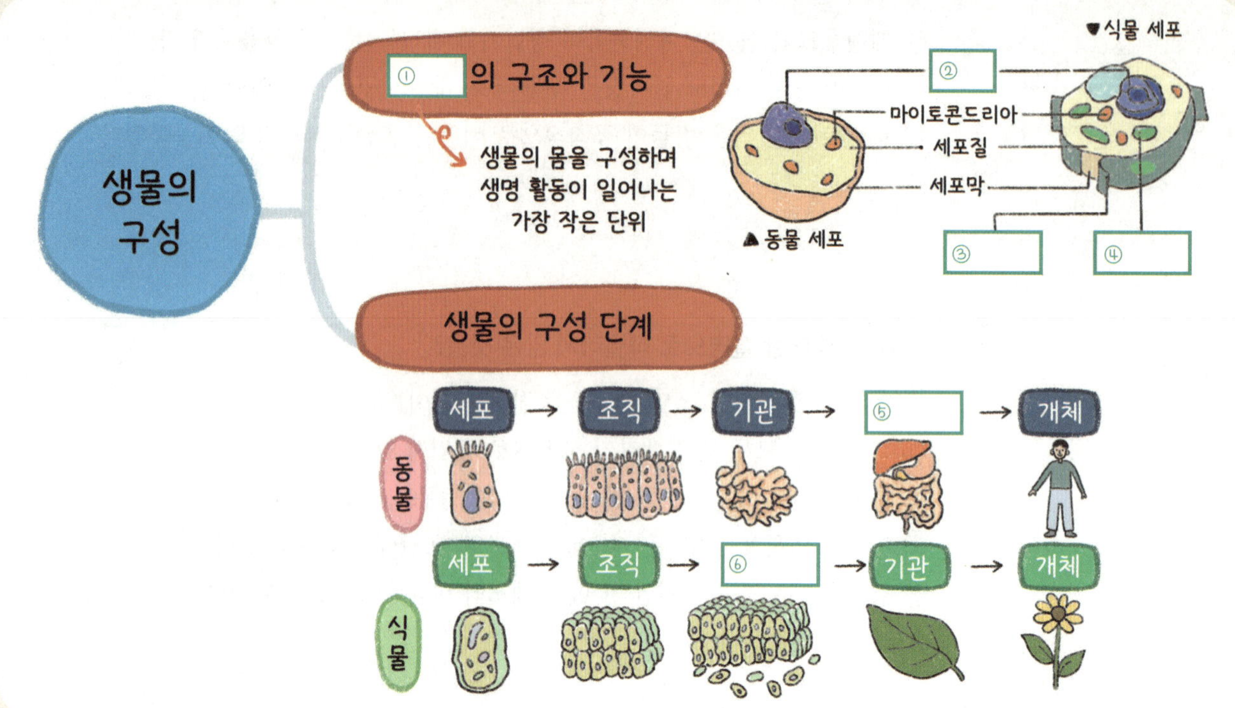

📔 교과 개념 사전

#세포 [세:포]
생물체를 이루는 기본 단위.

#단세포 생물 [단세포] [생물]
하나의 개체가 한 개의 세포로 이루어진 생물. 가장 단순한 생물.

#다세포 생물 [다세포] [생물]
하나의 개체가, (분화된) 많은 세포로 이루어진 생물.

#조직 [조직]
동일한 기능과 구조를 가진 세포의 집단. 동물에서는 상피 조직, 결합 조직, 근육 조직, 신경 조직 따위가 있으며 식물에서는 분열 조직, 영구 조직 따위가 있다.

#기관 [기관]
일정한 모양과 기능을 가지고 있는 생물체의 부분. 심장, 위, 간, 폐 등이 기관에 해당한다.

#기관계 [기관계/기관게]
기능적으로 서로 관련성을 가지고 협동하여 작용하는 기관들의 모임. 소화계, 순환계, 호흡계, 배설계 등이 있다.

교과 개념 확인 Quiz

다음 물음에 답하시오.

❶ 세포는 생물체를 이루는 기본 단위이다.

〇 ¦ ✕

❷ 생물 중에는 한 개의 세포로만 이루어진 ▢ ▢▢ 생물도 있고, 많은 세포로 이루어진 ▢▢▢ 생물도 있다.

❸ 조직은 같은 구조를 가지고 같은 기능을 하는 세포의 집단이다.

〇 ¦ ✕

❹ 핵과 세포벽은 동물 세포와 식물 세포에 모두 들어 있다.

〇 ¦ ✕

❺ ▢▢▢▢는 기관들의 모임으로, 생명 활동에 필요한 특정 역할을 담당한다.

1일차

2 ≫생명과학
우리 주변에는 어떤 친구들이 살지?

◆ 무엇을 배울까?

초등	중등	고등	수능기출
과학 4-1 교과서 4단원 다양한 생물과 우리 생활	과학 1 교과서 2단원 생물의 구성과 다양성	통합과학 1 교과서 3단원 시스템과 상호작용	2005학년도 6월 평가원 [57-60] 생물 다양성의 개념과 가치

❶ **변이**의 관점에서 환경과 **생물 다양성**의 관계 이해하기

　#생물 다양성　　#변이

❷ **생물 분류**를 하는 목적과 방법을 이해하기

　#생물 분류　　#계　　#종

💡 **생각해 보기**　집 주변의 공원에는 얼마나 다양한 동물과 식물이 있을까?

1 매년 6월 5일은 세계 환경의 날로, 국제기구인 유엔환경계획(UNEP)에서는 이 날을 맞아 그 해의 주제를 발표하는데, 2024년의 주제는 '복원'이다. 이것을 주제로 선정한 것은 숲, 바다, 초원 등 각종 생태계가 파괴되어 그곳에서 서식하는 생물들이 사라지면서 나타나는 여러 문제가 우리 삶에 부정적인 영향을 미치고 있기 때문이다. 파괴된 생태계를 복원하는 것은 **#생물 다양성**을 지키는 것과 밀접한 관련을 맺고 있는데, ㉠생물 다양성이란 한 지역에 살고 있는 생물의 다양한 정도를 말한다. 생물 다양성이 높은 생태계일수록 생태계가 안정적으로 유지된다.

2 그런데 같은 얼룩말도 무늬가 조금씩 다르고, 장미도 저마다 색깔과 크기가 조금씩 다르다. 이처럼 같은 종류의 생물 사이에서 나타나는 생김새나 특성의 차이를 **#변이**라고 하는데, 이러한 변이도 생물 다양성과 관련이 있다. 예를 들어, 색깔이 조금씩 다른, 한 종류의 곤충이 있다고 하자. 풀이 많은 곳과 나무가 많은 곳에서는 각 환경과 비슷한 색을 지닌 곤충이 천적의 눈을 피해 살아남게 된다. 이렇게 살아남은 곤충은 자손을 남기고, 그 자손들은 풀이 많은 곳에서는 풀색에 더 가깝게, 나무가 많은 곳에서는 나무색에 더 가깝게 된다. 이렇게 오랜 시간 반복되면 둘은 차이가 커져 다른 무리로 나뉘는데, 그 결과 생물 다양성이 높아지게 된다.

3 그렇다면 다양한 생물들의 종류는 어떻게 나눌 수 있을까? 여러 가지 특징을 기준으로 생물을 무리 지어 나누는 것을 **#생물 분류**라고 한다. 생물 분류의 가장 큰 단위는 **#계**로, 핵막이나 세포벽의 유무, 세포의 수, 광합성 여부, 운동성의 유무에 따라 식물계, 동물계, 균계, 원생 생물계, 원핵 생물계로 분류한다. 이 중 식물계와 동물계에 속한 생물은 모두 핵막이 있는 다세포 생물이지만, 식물계가 광합성을 하고 운동성이 없는 데 반해, 동물계는 광합성을 못 하고 운동성이 있다. 이렇게 같은 계에 속하는 생물 무리 중에서 공통된 특징을 갖는 생물을 묶어 '문'으로 분류한다. 그리고 같은 방법으로 범위를 좁혀 가며 '강, 목, 과, 속, 종'으로 분류한다. **#종**은 생물 분류에 가장 기본이 되는 단위로, 일반적으로 자연 상태에서 생식 능력이 있는 자손을 낳을 수 있으면 같은 종, 그렇지 않으면 다른 종으로 분류한다. 가령 당나귀와 말은 둘 사이에서 생식 능력이 없는 노새가 태어나므로 종이 다르다.

4 그렇다면 이렇게 생물의 종류를 나누는 목적은 무엇일까? 그것은 생물 사이의 가깝고 먼 관계를 파악하기 위해서이다. 분류된 생물들이 지닌 특징을 비교해 보면 생물 사이의 가깝고 먼 관계를 알 수 있는데, 일반적으로 공통점이 많을수록 가까운 관계에 있다고 본다. 예를 들어, 고래는 당나귀처럼 폐로 호흡을 하고 새끼를 낳아 젖을 먹이는 포유류로, 아가미로 호흡하고 알을 낳거나 알을 부화시켜 낳는 상어보다 당나귀와 더 가까운 관계이다.

1 문단
생물 다양성의 개념
한 ⬜에 살고 있는 생물의 다양한 정도. 생물의 다양성이 높을수록 ⬜가 안정적으로 유지됨.

• **복원** 원래대로 회복함.

2 문단
⬜와 생물 다양성의 관계
같은 종류의 생물 사이에서 나타나는 생김새나 특성의 차이인 ⬜는 생물 다양성에 영향을 줌.

• **천적** 특정 생물을 죽이거나 먹이로 삼는 생물.
• **무리** 사람이나 짐승, 사물 따위가 모여서 뭉친 한 동아리.

3 문단
생물을 ⬜하는 방법
일정한 기준에 따라 무리를 나눔. '⬜ → 문 → 강 → 목 → 과 → 속 → ⬜'의 단계로 갈수록 범위가 좁아짐.

• **생식** 생물이 자기와 닮은 개체를 만들어 종족을 유지함.
• **노새** 말과의 포유류. 암말과 수나귀 사이에서 난 잡종으로 크기는 말보다 약간 작으며, 머리 모양과 귀·꼬리·울음소리는 나귀를 닮았다.

4 문단
생물을 분류하는 ⬜
생물 사이의 가깝고 먼 ⬜를 파악하기 위해서임.

• **포유류** 새끼에게 젖을 먹여 기르는 척추 동물. 젖샘이 있고 털이 있어 체온을 유지하는 정온 동물이다.

핵심 내용 파악하기

1 윗글에서 알 수 있는 내용이 <u>아닌</u> 것은?

① 생물 분류의 단계
② 생물을 분류하는 목적
③ 생물 분류의 기본 단위
④ 생물 다양성과 변이의 뜻
⑤ 생태계가 다양하게 나타나는 이유

세부 내용 파악하기

2 윗글의 내용과 일치하지 <u>않는</u> 것은?

① 자손의 생식 능력은 '종'을 분류하는 기준이 된다.
② 환경에 적합한 특성을 가진 생물이 생존에 유리하다.
③ '종'에서 '계'로 갈수록 분류된 생물의 범위가 넓어진다.
④ 세포 수와 핵막의 유무로 동물계와 식물계를 구분할 수 있다.
⑤ 생물 분류 체계를 통해 생물 간의 멀고 가까운 관계를 알 수 있다.

세부 내용 추론하기

고난도

3 ㉠에 대한 설명으로 적절한 것을 <보기>에서 모두 골라 바르게 묶은 것은?

> **• 보기 •**
> ⓐ 생태계가 다양할수록 지구 전체의 생물 다양성을 높일 수 있다.
> ⓑ 생물 다양성을 결정하는 데는 생물의 종류보다 생물의 수가 더 중요하다.
> ⓒ 한 지역에 사는 생물 종류의 다양한 정도에 따라 생물 다양성이 달라진다.
> ⓓ 같은 종류의 생물에서 생김새나 특성이 달라도 생물 다양성에 영향을 준다.

① ⓐ, ⓑ
② ⓐ, ⓓ
③ ⓐ, ⓑ, ⓒ
④ ⓐ, ⓒ, ⓓ
⑤ ⓑ, ⓒ, ⓓ

사례에 적용하기

4 윗글을 바탕으로 <보기>의 내용을 이해한 것으로 적절하지 <u>않은</u> 것은?

> **• 보기 •**
> A 섬에는 부리 모양과 크기가 조금씩 다른 한 종류의 새들이 있었다. 이 중 일부가 딱딱한 씨앗이 있는 B 섬으로, 또 다른 일부가 선인장이 많은 C 섬으로 날아갔다. 이후 B 섬에서는 짧고 단단한 부리를 지닌 새들이, C 섬에서는 선인장 가시보다 긴 부리를 지닌 새들이 살아남아 자손을 남겼다. 점점 그러한 특성이 더 강한 부리를 지닌 새들만 살아남았고, B 섬과 C 섬의 새들은 다른 섬의 새들과 교류하지 않은 채 오랜 시간이 흐르며 다른 종으로 바뀌었다.

① B 섬으로 날아간 새들 중 긴 부리를 지닌 새는 살아남기 어려웠겠군.
② 현재 C 섬의 새들은 생물 분류상 A 섬의 새들과 '종'이 다를 수 있겠군.
③ B 섬과 C 섬의 새들은 먹이로 인해 부리 자체의 모양이 변형돼 버렸겠군.
④ B 섬과 C 섬의 새들이 지닌 부리의 특성은 그들의 자손에게 전달되었겠군.
⑤ B 섬과 C 섬의 새들이 오랜 시간이 교류하지 않으면서 특징의 차이가 커졌겠군.

◆ 개념 한눈에 보기

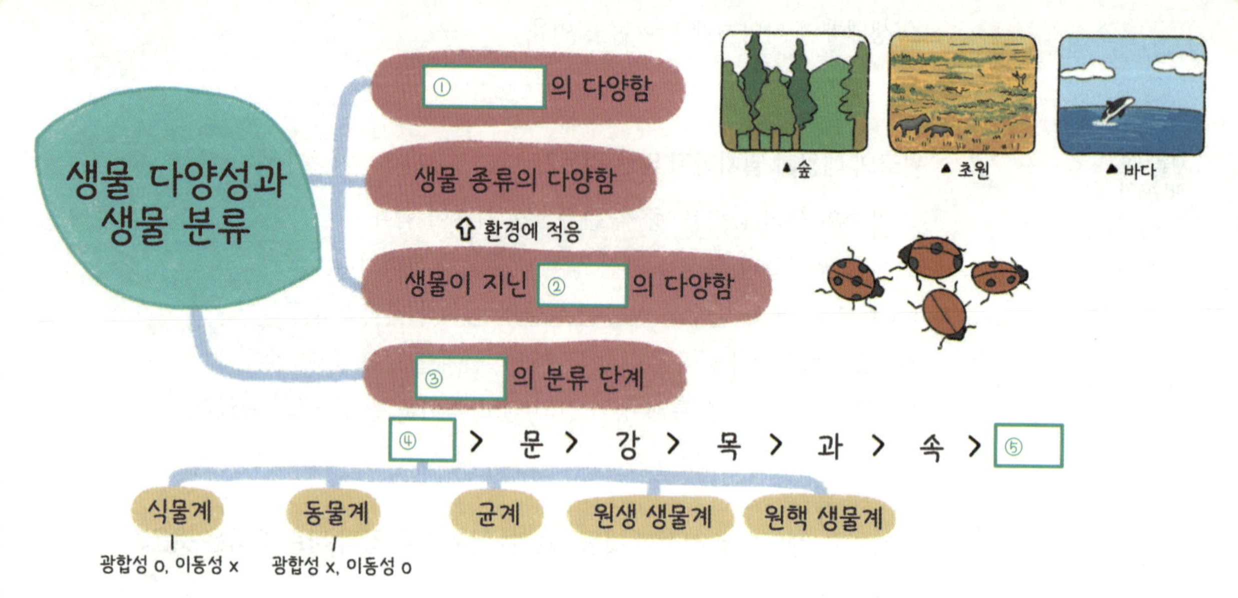

📕 교과 개념 사전

#생물 다양성 [생물] [다양썽]

한 지역에 살고 있는 생물의 다양한 정도. 종의 다양성, 유전자의 다양성, 생태계의 다양성을 통틀어 이르는 말이다.

#변이 [벼:니]

같은 종에서 성별, 나이와 관계없이 모양과 성질이 다른 개체가 존재하는 현상. 외부 요인의 작용에 의한 환경 변이, 유전자의 변화에 의한 돌연변이가 있다.

#생물 분류 [생물] [불류]

생물을 형태나 구조 등 여러 가지 특징을 기준으로 무리 지어 나누는 일. 종을 기본 단위로 하여, 속, 과, 목, 강, 문, 계의 차례로 비슷한 것을 모아 정리한다.

#계 [계:/게:]

생물을 분류하는 가장 큰 단위. 동물계, 식물계 등이 있다.

#종 [종]

생물 분류의 기본 단위.

교과 개념 확인 Quiz ✎

다음 물음에 답하시오.

❶ 같은 종류의 생물들 사이에서 생김새나 모양이 조금씩 다른 것을 생물 다양성이라고 한다.
　　　　　　　　　○ ｜ X

❷ 생물 다양성은 생물의 종류와 □□□가 다양할수록 높다.

❸ 환경과 비슷한 색이나 모양을 가진 생물이 생존에 더 유리하다.
　　　　　　　　　○ ｜ X

❹ 생물 분류의 가장 기본 단위는 계이고, 가장 큰 단위는 종이다.
　　　　　　　　　○ ｜ X

❺ 생물을 분류하는 목적은 생물 사이의 가깝고 먼 관계를 파악하기 위해서이다.
　　　　　　　　　○ ｜ X

❻ 일반적으로 생물 사이의 □□□이 많을수록 가까운 관계에 있다고 본다.

2일차

1 » 물리학
열은 어떤 방법으로 이동할까?

◆ **무엇을 배울까?**

초등	중등	고등	수능기출
과학 5-2 교과서 3단원 열과 우리 생활	과학 1 교과서 3단원 열	역학과 에너지 교과서 2단원 열과 에너지	2010년 3월 고3 교육청 [47-50] 열전 현상과 열전 반도체

❶ **열의 이동 방식 이해하기**

  #전도   #복사   #대류   #단열

❷ **열평형의 개념과 과정 이해하기**

  #열평형

💡 **생각해 보기**   뜨거운 물에 탄 코코아가 찬물에 탄 코코아보다 더 잘 녹는 까닭은 무엇일까?

1 우리 눈에 보이지는 않지만 모든 물체는 스스로 끊임없이 운동하는 작은 입자˙로 구성되어 있다. 이러한 입자들의 움직임은 물체의 온도에 영향을 받는다. 온도는 물체의 따뜻함이나 차가움의 정도를 수치˙로 나타낸 값으로, 물체를 구성하는 입자의 운동이 활발할수록 물체의 온도가 높고, 입자의 운동이 둔할수록 물체의 온도가 낮다. 그렇다면 물체의 온도는 무엇 때문에 달라지는 것일까? 바로 '열'이다. 열을 얻으면 물체의 온도는 올라가고, 열을 잃으면 물체의 온도는 다시 내려간다.

2 열은 전도, 복사, 대류의 방법으로 이동한다. #전도는 주로 고체에서 물질을 이루고 있는 입자들이 서로 충돌하면서˙ 열이 이동하는 현상이다. ㉠겨울에 전기장판을 사용하면 우리 몸이 데워지는 것을 느낄 수 있는데, 이는 따뜻한 전기장판의 입자들이 활발하게 움직여 사람의 피부 입자와 충돌하면서 열을 전달하기 때문이다. #복사는 열이 다른 물질을 거치지 않고 직접 이동하는 현상이다. 난로 가까이에서 손을 쬐거나 태양 아래 서 있으면 따뜻함을 느끼는 것은 열이 다른 물질을 거치지 않고 직접 이동했기 때문이다. #대류는 액체나 기체에서 물질을 이루는 입자들이 직접 이동하며 열을 전달하는 방법이다. 주전자에 찬물을 넣고 가열하면˙ 열을 얻어 뜨거워진 아래쪽 물이 위로 올라가고 상대적으로 차가운 위쪽 물이 아래로 내려와 물 전체가 고르게 데워지는 것을 확인할 수 있는데, 이는 대류를 통해 열의 전달이 일어났기 때문이다. 대류가 이루어질 때는 온도가 높은 액체나 기체는 위로 올라가고 온도가 낮은 액체나 기체는 아래로 내려오는 특징이 있으므로 냉난방 기구는 이런 열의 이동 방향을 고려하여 설치하는 것이 좋다. 열이 이동할 때는 전도, 복사, 대류 중 두세 가지 방법이 함께 이루어지기도 한다. 벽난로를 켰을 때 방 안 전체가 점차 훈훈해지는 것은 열이 복사에 의해 먼저 이동하고, 이 열이 공기를 데우며 대류가 일어나 주위로 퍼져 나갔기 때문이다.

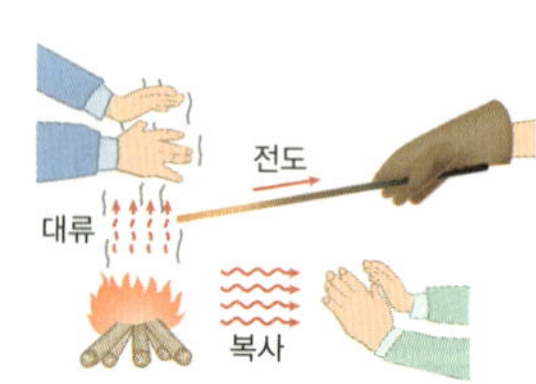

<열의 이동 방법>

3 만약 온도가 서로 다른 두 물체가 접촉하면 어떤 일이 일어날까? 온도가 서로 다른 물체를 접촉시키면 온도가 높은 물체의 열이 온도가 낮은 물체로 이동하여 결국 두 물체의 온도가 같아지는 #열평형에 도달한다. 갓 삶은 뜨거운 달걀을 찬물에 담가 두고 시간이 지나면 달걀과 물이 모두 미지근해지는 것이 그 예이다.

4 이와 달리 #단열은 전도, 대류, 복사에 의한 열의 이동을 막아 물체의 온도 변화를 줄이는 방법이다. 솜이나 스타이로폼, 알루미늄 등은 우리 생활에 다양하게 이용되는 단열재˙이다. 공기 중에서는 열의 전도가 매우 느리게 일어나기 때문에 솜이나 스타이로폼과 같이 내부에 공기를 많이 포함한 물질은 전도에 의한 열의 이동을 막는다. 또한 은이나 알루미늄은 복사로 전달되는 열을 반사하기 때문에 복사에 의한 열의 이동을 막는 데 효과적이다.

---

1 문단
온도와 입자의 운동 관계
물체를 구성하는 입자의 운동이 활발할수록 온도가 ☐, 둔할수록 온도가 ☐.

· **입자** 물질을 구성하는 미세한 크기의 물체.
· **수치** 계산하여 얻은 값.

2 문단
여러 가지 열의 이동 방법
· 전도: 물질을 구성하는 입자들이 서로 ☐하며 열이 이동하는 현상
· ☐: 열이 다른 물질을 거치지 않고 직접 이동하는 현상
· ☐: 물질을 이루는 입자들이 직접 이동하며 열을 전달하는 현상

· **충돌하다** 서로 맞부딪치거나 맞서다.
· **가열하다** 어떤 물질에 열을 가하다.

3 문단
열의 이동과 열평형
온도가 다른 두 물체가 접촉하면 열이 온도가 높은 물체에서 낮은 물체로 이동하며 두 물체의 온도가 같아지는 ☐에 도달함.

4 문단
열의 이동을 막는 단열
솜이나 스타이로폼, 알루미늄 등의 단열재를 활용하여 열의 이동을 막음으로써 물체의 온도 ☐를 줄임.

· **단열재** 보온을 하거나 열을 차단할 목적으로 쓰는 재료.

1 **윗글을 이해한 내용으로 가장 적절한 것은?**

① 열은 온도가 낮은 곳에서 높은 곳으로 이동한다.

② 전도는 떨어져 있는 물체 사이에서는 일어날 수 없다.

③ 온도가 높아지면 물체를 이루는 입자의 수가 많아진다.

④ 복사는 물질의 입자가 직접 이동하며 열을 전달하는 방식이다.

⑤ 대류는 열이 다른 물질의 도움 없이 전달되어 이동 속도가 빠르다.

2 **윗글을 통해 이끌어 낼 수 있는 내용으로 적절하지 않은 것은**

① 물체의 온도는 그 물체를 구성하는 입자의 운동이 활발한 정도와 비례한다.

② 단열이 잘 된 건물은 열의 이동을 차단하여 내부와 외부가 열평형을 이룬다.

③ 에어컨을 위쪽에 두고, 난로를 아래쪽에 두면 효율적인 냉난방을 할 수 있다.

④ 음식을 따뜻하게 전달하려면 배달 가방의 안감을 알루미늄 소재로 만들어야 한다.

⑤ 온도가 다른 두 물체가 접촉했을 때 각 물체가 잃은 열의 양과 얻은 열의 양은 같다.

고난도

3 **㉠과 관련한 사례로 적절하지 않은 것은?**

① 차가운 물에 손을 담그면 차갑게 느껴진다.

② 프라이팬의 손잡이를 플라스틱으로 만든다.

③ 뜨거운 국에 담긴 금속 숟가락이 뜨거워진다.

④ 추운 날 금속 의자에 앉으면 차갑게 느껴진다.

⑤ 양지의 눈이 음지의 눈보다 빨리 녹아 물이 된다.

4 **윗글을 참고할 때, <보기>의 ⓐ~ⓒ에 들어갈 말이 모두 적절하게 묶인 것은?**

> **• 보기 •**
>
> 보온병은 내벽과 외벽의 이중 구조로 되어 있으며, 내벽과 외벽 사이는 진공 상태에 가깝다. 진공 상태에서는 운동하는 기체 입자가 거의 존재하지 않으므로 (ⓐ)에 의한 열의 이동을 막을 수 있고, 충돌하며 열을 전달할 만한 물질이 없으므로 (ⓑ)로 일어나는 열의 이동도 막을 수 있다. 그리고 내벽 안쪽은 대개 열을 잘 반사하는 은으로 도금되어 있어, (ⓒ)에 의한 열의 이동을 막아 내용물의 온도를 오랫동안 유지할 수 있다.

	ⓐ	ⓑ	ⓒ
①	전도	복사	대류
②	전도	대류	복사
③	대류	복사	전도
④	대류	전도	복사
⑤	복사	대류	전도

◆ 개념 한눈에 보기

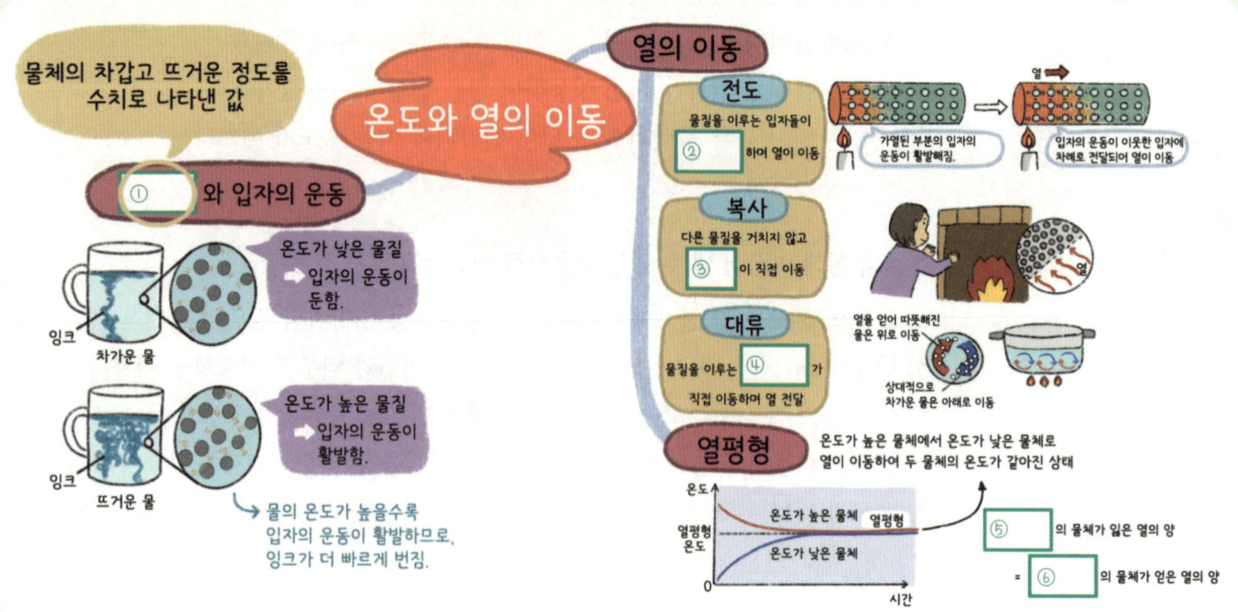

📖 교과 개념 사전

#전도 [전도]
주로 고체에서 물질을 이루고 있는 입자들이 충돌하면서 열이 이동하는 방법.

#복사 [복싸]
열이 다른 물질을 거치지 않고 직접 이동하는 방법. 전도나 대류에 비해 열의 전달이 매우 빠르다.

#대류 [대:류]
기체나 액체에서, 물질을 이루는 입자가 직접 이동함으로써 열이 전달되는 현상.

#열평형 [열평형]
서로 온도가 다른 두 물체를 접촉시켰을 경우에, 온도가 높은 물체에서 온도가 낮은 물체로 열이 이동하여 두 물체의 온도가 같아졌을 때 열의 흐름이 정지되는 상태.

#단열 [다:녈]
물체와 물체 사이에 열이 서로 통하지 않도록 막는 것.

교과 개념 확인 Quiz ✏

다음 물음에 답하시오.

❶ 온도는 물체의 따뜻함이나 차가움의 정도를 수치로 나타낸 것이다.　　○ | ×

❷ 다른 물질의 도움 없이 열이 직접 이동하는 것을 전도라고 한다.　　○ | ×

❸ 고체 입자가 서로 충돌하며 열이 이동하는 것을 복사라고 한다.　　○ | ×

❹ 열의 대류는 공기와 같은 기체뿐만이 아니라 물과 같은 액체에서도 일어난다.　　○ | ×

❺ 열의 대류, 전도, 복사를 막는 것을 □□이라고 한다.

❻ 온도가 다른 두 물체가 접촉한 후 시간이 흐르면 두 물체의 온도가 같아지는 □□□을 이룬다.

2

》물리학

열을 받으면 커지는 것들이 있다고?

Step 1　교과 개념  생각 열기

◆ 무엇을 배울까?

초등	중등	고등	수능기출
과학 5-2 교과서 3단원 열과 우리 생활	과학 1 교과서 3단원 열	역학과 에너지 교과서 2단원 열과 에너지	COMING SOON

❶ **비열**의 개념을 알고, 물질에 따라 비열이 다름을 이해하기

　#열량　#비열

❷ **열팽창**의 개념을 알고, 물질에 따라 열팽창 정도가 다름을 이해하기

　#열팽창　#바이메탈

💡 **생각해 보기**　겹쳐진 컵이 뜨거운 물에서 쉽게 분리된 이유는 무엇일까?

1 물체에 열을 가하면 마땅히 그 물체의 온도는 올라간다. 그런데 같은 조건이라고 할지라도 어떤 물질은 온도가 빨리 변화하지만 어떤 물질은 온도가 잘 변화하지 않는다. 예를 들어 동일한 양의 물과 콩기름을 동일한 #열량˚으로 하여 같은 시간 동안 가열하면 콩기름의 온도가 더 많이 올라가는 것을 확인할 수 있다. 이는 물질의 종류에 따라 온도를 높이는 데 필요한 열량이 다르다는 것을 의미한다.

2 어떤 물질 1kg의 온도를 1℃ 높이는 데 필요한 열량을 그 물질의 #비열이라고 하며, 단위는 kcal/(kg·℃)를 사용한다. 비열은 물질의 종류에 따라 고유한 값을 가진다. 물의 비열은 1kcal/(kg·℃)로 모든 물질 중 가장 크다. 물의 비열을 1로 볼 때, 철은 0.11, 모래는 0.19, 알루미늄은 0.21, 콩기름은 0.40이다. 이때 비열이 클수록 온도 변화는 작게 일어난다. 여름철 바닷가의 모래는 뜨거운데 바닷물은 시원한 이유도 물의 비열이 모래의 비열보다 크기 때문이다. 동일한 원리로 같은 시간 동안 햇볕을 받더라도 비열이 작은 모래의 온도는 물의 온도보다 더 높이 올라간다. ㉠분식점에서 양은 냄비˚에 라면을 끓이는 것도 같은 이유이다. 만약 양은 냄비 대신 비열이 높은 뚝배기에 라면을 끓인다면 면이 늦게 익으며 퉁퉁 불어 버릴 것이다.

3 한편, 대부분의 물질은 열을 받으면 길이나 부피가 늘어난다. 열로 인해 온도가 올라가면 물질을 이루는 입자의 운동이 활발해져 입자와 입자 사이의 거리가 멀어지기 때문이다. 이처럼 열에 의해 물체의 길이 또는 부피가 늘어나는 현상을 #열팽창이라고 한다. 고체의 열팽창은 우리가 잘 느끼지 못하지만, 상황에 따라 약간의 부피 변화가 나타난다. 가령 컵에 뜨거운 물을 부었을 때 열로 인해 컵의 안쪽이 팽창하는˚ 것을 관찰할 수 있다. 건물이나 시설을 만들 때에도 이러한 열팽창을 고려한다. 철도의 선로 이음새에 틈을 만드는 것도 뜨거운 여름에 쇠로 된 선로˚가 열팽창으로 인해 휘는 상황을 대비하기 위한 것이다.

4 열팽창의 정도는 물질마다 다르다. 같은 조건에서 알루미늄은 철보다 약 2배 이상 팽창한다. 따라서 여러 가지 재료를 이용하여 건물이나 도로 등을 지을 때에는 각 재료의 열팽창률을 고려해야 한다. 콘크리트와 철근˚은 열팽창 정도가 비슷하여 함께 사용해도 온도 상승에 따른 변형˚이 작기 때문에 건물의 주요 재료로 이용되고 있다. 이와는 반대로 물질마다 열팽창이 다른 성질을 이용한 도구도 있다. 〈그림〉과 같이 #바이메탈은 열팽창 정도가 다른 두 개의 금속을 붙여 놓은 것인데, 일정 수준 이상으로 온도가 올라가면 팽창이 잘 안 되는 쪽으로 휘어지는 특성이 있다. 이런 점 때문에 전기 기구의 온도 조절 장치나 화재 경보기 등에 바이메탈이 많이 사용된다. 특정 온도에 도달하면 열팽창 정도가 작은 쪽으로 휘어지며 전기 회로에 영향을 주어 전류를 차단하거나 경보음이 울리는 방식이다.

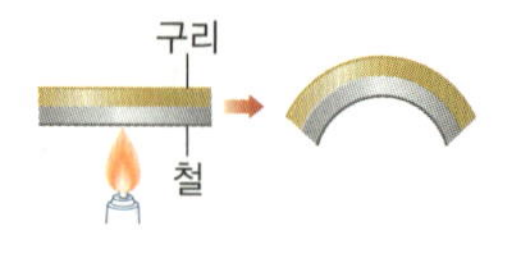

---

1 문단
물질의 온도 상승과 열량의 관계
물질의 종류에 따라 온도를 높이는 데 필요한 ☐☐이 다름.

• **열량** 열에너지의 양.

2 문단
☐☐의 개념 및 특성
비열은 물질 1kg의 온도를 1℃ 높이는 데 필요한 ☐☐으로, 물질의 종류에 따라 고유한 값을 지님.

• **양은 냄비** 구리, 아연, 니켈 따위를 합금하여 만든 금속으로 만든 냄비.

3 문단
☐☐☐의 개념
☐☐을 가할 때 물질을 이루는 입자의 운동이 활발해져 물체의 길이 또는 ☐☐가 늘어나는 현상을 의미함.

• **팽창하다** 부풀어서 부피가 커지다.
• **선로** 기차나 전차의 바퀴가 굴러가도록 레일을 깔아 놓은 길.

4 문단
열팽창 현상을 활용한 ☐☐☐
바이메탈은 ☐☐ 정도가 다른 두 물질을 붙여 놓은 것으로, 일정 수준 이상으로 온도가 올라가면 팽창이 잘 안 되는 쪽으로 휘는 특성이 있음.

• **철근** 콘크리트 속에 묻어서 콘크리트를 보강하기 위하여 쓰는 막대 모양의 철로 된 재료.
• **변형** 모양이나 형태가 달라지거나 달라지게 함. 또는 그 달라진 형태.

세부 내용
파악하기

1 윗글의 내용과 일치하지 <u>않는</u> 것은?

① 물질마다 열팽창이 일어나는 정도가 다르다.

② 비열이 작을수록 온도 변화가 작게 일어난다.

③ 물질마다 온도를 높이는 데 필요한 열량이 다르다.

④ 열팽창 현상은 안전을 위한 장치에 활용되기도 한다.

⑤ 온도가 높아지면 물질을 이루는 입자의 운동이 활발해진다.

세부 내용
추론하기

2 윗글에서 이끌어 낸 내용으로 적절하지 <u>않는</u> 것은?

① 물 1kg의 온도를 1℃ 높이는 데는 1kcal의 열량이 필요하겠군.

② 비열이나 열팽창 정도를 활용하면 물질의 종류를 구분할 수 있겠군.

③ 철길의 선로를 끊지 않고 길게 이어 만들면 더운 날에 휘어질 수 있겠군.

④ 철과 알루미늄을 붙여서 만든 바이메탈에 열을 가하면 알루미늄 쪽으로 휘겠군.

⑤ 열팽창률 차이가 큰 재료들로 지은 건물은 고온의 날씨에 변형될 위험이 있겠군.

고난도

세부 내용
추론하기

3 ㉠의 구체적인 의미로 가장 적절한 것은?

① 양은 냄비는 비열이 작기 때문에 물이 끓는 속도가 빨라져 면이 빨리 익는다.

② 양은 냄비는 비열이 크기 때문에 물이 끓는 속도가 빨라져 면이 빨리 익는다.

③ 양은 냄비는 비열이 작기 때문에 물이 끓는 속도가 느려져 면이 천천히 익는다.

④ 양은 냄비는 비열이 크기 때문에 물이 끓는 속도가 느려져 면이 천천히 익는다.

⑤ 양은 냄비는 비열이 크기 때문에 물의 온도가 더 높이 올라가 면이 빨리 익는다.

사례에
적용하기

4 윗글을 참고할 때, <보기>의 ⓐ~ⓒ에 들어갈 말이 모두 적절하게 묶인 것은?

> **• 보기 •**
>
> 비열은 해풍과 육풍에도 영향을 미친다. 기본적으로 차가운 공기는 하강하고, 따뜻한 공기는 상승하는데, 햇볕이 내리쬐는 낮에는 비열이 (ⓐ) 육지의 온도가 바다보다 빨리 (ⓑ) 육지의 공기가 (ⓒ)한다. 그럼 공기가 빠져나간 육지의 빈자리를 채우기 위해 바다의 차가운 공기가 이동을 하며 바다에서 육지로 해풍이 불게 된다. 밤에는 이와 반대되는 현상이 일어나 육지에서 바다로 육풍이 분다.

	ⓐ	ⓑ	ⓒ
①	작은	낮아지므로	상승
②	작은	높아지므로	상승
③	작은	높아지므로	하강
④	큰	높아지므로	상승
⑤	큰	낮아지므로	하강

◆ 개념 한눈에 보기

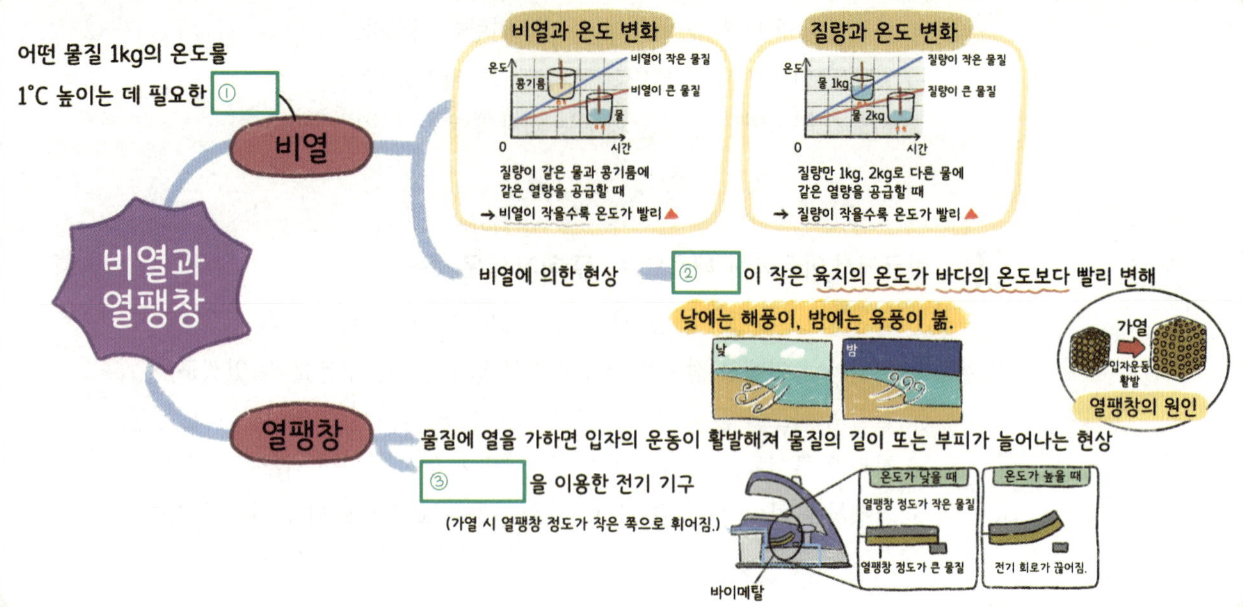

📗 교과 개념 사전

#열량 [열량]
열에너지의 양.

#비열 [비:열]
물질 1kg의 온도를 1℃ 올리는 데 드는 열량. 물의 비열은 1kcal/(g·℃)로서, 모든 물질 가운데 가장 크다.

#열팽창 [열팽창]
물체의 온도가 올라감에 따라 그 길이, 면적, 부피가 늘어나는 현상.

#바이메탈
열팽창률이 서로 다른 두 개의 얇은 쇠붙이를 한데 붙여 합친 것. 온도가 높아지면 팽창률의 차이 때문에 그 길이가 서로 달라져 팽창률이 작은 쇠붙이 쪽으로 구부러지고, 온도가 낮아지면 그 반대쪽으로 구부러진다. 온도계, 화재경보기, 온도 조절기 따위에 쓴다.

교과 개념 확인 Quiz ✏

다음 물음에 답하시오.

❶ 물질의 종류에 따라 온도를 높이는 데 필요한 열량에 차이가 있다.　　　○ ┆ ✕

❷ 물의 비열은 모든 물질 중에서 가장 크다.　　　○ ┆ ✕

❸ 물질의 비열은 □의 비열을 기준으로 하여 나타낼 수 있다.

❹ 비열이 큰 물질일수록 온도 변화가 쉽게 일어난다.　　　○ ┆ ✕

❺ 대부분의 물질은 온도가 올라가면 길이나 부피가 늘어난다.　　　○ ┆ ✕

❻ 바이메탈은 온도가 올라가면 열팽창률이 큰 쪽으로 구부러진다.　　　○ ┆ ✕

1 » 화학
물질의 세 가지 얼굴

Step 1 교과 개념 **톡** 생각 열기

◆ **무엇을 배울까?**

초등	중등	고등	수능기출
과학 4-1 교과서 2단원 물의 상태 변화	과학 1 교과서 4단원 물질의 상태 변화	물질과 에너지 교과서 1단원 물질의 세 가지 상태	COMING SOON

❶ 물질의 세 가지 상태와 그 차이점 이해하기

#고체   #액체   #기체

❷ 상태 변화의 종류와 특성 이해하기

#융해   #응고   #기화   #액화   #승화

💡 **생각해 보기**   작고 딱딱한 설탕 알갱이가 어떤 과정을 거쳐 가느다란 실같이 길게 변하는 것일까?

1 선호는 과학 시간에 물질의 상태를 배웠다. 주변에서 볼 수 있는 것들을 기체, 액체, 고체로 나누어 보다가, 문득 책가방에 넣어 둔 초콜릿이 떠올랐다. '초콜릿은 딱딱하니까 고체야.'라고 생각하며 초콜릿을 꺼냈는데, 초콜릿은 녹아서 물렁해져 있었다. '아! 초콜릿은 고체가 아니라 액체였구나! 그래도 맛은 똑같네.'라고 생각한 선호는 자신이 알게 된 사실을 친구에게 이야기했다. 그러자 친구는 한심하다는 듯이 말했다. "선호야, 아까 선생님께서 같은 물질이라도 녹으면 액체, 굳으면 고체라고 하셨어. 못 들었니?"

2 지구상의 대부분의 물질은 고체, 액체, 기체의 세 가지 중 한 가지 상태로 존재한다˚. 그리고 하나의 물질이 상황에 따라 상태가 변하기도 한다. 하지만 겉모양만 달라질 뿐이지 구성 입자의 종류나 개수는 같다. 그렇다면 세 가지의 상태는 왜 나타나는 것일까? 그것은 각 상태에서 물질을 이루는 입자들의 배열과 입자 사이의 거리, 입자의 운동성이 다르기 때문이다. 물질의 입자는 다른 입자를 끌어당겨 묶어 두는 힘이 있는데, 이 힘의 크기에 따라 입자들의 배열이 달라진다.

3 대부분의 #고체는 입자들이 규칙적으로 배열되고 입자 간의 거리가 가까워서 각각의 입자들은 제자리에서만 진동할˚ 정도로 움직인다. 이 때문에 일정한 겉모양과 부피를 지니고 있으며, 모양과 부피의 변화가 거의 없다. 이와 달리 #액체는 입자들이 고체보다 불규칙적으로 배열되고 입자 간의 거리가 멀어 각각의 입자들은 서로 자리를 바꾸는 정도로 움직일 수 있다. 또한 고체와 달리 흐르는 성질이 있어 담긴 그릇에 따라 모양이 변하지만 부피는 일정하다. #기체는 입자들의 배열이 매우 불규칙하고 입자 간의 거리도 매우 멀어 ㉠각각의 입자들이 활발하게 움직인다. 이 때문에 같은 질량의 고체나 액체보다 부피가 크고 모양도 쉽게 변한다.

4 특정 상태의 물질은 온도나 압력의 변화에 따라 다른 상태로 변할 수 있다. 고체인 얼음에 열을 가하면 액체인 물이 되고, 물이 끓으면 기체인 수증기가 된다. 이처럼 물질의 상태가 변하는 것을 상태 변화라고 한다. 상태 변화 중에서 고체가 액체로 변하는 것을 #융해, 액체가 고체로 변하는 것을 #응고라고 하며, 액체가 기체로 변하는 것을 #기화, 기체가 액체로 변하는 것을 #액화라고 한다. 그리고 고체가 기체로 변하거나 기체가 고체로 변하는 것을 #승화라고 한다.

5 어떤 물질에 ⓐ상태 변화가 일어나더라도 그 물질의 질량˚이나 성질은 변하지 않는다. 고체였던 초콜릿이 액체 상태가 되어도 맛이 변하지 않는 것은 이 때문이다. 한편, 대부분의 물질은 고체에서 액체, 액체에서 기체, 고체에서 기체로 상태 변화가 일어날 때 부피가 늘어나고, 액체에서 고체, 기체에서 액체, 기체에서 고체로 상태 변화가 일어날 때 부피가 줄어든다.

독해 TIP!

이 글은 물질의 상태와 상태 변화를 설명하고 있어. 이렇게 다양한 정보가 제시된 글은 **정보들을 구분할 수 있어야 해.** 이때 고체, 액체, 기체처럼 그 특징에 차이가 나타나는 경우 기준을 **정해 표로 정리하는 것이 좋아.**

1 문단
고체와 액체의 차이
어떤 물질이 녹으면 ☐, 굳으면 ☐임.

2 문단
물질의 세 가지 상태
입자들의 ☐, 입자 사이의 거리, 입자의 운동성에 따라 고체, 액체, 기체로 존재함.

· 존재하다 현실에 실재하다.

3 문단
고체, 액체, 기체의 특징

	고체	액체	기체
입자 배열	☐	불규칙	매우 불규칙
입자 간 거리	가까움	☐보다 멂	매우 멂
입자의 운동성	활발하지 않음	고체보다 활발함	매우 활발함

· 진동하다 흔들려 움직이다.

4 문단
상태 변화의 개념 및 종류
상태 변화는 ☐나 압력의 변화에 따라 물질의 상태가 변하는 것으로, 융해, 응고, 기화, 액화, 승화가 있음.

5 문단
상태 변화가 일어날 때의 특성
물질의 질량이나 성질은 변하지 않지만 ☐의 변화가 일어남.

· 질량 물체마다 가지고 있는 고유의 양.

1 윗글의 내용과 일치하지 <u>않는</u> 것은?

① 대부분의 물질은 응고나 액화가 일어날 때 부피가 줄어든다.
② 고체가 액체를 거치지 않고 바로 기체로 상태가 변하기도 한다.
③ 물질에 상태 변화가 일어나도 그 물질의 질량은 변하지 않는다.
④ 대부분의 물질은 고체, 액체, 기체 중의 한 가지 상태로 존재한다.
⑤ 물질의 상태가 변하면 그 물질을 구성하는 입자의 종류가 달라진다.

고난도

2 ㉠과 같은 현상이 나타나는 까닭으로 가장 적절한 것은?

① 물질의 부피가 다른 상태보다 작기 때문에
② 입자들의 배열 상태가 계속 달라지기 때문에
③ 물질을 구성하는 입자의 수가 줄어들기 때문에
④ 물질의 겉모양이 상황에 따라 쉽게 변하기 때문에
⑤ 입자들 간에 끌어당기는 힘이 매우 약하기 때문에

3 ⓐ의 사례로 적절하지 <u>않은</u> 것은?

① 냉동실에서 꺼낸 아이스크림이 점점 녹는다.
② 찌개를 계속 끓이면 찌개의 국물이 줄어든다.
③ 망치로 벽돌을 내리치면 벽돌이 잘게 부서진다.
④ 추운 겨울날 아침에 창문에 뿌옇게 성에가 낀다.
⑤ 촛불을 켰을 때 흘러내린 촛농이 단단하게 굳는다.

4 <보기>는 물질의 입자 상태를 그림으로 표현한 것이다. 윗글을 참고할 때, <보기>에 대한 이해로 적절하지 <u>않은</u> 것은?

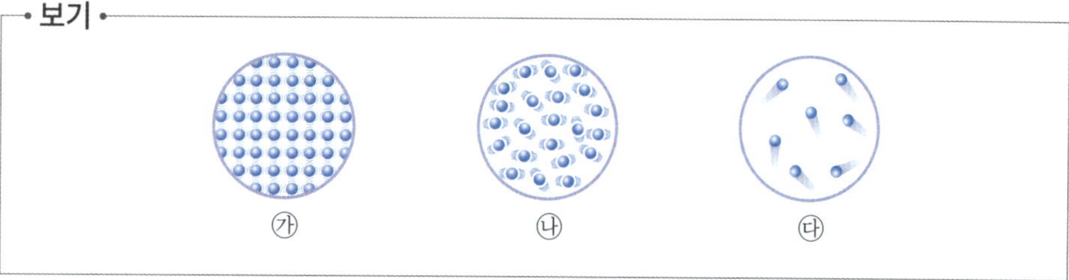

① ㉮는 ㉯와 달리 입자들의 움직임이 제한적이다.
② ㉯는 ㉰와 달리 일정한 부피를 지니지 않는다.
③ ㉰는 ㉮와 달리 모양의 변화가 쉽게 일어난다.
④ ㉮가 ㉯로 변해도 물질의 성질은 변하지 않는다.
⑤ ㉯가 ㉰로 변하면 부피가 본래보다 늘어난다.

◆ 개념 한눈에 보기

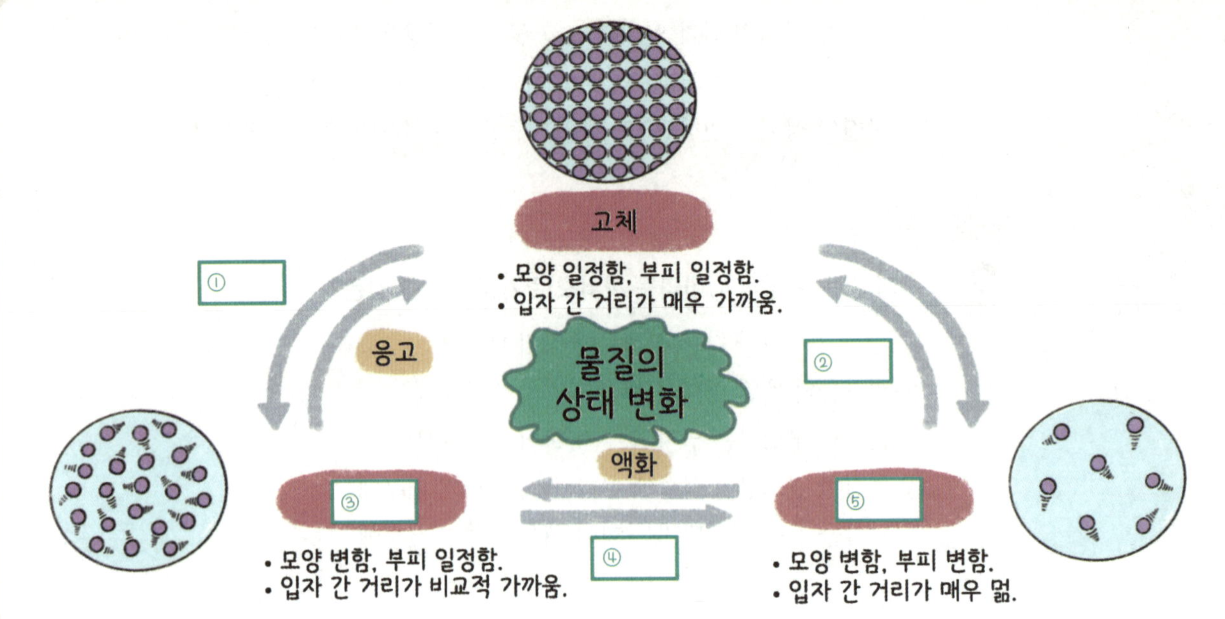

교과 개념 사전

#고체 [고체]
일정한 모양과 부피가 있으며 쉽게 변형되지 않는 물질의 상태.

#액체 [액체]
일정한 부피는 있으나 일정한 모양이 없는 물질의 상태.

#기체 [기체]
모양과 부피가 모두 일정하지 않은 물질의 상태.

#융해 [융해]
고체에 열을 가했을 때 액체로 되는 현상.

#응고 [응:고]
액체가 고체로 변하는 현상.

#기화 [기화]
액체가 기체로 변하는 현상.

#액화 [애콰]
기체가 냉각·압축되어 액체로 변하는 현상.

#승화 [승화]
고체가 기체로 변하거나 기체가 고체로 변하는 현상.

교과 개념 확인 Quiz

다음 물음에 답하시오.

❶ 일정한 모양과 부피를 가지고 있는 물질의 상태를 ☐☐라고 한다.

❷ 액체는 일정한 부피를 지녔으나 일정한 ☐☐을 지니지 못한 상태이다.

❸ 액화는 기체가 액체로 변하는 현상을 말한다.
○ ｜ X

❹ 융해는 액체가 기체로 변하는 현상을 말한다.
○ ｜ X

❺ 응고는 액체가 고체로 변하는 현상을 말한다.
○ ｜ X

❻ 고체가 액체 상태를 거치지 않고 바로 기체가 되는 현상을 ☐☐라고 한다.

 월   일

2

>> 화학

에스키모는 왜 이글루 바닥에 물을 뿌릴까?

Step 1 교과 개념 **톡** 생각 열기

◆ **무엇을 배울까?**

초등	중등	고등	수능기출
과학 4-1 교과서 2단원 물의 상태 변화	과학 1 교과서 4단원 물질의 상태 변화	물질과 에너지 교과서 1단원 물질의 세 가지 상태	2006학년도 수능 [35-39] 이글루의 난방 원리

❶ 물질의 **상태 변화** 과정에서 **열에너지**의 이동 이해하기

#열에너지   #상태 변화

❷ 열에너지의 **흡수**나 **방출**이 일어나는 상태 변화 파악하기

#열에너지 흡수   #열에너지 방출

💡 **생각해 보기**   오렌지 나무에 물을 뿌리면 추위로 오렌지가 어는 것을 막을 수 있는 까닭은 무엇일까?

1 우리는 더운 여름철에 주변을 시원하게 만들려고 바닥에 찬물을 뿌리곤 한다. 그런데 북극 지방에 사는 에스키모는 우리와 반대로 주변을 따뜻하게 만들기 위해 바닥에 찬물을 뿌린다. 에스키모는 사냥하는 과정에서 이글루를 만들어 생활하는 경우가 있다. 이글루는 눈을 벽돌 모양으로 잘라서 반원 모양으로 쌓은 집을 말한다. 그런데 불을 피우지 않은 이글루의 내부는 영하의 온도라서 사람이 지내기가 어렵다. 이글루 안이 추울 때 에스키모는 바닥에 물을 뿌리곤 하는데, 그러면 신기하게도 이글루의 ㉠내부 온도가 높아진다. 어떻게 이런 일이 가능한 걸까?

2 물질을 가열하거나 냉각하면˚ 물질의 상태가 변한다. 얼음을 가열하면 물이 되고, 물을 계속 가열하면 수증기가 되는데, 이 과정에서 물질은 **#열에너지**를 계속 흡수한다. 반대로 수증기를 냉각하면 물이 되고, 물을 계속 냉각하면 얼음이 된다. 이 과정에서 물질은 열에너지를 계속 방출한다. 열에너지는 열을 에너지의 한 형태로 볼 때 일컫는 이름으로, 온도가 다른 두 물체 사이에서 이동하는 에너지를 말한다. 일반적으로 기체는 액체보다, 액체는 고체보다 많은 열에너지를 가지고 있다.

3 이런 성질 때문에 물질의 **#상태 변화**가 일어날 때는 물질이 주변의 열에너지를 흡수하거나 주변으로 열에너지를 방출한다. 그러나 상태가 변해도 물질을 구성하는 입자 자체가 변하는 것은 아니므로 물질의 성질은 변하지 않는다. 따라서 상태 변화가 일어난 물질도 가열해서 열에너지를 증가시키거나 냉각해서 열에너지를 감소시키면 원래의 상태로 되돌릴 수 있다.

4 물질이 **#열에너지를 흡수**하는 상태 변화에는 고체에서 액체로 변하는 융해, 액체에서 기체로 변하는 기화, 고체에서 기체로 변하는 승화가 있다. 융해, 기화, 고체에서 기체로의 승화가 일어날 때에는 물질이 열에너지를 흡수하므로 물질의 입자 운동이 활발해지고 입자 간의 거리가 멀어진다. 그런데 물질의 상태 변화가 일어나는 동안에는 흡수된 열에너지가 상태 변화에 사용되므로 물질의 온도가 높아지지 않고 일정하게˚ 유지된다. 물질이 열에너지를 흡수하면 주위는 열에너지를 잃어 온도가 낮아지는데, 여름날 분수대 근처에 가면 시원하게 느껴지는 것도 물이 기화하면서 열에너지를 흡수하기 때문이다. [A]

5 물질이 **#열에너지를 방출**하는 상태 변화에는 액체에서 고체로 변하는 응고, 기체에서 액체로 변하는 액화, 기체에서 고체로 변하는 승화가 있다. 응고, 액화, 기체에서 고체로의 승화가 일어날 때에는 물질이 열에너지를 방출하므로 물질의 입자 운동이 둔해지고, 입자 사이의 거리가 가까워진다. 그리고 각 상태 변화 과정에서 물질의 온도는 일정하게 유지된다. 물질이 열에너지를 방출하면 주위는 열에너지를 얻어 온도가 높아지는데, 겨울철 눈이 내릴 때에 날씨가 포근해지는 것도 수증기가 승화하면서 열에너지를 방출하기 때문이다.

1 문단
이글루의 난방
이글루 바닥에 물을 뿌리면 이글루의 내부 온도가 [   ].

2 문단
물질의 상태 변화와 [   ]
물질의 상태 변화가 일어날 때 물질이 열에너지를 [   ]하거나 [   ]함.
- - - - - - - - - - -
• **냉각하다** 식혀서 차게 하다.

3 문단
물질의 상태 변화와 [   ]의 관계
물질을 [   ]하거나 냉각하여 열에너지를 증가시키거나 감소시키면 물질의 상태 변화가 일어남.

4 문단
열에너지를 [   ]하는 상태 변화
융해, 기화, 고체에서 기체로의 승화가 있고, 상태 변화가 일어나는 동안 물질의 온도는 일정하게 유지되며, 주위의 온도는 [   ].
- - - - - - - - - - -
• **일정하다** 어떤 것의 크기, 모양, 범위, 시간 따위가 하나로 정하여져 있다.

5 문단
열에너지를 [   ]하는 상태 변화
응고, 액화, 기체에서 고체로의 승화가 있고, 상태 변화가 일어나는 동안 물질의 온도는 일정하게 유지되며, 주위의 온도는 [   ].

전개 방식 파악하기

1 윗글의 설명 방식으로 적절하지 <u>않은</u> 것은?

① 구체적 예를 들어 관련 내용을 이해하기 쉽게 전달한다.

② 질문을 던짐으로써 내용에 대한 독자의 흥미를 유발한다.

③ 중요 용어의 개념을 정의하여 내용에 대한 이해를 돕는다.

④ 현상의 원인과 결과를 제시하는 방식으로 내용을 전개한다.

⑤ 설명 대상을 둘로 나누어 장단점을 분석해 둘의 차이를 강조한다.

세부 내용 파악하기

2 윗글의 내용과 일치하지 <u>않는</u> 것은?

① 물질의 상태가 변하면 원래 상태로 돌아가지 못한다.

② 물질이 열에너지를 흡수하면 주위의 온도가 낮아진다.

③ 일반적으로 고체가 기체보다 적은 열에너지를 지닌다.

④ 기온이 높을 때 바닥에 찬물을 뿌리면 기온이 내려간다.

⑤ 물질이 기체에서 액체로 변할 때 주위의 온도가 높아진다.

세부 내용 추론하기

`고난도`

3 [A]를 참고할 때, ㉠의 원인으로 가장 적절한 것은?

① 물이 기화하면서 열에너지를 흡수하기 때문에

② 물이 기화하면서 열에너지를 방출하기 때문에

③ 물이 응고하면서 열에너지를 흡수하기 때문에

④ 물이 응고하면서 열에너지를 방출하기 때문에

⑤ 얼음이 융해하면서 열에너지를 방출하기 때문에

사례에 적용하기

4 윗글을 참고할 때, <보기>의 ⓐ~ⓒ에 들어갈 말을 바르게 짝지은 것은?

> ┌ 보기 ┐
>
> 무더운 여름철, 현주네 가족은 해수욕장으로 피서를 갔다. 바닷물 속에서 놀다 보니 더위를 잊을 수 있었다. 현주는 잠시 쉬려고 백사장으로 나왔다. 그런데 기온이 높은 물 밖으로 나오자 물속에 있을 때보다 순간적으로 ⓐ 느껴졌다. 이는 현주의 몸에 묻은 물이 높은 기온 때문에 수증기로 ⓑ 하면서 열에너지를 ⓒ 하기 때문이다.

	ⓐ	ⓑ	ⓒ
①	덥게	기화	방출
②	덥게	액화	방출
③	춥게	기화	흡수
④	춥게	액화	흡수
⑤	춥게	승화	흡수

◆ 개념 한눈에 보기

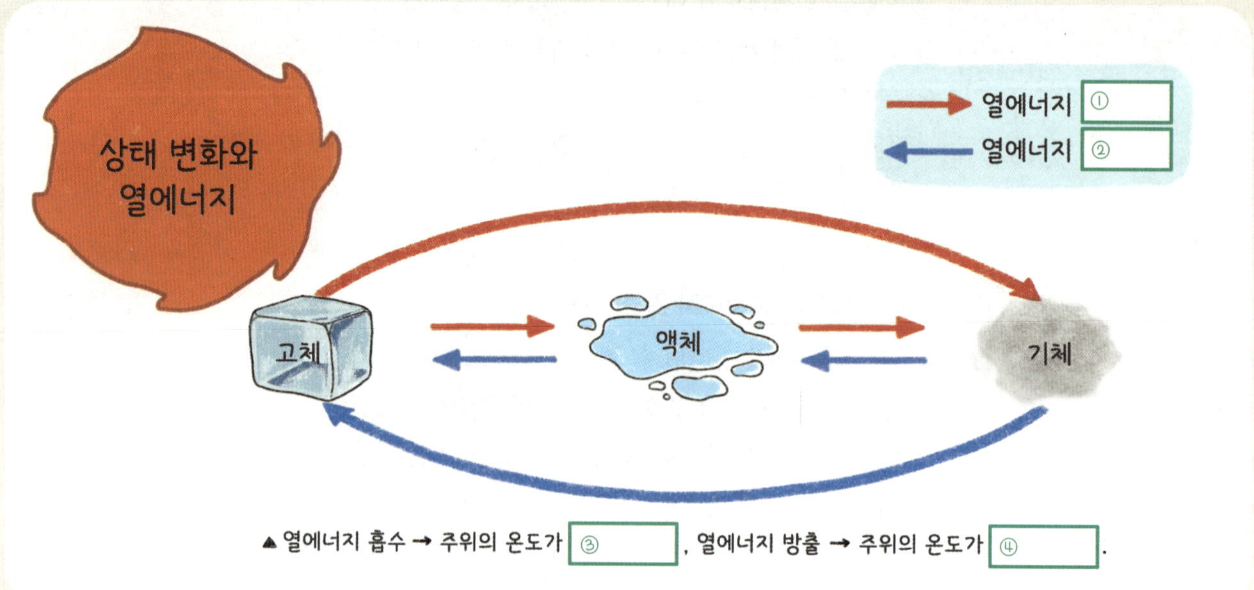

교과 개념 사전

#열에너지
열을 에너지의 한 형태로 볼 때의 이름. 온도가 높은 물질에서 낮은 물질로 이동하는 성질이 있다.

#상태 변화
물질이 어느 한 상태에서 다른 상태로 변화하는 것.

#열에너지 흡수
물질의 상태가 변할 때 입자 배열의 변화가 일어나며 열에너지가 물질에 빨려 들어가는 것.

#열에너지 방출
물질의 상태가 변할 때 입자 배열의 변화가 일어나며 열에너지를 내보내는 것.

교과 개념 확인 Quiz

다음 물음에 답하시오.

❶ 물질의 상태가 변할 때 □□□□의 방출이나 흡수가 일어난다.

❷ 액체가 기화할 때 주변의 열에너지를 흡수한다.
　　　　　　　　　　　　　　　　　○ ┊ ×

❸ 액체에서 고체로 변할 때 열에너지를 방출한다.
　　　　　　　　　　　　　　　　　○ ┊ ×

❹ 상태 변화 과정에서 물질의 온도는 높아지거나 낮아지지 않고 일정하게 유지된다.　○ ┊ ×

❺ 열에너지를 방출하면 주변의 온도가 낮아진다.
　　　　　　　　　　　　　　　　　○ ┊ ×

❻ 고체에서 기체로 변할 때 열에너지를 □□한다.

4일차

1

≫화학

입자는 가만히 있지 않아

Step 1　교과 개념 **톡** 생각 열기

◆ **무엇을 배울까?**

초등	중등	고등	수능기출
과학 4-1 교과서 2단원 물의 상태 변화	과학 1 교과서 4단원 물질의 상태 변화	물질과 에너지 교과서 1단원 물질의 세 가지 상태	COMING SOON

❶ 물질을 구성하는 **입자**가 **운동**하고 있음을 알기

　#입자　　#입자의 운동

❷ **확산**과 **증발** 현상 이해하기

　#확산　　#증발

💡 **생각해 보기**　구석에 숨겨 놓은 피자 냄새가 어떻게 방 전체로 퍼졌을까?

1 우리 주변에는 여러 가지 상태의 물질이 있으며, 모든 물질은 거의 눈에 보이지 않을 정도로 아주 작은 알갱이인 **#입자**로 이루어져 있다. 나무나 유리, 플라스틱과 같은 고체는 물론 산소나 이산화 탄소처럼 우리의 눈에 보이지 않는 기체도 입자로 구성되어 있다. 입자가 모여 있는 것이 물질이므로, 물질이 가지는 특징은 물질을 구성하는 입자가 가지는 성질과도 매우 밀접한 관련이 있다.

2 물질을 이루는 입자는 가만히 정지해 있지 않고 스스로 끊임없이 움직이는데, 이것을 **#입자의 운동**이라고 한다. 방의 한쪽 구석에 놓아둔 방향제의 향기가 방 전체에 퍼진다거나, 머리를 감은 후 젖은 머리카락이 시간이 지나면 저절로 마르는 것은 모두 ㉠입자의 운동과 관련이 있는 현상들이다. 방향제의 향기가 퍼지는 것은 입자가 운동하며 공기 중으로 퍼져 나간 것으로, 이는 **#확산** 현상과 관련된다. 한편 젖은 머리카락이 마르는 것은 액체 입자가 액체 표면˚에서 기체로 바뀌어 공기 중으로 날아갔기 때문인데, 이는 **#증발** 현상과 관련된다.

3 물질을 이루고 있는 입자가 스스로 운동하여 멀리 퍼져 나가는 현상을 확산이라고 한다. 빵집 앞을 지날 때 갓 구운 빵 냄새를 맡을 수 있는 것이나, 공항에서 폭발물 탐지견이 냄새를 맡아 폭발물을 찾아내는 것, 따뜻한 물에 홍차 티백을 넣으면 차가 우러나며 고르게 퍼져 나가는 것은 모두 확산 현상에 해당한다. 확산은 온도가 높을수록, 입자의 질량이 작을수록 잘 일어나며, 같은 물질이라도 액체일 때보다 기체 상태일 때 더 활발해진다. 또한 확산은 모든 방향으로 이루어지며, 액체 속보다는 기체 속에서, 기체 속보다는 진공˚ 속에서 일어날 때 그 속도가 더 빨라진다.

4 한편, 일상생활에서 액체가 점점 줄어들거나 사라지는 현상을 자주 볼 수 있는데, 이것을 증발이라고 한다. 액체 상태에서 스스로 운동하는 입자 중 운동이 활발한 입자는 액체의 표면에서 떨어져 나와 기체로 바뀐다. 풀잎에 맺혀 있는 이슬이 시간이 지나면서 사라지는 것은 이슬 표면의 입자가 기체로 변하기 때문이고, 젖은 빨래를 말리면 보송보송한 상태가 되는 것 역시 빨래에 스며들어 있던 물 입자가 운동하며 기체로 바뀌면서 공기 중으로 날아갔기 때문이다. 이러한 증발 현상은 실험을 통해서도 확인할 수 있다. 전자저울 위에 거름종이를 올려놓고 영점 조정 단추를 누른 후 거름종이에 아세톤 몇 방울을 떨어뜨리면, 시간이 지남에 따라 거름종이에 묻은 아세톤의 흔적˚이 점점 사라지면서 저울의 숫자가 줄어드는데, 이는 아세톤 입자가 운동을 통해 기체로 바뀌어 공기 중으로 날아갔기 때문이다.

독해 TIP!
이 글에는 확산 현상과 증발 현상의 다양한 사례가 제시되어 있어. **익숙하지 않은 과학 현상이나 원리는 글에 제시된 사례를 잘 살펴서 정확히 이해해야 해.**

1 문단
물질의 구성
물질은 눈에 보이지 않을 정도로 매우 작은 □□로 이루어짐.

2 문단
입자의 운동과 관련된 현상
□□과 □□

· 확산 흩어져 널리 퍼짐.
· 표면 사물의 가장 바깥쪽. 또는 가장 윗부분.
· 증발 어떤 물질이 액체 상태에서 기체 상태로 변하는 현상.

3 문단
확산의 개념과 확산에 영향을 주는 요인
확산은 입자가 스스로 운동하며 멀리 퍼져 나가는 현상으로, □□, 입자의 □□, 물질의 상태, 일어나는 장소에 따라 정도가 달라짐.

· 진공 물질이 전혀 존재하지 않는 공간.

4 문단
증발의 개념과 사례
증발은 □□가 점점 줄어들거나 사라지는 현상으로, 액체 입자가 스스로 운동하여 액체 표면에서 떨어져 나와 □□로 바뀜.

· 흔적 어떤 현상이나 실체가 없어졌거나 지나간 뒤에 남은 자국이나 자취.

핵심 내용 파악하기

1 윗글에서 설명하고 있는 내용으로 가장 적절한 것은?

① 물질의 종류 ② 기체가 필요한 이유
③ 입자가 운동하는 이유 ④ 기체와 액체의 차이점
⑤ 확산 현상과 증발 현상

세부 내용 파악하기

2 윗글의 내용과 일치하지 <u>않는</u> 것은?

① 모든 물질은 작은 입자로 이루어져 있다.
② 입자는 스스로 끊임없이 운동하는 성질을 가진다.
③ 확산은 온도가 높고 입자의 질량이 작을수록 잘 일어난다.
④ 아세톤을 묻힌 거름종이의 무게가 줄어드는 것은 증발 현상 때문이다.
⑤ 확산은 입자가 스스로 운동하여 액체 표면에서 기체로 바뀌는 것이다.

세부 내용 추론하기

고난도

3 ㉠에 대한 설명으로 적절하지 <u>않은</u> 것은?

① 차가 우러나는 것은 ㉠이 일어나고 있음을 보여 준다.
② ㉠이 활발할수록 멀리 떨어진 곳의 사물까지 볼 수 있다.
③ 증발은 ㉠을 통해 입자가 액체 표면에서 떨어져 나가면서 일어난다.
④ 기체를 진공 상태의 용기에 넣으면 이전보다 ㉠의 속도가 빨라진다.
⑤ 같은 물질이라도 액체 상태보다 기체 상태일 때 ㉠이 더 활발히 일어난다.

사례에 적용하기

수능찍먹

4 윗글을 바탕으로 할 때, <보기>와 같은 현상이 나타난 사례로 적절하지 <u>않은</u> 것은?

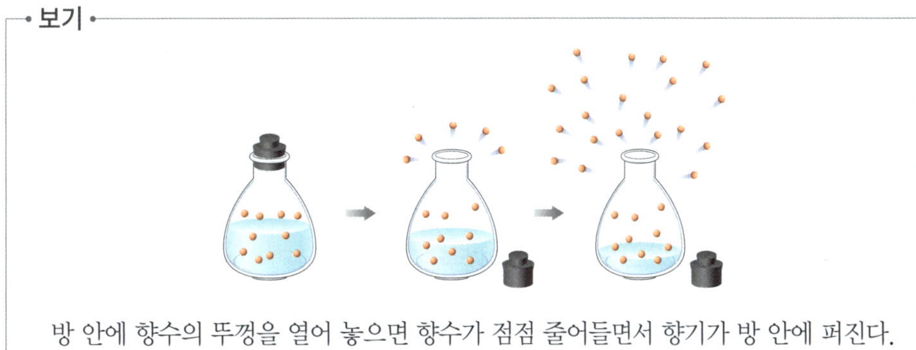

┌ 보기 ┐

방 안에 향수의 뚜껑을 열어 놓으면 향수가 점점 줄어들면서 향기가 방 안에 퍼진다.

① 부엌에서 생선을 구우면 그 냄새가 온 집안에 퍼진다.
② 식탁에 꺼내 놓은 촉촉한 식빵이 시간이 지날수록 딱딱해진다.
③ 동그랗게 불어 놓은 고무풍선을 세게 누르면 모양이 납작해진다.
④ 꽃향기가 멀리 퍼질수록 먼 곳에 있는 나비도 꽃을 찾아 날아온다.
⑤ 염전에 바닷물을 가두어 햇볕과 바람 등으로 수분을 없애고 소금을 얻는다.

◆ **개념 한눈에 보기**

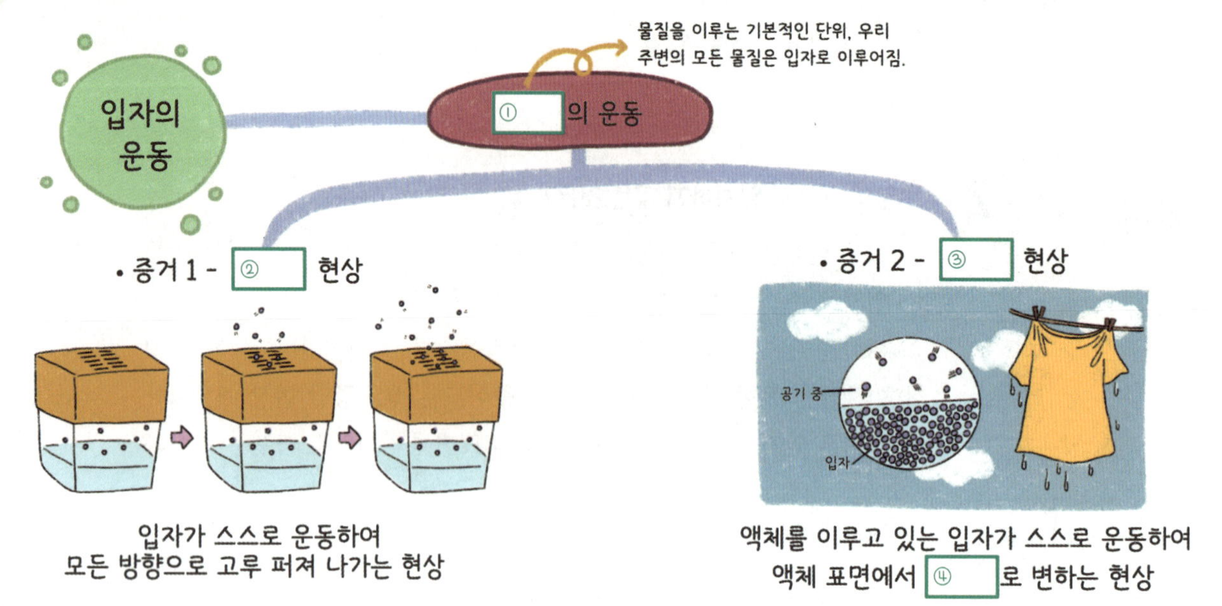

📖 **교과 개념 사전**

#입자 [입짜]
물질의 일부로서, 구성하는 물질과 같은 종류의 매우 작은 물체.

#입자의 운동 [입짜] [운·동]
입자가 시간의 경과에 따라 그 공간적 위치를 바꾸는 일. 입자가 스스로 끊임없이 움직이는 것을 의미한다.

#확산 [확싼]
물질을 이루는 입자가 스스로 운동하여 모든 방향으로 퍼져 나가는 현상.

#증발 [증발]
액체를 이루고 있는 입자가 스스로 운동하여 액체 표면에서 떨어져 나와 기체로 변하는 현상.

교과 개념 확인 Quiz ✎

다음 물음에 답하시오.

❶ 물질은 눈에 보이지 않을 정도로 아주 작은
　　□□로 이루어져 있다.

❷ 입자는 외부의 힘이 작용하지 않으면 움직이지
　　않고 가만히 있다.　　　　　　○ ∣ ✕

❸ 물질을 이루고 있는 입자가 스스로 운동하여
　　멀리 퍼져 나가는 현상을 □□이라고 한다.

❹ 확산은 같은 물질이더라도 기체일 때보다 액체
　　상태일 때 더 활발하게 일어난다.　　○ ∣ ✕

❺ 풀잎에 맺혀 있는 이슬이 시간이 지나면서 사
　　라지는 것은 이슬 표면의 입자가 액체에서 기
　　체로 바뀌기 때문이다.　　　　　　○ ∣ ✕

2 ≫화학

하늘 높이 올라간 풍선이 터지는 이유는?

Step 1 교과 개념 톡 생각 열기

◆ **무엇을 배울까?**

초등	중등	고등	수능기출
과학 4-2 교과서 3단원 여러 가지 기체	과학 1 교과서 6단원 기체의 성질	물질과 에너지 교과서 1단원 물질의 세 가지 상태	2013학년도 수능 [29-31] 이상 기체 방정식

❶ 기체의 **압력**과 **부피**의 관계를 이해하기

#압력   #부피   #대기압   #보일 법칙

❷ 기체의 **온도**와 **부피**의 관계 이해하기

#온도   #샤를 법칙

💡 **생각해 보기** 페트병의 모양이 바뀐 까닭은 무엇 때문일까?

1 기체 입자는 모든 방향으로 계속해서 움직이는 성질을 지니고 있다. 고무풍선에 공기를 불어 넣으면 풍선 안으로 들어간 기체 입자가 스스로 끊임없이 운동하면서 고무풍선의 안쪽 벽면에 충돌하고, 그 힘에 의해 고무풍선은 점점 커지며 둥글게 부풀어 오른다. 이처럼 기체 입자가 물체에 충돌할 때 힘이 발생하는데, 일정한 면적에 작용하는 기체의 힘을 기체의 압력이라고 한다. 기체의 압력은 물체의 모양과 상태 등을 바꿀 수 있으며, 기체가 있는 모든 방향에서 작용한다.

2 고무풍선을 하늘로 날리면 어느 정도 높이까지 올라가다가 터지는데, 이는 기체의 **#압력**과 **#부피**의 관계에서 살펴볼 수 있다. 우리는 항상 공기의 압력을 받고 있는데, 지구를 둘러싸고 있는 공기의 압력을 **#대기압**이라고 한다. 보통 지표면˚에서 대기압은 약 1기압이지만, 높은 곳으로 올라갈수록 공기가 희박해져˚ 대기압이 작아진다. 이 때문에 고무풍선 안의 기체 부피가 점점 증가해 더 이상 커지지 못하고 터지게 되는 것이다. 이와 관련하여 영국의 과학자 보일은 실험을 통해 공기의 압력과 부피 관계를 증명해˚ 냈다. 그는 온도가 일정할 때, 일정한 양의 기체가 들어 있는 밀폐 용기에 가하는 압력을 반으로 줄이면 기체의 부피가 두 배로 늘어나고, 압력을 두 배로 늘리면 기체의 부피가 반으로 줄어드는 것을 알아냈다. 이처럼 온도가 일정할 때, 기체의 압력과 부피가 반비례˚ 관계에 있음을 나타낸 법칙이 **#보일 법칙**이다. 이때 밀폐˚ 용기 속 기체의 부피가 작아지면 기체 입자 간의 거리가 가까워지고 이 때문에 기체 입자 간의 충돌 횟수가 많아진다. 반면에 밀폐 용기 속 기체의 부피가 커지면 이와 반대되는 현상이 나타난다.

3 한편, 두 개의 컵이 겹쳐져 잘 분리되지 않을 때 아래쪽 컵을 뜨거운 물에 담그면 큰 힘을 들이지 않고도 컵을 쉽게 분리할 수 있는데, 이러한 현상은 기체의 **#온도**와 부피의 관계에서 살펴볼 수 있다. 압력이 일정할 때, 온도가 높아지면 기체 입자의 운동이 활발해지고 이에 따라 입자 사이의 거리가 멀어져서 기체의 부피가 늘어난다. 반면에 온도가 낮아지면 기체 입자의 움직임이 둔해지고 이에 따라 입자 사이의 거리가 가까워져 기체의 부피가 줄어든다. 이와 관련하여 프랑스의 과학자 샤를은 실험을 통해 압력이 일정할 때, 일정한 양의 기체는 종류와 관계없이 온도가 높아지면 기체의 부피가 일정한 비율로 증가한다는˚ 사실을 알아냈다. 이처럼 기체의 온도와 부피의 관계를 나타낸 법칙이 **#샤를 법칙**이다.

4 기체의 압력 및 온도와 부피의 관계로 인한 다양한 현상들은 우리 주변에서 쉽게 발견할 수 있다. 높은 산에 올랐을 때 귀가 먹먹해지는 것은 대기압이 낮아져 고막 안쪽 공기의 부피가 늘어나 고막이 밀려 나가는 현상으로, 이는 보일 법칙으로 설명할 수 있다. 또 추운 겨울이 되면 자동차 타이어 안의 공기가 수축하므로 타이어에 공기를 주입해˚ 공기압을 높여 주는데, 이는 ㉠<u>샤를 법칙</u>으로 설명할 수 있다.

1 문단
기체의 ▢의 개념
일정한 면적에 작용하는 기체의 ▢

2 문단
압력과 부피의 관계 - ▢ 법칙
▢가 일정할 때, 기체 부피와 압력은 ▢ 관계에 있음.

- **지표면** 지구의 표면. 또는 땅의 겉면.
- **희박하다** 기체나 액체 따위의 밀도나 농도가 짙지 못하고 낮거나 엷다.
- **증명하다** 어떤 사항이나 판단 따위에 대하여 그것이 진실인지 아닌지 증거를 들어서 밝히다.
- **반비례** 한쪽의 양이 커질 때 다른 쪽 양이 그와 같은 비로 작아지는 관계.
- **밀폐** 샐 틈 없이 꼭 막거나 닫음.

3 문단
온도와 부피의 관계 - ▢ 법칙
압력이 일정할 때, ▢가 높아지면 기체의 부피는 일정하게 ▢함.

- **증가하다** 양이나 수치가 늘어나다.

4 문단
보일 법칙과 샤를 법칙으로 설명 가능한 사례
기체의 ▢ 및 ▢와 ▢의 관계로 인해 여러 현상이 일어남.

- **주입하다** 흘러 들어가도록 부어 넣다.

핵심 내용 파악하기

1 윗글에서 확인할 수 있는 내용이 <u>아닌</u> 것은?

① 기체의 압력의 의미
② 기체의 온도와 부피의 관계
③ 보일 법칙과 샤를 법칙의 의미
④ 지표면에서 받는 대기압의 크기
⑤ 기체의 종류에 따른 압력의 크기

세부 내용 추론하기

2 윗글을 통해 알 수 있는 내용으로 가장 적절한 것은?

① 일정한 면적에 작용하는 기체의 힘이 클수록 기체의 압력이 낮다.
② 기체의 압력은 중력의 영향을 받아 위에서 아래 방향으로만 작용한다.
③ 압력의 크기와 상관없이 기체의 온도와 부피는 항상 비례 관계에 있다.
④ 온도가 낮아질수록 기체 입자의 운동이 느려져 기체의 부피가 줄어든다.
⑤ 고무풍선이 높이 날아오를수록 부푸는 것은 기체 입자가 점점 커지기 때문이다.

사례에 적용하기

3 ㉠으로 설명할 수 있는 사례로 적절하지 <u>않은</u> 것은?

① 물이 끓으면 냄비 뚜껑이 들썩인다.
② 여름철에는 타이어의 공기압을 살짝 낮춘다.
③ 풍등의 연료에 불을 붙이면 풍등이 떠오른다.
④ 찌그러진 탁구공을 뜨거운 물에 넣으면 펴진다.
⑤ 잠수부가 내쉰 공기 방울은 수면에 가까워질수록 커진다.

사례에 적용하기

4 윗글을 바탕으로 <보기>를 이해한 내용으로 가장 적절한 것은?

> **• 보기 •**
>
> 오른쪽 그래프는 일정한 양의 기체가 들어 있는 용기에 압력을 가할 때, 용기 안 기체의 압력과 부피의 변화를 측정한 실험 결과이다. 이 실험은 온도는 일정한 상태에서 진행하였다.
>
> 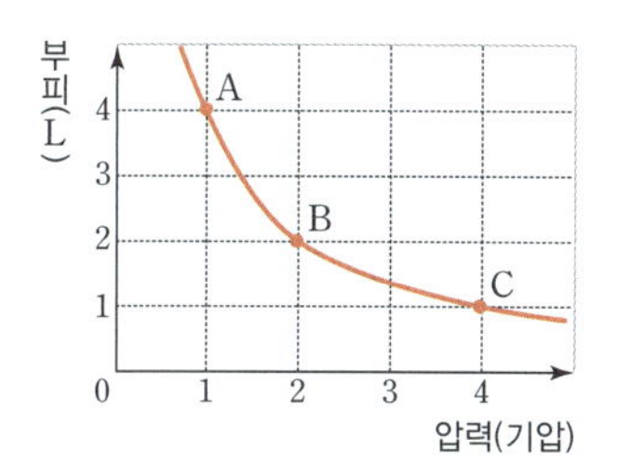
>

① 기체의 부피가 압력에 비례함을 보여 주는군.
② A보다 B에서 기체 입자의 운동이 더 활발해지겠군.
③ 기체 입자 사이의 평균 거리가 가장 먼 것은 C이겠군.
④ B보다 C에서 기체 입자들이 충돌하는 횟수가 더 많겠군.
⑤ 기체 입자가 운동할 수 있는 공간은 A에서 C로 갈수록 넓어지겠군.

◆ 개념 한눈에 보기

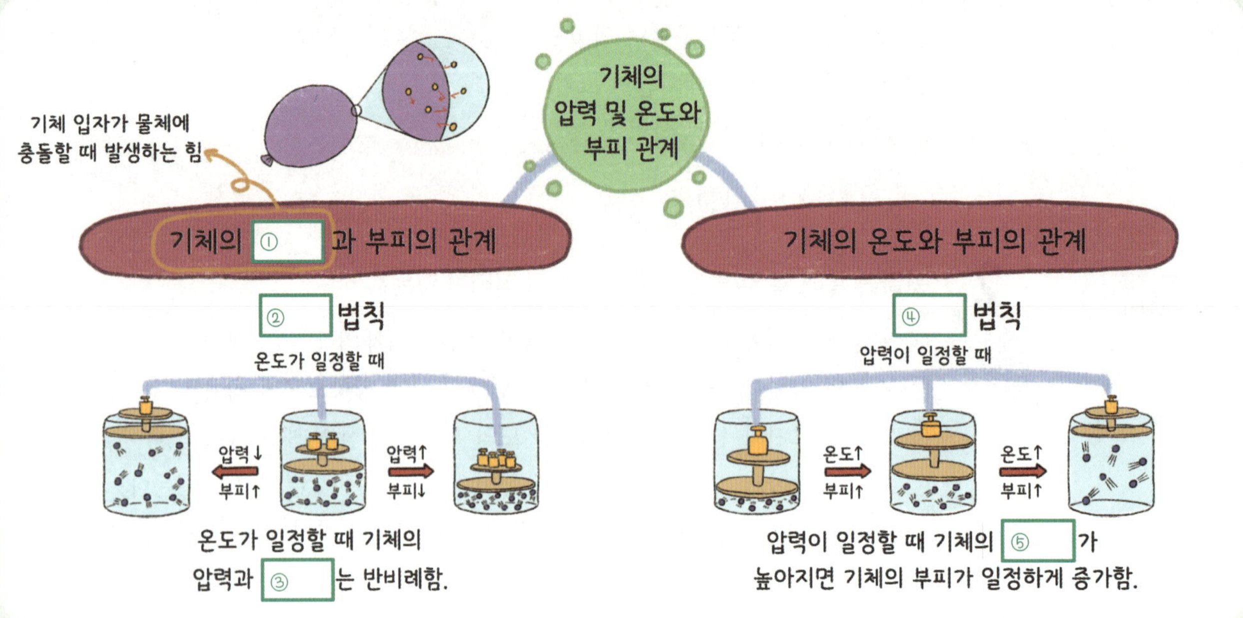

📖 교과 개념 사전

#압력 [암녁]
두 물체가 접촉면을 경계로 하여 서로 그 면에 수직으로 누르는 단위 면적에서의 힘의 단위.

#부피 [부피]
넓이와 높이를 가진 물건이 공간에서 차지하는 크기.

#대기압 [대:기압]
지구를 둘러싸고 있는 공기의 압력. 보통 지표에서 대기압은 1기압이다.

#보일 법칙 [법칙]
'온도가 일정할 때 일정한 양의 기체 부피는 압력에 반비례한다.'는 것으로, 영국의 과학자 보일이 처음으로 밝혀내었다.

#온도 [온도]
따뜻함과 차가움의 정도. 또는 그것을 나타내는 수치.

#샤를 법칙 [법칙]
'같은 압력에서 온도가 높아지면 기체의 부피는 일정하게 증가한다.'는 것으로, 프랑스의 과학자 샤를이 처음으로 밝혀내었다.

교과 개념 확인 Quiz ✏

다음 물음에 답하시오.

❶ 기체의 압력은 물체의 모양과 상태를 바꿀 수 있다.　　　　　　　　○ ┃ X

❷ 높은 곳으로 올라갈수록 공기의 압력이 커지면서 기체의 부피도 점점 늘어난다.　　○ ┃ X

❸ 보일 법칙에 따르면, 온도가 일정할 때 기체의 부피는 압력에 □□□한다.

❹ 일정한 압력에서 일정한 양의 기체는 □□가 높아지면 기체의 부피가 일정한 비율로 늘어난다.

❺ □□ 법칙은 압력이 일정할 때 기체의 부피와 온도가 어떤 관계가 있는지 나타내는 법칙이다.

5일차

1

>> 물리학

운동 상태를 바꾸는 힘, 알짜힘

Step 1 교과 개념 **톡** 생각 열기

◆ **무엇을 배울까?**

초등	중등	고등	수능기출
과학 3-1 교과서 1단원 힘과 우리 생활	과학 1 교과서 5단원 힘의 작용	통합과학 1 교과서 3단원 시스템과 상호작용	2016학년도 수능 A형 [16-18] 돌림힘과 지레의 원리

❶ 힘의 개념과 힘이 **평형**을 이루는 조건 이해하기

#힘　　#알짜힘　　#힘의 평형

❷ 알짜힘과 이에 따른 **운동 상태**의 변화 이해하기

#운동 상태

💡 **생각해 보기**　바람이 불 때 양궁 선수가 화살을 조준하는 방향을 바꾸는 이유는 무엇일까?

1 우리는 선생님께 칭찬을 받거나 친구에게 응원의 말을 들었을 때 힘이 난다고 이야기한다. 그런데 이때의 '힘'은 과학에서 말하는 '힘'과는 조금 차이가 있다. 과학에서의 **#힘**은 손으로 밀가루 반죽을 하거나 발로 축구공을 차는 것처럼 물체의 모양이나 운동 상태를 변하게 하는 원인이다. 이때 **#운동 상태**란 이동 거리를 이동에 걸린 시간으로 나눈 값인 속력과 물체의 운동 방향을 말한다.

2 그렇다면 과학에서는 힘을 어떻게 표현할까? 축구공을 발로 차면 축구공이 순간적으로 일그러지면서 발로 찬 힘이 작용한* 방향으로 속력이 변하며 움직이는데, 축구공에 힘이 작용하는 지점과 힘의 방향, 크기에 따라 그 결과가 다르게 나타난다. 따라서 힘의 작용을 표현할 때에는 〈그림〉처럼 힘이 작용하는 지점을 기준으로 화살표를 활용하여 힘의 방향과 크기를 표시한다.

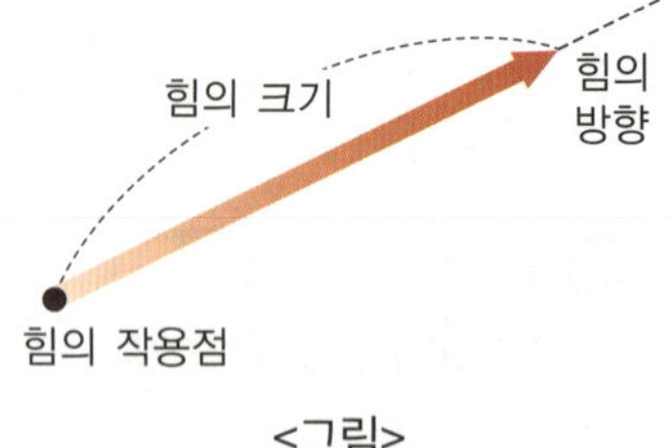

<그림>

3 한 물체에 여러 힘이 동시에 작용하면 이 힘들이 합쳐져 하나의 힘처럼 물체의 운동을 결정한다. 이때 여러 힘이 합쳐진 힘을 **#알짜힘**이라 한다. 한 물체에 나란한* 방향으로 두 힘이 동시에 작용하면 알짜힘은 두 힘의 크기를 더한 것과 같으며, 힘의 방향은 두 힘의 방향과 같다. 그리고 한 물체에 작용하는 두 힘이 반대 방향이면 알짜힘의 크기는 두 힘 중 큰 힘에서 작은 힘을 뺀 것과 같으며, 힘의 방향은 큰 힘의 방향과 같다. 또한 한 물체에 작용하는 두 힘의 크기가 같고 방향만 반대일 때에는 알짜힘이 0이 된다. 알짜힘이 0이면 물체는 모양이나 운동 상태의 변화가 나타나지 않는 **#힘의 평형*** 상태가 된다. 즉 멈춰 있는 물체는 계속 멈춰 있고, 움직이는 물체는 방향과 속력의 변화 없이 계속 움직인다. 마치 줄다리기를 할 때 양편이 줄을 당기는 힘이 같으면 줄이 어느 쪽으로도 움직이지 않는 것과 같다.

4 알짜힘이 0이 아닐 때 힘과 운동 상태의 관계는 세 가지로 나눌 수 있다. 먼저, 물체의 운동 방향과 나란한 방향으로 알짜힘이 작용하면, 물체의 운동 방향은 변하지 않고 속력만 변한다. 이때 운동 방향과 알짜힘의 방향이 같으면 속력이 점점 빨라지고, 반대이면 속력이 점점 느려진다. 예를 들어 놀이공원의 낙하* 놀이기구는 높은 곳에 있던 탑승 의자가 아래로 떨어질 때 운동 방향은 일정하고 속력만 점점 빨라진다. 다음으로, 물체의 운동 방향과 수직 방향으로 알짜힘이 작용하면, 물체의 속력은 변하지 않고 운동 방향만 변한다. 일정한 속력으로 원운동을 하는 대관람차*의 움직임을 떠올려 보면 쉽게 이해할 수 있다. 마지막으로, 물체의 운동 방향과 비스듬한 방향으로 알짜힘이 작용하면, 물체의 속력과 운동 방향이 모두 변한다. 앞뒤로 오르내리는 그네의 움직임이 여기에 해당하는데, 그네의 속력은 올라가는 동안 점점 느려지고 내려가는 동안 점점 빨라진다.

---

1 문단
과학에서의 힘의 개념
물체의 모양이나 〇〇〇를 변하게 하는 원인

2 문단
힘의 표현 방법
힘의 작용점을 기준으로 〇〇〇를 활용하여 힘의 방향과 크기를 표시함.

· **작용하다** 어떠한 현상을 일으키거나 영향을 미치다.

3 문단
알짜힘의 개념과 힘의 평형
한 물체에 동시에 작용하는 여러 힘이 합쳐진 힘을 〇〇〇이라 하고, 이 힘이 〇이면 힘의 평형 상태가 됨.

· **나란하다** 여러 줄이 평행하다.
· **평형** 사물이 한쪽으로 기울지 않고 안정해 있음.

4 문단
알짜힘과 운동 상태의 관계
· 물체의 운동 방향과 알짜힘의 방향이 나란할 때: 〇〇만 변함.
· 물체의 운동 방향과 알짜힘의 방향이 수직일 때: 〇〇〇〇만 변함.
· 물체의 운동 방향과 알짜힘의 방향이 〇〇〇 때: 속력과 운동 방향이 모두 변함.

· **낙하** 높은 데서 낮은 데로 떨어짐.
· **대관람차** 바퀴 모양의 둘레에 두세 명이 앉을 수 있는 작은 공간을 여러 개 만들어, 먼 곳을 바라볼 수 있도록 한, 거대한 회전식 놀이기구.

1 윗글을 통해 해결할 수 있는 질문이 <u>아닌</u> 것은?

① 물체의 운동 상태란 무엇을 의미하는가?

② 물체에 작용하는 알짜힘은 어떻게 구하는가?

③ 알짜힘은 어떤 경우에 물체의 속력을 바꾸는가?

④ 힘을 표현할 때 활용되는 화살표의 종류에는 어떤 것이 있는가?

⑤ 속력과 운동 방향이 모두 바뀌는 운동의 예로 어떤 것이 있는가?

고난도

2 윗글을 읽은 학생들의 반응으로 적절하지 <u>않은</u> 것은?

① 자동차로 같은 거리를 이동한 경우 이동 시간이 짧을수록 속력이 빠르겠군.

② 운동하는 물체에 여러 힘이 작용해 알짜힘이 0이 되면 그 물체는 정지하겠군.

③ 물체의 운동 방향과 나란한 방향으로 힘이 작용하면 운동 방향이 변하지 않겠군.

④ 일정한 속력으로 도는 회전목마에는 운동 방향과 수직 방향으로 알짜힘이 작용하겠군.

⑤ 여닫이문을 안과 밖에서 동시에 밀었을 때 움직임에 변화가 없다면 힘의 평형을 이룬 상태겠군.

3 <보기>는 자동차에 작용하는 힘을 표현한 것이다. 윗글을 바탕으로 할 때, 자동차에 작용하는 힘의 수와 알짜힘, 자동차의 운동 방향을 올바르게 짝지은 것은?

	힘의 수	알짜힘	운동 방향
①	1	30N	오른쪽
②	1	70N	왼쪽
③	2	30N	오른쪽
④	2	30N	왼쪽
⑤	2	70N	오른쪽

◆ 개념 한눈에 보기

📕 교과 개념 사전

#힘 [힘]
물체의 모양이나 운동 상태를 변화시키는 원인.

#운동 상태 [운ː동] [상태]
물체의 속력과 운동 방향을 모두 고려하여 나타낸 것.

#알짜힘 [알짜힘]
한 물체에 작용하는 모든 힘의 합. '합력'이라고도 한다.

#힘의 평형 [히믜/히메] [평형]
어떤 물체에 두 가지 이상의 힘이 작용할 때에, 알짜힘이 영 (0)이 되어 아무런 힘의 작용이 없는 것과 같이 된 상태.

교과 개념 확인 Quiz ✏

다음 물음에 답하시오.

❶ □은 물체의 모양이나 운동 상태를 변하게 하는 원인이다.

❷ 한 물체에 여러 힘이 동시에 작용할 때 그 힘들을 모두 합한 힘을 □□□이라 한다.

❸ 속력은 이동에 걸린 시간을 이동 거리로 나눈 값이다.　　　　　　　　○ l X

❹ 멈춰 있는 물체에 작용하는 알짜힘이 0이면 그 물체는 계속 멈춰 있다.　　　○ l X

❺ 운동하는 물체에 작용하는 알짜힘이 0이 아니면 물체의 속력이나 □□ □□이 변한다.

5일차

2 »물리학

번지 점프에 숨어 있는 여러 가지 힘

Step 1 교과 개념 **톡** 생각 열기

◆ **무엇을 배울까?**

초등	중등	고등	수능기출
과학 3-1 교과서 1단원 힘과 우리 생활	과학 1 교과서 5단원 힘의 작용	통합과학 1 교과서 3단원 시스템과 상호작용	2015학년도 9월 평가원 B형 [29-30] 물체의 점탄성

❶ 물체에 작용하는 **중력, 탄성력, 마찰력, 부력**의 특징 이해하기

#중력   #탄성력   #마찰력   #부력

❷ **무게와 질량 구별하기**

#무게   #질량

💡 **생각해 보기** 물놀이를 하는 동안 우리는 어떤 힘을 받고 있을까?

1 번지 점프에 도전한 시우는 수십 미터 높이의 점프대에 올라가서, 굵고 긴 고무 로프를 몸에 연결하고는 점프대 끝의 발판 위에 섰다. 발판에는 표면이 까슬까슬한 테이프가 붙어 있었다. 그 위에서 시우는 두 팔을 옆으로 펼치고 뛰어내렸다. 시우의 몸은 로프가 팽팽해질 때까지 떨어지다가 줄의 반동으로 튕겨 올랐다. 그리고 다시 떨어졌다 올라갔다를 몇 번 반복하고 나서야, 점프대 아래를 흐르는 강물 위에서 멈추었다. 그러자 보트를 탄 안전 요원들이 다가와 시우를 보트 위로 내려 주었다. 이렇게 시우가 즐긴 ㉠번지 점프의 과정에는 여러 가지 과학적 힘이 숨어 있다.

2 지구상의 모든 물체는 지구가 당기는 힘의 영향을 받는다. 이처럼 지구, 달 등과 같은 천체˙가 물체를 당기는 힘을 **#중력**이라 한다. 중력은 천체의 표면과 수직을 이루면서 천체의 중심 쪽으로 향하여 작용한다. 점프대에서 뛰어내린 시우가 아래로 떨어지는 것도 이러한 중력 때문이다. 다만, 중력의 크기는 천체마다 다르다. 예를 들어 달의 중력은 지구 중력의 약 6분의 1이다.

3 물체에 작용하는 중력의 크기를 **#무게**라고 하며, 'N(뉴턴)'을 단위로 사용한다. 같은 물체라도 중력이 달라지면 ⓐ무게도 달라진다. 그러나 무게가 달라진다고 해서 물체의 고유한 양이 달라지는 것은 아니다. 중력이 달라져도 변하지 않는, 물체의 고유한 양을 **#질량**이라 하는데, 단위는 'kg(킬로그램)'을 사용한다. 지구 표면에서 질량이 1kg인 물체의 무게는 9.8N이며, 같은 천체에서 무게는 질량에 비례한다. 그러나 무게와 달리 ⓑ질량은 장소가 달라져도 변하지 않는다.

4 한편, 시우의 몸에 연결된 고무 로프에는 탄성력이 숨어 있다. **#탄성력**은 외부의 힘으로 변형된 물체가 원래 모양으로 되돌아가려고 하는 힘을 가리킨다. 번지 점프대에서 뛰어내린 시우가 아래로 떨어지다가 다시 위로 튕겨 올라간 것은 고무 로프의 탄성력이 작용했기 때문이다. 이러한 탄성력은 용수철의 경우에도 찾아볼 수 있는데, 물체가 변형되는 정도가 클수록 탄성력도 커진다.

5 번지 점프 과정 외에 점프대와 보트에서도 과학적 힘을 확인할 수 있다. **#마찰력**은 두 물체의 접촉면에서 물체의 운동을 방해하는˙ 힘인데, 번지 점프대의 발판 표면을 까슬까슬하게 만든 것은 마찰력을 높여 번지 점프대에서 뛰어내리는 사람이 미끄러지는 것을 방지하기˙ 위해서이다. 마찰력은 물체의 운동 방향과 반대 방향으로 작용하는데, 물체의 무게가 무거울수록, 접촉면이 거칠수록 커진다. 이때 접촉면의 넓이는 마찰력의 크기에 영향을 주지 않는다. 그리고 **#부력**은 액체나 기체가 물체를 중력과 반대 방향으로 밀어 올리는 힘을 말하는데, 안전 요원들이 탄 보트가 수면˙에 뜰 수 있었던 것은 바로 보트를 위로 밀어 올리는 힘, 즉 부력이 작용했기 때문이다. 이러한 부력은 물에 잠긴 물체의 부피가 클수록 커진다. [A]

1 문단
번지 점프의 과정과 과학적 힘
번지 점프의 과정에는 여러 가지 과학적 ☐이 숨어 있음.

2 문단
중력의 개념과 특성
중력은 ☐가 물체를 당기는 힘으로, 천체마다 그 크기가 다름.

• 천체 우주에 존재하는 모든 물체. 항성, 행성, 위성 등을 통틀어 이르는 말.

3 문단
무게와 질량의 차이
물체에 작용하는 중력의 크기인 ☐는 중력에 따라 달라지지만, 물체의 고유한 양인 ☐은 늘 동일한 값을 지님.

4 문단
탄성력의 개념과 특성
탄성력은 변형된 물체가 원래의 모양으로 ☐ 힘으로, 물체의 ☐ 정도가 클수록 커짐.

5 문단
마찰력과 부력의 개념과 특성
마찰력은 물체 간 접촉면에서 물체의 ☐을 방해하는 힘이고, 부력은 액체나 기체가 물체를 ☐과 반대 방향으로 밀어 올리는 힘임.

• 방해하다 남의 일을 간섭하고 막아 해를 끼치다.
• 방지하다 어떤 일이나 현상이 일어나지 못하게 막다.
• 수면 물의 겉면.

1 윗글에서 다루고 있는 내용으로 적절하지 <u>않은</u> 것은?

① 무게와 질량의 차이점 ② 부력과 마찰력이 작용하는 방향
③ 중력의 크기가 천체마다 다른 까닭 ④ 물체의 변형 정도와 탄성력의 관계
⑤ 달의 중력과 지구 중력의 크기 차이

2 ㉠에 대한 설명으로 적절하지 <u>않은</u> 것은?

① 시우가 번지 점프대 아래로 떨어지는 것은 지구의 중력 때문이다.
② 번지 점프대의 발판 표면이 까슬한 것은 마찰력을 높이기 위함이다.
③ 시우의 몸이 위로 튕겨 오르게 된 것은 고무 로프의 탄성력 때문이다.
④ 번지 점프대 아래의 강물 위에 보트가 뜰 수 있는 것은 부력 때문이다.
⑤ 시우의 몸이 떨어졌다 올라갔다를 반복한 것은 중력이 약해진 결과이다.

3 ⓐ와 ⓑ에 대한 설명으로 적절하지 <u>않은</u> 것은?

① 같은 물체라도 지구와 달에서의 ⓐ는 다르다.
② ⓐ는 천체가 물체를 끌어당기는 힘이 커질수록 커진다.
③ ⓑ가 지구에서 60kg인 물체를 달에서 재면 10kg이 된다.
④ 달 표면에서 쟀을 때 ⓐ가 9.8N인 물체의 ⓑ는 6kg이다.
⑤ 같은 장소에서 잴 경우, 물체의 ⓑ가 작을수록 ⓐ도 작아진다.

4 [A]를 참고할 때, <보기>에 있는 책의 마찰력을 가장 크게 만드는 조건으로 적절한 것은?

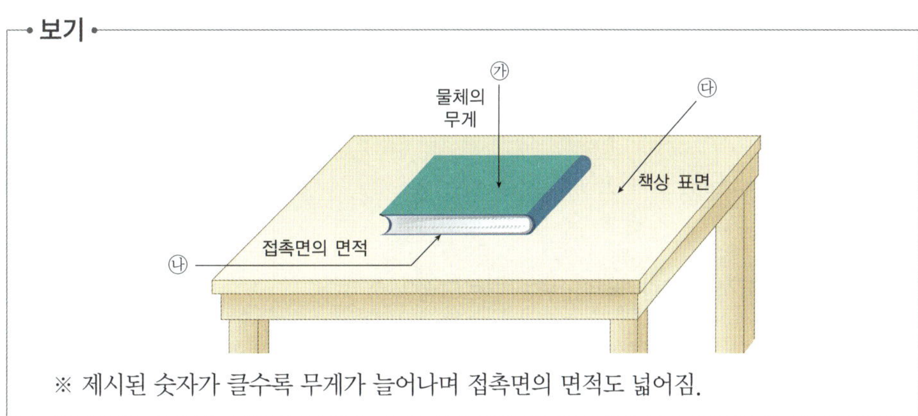

	㉮	㉯	㉰
①	1	1	거침
②	5	10	거침
③	10	1	거침
④	5	10	매끄러움
⑤	10	5	매끄러움

◆ **개념 한눈에 보기**

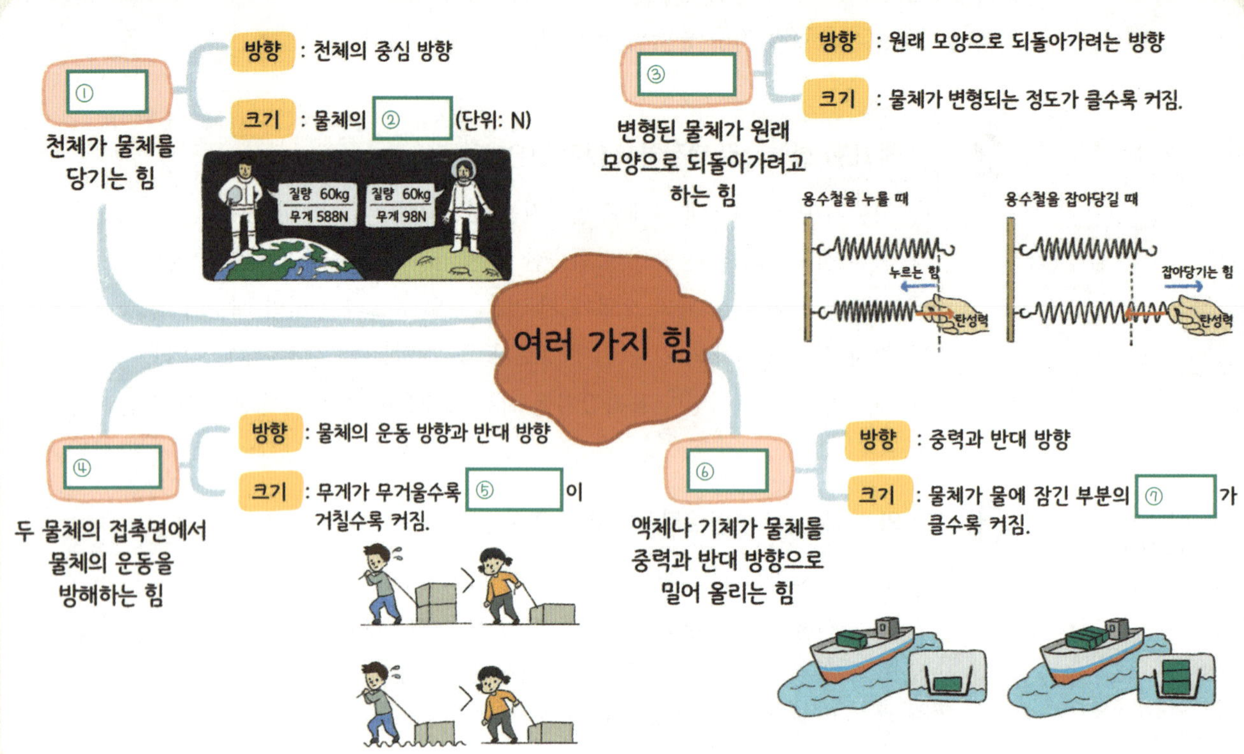

📙 교과 개념 사전

#중력 [중ː녁]
지구, 달 등과 같은 천체가 물체를 당기는 힘.

#무게 [무게]
물건의 무거운 정도. 단위는 뉴턴(N).

#질량 [질량]
물체의 고유한 역학적 기본량. 국제단위는 킬로그램(kg).

#탄성력 [탄ː성녁]
물체의 변형으로 생기는 힘. 변형되는 정도에 비례한다.

#마찰력 [마찰력]
접촉하고 있는 두 물체가 상대 운동을 하려고 하거나 상대 운동을 하고 있을 때, 그 운동을 방해하는 방향으로 작용하는 힘.

#부력 [부력]
기체나 액체 속에 있는 물체가 그 물체에 작용하는 압력에 의하여 중력과 반대 방향인 위로 뜨려는 힘.

✏️ 교과 개념 확인 Quiz

다음 물음에 답하시오.

❶ □□은 천체가 물체를 당기는 힘을 말한다.

❷ 탄성력은 물체가 변형되는 정도가 클수록 커진다.
　　　　　　　　　　　　　○ ｜ ✕

❸ 마찰력은 두 물체의 접촉면 사이에서 물체의 □□을 방해한다.

❹ 부력은 중력과 반대 방향으로 작용한다.
　　　　　　　　　　　　　○ ｜ ✕

❺ □□은 물체가 가진 고유한 양을 의미한다.

❻ 동일한 물체에 대해 지구에서 측정한 질량은 달에서 측정한 질량의 6분의 1정도 된다.
　　　　　　　　　　　　　○ ｜ ✕

이번 주에 배운 **핵심 교과 개념**을 확인해 볼까요?

본문에 수록된 교과 개념에 대한 자세한 풀이를

일차별로 묶어 부록에 담았어요.

부록 페이지를 찾아가서 이번 주에 배운 핵심 교과 개념을

다시 한번 복습해 보세요!

일차		# 핵심 교과 개념	부록
1일차	1	세포 ｜ 단세포 생물 ｜ 다세포 생물 ｜ 조직 ｜ 기관 ｜ 기관계	01p
	2	생물 다양성 ｜ 변이 ｜ 생물 분류 ｜ 계 ｜ 종	02p
2일차	1	전도 ｜ 복사 ｜ 대류 ｜ 열평형 ｜ 단열	11p
	2	열량 ｜ 비열 ｜ 열팽창 ｜ 바이메탈	12p
3일차	1	고체 ｜ 액체 ｜ 기체 ｜ 융해 ｜ 응고 ｜ 기화 ｜ 액화 ｜ 승화	21p
	2	열에너지 ｜ 상태 변화 ｜ 열에너지 흡수 ｜ 열에너지 방출	22p
4일차	1	입자 ｜ 입자의 운동 ｜ 확산 ｜ 증발	23p
	2	압력 ｜ 부피 ｜ 대기압 ｜ 보일 법칙 ｜ 온도 ｜ 샤를 법칙	24p
5일차	1	힘 ｜ 운동 상태 ｜ 알짜힘 ｜ 힘의 평형	13p
	2	중력 ｜ 무게 ｜ 질량 ｜ 탄성력 ｜ 마찰력 ｜ 부력	14p

시작~!

1

>> **지구과학**

기운 센 태양은 지구를 힘들게 해

Step 1 교과 개념 톡 생각 열기

◆ 무엇을 배울까?

초등	중등	고등	수능기출
과학 4-2 교과서 1단원 밤하늘 관찰	과학 1 교과서 7단원 태양계	지구과학 교과서 3단원 태양계 천체와 별과 우주의 진화	COMING SOON

❶ 태양 표면과 대기의 특징을 알기

#흑점   #홍염   #플레어   #코로나

❷ 태양의 활동이 지구에 미치는 영향에 대해 이해하기

#태양풍   #자기 폭풍   #오로라

💡 **생각해 보기**   태양 활동이 활발해지면 지구에는 어떤 일들이 생길까?

1 태양은 태양계에서 스스로 빛을 내는 유일한 천체로, 내부에서 만들어 낸 많은 양의 빛과 에너지를 우주 공간으로 내보내 태양계에 있는 모든 행성에 공급해 준다. 태양은 지구의 생명체가 살아가기에 알맞은 온도를 유지할 수 있게 해 주며, 식물의 광합성에 필수적으로 작용하여 생명체들이 산소와 양분을 얻을 수 있게 해 준다. 그렇다면 태양이 내보내는 에너지의 양은 언제나 같을까? 그렇지 않다. 실제 태양은 활발하게 활동할 때도 있고 조용하게 활동할 때도 있는데, 그 주기는 평균 11년 정도이다.

2 태양의 활동은 **#흑점**의 활동, **#홍염**과 **#플레어**의 발생, **#코로나**의 크기 변화 등으로 확인할 수 있다. 흑점은 태양의 표면인 광구에 나타나는 반점으로 주변보다 온도가 낮아 검게 보이는데, 태양의 활동이 활발할수록 그 개수가 증가한다. 홍염은 광구와 코로나 사이의 대기층˙인 채층의 물질이 코로나까지 솟아오르는 불꽃 기둥을 가리키며, 플레어는 흑점 부근의 채층에서 짧은 시간 동안 나타나는 강력한 폭발을 말하는데, 태양의 활동이 활발해지면 태양의 대기층에서 홍염과 플레어가 자주 발생한다. 또한 코로나는 청백색으로 보이는 태양의 가장 바깥쪽 대기층으로 온도가 100만℃ 이상으로 매우 높은데, 태양이 활발하게 활동할수록 그 크기가 커진다.

3 그렇다면 태양 활동이 활발할 때, 지구에는 어떠한 현상이 나타날까? 플레어가 나타나 코로나의 온도가 급격히˙ 높아지면, 코로나의 물질들이 계속해서 우주 공간으로 방출된다˙. 이 물질들은 전기 입자로 이루어져 있는데, 이 물질들의 흐름을 **#태양풍**이라고 한다. 태양풍은 강한 에너지를 포함하고 있으므로, 이 물질이 지구의 생명체에 직접 닿으면 심각한 문제가 발생한다. 지구 자기장은 이러한 태양풍을 막아 지구를 보호하는 역할을 하지만 태양 활동이 활발해져 태양이 평소보다 강한 태양풍을 내보내면 지구 자기장이 갑자기 불규칙해지는 **#자기 폭풍**이 발생한다. 자기 폭풍이 발생하면 전기 · 통신과 관련된 제품이나 시스템에 장애가 생기는데, 그 이유는 전기로 작동되는 기기들은 모두 자기장을 만들고, 통신을 담당하는 인공위성들은 모두 지구 자기장의 보호를 받고 있기 때문이다. 일례˙로 지난 1989년 캐나다의 퀘벡에서는 태양풍으로 인해 발전소의 송전˙ 시설이 파괴되어 6백여만 명의 주민들이 정전˙ 피해를 입었다. 한편 태양풍이 세지면 지구 자기장에 이끌리는 태양풍의 입자가 많아지기 때문에, 이 전기 입자가 대기 중의 공기 분자와 충돌하며 빛을 내는 **#오로라**도 평소보다 더 넓은 지역에서, 더 자주 일어나게 된다.

4 태양의 활동으로 발생하는 인한 피해를 예방하기 위해 과학자들은 태양 관측 위성을 개발하여 태양에 나타나는 변화를 실시간으로 관측하고 있다. 또 이를 바탕으로 하여 우주 환경의 변화를 예보하는˙ 우주 날씨 예측 센터를 구축하여 우주 기상에 대한 정보를 세계 곳곳에 전달하고 있다.

---

1 문단
태양의 역할
태양은 많은 양의 ▢▢과 ▢▢▢를 태양계 있는 모든 행성에 공급해 줌.

2 문단
태양의 활동과 태양의 대기
태양의 활동이 활발할수록 ▢▢의 개수가 증가하고, 홍염과 ▢▢▢가 자주 발생하며, ▢▢▢의 크기가 커짐.

• 대기층 천체의 표면을 둘러싸고 있는 기체의 층.

3 문단
태양의 활동이 지구에 미치는 영향
태양의 활동이 활발해지면 강한 ▢▢▢으로 인해 ▢▢▢▢이 발생하여 전기·통신과 관련된 제품이나 시스템에 장애가 생기고, ▢▢▢가 발생함.

• 급격히 변화의 움직임 따위가 급하고 격렬하게.
• 방출되다 입자나 전자기파의 형태로 에너지가 내보내지다.
• 일례 하나의 보기. 또는 한 가지 실례
• 송전 발전소에서 생산된 전력을 변전소로 보내는 일.
• 정전 오던 전기가 끊어짐.

4 문단
태양 활동의 피해 예방 방안
태양의 변화를 실시간으로 관측하고 우주 환경의 변화를 예보함.

• 예보하다 앞으로 일어날 일을 미리 알리다.

전개 방식 파악하기

1 윗글의 설명 방식으로 가장 적절한 것은?

① 스스로 묻고 답하는 방법으로 글의 내용을 전개하고 있다.

② 설명 대상이 형성되어 온 과정을 시대순으로 정리하고 있다.

③ 설명 대상에 대한 상반된 관점과 절충 방안을 소개하고 있다.

④ 전문가의 의견을 인용하여 설명 대상의 한계를 제시하고 있다.

⑤ 두 대상을 견주어 비슷한 부분에 초점을 맞추어 설명하고 있다.

핵심 내용 파악하기

2 윗글에서 언급한 내용이 <u>아닌</u> 것은?

① 태양풍이 발생하는 이유

② 태양계에서의 태양의 역할

③ 태양이 스스로 빛을 내는 원리

④ 태양의 대기층에서 나타나는 현상

⑤ 태양 활동으로 발생하는 피해의 예방 방안

고난도

세부 내용 추론하기

3 윗글을 이해한 내용으로 적절하지 <u>않은</u> 것은?

① 플레어는 태양의 내부에서 일어나는 강력한 폭발 현상이다.

② 식물은 태양의 빛과 에너지를 이용하여 산소와 양분을 만든다.

③ 태양에서 방출된 전기 입자들은 통신 장애를 일으키기도 한다.

④ 광구에 나타나는 반점은 태양의 활동이 활발할수록 개수가 증가한다.

⑤ 태양풍으로 지구 자기장의 보호 기능이 약화되면 자기 폭풍이 발생한다.

사례에 적용하기

4 윗글을 읽고 <보기>를 이해한 내용으로 적절하지 <u>않은</u> 것은?

> • 보기 •
>
> 광구의 온도는 약 6,000℃로, 태양의 대기보다 온도가 낮다. 그러나 광구는 태양의 대기보다 밝기 때문에 광구 위에 있는 태양의 대기층은 평소에는 관측하기가 어렵다. 따라서 태양의 대기층은 특별한 관측 장비를 이용하거나 달이 태양을 완전히 가리는 현상인 개기 일식이 일어날 때 볼 수 있다.

(가) 코로나

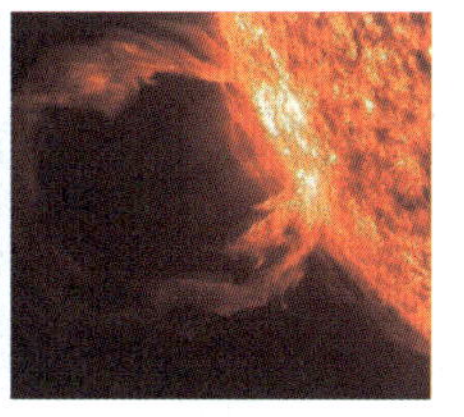
(나) 홍염

① (가)의 밝은 부분은 광구보다 온도는 높지만 밝기는 약하겠군.

② (가)의 밝은 부분은 태양의 활동에 따라 그 크기가 주기적으로 변화하겠군.

③ 태양의 활동이 활발할수록 (나)의 불꽃 기둥이 나타나는 빈도가 높아지겠군.

④ (나)의 불꽃 기둥이 자주 발생할 때 지구에서는 오로라의 관측 범위가 줄어들겠군.

⑤ (가)의 밝은 부분과 (나)의 불꽃 기둥은 평소에 일반 장비로 관측하기는 어렵겠군.

◆ **개념 한눈에 보기**

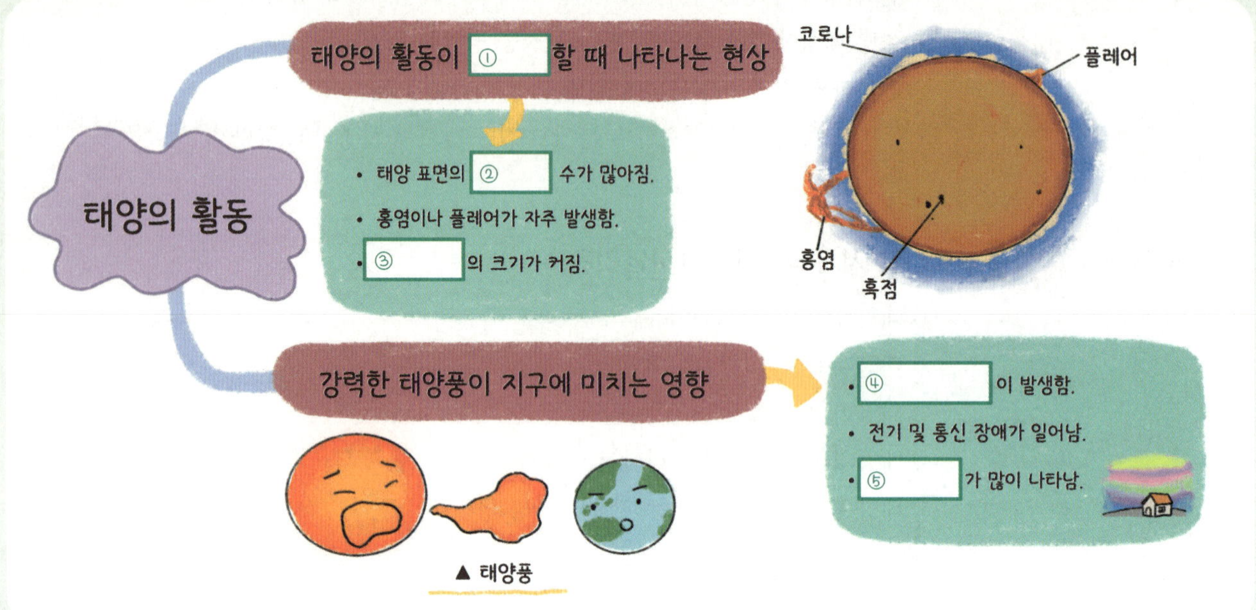

📖 **교과 개념 사전**

#흑점 [흑쩜]
태양 표면에 보이는 검은 반점. 광구에 나타나는 현상으로, 광구의 온도보다 2,000℃ 정도 더 낮기 때문에 검게 보인다.

#홍염 [홍염]
태양의 대기층인 채층에서 솟아오르는 불꽃 모양의 가스 기둥.

#플레어
흑점 부근에서 강한 폭발이 일어나 대기층이 밝아지며 엄청난 양의 물질과 에너지를 방출하는 현상.

#코로나
태양 대기의 가장 바깥층에 있는 청백색의 희미한 가스층.

#태양풍 [태양풍]
태양에서 방출되는 전기를 띤 입자의 흐름.

#자기 폭풍 [자ː기] [폭풍]
지구 표면의 자기장이 갑자기 크게 바뀌는 현상.

#오로라
태양풍에 포함된 전기를 띤 입자가 대기 중의 공기 분자와 충돌하면서 빛을 내는 현상. 주로 극지방에서 나타난다.

✏️ **교과 개념 확인 Quiz**

다음 물음에 답하시오.

❶ 태양 표면의 흑점이 검게 보이는 것은 주변의 온도보다 낮기 때문이다.　　○ㅣ✕

❷ □□은 태양의 채층에서 솟아 올라오는 고온의 가스 기둥이다.

❸ 코로나는 태양의 가장 바깥쪽 대기층으로, 태양의 활동이 활발할수록 크기가 작아진다.　　○ㅣ✕

❹ □□□은 태양에서 방출되는 전기를 띤 입자의 흐름이다.

❺ □□□는 태양풍에 포함된 전기 입자가 대기 중의 공기 분자와 충돌하면서 빛을 내는 현상이다.

❻ 태양의 활동이 활발할 때 지구에서 자기 폭풍이 일어난다.　　○ㅣ✕

2 ▶▶ 지구과학

지구야, 네가 움직여서 그런 거야

Step 1 교과 개념 톡 생각 열기

◆ **무엇을 배울까?**

초등	중등	고등	수능기출
과학 6-1 교과서 4단원 지구의 운동	과학 1 교과서 7단원 태양계	지구과학 교과서 3단원 태양계 천체와 별과 우주의 진화	2015학년도 수능 B형 [25-26] 슈퍼문 현상의 원리

❶ 지구의 **자전**에 의한 천체의 **일주 운동** 이해하기

#지구의 자전   #일주 운동

❷ 지구의 **공전**에 의한 **별자리**의 변화를 이해하기

#별자리   #연주 운동   #황도   #지구의 공전

💡 **생각해 보기**   같은 시각, 같은 장소에서 밤하늘을 보아도 여름 하늘과 겨울 하늘에 보이는 별자리가 다른 까닭은 무엇일까?

1 하늘에 떠 있는 태양이 동쪽에서 떠서 서쪽으로 지고, 낮과 밤이 번갈아 나타나는 이유는 무엇일까? 또 우리가 볼 수 있는 별자리가 계절마다 달라지는 까닭은 무엇일까? 그 이유는 바로 우리는 느낄 수 없지만, 지구가 끊임없이 움직이고 있기 때문이다. 우리가 사는 지구는 남극과 북극을 이은 가상의 자전축을 중심으로 스스로 하루에 한 바퀴씩 돌고, 동시에 태양을 중심으로 하여 태양의 둘레를 1년에 한 바퀴씩 도는데, 전자를 지구의 자전, 후자를 지구의 공전이라고 한다. 이러한 지구의 운동으로 하늘의 태양과 별들이 자리를 옮기는 것이다.

2 그렇다면 지구의 운동으로 하늘의 별과 달, 태양의 위치가 어떻게 바뀌는 것일까? 지구에서 하늘을 바라보면 태양과 달, 별 등의 천체가 붙어 있는 것을 볼 수 있는데, 이렇게 천체가 붙어 있는 가상의 둥근 하늘을 천구라고 한다. 지구 위에 있는 우리에게는 천구에 있는 천체들이 매일 동쪽에서 서쪽으로 움직이는 것처럼 보인다. 그런데 이것은 실제로 천체가 움직이는 것이 아니라, #지구의 자전 때문에 나타나는 현상이다. 달리는 차 안에서 창밖을 보면 멈춰 있는 산이 차가 달리는 반대 방향으로 움직이는 것처럼 보이는데, 이와 같은 원리로 지구가 매일 서쪽에서 동쪽 방향, 즉 시계 반대 방향으로 자전하기 때문에 천체들이 지구가 자전하는 방향의 반대인 동쪽에서 서쪽 방향, 즉 시계 방향으로 움직이는 것처럼 보이는 것이다. 이러한 천체의 겉보기 운동˚을 #일주 운동이라 하며, 자전에 의한 천체의 일주 운동으로 태양과 달, 별이 매일 동쪽에서 떠서 서쪽으로 지는 것을 보게 되는 것이다.

3 천체가 일주 운동만 한다면 우리는 매일 같은 장소와 시간에 매번 같은 별자리만 관측할 수 있을 것이다. 그러나 우리가 관측할 수 있는 #별자리는 계절마다 다르다. 예를 들어 3월 자정˚에 남쪽 하늘에서 볼 수 있는 별자리는 사자자리이지만, 8월 자정에 볼 수 있는 별자리는 염소자리이다. 이러한 현상이 나타나는 까닭은 무엇일까? 태양이 진 다음 서쪽 하늘의 지평선˚ 부근을 보고 있으면 별자리를 기준으로 태양의 위치가 조금씩 바뀌는 것을 관찰할 수 있다. 이는 태양이 실제로 움직이는 것이 아니라, 지구가 태양 주위를 돌기 때문에 나타나는 현상이다. 지구는 1년에 한 번씩 태양의 주위를 서쪽에서 동쪽으로 공전하는데, 이 때문에 태양이 서쪽에서 동쪽으로 하루에 약 1°씩 별자리 사이를 이동하여 1년 후에 처음의 자리로 되돌아오는 것처럼 보인다. 이러한 태양의 겉보기 운동을 태양의 #연주 운동이라 하고, 천구상에서 태양이 별자리 사이를 지나는 길을 #황도라고 한다. 태양이 황도를 따라 연주 운동을 할 때 태양과 같은 방향에 있는 별자리는 태양과 함께 뜨고 지기 때문에 관측하기가 어렵고, 태양의 반대쪽에 있는 별자리는 한밤중에 남쪽 하늘에서 관측할 수 있다. 즉, #지구의 공전에 의해 태양이 보이는 위치가 달라지기 때문에 우리가 계절마다 다른 별자리를 볼 수 있는 것이다.

독해 TIP!
이 글은 지구의 운동과 천체의 운동이 인과의 방식으로 제시되고 있어. 따라서 '때문이다', '이유는' 같은 표지에 주목해 현상의 원인과 결과를 정리하면서 글을 읽어야 해.

1 문단
지구의 자전과 공전
자전은 지구가 자전축을 중심으로 ▢에 한 바퀴씩 도는 운동이고, 공전은 지구가 ▢의 둘레를 ▢에 한 바퀴씩 도는 운동임.

2 문단
지구의 ▢으로 나타나는 현상
태양과 달, 별 등의 천체가 동쪽에서 서쪽으로 움직이는 것처럼 보임. → 천체의 ▢ 운동

• **겉보기 운동** 지구에서 관측한 태양계 내의 천체 운동.

3 문단
지구의 ▢으로 나타나는 현상
별자리를 기준으로 ▢의 위치가 조금씩 바뀌기 때문에 우리가 계절마다 다른 ▢를 볼 수 있음. → 태양의 ▢ 운동

• **자정** 밤 열두 시.
• **지평선** 편평한 대지의 끝과 하늘이 맞닿아 경계를 이루는 선.

핵심 내용 파악하기

1 윗글에서 다루고 있는 내용으로 적절하지 <u>않은</u> 것은?

① 지구의 자전과 공전의 개념

② 태양의 연주 운동 속도와 방향

③ 지구가 태양 주위를 공전하는 이유

④ 지구의 자전으로 인해 나타나는 현상

⑤ 계절별로 관측할 수 있는 별자리가 다른 까닭

세부 내용 파악하기

고난도

2 윗글에 대해 이해한 내용으로 적절한 것은?

① 지구는 자전축을 중심으로 1년에 한 바퀴씩 회전한다.

② 천체의 일주 운동은 천체가 실제로 움직이기 때문에 나타난다.

③ 달은 하루를 주기로 하여 서쪽에서 동쪽으로 일주 운동을 한다.

④ 태양의 연주 운동은 지구의 공전으로 나타나는 겉보기 운동이다.

⑤ 여름날 밤 열두 시에 남쪽 하늘에서는 사자자리를 관측할 수 있다.

사례에 적용하기

3 윗글을 참고할 때, <보기>의 ㄱ과 ㄴ에 들어갈 말을 바르게 짝지은 것은?

• 보기 •

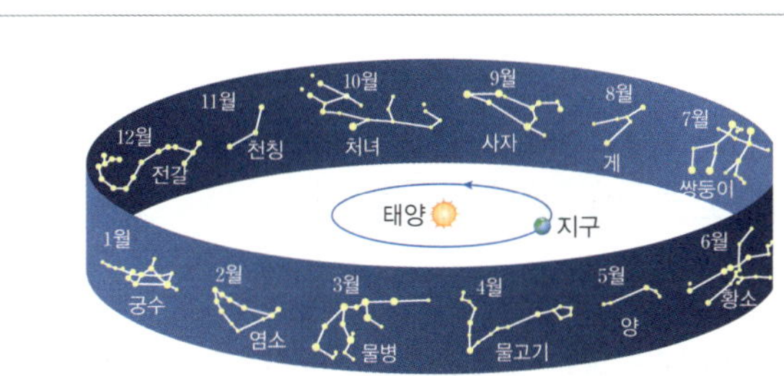

그림은 지구의 공전과 황도 12궁을 나타낸 것이다. 황도 12궁은 황도상에 위치하는 대표적인 12개의 별자리를 말하는데, 태양은 황도를 따라 대체로 한 달에 하나의 궁을 지나간다. 이 중 6월에는 천구상에서 [ㄱ] 가 태양과 함께 뜨고 지며, 한밤중에 남쪽 하늘에서 [ㄴ] 를 관찰할 수 있다.

	ㄱ	ㄴ
①	황소자리	전갈자리
②	전갈자리	황소자리
③	사자자리	물병자리
④	물병자리	사자자리
⑤	쌍둥이자리	염소자리

◆ 개념 한눈에 보기

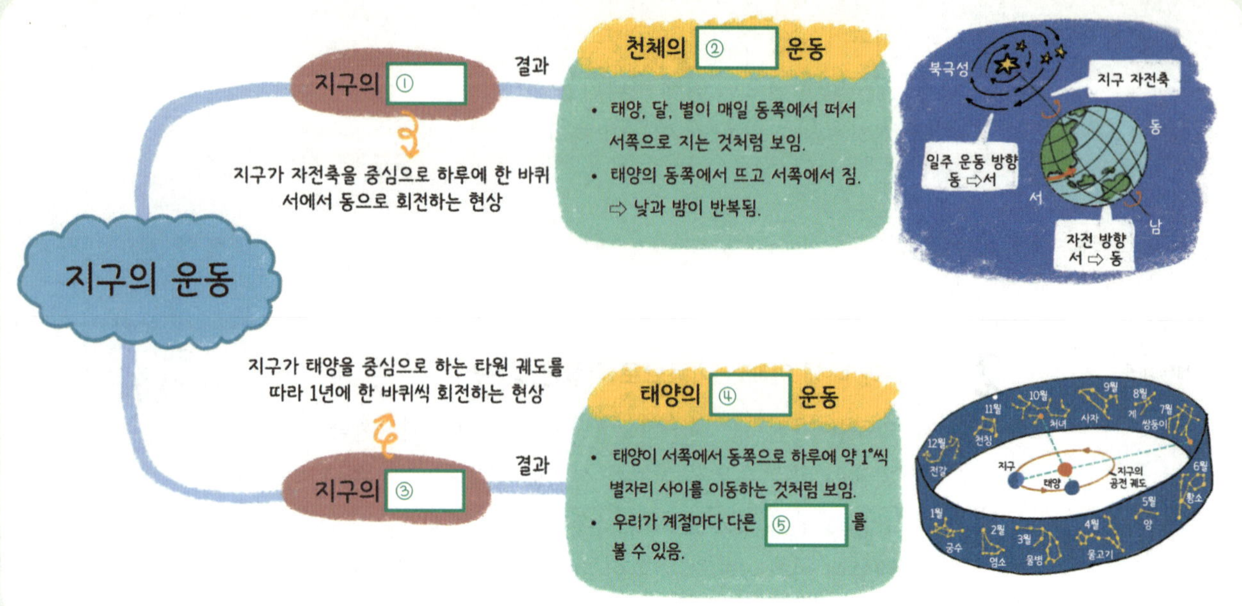

📗 교과 개념 사전

#지구의 자전 [지구] [자전]
지구가 자전축을 중심으로 하루에 한 바퀴씩 서에서 동으로 회전하는 운동.

#일주 운동 [일쭈] [운:동]
지구의 자전 운동으로 인하여 모든 천체가 천구와 함께 지구의 자전 방향과 반대 방향으로 도는 것처럼 보이는 운동.

#별자리 [별:자리]
별의 위치를 정하기 위하여 밝은 별을 중심으로 천구를 몇 부분으로 나눈 것. 동물, 물건, 신화에 나오는 인물의 이름이 붙여져 있다.

#연주 운동 [연주] [운:동]
지구의 공전 운동 때문에 천체가 1년을 주기로 지구의 둘레를 한 바퀴 도는 것처럼 보이는 현상.

#황도 [황도]
태양이 천구상에서 별자리 사이를 이동해 가는 길.

#지구의 공전 [지구] [공전]
지구가 태양을 한 초점으로 하는 타원 궤도를 따라 1년에 한 바퀴씩 회전하는 운동.

교과 개념 확인 Quiz

다음 물음에 답하시오.

❶ 지구는 [ ][ ][ ]을 중심으로 하루에 한 바퀴씩 서쪽에서 동쪽으로 자전한다.

❷ 태양은 [ ]쪽에서 [ ]쪽 방향으로 일주 운동을 한다.

❸ 태양의 연주 운동은 지구의 자전에 의해 나타나는 현상이다.　　　　○ ｜ ✕

❹ 지구는 [ ][ ]의 둘레를 서쪽에서 동쪽으로 1년에 한 바퀴씩 회전한다.

❺ 계절에 따라 관측 가능한 별자리가 달라지는 것은 지구의 공전으로 인해 나타나는 현상이다.　　　　○ ｜ ✕

❻ 천구상에서 태양이 별자리 사이를 지나가는 길을 [ ][ ]라고 한다.

7일차

1

>> 화학

소금물이 100℃에도 끓지 않는 이유

Step 1 교과 개념 **톡** 생각 열기

◆ **무엇을 배울까?**

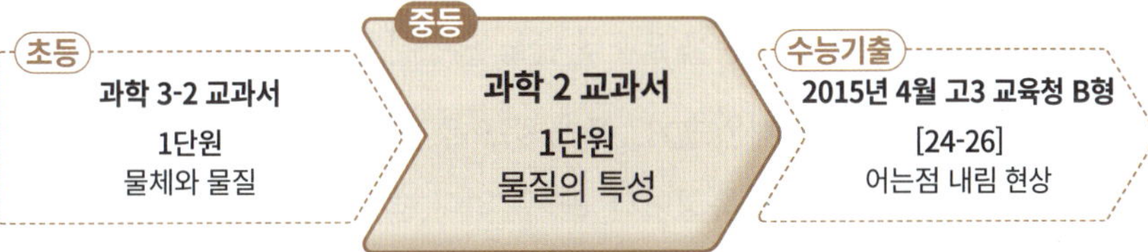

❶ **순물질과 혼합물의 특성을 이해하고 둘을 구분하기**

#순물질   #혼합물

❷ **밀도, 용해도, 녹는점, 어는점, 끓는점이 물질의 특성임을 이해하기**

#밀도   #용해도   #녹는점   #어는점   #끓는점

💡 **생각해 보기**   100℃가 되면 끓는 물과 달리, 소금물은 왜 100℃가 되어도 끓지 않는 걸까?

1 한 종류의 물질로만 이루어져 있을 것 같은 우유를 현미경으로 들여다보면 물에 녹지 않는 단백질이나 지방, 무기 염류 등이 불균일하게* 섞여 있는 것을 관찰할 수 있다. 우리 주변의 물질은 한 종류의 물질로만 이루어진 #순물질과 둘 이상의 순물질이 섞여 있는 #혼합물로 되어 있는데, 우유는 혼합물인 것이다. 이때 혼합물을 이루는 성분 물질은 각각의 성질을 그대로 지닌 채 섞여 있다. 혼합물인 설탕물을 먹었을 때 단맛이 나는 이유도 설탕이 그 성질을 그대로 지니고 물과 섞여 있기 때문이다. 이와 같은 물질은 다른 물질과 구별되는 고유한 성질을 갖는데, 그 물질만이 지닌 밀도, 용해도, 녹는점, 어는점, 끓는점과 같은 성질을 ㉠물질의 특성이라고 한다. 이러한 물질의 특성을 이용하면 순물질과 혼합물을 구분할 수 있다.

2 백금 반지와 은반지를 비교해 보면 어떨까? 크기, 무게 등으로는 두 물질을 쉽게 구별할 수 없으므로 크기나 무게는 물질의 특성이라 볼 수 없다. 하지만 물질의 고유한 양인 질량을 부피*로 나눈 값인 #밀도를 통해서라면 이 둘을 구별해 낼 수 있다. 밀도는 물질에 따라 고유한 값을 지니며, 같은 물질인 경우 모양이나 크기에 관계없이 일정하기 때문에 밀도가 두 물질을 구별할 수 있는 물질의 특성으로 작용하는 것이다. 밀도는 물질이 뜨고 가라앉는 현상으로 확인할 수 있는데 밀도가 작은 물질일수록 위로 뜨고, 밀도가 큰 물질일수록 아래로 가라앉는다.

3 한편, 일정한 양의 물에 설탕을 넣으면 잘 녹아 고르게 섞인다. 이와 같은 현상을 용해라고 하는데, 물은 용매, 물에 녹는 설탕은 용질, 이 둘이 고르게 섞여 있는 설탕물은 용액이다. 그리고 어떤 온도에서 용매 100g에 최대로 녹을 수 있는 용질의 g 수를 그 물질의 #용해도라 한다. 온도와 용매가 같을 때 용해도는 일정한 값을 나타내므로, 물질의 종류에 따라 달라지는 용해도는 물질을 구별할 수 있는 물질의 특성이 된다. 대부분 고체는 온도가 높을수록 용해도가 증가하나 기체는 온도가 높을수록, 또 압력이 낮을수록 용해도가 감소하는 특징이 있다. 탄산음료의 병뚜껑을 열어 두면 김이 빠지는 것도 병 내부의 압력이 낮아져 음료에 녹아 있던 이산화 탄소의 용해도가 감소해 기포*로 빠져 나온 것으로 이해할 수 있다.

4 #녹는점, #어는점, #끓는점도 물질마다 고유한 값을 나타내므로 물질의 특성에 해당한다. 순물질의 녹는점, 어는점, 끓는점은 양에 관계없이 일정하다. 다만 물질의 양이 많아질수록 해당 지점에 도달하는 시간만 늘어날 뿐이다. 그러나 혼합물의 녹는점, 어는점, 끓는점은 성분 물질의 혼합 비율에 따라 다양하게 나타나므로 이를 통해 둘을 구분할 수 있다. 예를 들어 순물질인 물은 1기압일 때 항상 100℃에서 끓지만, 혼합물인 소금물은 100℃보다 높은 온도에 끓기 시작하며 끓을수록 농도가 진해져 끓는점이 점점 더 올라간다. 이와 마찬가지로 물은 0℃에서 얼지만 소금물은 0℃보다 낮은 온도에서 얼기 시작하며 어는점이 계속하여 낮아진다.

---

1 문단
물질의 종류
한 종류의 물질로만 이루어진 순물질과 둘 이상의 순물질이 섞여 있는 ☐☐☐이 있음.

· **불균일하다** 일정하게 고르지 아니하다.

2 문단
물질의 특성 ① - 밀도
물질의 밀도는 고유한 값으로 같은 물질인 경우 모양이나 크기에 관계없이 ☐☐하므로 물질을 구분하는 기준이 됨.

· **부피** 넓이와 높이를 가진 물건이 공간에서 차지하는 크기.

3 문단
물질의 특성 ② - 용해도
☐☐와 ☐☐가 같을 때 용해도는 일정한 값을 나타내므로 물질의 종류에 따라 달라지는 용해도는 물질을 구분하는 기준이 됨.

· **기포** 액체나 고체 속에 기체가 들어가 거품처럼 둥그렇게 부풀어 있는 것.

4 문단
물질의 특성 ③ - 녹는점, 어는점 끓는점
☐☐☐의 녹는점, 어는점, 끓는점은 일정하나 ☐☐☐은 성분 물질의 혼합 비율에 따라 달라지므로 이 둘을 구분할 수 있는 기준이 됨.

핵심 내용 파악하기

1 윗글에서 설명하고 있는 내용이 <u>아닌</u> 것은?

① 순물질과 혼합물의 차이

② 물질이 갖는 고유한 특성

③ 물질의 밀도를 계산하는 방법

④ 녹는점, 어는점, 끓는점의 정의

⑤ 기체의 용해도에 영향을 미치는 요소

세부 내용 파악하기

2 윗글의 내용과 일치하지 <u>않는</u> 것은?

① 흰 우유는 둘 이상의 물질이 균일하게 섞여 있다.

② 설탕물은 설탕의 성질이 그대로 남아 있는 혼합물이다.

③ 물의 양이 증가하면 어는점에 도달하는 시간이 길어진다.

④ 소금물은 물과 달리 끓는 동안 끓는점이 계속적으로 상승한다.

⑤ 동일한 온도와 용매일 때 용해도는 물질의 종류에 따라 달라진다.

세부 내용 추론하기

고난도

3 ㉠과 관련한 설명으로 적절하지 <u>않은</u> 것은?

① 같은 종류의 물질에서는 동일한 특성이 나타난다.

② 혼합물의 녹는점, 어는점, 끓는점은 일정하지 않다.

③ 밀도, 크기, 무게 등 물질에서 파악할 수 있는 값이다.

④ 물질의 양과 관계없이 그 물질이 지닌 고유의 성질이다.

⑤ 겉보기 성질이 유사한 두 물질을 구분하는 기준으로 활용할 수 있다.

사례에 적용하기

4 윗글을 읽은 학생이 <보기>의 그래프를 해석한 내용으로 가장 적절한 것은?

┌─ 보기 ─

그림은 온도에 따른 여러 가지 물질의 용해도 변화를 나타낸 것이다. 이를 용해도 곡선이라고 하며, 곡선의 기울기가 급할수록 온도 변화에 따른 용해도 차이가 큼을 보여 준다.

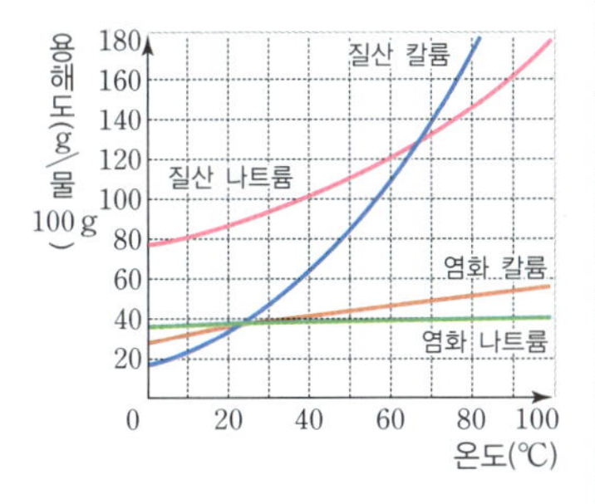

① 20℃의 물 100g에 가장 잘 녹는 것은 염화 나트륨이군.

② 물의 온도가 0℃일 때 질산 칼륨은 물에 전혀 녹지 않는군.

③ 온도에 따른 용해도의 차이가 가장 큰 것은 염화 나트륨이군.

④ 질산 칼륨과 염화 나트륨은 40℃에서 용해도가 거의 비슷하군.

⑤ 물의 온도가 70℃를 초과할 때 질산 칼륨이 질산 나트륨보다 잘 녹는군.

◆ 개념 한눈에 보기

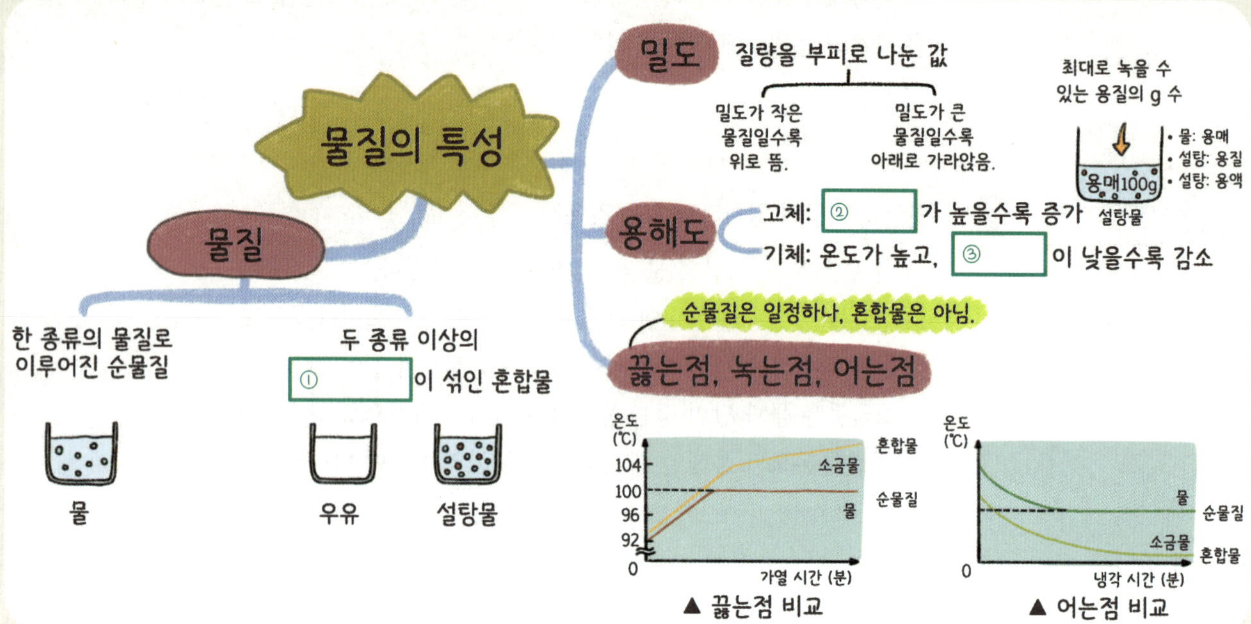

📖 교과 개념 사전

#순물질 [순물찔]
한 종류의 물질로만 이루어진 물질.

#혼합물 [혼ː합물]
두 가지 이상의 물질이 각각의 성질을 지니면서 서로 화학적 결합을 하지 아니하고 뒤섞인 물질.

#밀도 [밀또]
어떤 물질의 단위 부피만큼의 질량.

#용해도 [용해도]
일정한 온도에서 일정한 양의 용매에 녹을 수 있는 용질의 최대의 양. 보통 용매 100g에 녹을 수 있는 용질을 g 수로 나타낸다.

#녹는점 [녹는점]
고체가 액체로 되는 동안 일정하게 유지되는 온도.

#어는점 [어ː는점]
액체가 고체로 되는 동안 일정하게 유지되는 온도.

#끓는점 [끌른점]
액체가 끓는 동안 일정하게 유지되는 온도.

교과 개념 확인 Quiz

다음 물음에 답하시오.

❶ 우유는 둘 이상의 □□□로 이루어져 있기 때문에 □□□이다.

❷ 순물질의 끓는점, 녹는점, 어는점은 그 양에 관계없이 일정하다.　　　○ | ✕

❸ 물은 두 종류 이상의 원소로 이루어져 있기 때문에 혼합물이다.　　　○ | ✕

❹ 물질의 밀도를 정확하게 비교하기 위해서는 같은 부피일 때 □□이 얼마나 차이 나는지를 측정해야 한다.

❺ 일정한 온도에서 용매 100g에 최대로 녹을 수 있는 용질의 g 수를 □□□라고 한다.

❻ 기체의 용해도와 달리 고체의 용해도는 온도가 높을수록 감소한다.　　　○ | ✕

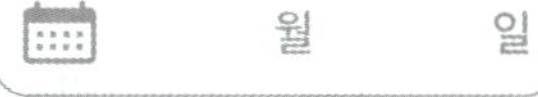

2 »화학

바닷물도 식수가 될 수 있어요

Step 1 교과 개념 **톡** 생각 열기

◆ **무엇을 배울까?**

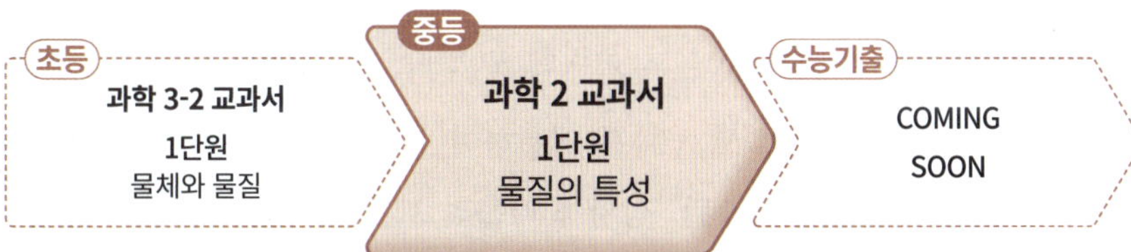

초등
과학 3-2 교과서
1단원
물체와 물질

중등
과학 2 교과서
1단원
물질의 특성

수능기출
COMING
SOON

❶ **끓는점 차이나 밀도 차이를 이용한 혼합물 분리 방법 이해하기**

#끓는점 차이   #증류   #밀도 차이

❷ **재결정 및 크로마토그래피를 이용한 혼합물 분리 방법 이해하기**

#재결정   #크로마토그래피

💡 **생각해 보기** 원유에서 깨끗한 등유를 얻으려면 어떻게 해야 할까?

1 무인도에 표류해 있는 상황을 상상해 보자. 바닷물은 소금이 많이 녹아 있어 갈증과 탈수를 유발하므로 식수로 쓸 수 없다. 갈증은 심해지고 살아남기 위해서는 마실 물이 필요한데 어떻게 해야 할까? 순수한 물을 얻으려면 바닷물을 가열하여 끓어 나오는 수증기를 모으는 방식을 활용할 수 있다. 소금의 끓는점이 물의 끓는점보다 높아 물이 수증기가 되어 기화하는˙ 동안 소금은 기화하지 않으므로 **#끓는점 차이**를 이용하여 순수한 물을 얻는 것이다. 이처럼 액체 상태의 혼합물을 가열할 때 끓어 나오는 기체를 냉각하여 순수한 액체를 얻는 방법을 **#증류**라고 한다. ㉠증류의 방식을 이용하면 석유 원유를 끓는점 차이에 따라 액화 석유 가스(LPG) → 가솔린 → 휘발유 → 등유 → 경유 → 증유 순으로 분리할 수 있다.

2 서로 섞이지 않는 액체 혼합물이라면 **#밀도 차이**를 이용하여 분리할 수 있다. 선박 사고가 일어나 바다 주변으로 기름이 유출된˙ 상황을 떠올려 보자. 유출된 기름은 물보다 밀도가 작아 바닷물 위에 뜨므로 기름이 퍼지지 않게 기름막이를 설치하고 흡착포나 뜰채로 기름을 제거할 수 있다. 고체 혼합물도 밀도 차이를 이용할 수 있는데, 고체 혼합물을 이루는 두 물질의 중간 정도 밀도를 지닌 액체 속에 고체 혼합물을 넣어 액체보다 밀도가 작은 물질은 위로 떠오르게 하고, 액체보다 밀도가 큰 물질은 가라앉게 하는 방식으로 분리할 수 있다. 농가에서 볍씨를 소금물에 넣어 물에 뜬 쭉정이˙는 체로 걸러 내고 잘 여물어서 가라앉은 볍씨를 얻는데, 이는 '좋은 볍씨＞소금물＞쭉정이'라는 밀도 차이를 이용한 것이다.

3 물질의 용해도 차이를 이용한 **#재결정**으로도 순물질을 얻을 수 있다. 바닷물을 끌어 모아 만든 천일염에는 다량의 염화 나트륨과 소량의 불순물˙이 섞여 있다. 이를 뜨거운 물에 모두 녹인 후 식히면, 불순물은 그대로 용액 속에 녹아 있고 용해도 차이가 큰 염화 나트륨만 분리되어 순수한 소금이 만들어진다. 이처럼 불순물이 포함된 고체 혼합물을 높은 온도의 용매에 녹인 다음, 용액의 온도를 서서히 낮추어서 순도 높은 결정을 얻는 방법을 ㉡재결정이라고 한다.

4 혼합물을 이루고 있는 성분 물질이 용매를 따라 이동하는 속도 차이를 이용하여 혼합물을 분리하는 **#크로마토그래피**를 활용할 수도 있다. 검은색 수성˙ 사인펜 잉크가 물에 닿으면 잉크를 이루는 색소가 물에 녹아 이동하는데 보라색, 주황색, 파란색 등이 나타난다. 이는 사인펜 잉크가 다양한 색소가 섞인 혼합물이고, 각 색소마다 물을 따라 이동하는 속도가 다르기 때문에 나타나는 현상이다. 크로마토그래피를 이용하면 성질이 비슷한 물질로 이루어졌거나 양이 매우 적어서 다른 방법으로는 분리가 어려운 혼합물을 분리할 수 있다. 이 방법은 운동선수의 금지 약물 복용 여부를 검사하거나 식물의 색소를 분리할 경우 등에 활용되고 있다.

1 윗글의 내용과 일치하지 <u>않는</u> 것은?

① 증류는 끓는점 차이를 이용한 혼합물 분리 방법이다.

② 재결정으로 온도에 따른 용해도의 차이가 큰 물질을 얻을 수 있다.

③ 재결정은 불순물이 섞인 고체 물질의 순도를 높일 수 있는 방법이다.

④ 성질이 비슷한 물질로 이루어진 혼합물은 크로마토그래피로 분리할 수 있다.

⑤ 두 고체보다 밀도가 큰 액체를 활용하면 두 고체가 섞인 혼합물을 분리할 수 있다.

고난도

2 ㉠과 ㉡에 대한 설명으로 가장 적절한 것은?

① ㉠을 이용하여 천일염의 불순물을 제거할 수 있다.

② ㉠을 통해 양이 매우 적은 혼합물을 분리할 수 있다.

③ ㉡은 기화되는 순수 물질을 모으고자 할 때 이용된다.

④ ㉡은 고체 혼합물을 용매에 녹인 후에 활용할 수 있다.

⑤ ㉠과 ㉡은 모두 액체 혼합물을 분리하는 데 사용된다.

3 윗글을 읽은 학생이 <보기>의 실험을 했다고 할 때, <보기>와 같은 원리가 활용된 사례가 <u>아닌</u> 것은?

┌ 보기 ┐

[물과 식용유의 혼합물 분리]

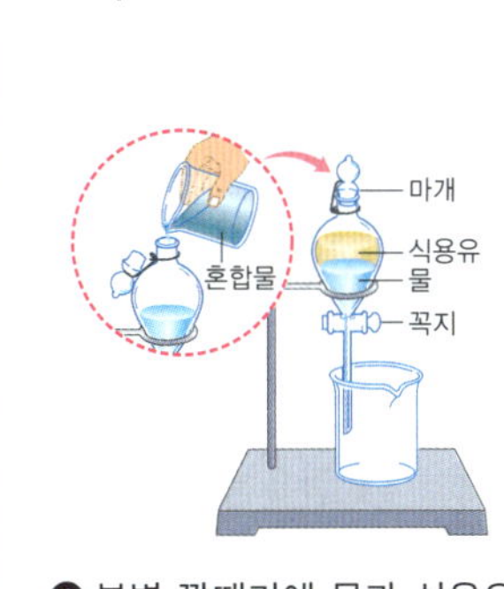

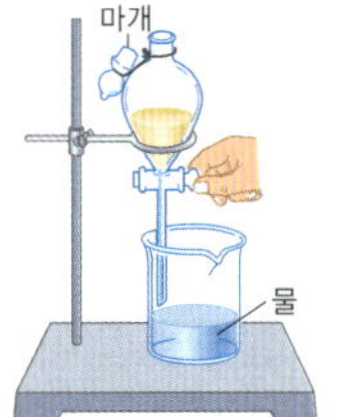

❶ 분별 깔때기에 물과 식용유의 혼합물을 넣은 후 마개를 막고 혼합물이 두 층으로 분리되기를 기다린다.

❷ 층이 나누어지면 마개를 연 다음 꼭지를 돌려 아래층의 액체를 받는다.

❸ 분별 깔때기의 위쪽 입구로 위층의 액체를 다른 비커에 받는다.

① 사골국을 끓였다 식히면 지방이 위로 올라와 깨끗한 국물만 아래에 남는다.

② 방울토마토와 복숭아를 물에 넣으면 방울토마토는 뜨고 복숭아는 가라앉는다.

③ 사금과 모래가 섞인 바구니를 물 속에서 흔들면 모래는 씻겨 나가고 사금이 남는다.

④ 탁한 술을 가열하여 물보다 먼저 기체가 되는 에틸알코올을 모아 맑은 술을 얻는다.

⑤ 키에 곡식을 담아 키질을 하면 쭉정이는 날아가고 흙이나 모래는 키 안쪽에 남는다.

◆ 개념 한눈에 보기

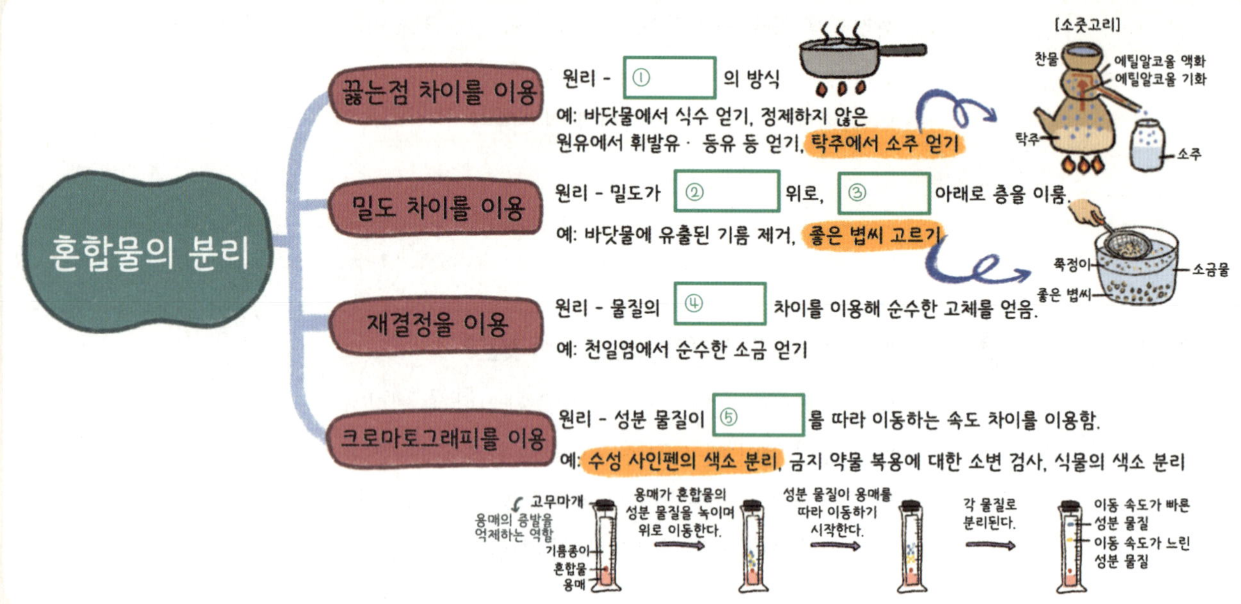

📕 교과 개념 사전

#끓는점 차이 [끓른점] [차이]
끓는점은 액체가 기체로 변할 때 일정하게 유지되는 온도로, 물질마다 다르다. 끓는점의 차이를 이용하여 액체 혼합물을 분리할 수 있다.

#증류 [증뉴]
액체를 가열하여 생긴 기체를 냉각하여 다시 액체로 만드는 일.

#밀도 차이 [밀또] [차이]
밀도는 일정한 부피에 해당하는 물질의 질량을 의미하는데, 물질마다 다르다. 밀도의 차이를 이용하여 서로 섞이지 않는 액체 혼합물이나 고체 혼합물을 분리할 수 있다.

#재결정 [재:결쩡]
결정성 물질을 정제하는 방법의 하나. 결정성의 고체를 물이나 그 밖의 용매에 녹여, 냉각하거나 증발시켜서 다시 결정화함으로써, 그 결정물의 불순물을 없앤다.

#크로마토그래피
혼합물을 이루고 있는 성분 물질이 용매를 따라 이동하는 속도 차이를 이용하여 혼합물을 분리하는 방법.

교과 개념 확인 Quiz ✏️

다음 물음에 답하시오.

❶ ☐☐☐의 차이를 이용하여 소금물에서 순수한 물을 분리할 수 있다.

❷ 액체 혼합물을 가열하면 끓는점이 높은 물질이 먼저 기화한다.　　○ ｜ ✕

❸ 서로 섞이지 않는 액체 혼합물은 ☐☐의 차이를 이용하여 혼합된 액체를 분리할 수 있다.

❹ 원유를 증류하면 끓는점에 따라 휘발유, 등유, 경유 등이 분리된다.　　○ ｜ ✕

❺ 고체 혼합물을 물에 넣고 가열하여 녹인 후 온도를 낮추면 온도에 따른 용해도 차이가 작은 물질이 결정으로 나온다.　　○ ｜ ✕

❻ 크로마토그래피를 활용해 소량의 성분들이 혼합되어 있는 물질을 분리할 수 있다.　　○ ｜ ✕

1 »지구과학

돌은 돌고 돌아 돌이 돼요

Step 1 교과 개념 톡 생각 열기

◆ **무엇을 배울까?**

초등	중등	고등	수능기출
과학 4-1 교과서 3단원 땅의 변화	과학 2 교과서 2단원 지권의 변화	통합과학 1 교과서 2단원 물질과 규칙성	2015년 3월 고3 교육청 B형 [25-26] 암석의 변성 작용

❶ **지각을 이루는 암석을** 생성 과정에 따라 분류하기

#지각   #화성암   #퇴적암   #변성암

❷ **암석의 순환** 과정을 이해하기

#암석의 순환

💡 **생각해 보기** 작은 돌멩이들이 어떻게 다른 돌멩이 속에 들어 있는 것일까?

1 수많은 생물들이 살아가는 지구의 표면은 대부분 단단한 고체인 암석˙으로 이루어져 있다. 이를 **#지각**이라고 하는데, 지각을 이루는 암석은 지역에 따라, 혹은 같은 지역이라도 그 색과 모양, 알갱이의 크기 등이 매우 다양하다. 그 이유는 무엇일까? 가장 큰 이유는 암석이 생성되는 과정이 다르기 때문이다. 암석은 생성 과정에 따라 화성암, 퇴적암, 변성암의 세 종류로 나뉜다.

2 **#화성암**은 화산 활동으로 인해 만들어진 암석이다. 지구 내부는 매우 뜨거우며, 이러한 열 때문에 땅속 깊은 곳에 있는 암석은 녹아서 액체인 마그마가 된다. 뜨거운 촛농이 식으면 굳어져서 다시 양초가 되는 것처럼, 마그마가 땅속 깊은 곳에서 식거나, 밖으로 흘러나와 식으면 굳어져서 암석이 되는데, 이것이 화성암이다. 화성암은 마그마가 식는 속도에 따라 다시 화산암과 심성암으로 나뉜다. 마그마가 지표˙에서 빠르게 식으면 광물˙ 결정의 크기가 작은 화산암이 되고, 마그마가 땅속 깊은 곳에서 느리게 식으면 결정의 크기가 큰 심성암이 된다. 대표적인 화성암으로는 현무암, 안산암, 화강암 등이 있는데, 이 중 현무암은 제주도에서 많이 볼 수 있는 암석으로, 화성암 중에서도 화산암에 속한다.

3 **#퇴적암**은 퇴적 작용으로 만들어진 암석이다. 지표의 암석은 시간이 흐르면서 바람이나 물 등에 깎이고 부서진다. 이렇게 만들어진 암석 조각들은 흐르는 물이나 바람을 따라 이동하고 바다나 호수 밑에 쌓여 퇴적물이 된다. 퇴적물이 계속해서 쌓이면 아래의 퇴적물은 위에 쌓인 퇴적물의 무게에 눌려 다져지고 굳어지는데, 이렇게 생성된 암석이 퇴적암이다. 퇴적암이 생성될 때 종류나 크기가 다른 퇴적물이 여러 겹으로 쌓여 굳어지면 줄무늬 모양의 층리가 만들어진다. 그리고 퇴적물 속에 생물의 유해˙나 흔적이 함께 쌓이면 화석이 만들어진다. 한편, **#변성암**은 변성 작용으로 만들어진 암석이다. 변성 작용이란 암석이 높은 열이나 압력을 받아 암석의 구조와 성질 등이 변하는 과정을 말한다. 변성암은 암석을 누르는 힘의 수직 방향으로 광물이 배열되어 생기는 줄무늬인 엽리가 나타난다. 그리고 암석을 이루는 광물 결정의 크기가 원래의 암석보다 더 크다. 이는 변성암이 될 때 암석 속의 광물이 녹았다 식으면서 다시 결정을 만드는 재결정화가 일어나기 때문이다.

4 암석은 한 번 생성된 다음에도 주변 환경의 변화에 따라 다른 암석으로 변화한다. 부서진 암석들이 강물이나 바람에 실려 운반되다가˙ 바다나 호수 바닥에 쌓여 다져지고 굳어지면 다양한 암석 조각을 포함한 퇴적암이 된다. 또 퇴적암이 지하 깊은 곳으로 이동하여 높은 열과 압력을 받으면 변성암이 되고, 더 높은 열을 받아서 녹으면 마그마가 된다. 그리고 이런 마그마가 지하 깊은 곳이나 지표에서 식어서 굳으면 화성암이 된다. 이처럼 암석은 지구의 다양한 환경 속에서 오랜 시간에 걸쳐 끊임없이 변하는데, 이 과정을 **#암석의 순환**˙이라고 한다.

---

1 문단
지각의 개념과 암석의 종류
- 지각의 개념: ☐☐☐으로 이루어진 지구의 표면
- 암석의 종류: ☐☐☐☐☐에 따라 화성암, 퇴적암, 변성암으로 나뉨.

˙ **암석** 지각을 구성하고 있는 단단한 물질. 화성암, 퇴적암, 변성암으로 크게 나눈다.

2 문단
☐☐☐의 생성과 분류
- 화성암의 생성: ☐☐☐가 식어서 굳어져 생김.
- 화성암의 분류: 마그마가 식는 속도에 따라 ☐☐☐과 ☐☐☐으로 나뉨.

˙ **지표** 지구의 표면. 또는 땅의 겉면.
˙ **광물** 암석을 이루는 작은 알갱이.

3 문단
퇴적암과 변성암의 생성과 특징
- ☐☐☐의 생성과 특징: 퇴적물이 바다나 호수 밑에 쌓인 후 굳어져서 생김. ☐☐가 나타나며 ☐☐이 만들어짐.
- ☐☐☐의 생성과 특징: 암석이 높은 열이나 압력을 받아 그 구조와 성질이 변하여 생김. ☐☐가 나타나며 광물 결정이 ☐.

˙ **유해** 죽은 생물의 몸이나 뼈.

4 문단
암석의 ☐☐
암석은 한 번 생성된 다음에도 주변 환경의 변화에 따라 끊임없이 다른 암석으로 변화함.

˙ **운반되다** 물건 따위가 옮겨지다.
˙ **순환** 주기적으로 자꾸 되풀이하여 돎. 또는 그런 과정

핵심 내용 파악하기

1 윗글에서 답을 찾을 수 있는 질문에 해당하지 <u>않는</u> 것은?

① 퇴적암은 어떠한 과정을 거쳐 생성될까?

② 대표적인 화성암으로는 어떤 것들이 있을까?

③ 화산암과 심성암의 광물 결정은 어떤 차이가 있을까?

④ 암석의 색과 모양, 알갱이의 크기가 다른 이유는 무엇일까?

⑤ 지각 전체에서 가장 큰 비율을 차지하는 암석은 무엇일까?

세부 내용 추론하기

[고난도]

2 윗글을 이해한 내용으로 가장 적절한 것은?

① 현무암은 땅속 깊은 곳에서 만들어지는 화성암이다.

② 퇴적암은 화성암과 달리 변성암으로 변화하지 않는다.

③ 마그마가 식는 속도는 화성암의 색깔에 영향을 미친다.

④ 크기가 다른 퇴적물이 쌓여서 굳어지면 층리가 형성된다.

⑤ 지표의 암석들은 퇴적 작용으로 인해 성질이 변할 수 있다.

사례에 적용하기

3 윗글을 바탕으로 <보기>를 이해한 내용으로 적절하지 <u>않은</u> 것은?

> ┌─ 보기 ─
>
> 퇴적암인 셰일과 사암은 변성 작용으로 인해 변성암이 될 수 있다. 온도와 압력이 높아지면서 셰일과 사암을 이루는 주요 광물에도 변화가 생기는데, 그에 따라 셰일은 편암, 편마암 등으로 변하고, 사암은 규암으로 변한다.

① 셰일과 사암에서 과거에 살았던 생물의 유해나 흔적을 발견할 수도 있겠군.

② 규암은 원래의 암석인 사암보다 암석을 이루는 광물 결정의 크기가 작겠군.

③ 셰일과 편암을 구성하는 주요 광물이 다른 것은 변성 작용과 관련이 있겠군.

④ 셰일이 편마암으로, 사암이 규암으로 변하는 것은 암석의 순환에 해당하겠군.

⑤ 편마암을 관찰하면 압력의 수직 방향으로 나타나는 줄무늬를 발견할 수 있겠군.

◆ **개념 한눈에 보기**

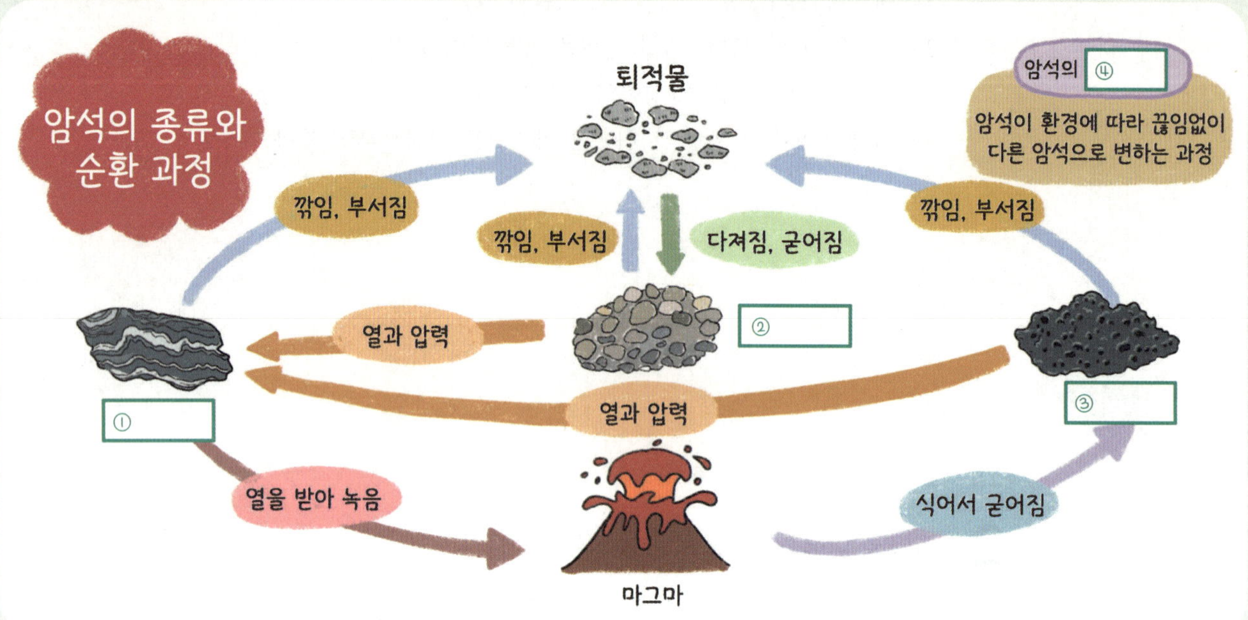

📖 **교과 개념 사전**

#**지각** [지각]
단단한 암석으로 이루어진 지구의 겉 부분. 대륙 지역에서는 평균 35km, 해양 지역에서는 5~10km의 두께이다.

#**화성암** [화:성암]
마그마가 냉각 · 응고되어 이루어진 암석을 통틀어 이르는 말. 마그마가 지표 가까이에서 빠르게 냉각되며 만들어진 화산암과 마그마가 땅속 깊은 곳에서 느리게 냉각되며 만들어진 심성암으로 나뉜다.

#**퇴적암** [퇴저감/퉤저감]
퇴적 작용으로 생긴 암석. 퇴적물이 바다나 호수 밑에 쌓인 후 단단하게 굳어져서 생긴다.

#**변성암** [변:성암]
퇴적암 또는 화성암이 땅 밑 깊은 곳에서 열, 압력 등의 영향이나 화학적 작용을 받아 변한 암석.

#**암석의 순환** [암석] [순환]
암석이 지구의 다양한 환경 속에서 오랜 시간 변화를 받아 다른 암석으로 변하는 과정을 말한다.

교과 개념 확인 Quiz ✎

다음 물음에 답하시오.

❶ 지각은 단단한 고체 상태의 암석으로 이루어져 있다.　　　　　　　　　　○ ┆ ×

❷ 화산암은 화성암의 하나로 지표로 분출된 마그마가 천천히 식으면서 만들어진다.　○ ┆ ×

❸ ☐☐☐는 암석이 녹은 상태로, 이것이 굳어져 생긴 암석을 화성암이라고 한다.

❹ 퇴적물이 쌓인 위층의 무게로 다져지고 굳어진 암석을 ☐☐☐이라고 한다.

❺ 변성암은 암석이 ☐이나 ☐☐을 받아 원래의 암석과는 성질이 다르게 변한 암석이다.

2 　》지구과학

화산 활동이 자주 일어나는 곳이 있다고?

Step 1　교과 개념 톡 생각 열기

◆ **무엇을 배울까?**

초등	중등	고등	수능기출
과학 4-1 교과서 3단원 땅의 변화	과학 2 교과서 2단원 지권의 변화	통합과학 1 교과서 2단원 물질과 규칙성	2007학년도 9월 평가원 [24-27] 아이슬란드의 지질학적 특성

❶ 화산 활동의 영향 이해하기

　#화산 활동　　#화산

❷ 화산대와 지진대의 분포를 판의 경계와 관련지어 이해하기

　#대륙 이동설　　#판 구조론　　#화산대　　#지진대

💡 **생각해 보기**　특정 지역에서만 화산과 지진이 자주 일어나는 까닭은 무엇일까?

1 **#화산 활동**은 마그마가 지각을 뚫고 나오는 현상으로, 화산 활동으로 **#화산**이 만들어진다. 화산 활동은 지하에서 생성된 마그마와 화산 가스가 지각의 약한 부분을 뚫고 조금씩 올라오면서 시작되는데, 이들이 올라오면서 땅 위에 틈이 생기면 화산 가스가 폭발을 일으키며 터져 나오고 이어서 마그마가 뿜어져 나온다. 화산이 폭발할 때는 화산 가스와 용암뿐만 아니라 가루 형태의 화산재와 크고 작은 바위 파편도 함께 분출되는데, 이들을 통틀어 화산 쇄설물이라고 한다.

2 화산 활동은 대표적 자연재해로, 인간이나 생물들의 삶의 터전을 파괴하며 이들에게 막대한 피해를 준다. 화산 활동으로 분출된 화산 쇄설물은 대기권*까지 솟아오르기도 하는데, 솟아오른 화산 쇄설물이 햇빛을 가리면서 농작물의 생장*에 지장을 주거나 지구 전체의 기후에 영향을 미치기도 한다. 실제로 1815년에 폭발한 인도네시아 탐보라 화산은 폭발 당시에 화산재가 1,300km까지 확산하였으며 이 때문에 화산에서 600km 떨어진 곳까지 사흘 동안 어두웠다고 한다. 이 밖에도 화산이 폭발하면서 분출되는 용암은 농토나 가옥을 덮치거나 산불을 일으키고, 화산 폭발의 충격으로 지진과 산사태가 일어나면 대규모의 인명 피해가 발생하기도 한다.

3 화산 활동은 이처럼 인간에게 큰 피해를 주지만, 지각의 변동을 조사하는 데 중요한 정보를 제공하는 역할도 한다. 독일의 지질학자 베게너는 과거 한 덩어리를 이루고 있었던 거대한 대륙인 판게아*가 여러 대륙으로 갈라져 현재와 같은 위치로 이동하였다는 **#대륙 이동설**을 주장하였다. 그리고 멀리 떨어진 남아메리카 대륙과 아프리카 대륙의 해안선 모양이 일치한다는 점, 이 두 대륙에 같은 종류의 화석이 분포하고* 빙하의 흔적이 잘 연결된다는 점을 그 증거로 제시했다. 그런데 그의 대륙 이동설은 대륙을 이동시키는 힘이 무엇인지는 설명하지 못했기 때문에 과학계에서 인정받지 못했다. 그러나 시간이 흐른 뒤 베게너의 생각은 수많은 과학자의 논쟁*과 연구를 거쳐 판 구조론으로 발전했다. **#판 구조론**은 지구의 표면이 여러 조각의 판으로 이루어져 있다는 이론이다. 이 이론에 따르면 판은 각각 다른 방향과 속도로 이동하면서 서로 멀어지거나 모여들고, 때로는 부딪치는데, 이 과정에서 화산 활동과 지진 등의 지각 변동이 발생하게 된다. 실제로 화산이 자주 일어나는 **#화산대**나 지진이 자주 발생하는 **#지진대**가 판의 경계와 거의 일치한다는 사실은 이러한 판 구조론의 주장을 뒷받침해 준다.

4 한편 ㉠화산 활동은 화석 연구에도 중요한 역할을 한다. 화석은 지금은 존재하지 않는 생물의 유해나 흔적이 지층*에 남아 있는 것인데, 죽은 생명체는 흙이나 돌 같은 퇴적물보다 화산재에 덮여야 화석으로 발견될 확률이 높다. 고생대의 삼엽충 화석, 중생대의 암모나이트와 공룡 화석, 신생대의 매머드 화석을 통해 지층의 생성 시기를 알 수 있는 것도 바로 화산 활동 덕분이라고 할 수 있다.

독해 TIP!
이 글은 화산 활동의 긍정적 측면과 부정적 측면을 모두 살피고 있어. 이런 글은 **문단별 내용이 둘 중 어디에 포함되는지 생각**하며 읽는 것이 좋아.

1 문단
화산 활동과 화산 분출물
화산 활동은 마그마가 지각을 뚫고 나오는 현상으로, ☐☐와 ☐☐, ☐☐☐이 분출됨.

2 문단
화산 활동이 주는 피해
농작물의 생장에 지장을 주고 ☐☐에 영향을 미침. 또한 산불과 ☐☐, 산사태를 발생시킴.

· **대기권** 지구를 둘러싸고 있는 공기층.
· **생장** 나서 자람. 또는 그런 과정.

3 문단
화산 활동의 과학적 가치 ①
지각의 변동에 관한 정보 제공 - ☐☐와 ☐☐가 판의 경계와 일치하는 사실은 판 구조론의 주장을 뒷받침해 줌.

· **판게아** 대륙 이동설에서, 현재의 대륙들이 하나의 커다란 대륙을 이루고 있을 때의 이름.
· **분포하다** 일정한 범위에 흩어져 퍼져 있다.
· **논쟁** 서로 다른 의견을 가진 사람들이 각각 자기의 주장을 말이나 글로 논하여 다툼.

4 문단
화산 활동의 과학적 가치 ②
☐☐ 연구에 중요한 역할을 함.

· **지층** 오랜 세월이 흐르는 동안 여러 종류의 흙이 쌓여 층을 이루면서 돌처럼 굳어진 것.

핵심 내용 파악하기

1 윗글에서 언급한 내용이 <u>아닌</u> 것은?

① 화산 활동이 일어날 때 분출되는 물질
② 대륙 이동설에 대한 당대 과학계의 반응
③ 지층의 생성 시기를 알려 주는 화석의 예
④ 화산 활동이 가장 활발하게 일어난 시기
⑤ 화산 쇄설물로 인해 인간이 피해를 입은 사례

세부 내용 파악하기

2 윗글의 내용과 일치하지 <u>않는</u> 것은?

① 화산 활동의 충격으로 인해 지진이 발생한다.
② 아프리카 대륙에서 빙하의 흔적을 발견할 수 있다.
③ 화산재는 햇빛을 가려서 식물에 피해를 주기도 한다.
④ 화산 활동이 일어나면 지구의 기후가 변화할 수 있다.
⑤ 베게너는 대륙 이동의 원동력을 가장 처음 제시하였다.

세부 내용 추론하기

고난도

3 ㉠의 이유로 가장 적절한 것은?

① 특정 지역에서만 서식했던 생물이 많기 때문이다.
② 퇴적물이 화산재보다 더 느리게 분해되기 때문이다.
③ 화산재에 의해 생물의 유해가 잘 보존되기 때문이다.
④ 압력에 의해 생물의 유해가 지닌 성질이 변하기 때문이다.
⑤ 화산재가 지표면의 다른 물질과 섞일 가능성이 크기 때문이다.

사례에 적용하기

수능찍먹

4 윗글을 참고할 때, <보기>에 대해 이해한 내용으로 가장 적절한 것은?

> **⊢ 보기 ⊣**
>
> 현재 지구의 표면은 10여 개의 크고 작은 판으로 이루어져 있다. 판은 아래쪽 맨틀의 움직임을 따라 1년에 수 ㎝씩 천천히 이동하며, 판의 이동에 따라 판에 포함된 대륙이 함께 이동한다. 오른쪽의 그림은 주요 대륙과 판의 분포, 판의 경계와 이동 방향을 나타낸 것이다.

① 베게너는 현재 대륙의 분포가 과거와 비슷하다고 생각했겠군.
② 대륙과 달리 바다의 한가운데에서는 지각 변동이 나타나지 않겠군.
③ 태평양판의 중앙 부분보다 가장자리에서 화산 활동이 자주 일어나겠군.
④ 북아메리카 대륙은 동쪽 지역보다 서쪽 지역이 지진으로부터 안전하겠군.
⑤ 태평양판과 남극판은 서로 다른 방향으로 이동하지만 이동 속도는 같겠군.

◆ 개념 한눈에 보기

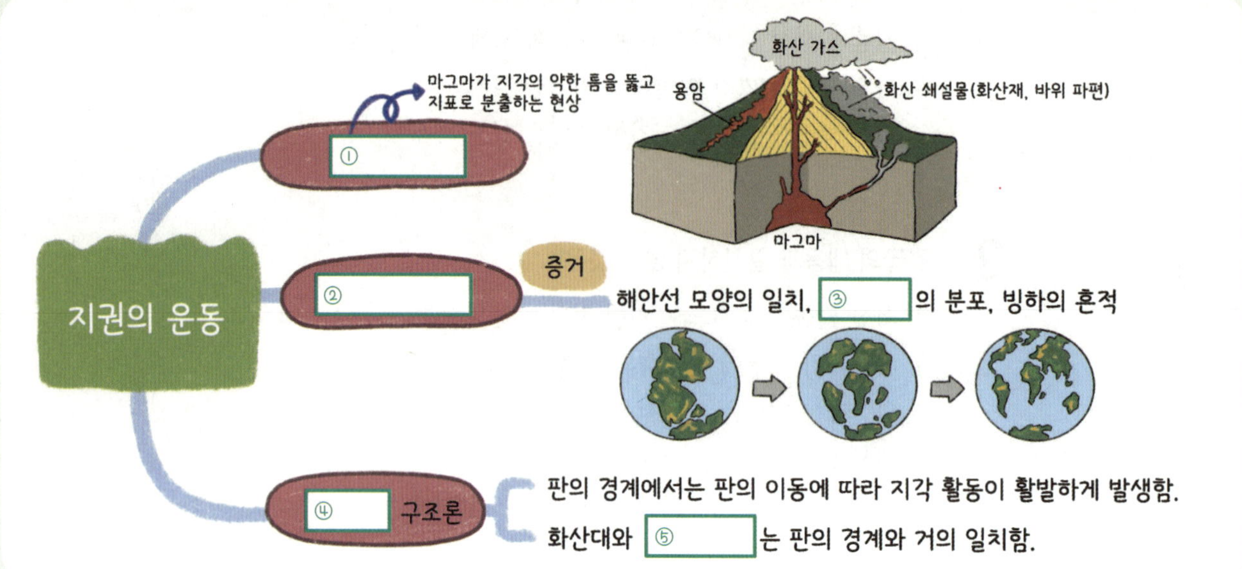

📖 교과 개념 사전

#화산 활동 [화·산] [활똥]
지하에서 생성된 마그마가 지각의 약한 틈을 뚫고 지표로 분출하는 현상.

#화산 [화·산]
지하에서 생성된 마그마가 지각의 약한 틈을 뚫고 지표로 분출되는 지점. 또는 그 결과로 만들어진 산.

#대륙 이동설 [대·륙] [이동설]
지구상의 대륙은 예전에는 하나의 거대한 덩어리였는데, 그 후 분리되고 이동하여 현재와 같은 상태로 되었다는 학설.

#판 구조론 [판] [구조론]
지구의 겉 부분은 여러 개의 판으로 이루어지며, 이들이 서로 다른 방향과 속도로 움직여 대륙이 이동하고, 화산 활동이나 지진 등의 지각 변동이 발생한다는 이론.

#화산대 [화·산대]
화산이 띠 모양으로 분포한 지대. 환태평양 화산대와 지중해 화산대 등이 있다.

#지진대 [지진대]
지진이 자주 일어나거나 일어나기 쉬운 지역. 가늘고 긴 띠 모양을 이루고 있는 경우가 많다.

교과 개념 확인 Quiz 🖊

다음 물음에 답하시오.

❶ 화산은 ☐☐☐가 지각의 약한 틈을 뚫고 지표로 분출하여 만들어진다.

❷ 베게너는 과거 하나의 거대한 대륙이 갈라지고 이동하여 오늘날과 같은 대륙 분포를 이루었다고 보았다.　　　　　○ | X

❸ 판 구조론은 판이 이동하는 과정에서 ☐☐☐☐이 발생한다고 주장한 이론이다.

❹ 판들이 이동하는 속도와 방향은 대체로 유사하다.　　　　　○ | X

❺ 화산대와 지진대는 대부분 판의 경계에 위치해 있다.　　　　　○ | X

9일차

1

» 물리학

물속에서는 왜 다리가 짧아 보일까?

Step 1 교과 개념 **톡** 생각 열기

◆ **무엇을 배울까?**

초등	중등	고등	수능기출
과학 5-1 교과서 2단원 빛의 성질	과학 2 교과서 3단원 빛과 파동	물리학 교과서 3단원 빛과 물질	2009학년도 6월 평가원 [13-16] 신기루 현상

❶ 빛의 **경로** 이해하기

#광원   #빛의 직진

❷ 빛의 **성질** 이해하기

#빛의 반사   #빛의 합성   #빛의 굴절

💡 **생각해 보기**   물속에서는 왜 다리가 원래 길이보다 짧아 보일까?

1 이 세상에서 빛이 사라진다면 어떻게 될까? 아마 지금까지의 일상생활이 대부분 불가능해질 것이다. 세상은 온통 암흑이 될 것이므로 사랑하는 사람은 물론 우리 주변의 것들을 전혀 볼 수 없을 것이다. 또한 빛을 필요로 하는 식물의 광합성이 불가능해지므로 식물이 살 수 없게 되고 이로 인해 결국에는 생태계가 파괴될 것이다. 이처럼 빛은 우리의 삶은 물론 지구 생태계에도 꼭 필요한 것이다.

2 그렇다면 이러한 빛은 어떤 성질을 가지고 있을까? 태양이나 별, 전구 등과 같이 스스로 빛을 내는 물체를 #광원이라고 한다. 광원에서 나온 빛은 곧게 나아가는데, 이를 #빛의 직진이라 한다. 문 틈으로 바깥의 빛이 새어 들어오는 현상은 빛의 직진을 잘 보여 준다. 그런데 직진하던 빛이 어떤 물체에 닿으면 반사되고, 물체에서 반사된 빛이 우리 눈에 들어오면 우리는 그 물체의 모양이나 색을 인식한다*. 우리가 ㉠거울을 통해 자신의 얼굴을 볼 수 있는 것도 #빛의 반사 때문이다.

3 여러 가지 광원 중에서 태양광*은 여러 가지 색의 빛이 합쳐진 것이다. 태양광이 직진하다가 물체에 부딪히면 대부분의 물체는 태양광의 빛 중에서 일부만 흡수하고 나머지는 반사한다. 이때 물체에서 반사되어 나온 빛의 색을 우리는 그 물체의 색으로 인식한다. 물체가 빛을 전혀 반사하지 않으면 우리는 물체의 색을 검은색으로 인식하고, 물체가 모든 색의 빛을 다 반사하면 흰색으로 인식한다.

4 그런데 인공적으로 특정한 색의 빛을 섞어 새로운 색을 만들 수도 있다. 예를 들어 초록색 빛과 빨간색 빛을 합성하면 노란색 빛이 나타난다. 이를 #빛의 합성이라 한다. 빨간색, 파란색, 초록색의 세 가지 빛을 적절하게 합성하면 모든 색의 빛을 만들 수 있다. 그래서 이 세 가지 빛을 빛의 삼원색*이라 한다. 텔레비전, 컴퓨터, 스마트 기기 등의 영상 장치는 삼원색 빛의 밝기를 조절하여 다양한 색을 만들어 낸다. 세 가지 색을 모두 균등하게* 섞으면 흰색이 되고, 세 가지 색을 모두 제거하면 검은색이 된다. 물감은 다양한 색을 섞을수록 어두운색이 되지만, 빛은 다양한 색을 섞을수록 밝은색이 된다.

5 한편, 빛은 굴절되기도 한다. 빛이 공기 속을 직진하다가 물이나 렌즈같이 성질이 다른 물질을 만나면 경계면에서 진행 방향이 꺾이는데, 이를 #빛의 굴절이라 한다. 빛이 굴절되면 물체가 왜곡되어* 보인다. 맑은 시냇물에 잠긴 다리가 원래보다 짧게 보이는 것이다. 물속의 물고기가 원래보다 크게 보이는 것은 모두 빛이 굴절되었기 때문이다. 또한 평행하게 직진하던 빛이 오목 렌즈에 들어오면 굴절되어 넓게 퍼져 나가고, 볼록 렌즈에 들어오면 굴절되어 렌즈 뒤의 한 점에 모인다. 망원경이나 콘택트렌즈, 안경 등은 빛의 이런 성질을 이용하여 눈의 한계를 보완하는* 도구이다.

1 윗글에서 답변을 찾을 수 있는 질문이 <u>아닌</u> 것은?

① 광원이 빛을 만들어 내는 원리는 무엇인가?

② 우리가 물체의 색을 인식하는 원리는 무엇인가?

③ 광원에서 나온 빛의 성질에는 어떤 것이 있는가?

④ 영상 장치는 어떻게 다양한 색을 만들어 내는가?

⑤ 빛의 굴절 현상을 이용한 도구에는 어떤 것이 있는가?

2 윗글의 내용과 일치하지 <u>않는</u> 것은?

① 물체에 반사된 빛이 굴절되면 그 물체가 왜곡되어 보인다.

② 빛의 삼원색을 모두 균등한 비율로 섞으면 검은색이 된다.

③ 빛이 없으면 식물이 광합성을 하지 못해 생태계가 파괴된다.

④ 태양광과 달리 물감은 다양한 색을 섞을수록 어두운색이 된다.

⑤ 태양광의 여러 가지 색의 빛은 물체에 반사되기도 하고 흡수되기도 한다.

3 ㉠이 이루어지기까지의 빛의 경로로 가장 적절한 것은?

① 거울 → 광원 → 얼굴 → 눈   ② 거울 → 얼굴 → 광원 → 눈

③ 광원 → 거울 → 얼굴 → 눈   ④ 광원 → 얼굴 → 거울 → 눈

⑤ 광원 → 얼굴 → 눈 → 거울

4 윗글을 참고하여 <보기>를 이해한 내용으로 적절하지 <u>않은</u> 것은?

① 광원이 없다면 왼쪽이나 오른쪽의 상황 모두 우리의 눈으로는 인식할 수 없겠군.

② 오른쪽의 컵에 담긴 빨대가 잘린 것처럼 보이는 것은 빛의 굴절로 인한 것이겠군.

③ 오른쪽의 상황에서는 직진하던 빛이 물에 닿으면서 진행 방향이 꺾이는 과정이 있었겠군.

④ 양쪽의 빨대가 빛을 조금도 반사하지 않는다면 우리 눈에는 두 빨대 모두 흰색으로 보이겠군.

⑤ 왼쪽의 컵에 담긴 빨대가 제 모양대로 보이는 것은 빨대에 닿은 빛이 굴절 없이 반사되었기 때문이겠군.

◆ 개념 한눈에 보기

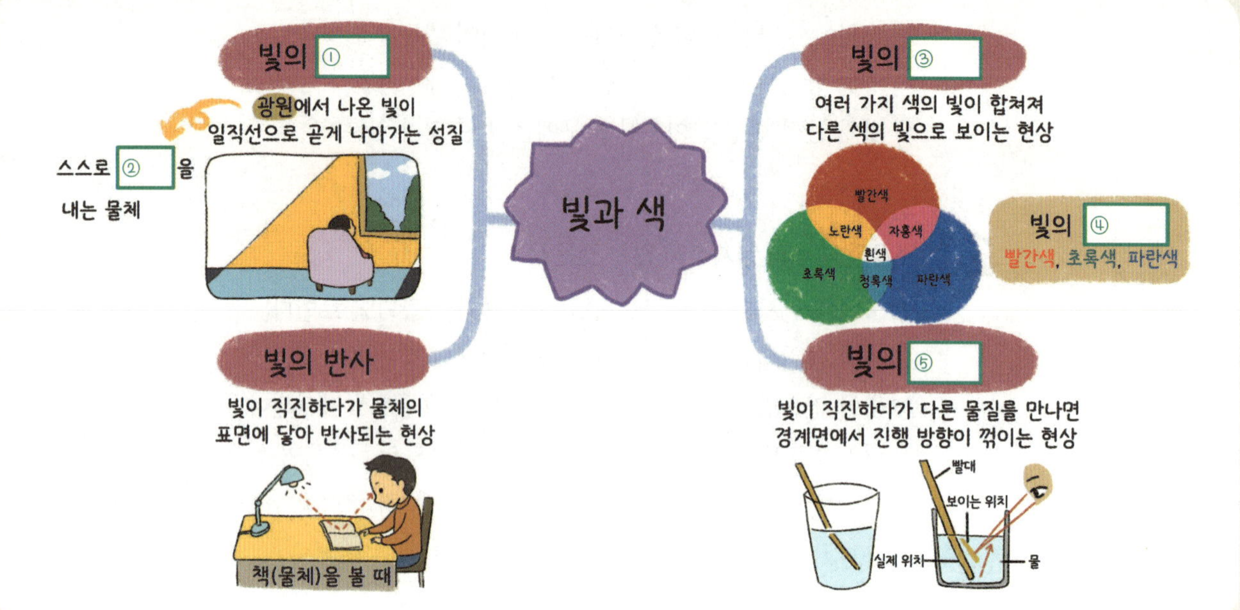

📖 교과 개념 사전

#광원 [광원]
제 스스로 빛을 내는 물체. 태양, 별 등이 있다.

#빛의 직진 [빋] [직찐]
광원에서 나온 빛이 장애물을 만나지 않았을 때, 일직선으로 곧게 나아가는 성질.

#빛의 반사 [빋] [반:사]
빛이 직진하다가 성질이 다른 물질의 표면에 부딪혀 되돌아 오는 현상.

#빛의 합성 [빋] [합썽]
여러 가지 색의 빛이 합쳐져서 다른 색의 빛으로 보이는 현상.

#빛의 굴절 [빋] [굴쩔]
빛이 공기 속을 직진하다가 다른 물질을 만나면 경계면에서 진행 방향이 꺾이는 현상.

교과 개념 확인 Quiz 

다음 물음에 답하시오.

❶ 광원에서 나온 빛은 어떤 물체나 물질을 만나기 전까지 ☐☐ 한다.

❷ 우리가 눈으로 물체의 모습이나 색을 인식할 수 있는 것은 빛의 반사와 관련 있다.　○ ｜ ✕

❸ 빛의 삼원색은 빨간색, 노란색, 파란색이다.
　　　　　　　　　　　　　　　○ ｜ ✕

❹ 빛의 삼원색을 ☐☐ 하면 다양한 색의 빛을 만들 수 있다.

❺ 직진하던 빛이 성질이 다른 물질을 만나면 경계면에서 ☐☐ 한다.

9일차

2 ≫물리학
소리는 어떤 방식으로 전달될까?

Step 1 교과 개념 톡 생각 열기

◆ **무엇을 배울까?**

초등	중등	고등	수능기출
과학 3-2 교과서 3단원 소리의 성질	과학 2 교과서 3단원 빛과 파동	물리학 교과서 3단원 빛과 물질	2017학년도 6월 평가원 [28-33] 음악적 아름다움의 구현 원리

❶ **파동의 종류 이해하기**

#파동   #매질   #횡파   #종파

❷ **소리의 특성 이해하기**

#파장   #진폭   #진동수   #파형

💡 **생각해 보기**   물결이 출렁이는데도 왜 고무 오리는 물결을 따라 바깥쪽이나 안쪽으로 이동하지 않는 것일까?

1 공이 떠 있는 잔잔한 수면 위에 돌멩이 한 개를 던지면 그곳을 중심으로 물결이 일어 동심원* 모양으로 퍼져 나간다. 그런데 이때 물 자체는 이동하지 않은 채 위아래로 출렁일 뿐이어서 공도 제자리에서 위아래로만 움직인다. 마치 파도타기 응원에서 관중석 전체에 파도 같은 움직임이 생기지만 각각의 관중은 제자리에서만 움직이는 것과 같다. 이와 같은 출렁임을 진동*이라고 하며, [A] 한 곳에서 발생한 진동이 퍼져 나가는 현상을 #파동이라고 한다. 그리고 파동이 주변으로 퍼져 나가는 것을 파동의 전파라고 하며, 파동을 전달하는 물질을 #매질이라고 한다. 예컨대 소리의 파동을 전달하는 공기는 물론 물이나 줄, 콘크리트 등도 소리의 매질이 될 수 있다.

2 물결파 외에도 소리의 파동인 음파, 전자기* 에너지의 파동인 전자기파, 지진이나 폭발의 파동인 지진파 등 파동의 종류는 매우 다양하다. 이런 파동들은 크게 횡파와 종파로 나눌 수 있다. 우선, #횡파는 매질의 진동 방향과 파동의 진행 방향이 서로 수직인 파동으로, 빛을 포함한 전자기파, 물결파, 지진파의 S파는 대표적인 횡파이다. 다만 전자기파는 다른 파동과 달리 매질이 없어도 전파된다. 한편, #종파는 매질의 진동 방향과 파동의 진행 방향이 동일한 파동으로, 음파와 지진파의 P파가 대표적인 종파이다. 현대인의 필수품인 휴대 전화는 발신자*의 목소리, 즉 음파를 전자기파로 바꾸어 수신자*에게 보내 주고, 그것을 다시 음파로 바꾸어 줌으로써 수신자가 발신자의 목소리를 들을 수 있게 해 주는 장치이다.

3 파동 중 횡파의 진행은 〈그림〉과 같이 규칙적인 물결 모양으로 표현할 수 있다. 물결 모양에서 가장 높은 곳을 마루, 가장 낮은 곳을 골이라고 하는데, 마루에서 마루, 혹은 골에서 골까지의

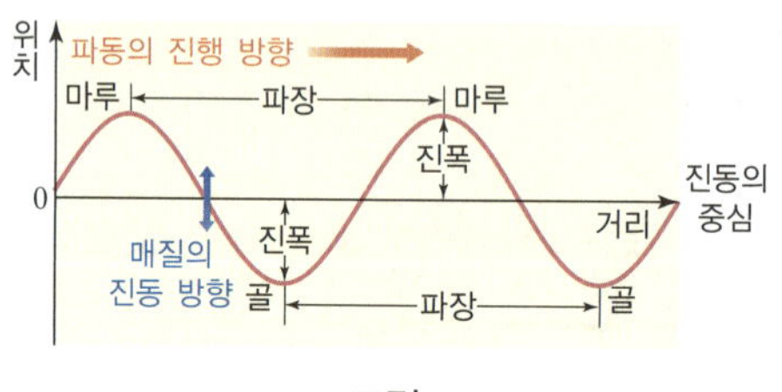

<그림>

거리를 #파장이라고 한다. 또 진동의 중심에서 마루 또는 골까지의 거리를 #진폭이라고 하며, 파동의 전파 과정에서 마루였던 한 점이 골을 거쳐 다시 마루가 되는데 걸리는 시간을 주기라고 한다. 이는 매질이 한 번 진동하는 데 걸리는 시간이다. 그리고 매질의 한 점이 1초 동안 진동하는 횟수를 #진동수라고 하며, 단위로는 Hz(헤르츠)를 사용한다. 진동수가 클수록 주기와 파장은 짧아지고, 진동수가 작을수록 주기와 파장은 길어진다.

4 파동의 모양을 보면 그 소리의 특성을 알 수 있다. 소리의 경우, 큰 소리가 작은 소리보다 진폭이 크고, 높은 소리가 낮은 소리보다 진동수가 크다. 그리고 파동의 모양, 즉 #파형이 다르면 음색*이 달라지는데 사람마다, 악기마다 파형이 달라 음색이 다르다.

독해 TIP!
이 글은 파동에 대한 정보를 이와 관련된 용어를 중심으로 설명하고 있어. 이런 글은 **중요 용어에 밑줄이나 별표 등을 해 가며 글을 읽는 것이 좋아.**

1 문단
파동과 매질의 개념
파동은 한 곳에서 발생한 ☐이 퍼져 나가는 현상이고, 매질은 ☐을 전달하는 물질임.

· **동심원** 같은 중심을 가지며 반지름이 다른 두 개 이상의 원.
· **진동** 흔들려 움직임.

2 문단
파동의 종류
매질의 진동 방향과 파동의 진행 방향이 서로 수직이면 ☐, 매질의 진동 방향과 파동의 진행 방향이 같으면 ☐임.

· **전자기** 전기와 자기를 아울러 이르는 말.
· **발신자** 소식이나 우편 또는 전신 따위를 보낸 사람.
· **수신자** 우편이나 전보 따위의 통신이나 유선 또는 무선 통신에서 신호를 받는 사람.

3 문단
파동과 관련된 여러 개념
☐은 마루(골)에서 마루(골)까지의 거리, ☐은 진동의 중심에서 마루(골)까지의 거리, ☐는 매질의 한 점이 1초 동안 진동하는 횟수를 가리킴.

4 문단
소리의 특성
☐, ☐, ☐에 따라 각각 소리의 크기, 소리의 높낮이, 음색이 달라짐.

· **음색** 소리의 감각적 특색.

전개 방식 파악하기

1 [A]에 사용된 설명 방식을 <보기>에서 모두 골라 묶은 것은?

> • 보기 •
>
> ㄱ. 중요한 용어에 대한 개념을 제시하여 내용 이해를 돕고 있다.
> ㄴ. 대상과 관련된 문제점과 그에 대한 해결 방안을 제시하고 있다.
> ㄷ. 질문의 방식을 통해 내용에 대한 독자의 흥미를 자극하고 있다.
> ㄹ. 익숙한 상황을 활용하여 어려운 개념을 알기 쉽게 설명하고 있다.

① ㄱ, ㄴ　　② ㄱ, ㄹ　　③ ㄴ, ㄷ　　④ ㄴ, ㄹ　　⑤ ㄷ, ㄹ

세부 내용 파악하기

2 윗글의 내용과 일치하지 <u>않는</u> 것은?

① 마루에서 마루까지의 거리를 파장이라 한다.
② 여러 가지 물질이 소리의 매질이 될 수 있다.
③ 파동은 진동이 주변으로 퍼져 나가는 현상이다.
④ 진동수가 작을수록 파동의 주기나 파장이 길어진다.
⑤ 지진으로 인해 발생하는 파동은 모두 횡파에 속한다.

고난도

세부 내용 추론하기

3 윗글에서 이끌어 낼 수 있는 내용으로 적절하지 <u>않은</u> 것은?

① 어떤 매질도 없는 진공 상태에서는 빛이 전파되지 않는다.
② 20Hz의 진동수를 지닌 파동의 매질은 1초 동안 20번 진동한다.
③ 수면에 파동이 일어나도 수면 위의 물체는 제자리에서 위아래로만 움직인다.
④ 휴대 전화는 발신자의 목소리를 횡파인 전자기파로 바꾸어 수신자에게 전파한다.
⑤ 소리의 진동수와 진폭이 비슷하지만 파동의 모양이 다른 두 악기는 음색이 다르다.

수능찍먹

사례에 적용하기

4 <보기>의 ㉮, ㉯는 소리의 파동을 나타낸 것이다. 윗글을 바탕으로 ㉮와 ㉯를 이해한 내용으로 적절하지 <u>않은</u> 것은?

> • 보기 •
>
> 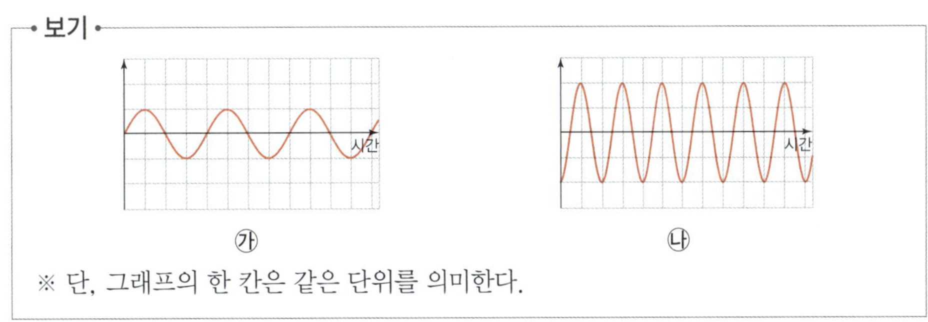
>
>
> ※ 단, 그래프의 한 칸은 같은 단위를 의미한다.

① ㉮에서 나타나는 파동의 진동수가 ㉯의 진동수보다 작다.
② ㉮처럼 형성되는 소리가 ㉯처럼 형성되는 소리보다 소리의 크기가 작다.
③ ㉯에서 나타나는 파동의 진폭이 ㉮에서 나타나는 파동의 진폭보다 크다.
④ ㉯처럼 형성되는 소리가 ㉮처럼 형성되는 소리보다 소리의 높낮이가 높다.
⑤ ㉮와 ㉯는 모두 파동의 진행 방향이 매질의 진동 방향과 수직을 이룬다.

◆ **개념 한눈에 보기**

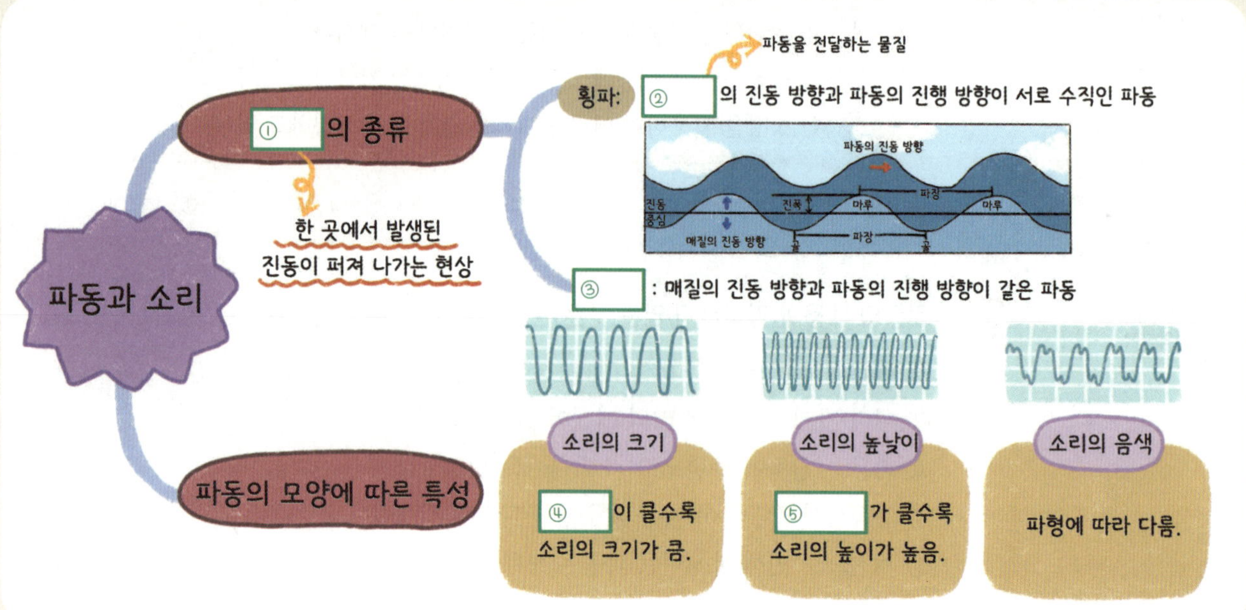

📖 **교과 개념 사전**

#파동 [파동]
한 곳에서 발생한 진동이 주위로 퍼져 나가는 현상.

#매질 [매질]
어떤 파동 또는 물리적 작용을 전달해 주는 물질.

#횡파 [횡파/휑파]
매질의 진동 방향과 파동의 진행 방향이 수직인 파동.

#종파 [종파]
매질의 진동 방향이 파동의 진행 방향에 일치하는 파동.

#파장 [파장]
마루(골)에서 이웃한 마루(골)까지의 거리.

#진폭 [진ː폭]
진동 중심에서 마루나 골까지의 수직 거리.

#진동수 [진ː동수]
매질의 한 점이 1초 동안 진동하는 횟수. 단위는 Hz(헤르츠).

#파형 [파형]
물결처럼 기복이 있는 파동의 모양.

교과 개념 확인 Quiz ✎

다음 물음에 답하시오.

❶ 파동이 퍼져 나갈 때 매질은 파동을 따라 바깥쪽이나 안쪽으로 이동한다.　　○ ┆ ✕

❷ 파동의 진행 방향과 매질의 진동 방향이 직각으로 된 파동을 □□라고 한다.

❸ 크기와 높낮이가 같은 피아노 소리와 바이올린 소리는 파형이 다르게 나타난다.　　○ ┆ ✕

❹ 마루에서 마루, 혹은 골에서 골까지의 거리를 □□이라고 한다.

❺ 파동의 전파가 끝날 때까지 매질이 진동하는 횟수를 진동수라고 한다.　　○ ┆ ✕

1

≫ 화학

물질은 무엇으로 이루어져 있을까?

Step 1 교과 개념 톡 생각 열기

◆ **무엇을 배울까?**

초등	중등	고등	수능기출
과학 5-1 교과서 3단원 용해와 용액	과학 2 교과서 4단원 물질의 구성	통합과학 1 교과서 2단원 물질과 규칙성	2016학년도 6월 평가원 A형 [19-21] 원자의 구조

❶ 원소와 원자의 개념을 구별하기

　#원소　　#원자

❷ 화학 반응식과 주기율표가 가지는 의미 이해하기

　#화합물　　#물리 변화　　#화학 변화　　#화학 반응식

　#주기율표

💡 **생각해 보기**　멸치에 들어 있는 칼슘은 무엇일까?

1 ㉠원소와 ㉡원자는 자주 헷갈리는 용어*들이다. 국어사전에도 원소는 '모든 물질을 이루는 기본적 요소', 원자는 '물질*의 기본적 구성 단위'라는 비슷한 의미로 풀이되어 있다. 그러나 이 두 용어는 엄연히* 다른 것이다. 두 용어의 차이점은 쓰임새에 있다. #원소는 물질의 기본 성분으로 물질의 종류를 가리킬 때 사용하지만, #원자는 물질을 이루는 기본 입자들을 가리킬 때 사용하며 그 양을 표현할 수 있다. 예를 들어 곰 2마리와 양 3마리에 빗대어 보면, 동물의 종류인 곰과 양은 원소에 해당한다. 그리고 곰과 양 한 마리씩은 각각의 원자에, 2마리와 3마리는 각 원자의 양에 해당한다. [A]

2 오래전부터 사람들은 우리 주변의 물질이 무엇으로 이루어졌는지 궁금해하고, 알아내려고 노력했다. 고대 그리스의 아리스토텔레스는 '물, 불, 흙, 공기'가 모든 물질의 기본 성분이라고 주장했다. 근대에 접어들면서 원소에 대한 과학적 탐구가 본격적*으로 이루어졌는데, 18세기 라부아지에는 실험을 통해 물을 산소와 수소로 분리하고, 반대로 산소와 수소를 이용해 물을 합성하는 데 성공했다. 이를 통해 그는 물이 원소가 아니며, 산소와 수소가 결합한 #화합물임을 증명해 냈다. 그리고 원소는 산소와 수소처럼 더 이상 분해할 수 없는 물질이라고 주장했다. 한편 그의 실험은 물이 만들어지는 것이 상태나 모양이 변하는 #물리 변화가 아니라 새로운 물질이 생성되는 #화학 변화의 결과임을 밝혀낸 것이었다.

3 과학자들은 처음에 이러한 화학 변화의 과정을 그림으로 나타냈지만, 좀 더 간편하게 쓰기 위해 원소마다 기호를 붙여 식으로 나타냈다. 이것이 바로

$$2H_2 + O_2 \rightarrow 2H_2O$$
$$\text{(수소)} \quad \text{(산소)} \quad \text{(물)}$$

<그림>

〈그림〉과 같은 #화학 반응식으로, 화살표 왼쪽에 화학 반응에 참여하는 원소들을 적고, 오른쪽에 화학 반응 이후 만들어진 화합물을 적는다. 원소의 원자 개수가 1보다 많으면 H_2처럼 원소 기호의 오른쪽 아래에 원자 개수를 작게 써서 나타낸다. 이처럼 화학 반응식은 화학 반응을 간편하게* 보여 줄 뿐 아니라, 화학 반응에 필요한 원소, 원자 개수까지 알려 준다.

4 19세기에는 새로운 원소를 찾아내려는 연구가 급격하게 늘어나 50여 개가 넘는 원소가 발견되었다. 그리하여 19세기 말 멘델레예프는 당시까지 발견된 원소를 그 성질에 따라 체계적*으로 정리한 #주기율표를 발표했다. 멘델레예프는 주기율표를 만들면서 아직 발견되지 않은 원소가 있을 것이라고 예상하여 빈칸을 남겨 두었는데, 과학자들이 원소를 연구하여 그 빈칸을 채워 왔다. 현재의 주기율표는 총 118개의 원소로 구성되어 있다. 그중 92개는 자연계에 존재하는 것이고, 나머지는 과학자들이 인공적으로 만들어 낸 것이다. 이렇듯 주기율표는 세상을 이루고 있는 기본 물질을 알아내려는 노력과 새로운 물질을 만들어 내려는 노력의 결과를 담고 있다.

---

1 문단
원소와 원자의 차이점
원소는 물질의 [   ]를 가리킬 때 사용하지만, 원자는 물질을 이루는 기본 [   ]들을 가리킬 때 사용함.

- **용어** 일정한 분야에서 주로 사용하는 말.
- **물질** 물체의 근본이 되는 바탕.
- **엄연히** 어떠한 사실이나 현상이 부인할 수 없을 만큼 뚜렷하게.

2 문단
원소 연구의 발전 과정

고대	아리스토텔레스는 '[ ], [ ], 흙, 공기'가 물질의 기본 성분이라고 주장함.
근대	라부아지에는 물이 원소가 아닌 [ ]임을 증명했고, [ ]는 더 이상 분해할 수 없는 물질이라고 주장함.

- **본격적** 제 궤도에 올라 제격에 맞게 적극적인 것.

3 문단
화학 반응식의 개념과 특징
화학 반응식은 화학 변화 과정을 나타낸 식으로, [   ]의 전과 후를 보여 주며, 화학 반응에 필요한 원소와 원자 [   ]가 표시됨.

- **간편하다** 간단하고 편리하다.

4 문단
주기율표의 개념과 구성
주기율표는 [   ]를 그 [   ]에 따라 체계적으로 정리한 표로, 현재의 주기율표는 총 118개 원소로 구성됨.

- **체계적** 일정한 원리에 따라서 낱낱의 부분이 짜임새 있게 조직되어 통일된 전체를 이루는 것.

세부 내용 파악하기

1 윗글의 내용과 일치하지 <u>않는</u> 것은?

① 고대 그리스의 아리스토텔레스는 원소를 4가지로 보았다.

② 근대에 들어 원소에 대한 과학적 탐구가 활발하게 이루어졌다.

③ 라부아지에는 물이 하나의 원소로 이루어진 물질임을 증명했다.

④ 라부아지에는 원소를 더 이상 분해할 수 없는 물질이라고 보았다.

⑤ 19세기 말까지 과학자들이 발견한 원소의 개수는 50개가 넘었다.

세부 내용 추론하기

`고난도`

2 [A]를 바탕으로 ㉠과 ㉡을 이해한 내용으로 가장 적절한 것은?

① 물질을 이루는 입자의 구조를 설명할 때에는 ㉠을 사용한다.

② 물질을 이루는 입자 하나하나를 표현할 때에는 ㉠을 사용한다.

③ 물질의 기본 성분이 무엇인지 밝힐 때에는 ㉡을 사용한다.

④ 물질을 이루는 기본 입자의 양을 표현할 때에는 ㉡을 사용한다.

⑤ ㉠과 ㉡은 국어사전에 풀이된 의미가 비슷하므로 구분하지 않고 사용한다.

세부 내용 추론하기

3 주기율표 에 대한 설명으로 적절하지 <u>않은</u> 것은?

① 원소들을 그 이름에 따라 정리하여 만든 것이다.

② 19세기 말 멘델레예프가 최초로 만들어 발표했다.

③ 연구를 통해 새롭게 발견된 원소들이 빈칸에 채워졌다.

④ 과학자들이 인공적으로 만들어 낸 원소도 포함되어 있다.

⑤ 현재의 표에는 자연계에 존재하는 원소들이 총 92개 들어 있다.

사례에 적용하기

4 윗글을 바탕으로 <보기>를 이해한 내용으로 가장 적절한 것은?

> **보기**
>
> $$S \; + \; O_2 \; \rightarrow \; SO_2$$
> (황)　　(산소)　　(이산화 황)

① 이 화학 반응에 참여하는 원소는 총 3가지이다.

② 이 화학 반응이 일어나기 위해 필요한 황 원자는 2개이다.

③ 이 화학 반응을 통해 '이산화 황'이라는 화합물이 생성되었다.

④ 이 화학 반응식은 새로운 원소가 만들어지는 과정을 보여 준다.

⑤ 이 화학 반응식은 이산화 황이 황과 산소로 분해되는 과정을 보여 준다.

◆ 개념 한눈에 보기

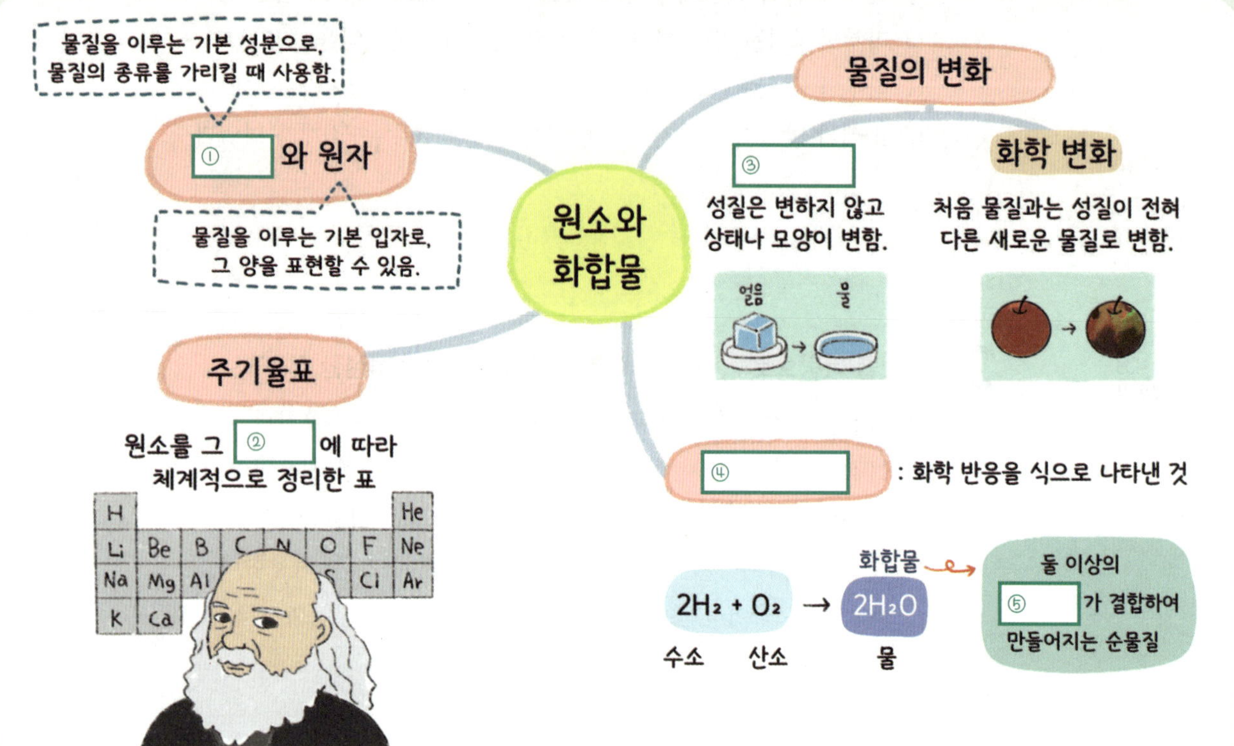

교과 개념 사전

#원소 [원소]
더 이상 분해되지 않으면서 물질을 이루는 기본 성분.

#원자 [원자]
더 이상 쪼갤 수 없는 가장 작은 단위 입자.

#화합물 [화:함물]
둘 이상의 원소가 결합하여 만들어지는 순물질.

#물리 변화 [물리] [변:화]
물질의 성질은 변하지 않으면서 모양이나 상태가 변하는 현상.

#화학 변화 [화:학] [변:화]
처음 물질과는 성질이 전혀 다른 새로운 물질로 변하는 현상.

#화학 반응식 [화:학] [바:능식]
화학 반응을 일으키는 물질과 화학 반응의 결과로 생기는 생성 물질의 종류, 그들 사이의 관계를 나타내는 식.

#주기율표 [주기율표]
유사한 성질을 갖는 원소들을 일정한 규칙으로 배열한 표.

다음 물음에 답하시오.

❶ ☐☐는 더 이상 쪼갤 수 없는, 물질을 이루는 기본 입자이다.

❷ 물은 수소와 산소로 분해되므로 원소라고 할 수 없다.　　　　○ ┊ ✕

❸ ☐☐☐은 두 가지 이상의 원소가 결합하여 만들어지는 물질이다.

❹ 물질이 물리 변화를 거치면 그 물질은 원래의 성질을 잃는다.　　　　○ ┊ ✕

❺ 화학 반응식을 통해 화학 반응에 필요한 원소의 원자 개수를 알 수 있다.　　　　○ ┊ ✕

❻ 주기율표를 보면 특정한 원소와 성질이 비슷한 원소가 무엇인지 알 수 있다.　　　　○ ┊ ✕

10일차

2

» 화학

원자는 어떻게 이온이 되는 걸까?

Step 1 교과 개념 **톡** 생각 열기

◆ **무엇을 배울까?**

초등	중등	고등	수능기출
과학 5-1 교과서 3단원 용해와 용액	과학 2 교과서 4단원 물질의 구성	통합과학 1 교과서 2단원 물질과 규칙성	2014년 4월 고3 교육청 A형 [28-30] 염분차 발전

❶ **원자**의 구조를 이해하기

　#원자핵　　#전자

❷ **이온**의 형성 과정과 **전하**를 띠는 이온의 성질 이해하기

　#이온　　#전하　　#양이온　　#음이온

💡 **생각해 보기**　원소 기호 옆에 표시된 '+', '−'는 무슨 의미일까?

1 스포츠 중계* 방송을 보다 보면 운동 선수들이 이온 음료를 마시는 모습을 볼 수 있다. 운동 선수들이 물 대신 이온 음료를 마시는 이유는 무엇일까? 우리가 흘리는 땀은 수분이 99%이고, 나머지 1%의 물질은 나트륨, 염소, 칼륨, 칼슘 등의 원소가 이온 형태로 된 것들이다. 이온 음료는 이러한 이온 성분이 포함된 물로, 이온 음료를 마시면 격렬한 운동이나 장시간 운동으로 인해 땀으로 빠져나간 수분과 함께 부족해진 이온 성분을 보충할* 수 있다.

2 이온 음료에서 #이온이란 원자가 전기적인 성질을 띤 상태를 의미한다. 이온을 좀 더 잘 이해하기 위해서는 원자의 구조와 원자의 전기적 상태를 이해해야 한다. 독립된* 원자는 양성자와 중성자로 이루어진 #원자핵과 원자핵 주위를 돌고 있는 #전자

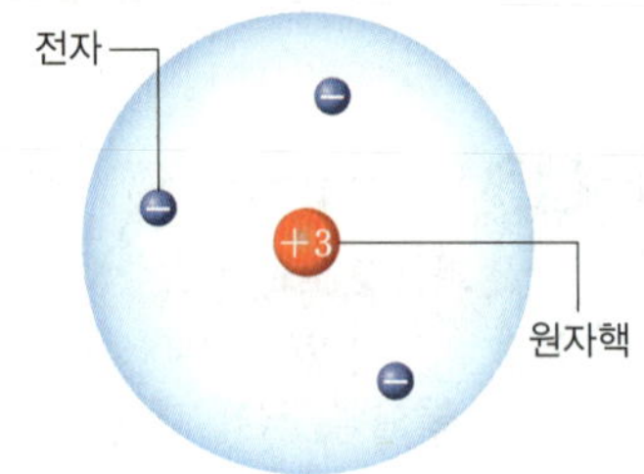

로 이루어져 있다. 그런데 전기적 성질로 볼 때, 원자핵은 양(+)의 성질을 가지고, 전자는 음(−)의 성질을 가지고 있다. 따라서 원자핵은 양전하를, 전자는 음전하를 띤다고 말한다. 원자는 종류에 따라 원자핵의 전하량과 전자의 개수가 다르지만, 기본적으로는 전기적으로 아무런 성질이 없는 상태, 즉 중성*인 상태로 존재한다. 왜냐하면 원자핵의 양전하량과 전자의 총 음전하량이 같기 때문이다. 예를 들어 탄소 원자는 원자핵 하나의 전하량이 +6이고, 원자핵 주위를 도는 전자 6개가 각각 −1의 전하량을 가지므로 전자의 총 전하량이 −6이다.

3 그런데 원자에 있는 전자 중 일부는 다른 원자로 이동할 수 있다. 이러한 전자의 성질 때문에 어떤 원자는 전자를 다른 원자로 보내기도 하고, 다른 원자로부터 전자를 받기도 한다. ㉠이렇게 전자의 수가 변하는 특정한* 상황에 놓이면, 중성인 상태로 존재했던 원자는 #전하*를 띠게 된다. 이때 전하를 띠는 원자가 이온인데, 원자가 전자를 잃어 양전하를 띠는 이온을 #양이온이라 하고, 전자를 얻어 음전하를 띠는 이온을 #음이온이라고 한다.

4 이온을 표시할 때에는 이온식을 사용한다. 이온식은 원소 기호를 이용하여 표현한 것으로, 이온의 전기적 상태가 어떠한지와 몇 개의 전자를 잃거나 얻어서 이온이 되었는지를 보여 준다. 예를 들어 나트륨은 1개의 전자를 잃어서 양이온이 되므로, 나트륨의 원소 기호 'Na'의 오른쪽 위에 '+'를 붙여 'Na^+'로 표현한다. 이와 달리 산소는 전자를 2개 얻어서 음이온이 되므로, 산소의 원소 기호 'O'에 '2−'를 붙여 'O^{2-}'로 표현한다. 이온의 이름을 붙이는 방법은 양이온과 음이온이 각각 다른데, 양이온의 경우에는 원소 이름 뒤에 '이온'을 붙이면 된다. 그러나 음이온의 경우에는 원소의 이름 뒤에 '화 이온'을 붙이는데, '산소'처럼 원소 이름이 '소'로 끝나는 경우에는 '소'를 빼고 '산화 이온'과 같이 '화 이온'을 붙인다.

---

1 문단
이온 음료의 기능
이온 음료는 땀으로 빠져나간 수분과 ☐☐☐ 성분을 보충해 줌.

· **중계** 어느 방송국의 방송을 다른 방송국에서 연결하여 방송하는 일.
· **보충하다** 부족한 것을 보태어 채우다.

2 문단
원자의 구조와 전기적 성질
· 원자는 양전하를 띠는 ☐☐☐과 음전하를 띠는 ☐☐로 이루어짐.
· 원자는 전기적으로 ☐☐인 상태로 존재함.

· **독립되다** 독자적으로 존재하게 되다.
· **중성** 원자가 양전하나 음전하 가운데 어떤 성질도 가지고 있지 않은 상태.

3 문단
이온의 형성과 종류
이온은 원자가 ☐☐☐를 잃거나 얻어서 형성되며, 양전하를 띠는 ☐☐☐과 음전하를 띠는 ☐☐☐으로 나뉨.

· **특정하다** 특별히 정해져 있다.
· **전하** 물체가 띠고 있는 정전기의 양.

4 문단
이온식과 이온의 명명법
· 이온식: ☐☐☐☐의 오른쪽 위에 전하의 종류와 잃거나 얻은 ☐☐의 개수를 함께 나타냄.
· 이온의 이름을 붙이는 방법

양이온	원소 이름 + ☐☐
음이온	원소 이름 + ☐☐☐

※ 음이온의 경우에는 원소 이름이 '소'로 끝나는 경우 '소'를 빼고 '화 이온'을 붙임.

핵심 내용 파악하기

1 윗글에서 언급된 내용이 <u>아닌</u> 것은?

① 이온의 형성 원리
② 원자의 구조와 크기
③ 이온의 개념과 종류
④ 원자의 전기적 성질
⑤ 이온의 이름을 붙이는 방법

세부 내용 추론하기

고난도

2 ㉠의 이유로 가장 적절한 것은?

① 원자를 이루는 양전하와 음전하의 양이 균형을 이루게 되기 때문에
② 원자가 전자를 얻거나 잃어서 전자의 총 음전하량이 변하기 때문에
③ 원자가 특정한 상황에 놓이면 전자가 음의 성질을 잃어버리기 때문에
④ 양성자와 중성자가 결합하는 과정에서 전기적 성질을 잃어버리기 때문에
⑤ 원자가 다른 원자와 전자를 주고받으면서 전기적 성질이 비슷해지기 때문에

사례에 적용하기

3 윗글을 참고할 때, <보기>의 (가), (나)에 대한 반응으로 적절하지 <u>않은</u> 것은?

• 보기 •

(가)	(나)
Al^{3+}	S^{2-}

① (가)의 원소 기호는 'Al'이고, (나)의 원소 기호는 'S'이군.
② (가)는 원자가 전자 3개를 잃어서 양전하를 띠겠군.
③ (가)는 원소 이름 뒤에 '화 이온'을 붙여서 불러야겠군.
④ (나)는 원자가 전자 2개를 다른 원자에게 받은 음이온이로군.
⑤ (나)는 원자핵의 양전하량보다 전자의 총 음전하량이 더 많겠군.

◆ 개념 한눈에 보기

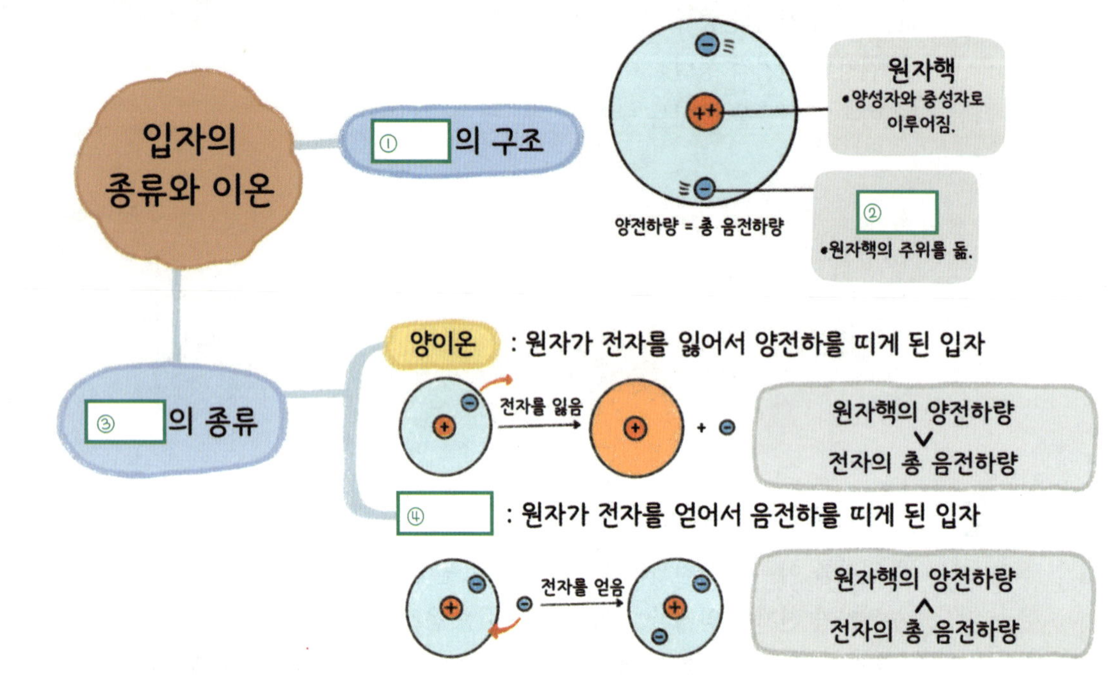

📗 교과 개념 사전

#이온
원자가 전자의 이동으로 전자를 잃거나 얻어서 전하를 띠는 입자.

#원자핵 [원자핵]
원자의 중심부를 이루는 입자. 양성자와 중성자가 결합한 것으로 원자의 대부분을 차지하며 양전하를 갖는다.

#전자 [전:자]
음전하를 가지고 원자핵 주위를 도는 소립자의 하나.

#전하 [전:하]
물체가 띠고 있는 정전기의 양. 같은 부호의 전하 사이에는 미는 힘이, 다른 부호의 전하 사이에는 끄는 힘이 작용한다.

#양이온
원자가 전자를 잃어 양전하를 띠는 입자.

#음이온
원자가 전자를 얻어 음전하를 띠는 입자.

교과 개념 확인 Quiz

다음 물음에 답하시오.

❶ 원자는 양전하량과 음전하량이 같아 전기적으로 중성이다.　　　　　○ ┃ ✕

❷ 원자는 양전하를 띠는 ☐☐☐과 음전하를 띠는 ☐☐로 이루어져 있다.

❸ ☐☐의 이동으로 인해 원자가 ☐☐를 띠는 것을 이온이라고 부른다.

❹ 원자가 전자를 잃으면 음이온, 전자를 얻으면 양이온이 된다.　　　　　○ ┃ ✕

❺ 양이온은 원자핵의 양전하량이 전자의 총 음전하량보다 많다.　　　　　○ ┃ ✕

이번 주에 배운 **핵심 교과 개념**을 확인해 볼까요?

본문에 수록된 교과 개념에 대한 자세한 풀이를

일차별로 묶어 부록에 담았어요.

부록 페이지를 찾아가서 이번 주에 배운 핵심 교과 개념을

다시 한번 복습해 보세요!

일차		# 핵심 교과 개념	부록
6일차	1	흑점 ｜ 홍염 ｜ 플레어 ｜ 코로나 ｜ 태양풍 ｜ 자기 폭풍 ｜ 오로라	31p
	2	지구의 자전 ｜ 일주 운동 ｜ 별자리 ｜ 연주 운동 ｜ 황도 ｜ 지구의 공전	32p
7일차	1	순물질 ｜ 혼합물 ｜ 밀도 ｜ 용해도 ｜ 녹는점 ｜ 어는점 ｜ 끓는점	25p
	2	끓는점 차이 ｜ 증류 ｜ 밀도 차이 ｜ 재결정 ｜ 크로마토그래피	26p
8일차	1	지각 ｜ 화성암 ｜ 퇴적암 ｜ 변성암 ｜ 암석의 순환	33p
	2	화산 활동 ｜ 화산 ｜ 대륙 이동설 ｜ 판 구조론 ｜ 화산대 ｜ 지진대	34p
9일차	1	광원 ｜ 빛의 직진 ｜ 빛의 반사 ｜ 빛의 합성 ｜ 빛의 굴절	15p
	2	파동 ｜ 매질 ｜ 횡파 ｜ 종파 ｜ 파장 ｜ 진폭 ｜ 진동수 ｜ 파형	16p
10일차	1	원소 ｜ 원자 ｜ 화합물 ｜ 물리 변화 ｜ 화학 변화 ｜ 화학 반응식 ｜ 주기율표	27p
	2	이온 ｜ 원자핵 ｜ 전자 ｜ 전하 ｜ 양이온 ｜ 음이온	28p

시작~!

1

>> 생명과학

식물이 만드는 영양분 레시피

 교과 개념 톡 생각 열기

◆ **무엇을 배울까?**

초등	중등	고등	수능기출
과학 6-1 교과서 3단원 식물의 구조와 기능	과학 2 교과서 5단원 식물과 에너지	세포와 물질대사 교과서 3단원 세포 호흡과 광합성	2013학년도 6월 평가원 [23-25] 증산-응집력-장력 메커니즘

❶ 광합성에 영향을 미치는 요인 파악하기

#빛에너지   #광합성   #엽록체   #기공   #이산화 탄소

❷ 광합성에 필요한 물의 이동과 **증산 작용**의 관계 이해하기

#모세관 현상   #증산 작용

💡 **생각해 보기**   방 안의 화분보다 마당의 화분에서 식물이 더 잘 자란 까닭은 무엇일까?

1 우리는 뛰어놀 때뿐만 아니라 책을 읽거나 잠을 잘 때도 에너지를 필요로 한다. 그래서 사람들은 에너지를 얻기 위해 음식을 먹는다. 그렇다면 음식을 먹지 않는 식물은 에너지를 만드는 데 필요한 양분˚을 어떻게 얻을까? 식물은 햇빛과 같은 **#빛에너지**를 이용하여 스스로 양분을 만들어 내는데, 이 과정을 **#광합성**이라고 한다. 광합성은 잎의 식물 세포에 있는 **#엽록체**에서 일어나며, 엽록체 안의 엽록소가 빛에너지를 흡수한다. 그런데 광합성이 일어나려면 햇빛 이외에도 이산화 탄소와 물이 필요하다.

2 식물의 잎 뒷면 표피˚에는 **#기공**이라는 작은 구멍이 있다. 이 구멍은 잎의 내부와 외부를 연결하며, 산소나 이산화 탄소, 수증기 등이 드나드는 통로 역할을 한다. 기공은 사람의 입술 모양 같이 생긴 공변세포 2개로 둘러싸여 있으며, 공변세포의 수축과 팽창에 따라 기공이 열리고 닫힌다. 대부분의 식물에서 기공은 주로 낮에 열리고 밤에 닫히므로, 식물은 빛이 있을 때 기공을 통해 외부의 **#이산화 탄소**를 흡수하며˚, 이 이산화 탄소는 엽록체에 들어가 물과 함께 광합성의 재료로 사용된다.

3 이산화 탄소가 식물의 잎에 있는 기공을 통해 흡수되는 것과 달리, 물은 식물의 뿌리에서 흡수되어 줄기를 지나 잎으로 이동한다. 그런데 일상에서 물은 지구 중력˚의 영향으로 높은 곳에서 낮은 곳으로 흐른다. 그렇다면 어떻게 뿌리에서 흡수된 물이 나무 꼭대기에 있는 잎까지 전달될까? 이는 ㉠모세관 현상과 ㉡증산 작용으로 설명할 수 있다. 물이 담긴 그릇에 가느다란 유리관을 넣어 두면 유리관 안으로 물이 올라가는 것을 볼 수 있다. 가는 관을 따라 액체가 올라가거나 내려가는 것을 **#모세관 현상**이라 하는데, 관이 가늘수록 물이 올라가는 높이가 높아진다. 식물에는 뿌리부터 줄기를 거쳐 잎까지 물이 지나는 통로인 물관이 연결되어 있다. 이 물관이 매우 가늘기 때문에 모세관 현상으로 물을 밀어 올리는 힘이 생기는 것이다.

4 물관을 통해 잎으로 운반된 물은 광합성에 쓰이고, 남은 물은 수증기 상태로 기공 밖으로 빠져나간다. 이렇게 식물 안의 수분이 잎의 기공을 통해 공기 중으로 내보내지는 현상을 **#증산 작용**이라 한다. 잎의 세포에서 증산 작용이 일어나면 잎의 내부에 있는 물은 줄어들고, 그 양만큼 물관에서 아래쪽의 물 분자를 끌어 올리는 현상이 일어난다. 물관의 물 분자들은 사슬˚처럼 강하게 연결되어 있어서 잎에서 물 분자가 줄어들면 아래쪽 물 분자가 끌어 올려지는 것이다. 기공이 많이 열릴수록 빠져나가는 물이 많아지므로 증산 작용이 활발히 일어나 뿌리에서 흡수된 물이 잎까지 계속 올라오게 된다. 또한 열린 기공을 통해 이산화 탄소가 많이 들어오므로, 기공이 많이 열리는 낮에 광합성이 활발해진다. 광합성이 활발해질수록 식물은 더 잘 자라게 된다.

핵심 내용
파악하기

1 윗글에서 다루고 있는 내용이 <u>아닌</u> 것은?

① 잎의 기공이 하는 역할

② 광합성에 필요한 재료들

③ 광합성이 일어나는 장소

④ 광합성으로 만들어진 양분의 종류

⑤ 식물의 내부에서 물이 이동하는 원리

세부 내용
추론하기

고난도

2 윗글을 통해 알 수 있는 내용으로 적절한 것은?

① 식물은 기공을 통해 물과 이산화 탄소를 흡수한다.

② 식물의 잎과 줄기에서 광합성에 필요한 빛을 흡수한다.

③ 식물의 광합성에는 햇빛보다 물의 역할이 더 중요하다.

④ 식물의 기공이 열렸을 때와 닫혔을 때 공변세포의 모양은 같다.

⑤ 식물은 밤보다 낮에 공기 중의 이산화 탄소를 더 많이 흡수한다.

세부 내용
파악하기

3 ㉠과 ㉡에 대한 설명으로 적절하지 <u>않은</u> 것은?

① ㉠이 일어나면 물이 수증기 상태로 바뀌어 배출된다.

② ㉠으로 물이 올라가는 높이는 관의 굵기에 따라 달라진다.

③ ㉡은 기공이 얼마나 많이 열리는가에 영향을 받는다.

④ ㉡이 일어나면 물관의 물 분자들이 잎 쪽으로 이동한다.

⑤ ㉠과 ㉡으로 인해 물이 중력의 반대 방향으로 이동하는 힘이 생긴다.

사례에
적용하기

수능 찍먹

4 학생이 <보기>와 같은 관찰을 하였다. 윗글과 <보기>의 (나)를 바탕으로 (가)에 대해 보인 반응으로 적절하지 <u>않은</u> 것은?

> **보기**
>
> (가)는 뿌리, 줄기, 잎이 있는 식물을 물에 담아 햇빛이 드는 곳에 둔 것이고, (나)는 아침부터 저녁까지 (가)의 식물이 뿜어내는 물의 양을 측정한 결과이다.
>
> 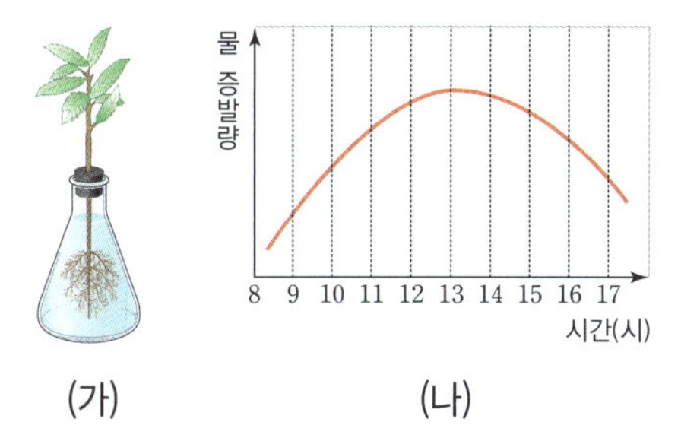
>

① (가)에서 잎의 기공은 10시보다 12시에 더 많이 열렸겠군.

② (가)의 잎에서는 10시보다 14시에 광합성이 더 활발하게 이루어졌겠군.

③ (가)의 잎에서 증산 작용은 12시에서 14시 사이에 가장 활발히 일어났겠군.

④ (가)의 잎에서 뿜어내는 물의 양이 많아질수록 흡수되는 이산화 탄소의 양은 줄어들었겠군.

⑤ (가)의 식물 속 물관에서 낮 동안 물 분자의 이동이 계속되면서 시험관의 물도 줄어들었겠군.

◆ 개념 한눈에 보기

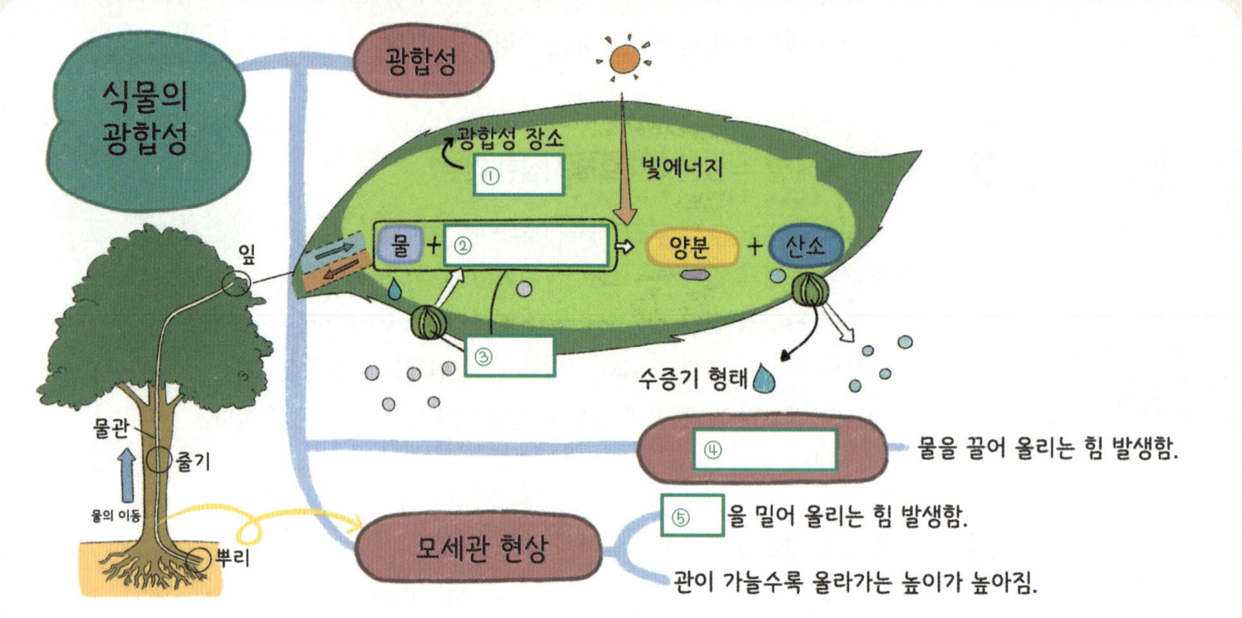

📖 교과 개념 사전

#빛에너지

빛이 가지고 있는 전자기 에너지.

#광합성 [광합썽]

식물이 빛에너지를 이용하여 이산화 탄소와 수분으로 양분을 만드는 과정.

#엽록체 [염녹체]

식물의 세포 기관으로, 광합성이 이루어지는 장소이다.

#기공 [기공]

식물의 잎이나 줄기 표면에 있는, 기체가 드나드는 구멍.

#이산화 탄소 [이산화탄소]

탄소의 산화물. 식물의 광합성을 돕는다.

#모세관 현상 [모세관] [현:상]

가는 대롱(관)을 액체 속에 넣어 세웠을 때, 대롱 안의 액체 표면이 대롱 밖의 액체 표면보다 높아지거나 낮아지는 현상.

#증산 작용 [증산] [자꽁]

식물체 안의 수분이 수증기가 되어 공기 중으로 나오는 현상.

교과 개념 확인 Quiz

다음 물음에 답하시오.

❶ 동물과 달리 식물들은 ☐☐☐을 하여 스스로 양분을 만들어 낸다.

❷ 광합성에 필요한 빛에너지는 ☐☐☐ 안의 엽록소에서 흡수한다.

❸ 광합성이 일어날 때 잎의 기공을 통해 이산화 탄소가 나가고 수증기가 들어온다.   ○ | ✕

❹ 기공이 많이 열릴수록 증산 작용이 활발해지고 그 영향으로 광합성도 활발하게 이루어진다.   ○ | ✕

❺ 관이 가늘수록 물이 올라가는 높이가 높아지는 현상을 모세관 현상이라고 한다.   ○ | ✕

❻ 식물은 모세관 현상과 ☐☐ ☐☐을 통해서 뿌리에서 잎까지 물을 끌어 올릴 수 있다.

2 ≫ 생명과학
식물은 어떻게 숨을 쉬고 밥을 먹지?

◆ **무엇을 배울까?**

초등	중등	고등	수능기출
과학 6-1 교과서 3단원 식물의 구조와 기능	과학 2 교과서 5단원 식물과 에너지	세포와 물질대사 교과서 3단원 세포 호흡과 광합성	COMING SOON

❶ **식물의 호흡과 광합성의 관계 이해하기**

　　#산소　　　#식물의 호흡

❷ **광합성으로 만들어진 양분을 이동, 저장, 사용하는 과정 이해하기**

　　#포도당

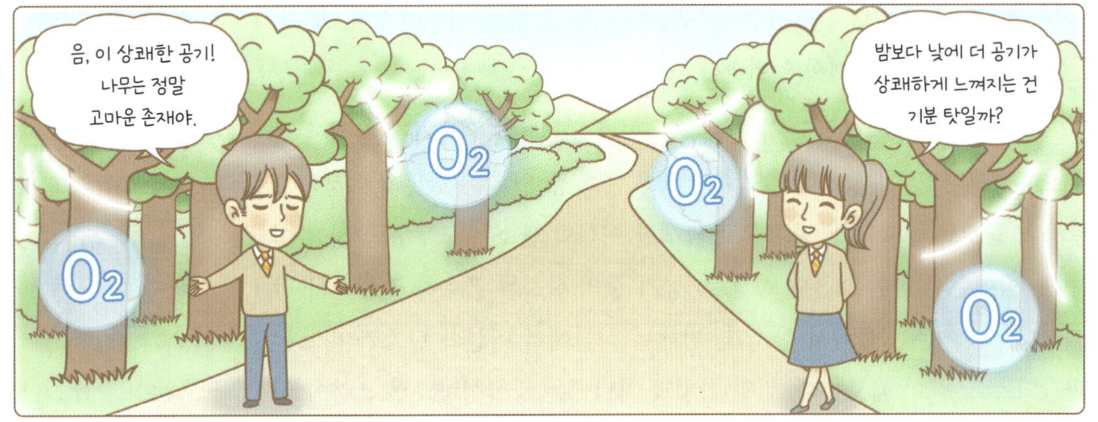

💡 **생각해 보기**　밤보다 낮에 숲 기운을 쐬는 것이 좋은 이유는 뭘까?

1 어항에 물풀을 담아서 햇빛이 잘 비치는 창가에 놓아두면 물풀 잎의 가장자리에 작은 공기 방울이 맺히는 것을 볼 수 있다. 이는 물풀이 광합성을 할 때 발생한 **#산소**가 밖으로 나오면서 공기 방울이 만들어진 것이다. 그렇다면 광합성으로 발생한 산소는 모두 공기 중으로 방출되는 것일까? 이를 알기 위해서는 식물의 호흡에 대한 이해가 필요하다. 식물이 싹을 틔우고 꽃을 피우고 열매를 맺는 생명 활동을 하려면 에너지가 필요한데, 이때 식물이 양분을 분해하여˙ 생명 활동에 필요한 에너지를 얻는 과정을 **#식물의 호흡**이라고 한다.

2 그렇다면 ㉮식물의 호흡 과정에서 사용되는 양분은 어떻게 만들어질까? 식물은 이산화 탄소와 물을 원료˙로 빛을 이용하여 산소와 양분인 포도당을 만들어 내는데, 이를 광합성이라고 한다. 식물이 광합성으로 만들어 낸 **#포도당**은 물에 잘 녹지 않는 녹말로 바뀌어 엽록체에 잠시 저장되었다가, 주로 밤이 되면 다시 물에 잘 녹는 설탕으로 바뀌어 체관을 통해 식물의 여러 곳으로 운반된다. 체관은 식물의 양분이 이동하는 통로로, 물이 지나가는 물관과 함께 식물 안에서 물질의 이동 통로 역할을 한다. 이렇게 운반된 양분은 호흡으로 에너지를 얻는 데 사용되거나 식물의 잎, 줄기, 뿌리, 열매 등을 구성하는 재료로 이용되고, 남은 양분은 포도당, 녹말, 지방, 단백질 등 다양한 형태로 식물 속 곳곳에 저장된다. 저장된 양분 중 일부는 식물의 생명 활동에 필요한 에너지를 얻는 데 다시 사용되기도 한다.

3 ㉠광합성이 빛에너지를 흡수하여 포도당을 만드는 과정이라면, ㉡호흡은 산소를 이용하여 포도당을 분해하여 에너지를 얻는 과정이다. 광합성의 과정과 호흡의 과정을 정리하면 다음과 같다.

- 광합성 과정: 이산화 탄소 + 물 $\xrightarrow{\text{빛에너지 흡수}}$ 포도당 + 산소
- 호흡 과정: 포도당 + 산소 $\xrightarrow{\text{생명 활동 에너지 획득}}$ 이산화 탄소 + 물

광합성은 빛에너지를 이용하므로 주로 낮에, 잎의 엽록체에서 일어난다. 이와 달리 호흡은 생명 활동과 관련되므로 낮과 밤을 구분하지 않고 항상 이루어지며, 뿌리, 줄기, 잎 등 식물의 모든 세포에서 일어난다.

4 따라서 낮에는 식물이 광합성도 하고 호흡도 한다. 이때 빛의 세기가 강해서 광합성량이 호흡량보다 많으면, 광합성으로 발생한 산소 중 일부는 호흡에 이용되고 나머지는 공기 중으로 방출되나, 호흡으로 발생한 이산화 탄소는 모두 광합성에 이용된다. 반면 밤에는 식물이 호흡만 하므로, 공기 중의 산소를 흡수하고 이산화 탄소를 배출한다˙. 낮에는 식물에서 산소가, 밤에는 식물에서 이산화 탄소가 나오는 것으로 관찰되는 것은 이 때문이다. 한편 아침과 저녁에는 광합성량과 호흡량이 비슷하기 때문에 겉으로 보기에는 기체의 출입이 없는 것처럼 보인다.

---

1 문단
광합성과 산소의 관계 및 식물의 호흡의 개념
식물의 [ ]으로 산소가 발생함. 식물의 호흡은 식물이 [ ]를 이용해 양분을 분해하여 [ ]를 얻는 과정임.

- **분해하다** 한 종류의 화합물이 두 가지 이상의 간단한 화합물로 변화하다.

2 문단
광합성으로 만들어진 양분이 사용·저장되는 과정
광합성은 빛을 이용해 양분을 만드는 과정으로, 광합성으로 만들어진 양분이 [ ]을 통해 식물 전체로 이동하여 사용되고, 남은 것은 저장됨.

- **원료** 어떤 물건을 만드는 데 들어가는 재료.

3 문단
광합성과 호흡의 차이점
광합성은 낮에 [ ]에서, 호흡은 밤낮으로 식물의 [ ]에서 이루어짐.

4 문단
광합성과 호흡 과정의 기체 교환
낮에는 광합성으로 나온 [ ]의 일부는 호흡에 사용되고, 호흡으로 발생한 이산화 탄소는 모두 광합성에 이용됨. 밤에는 호흡만 일어나 산소를 흡수하고 이산화 탄소를 배출함.

- **배출하다** 안에서 밖으로 밀어 내보내다.

핵심 내용 파악하기

1 윗글에서 확인할 수 있는 내용이 <u>아닌</u> 것은?

① 광합성으로 발생한 산소의 쓰임
② 생명 활동에 필요한 에너지의 양
③ 식물이 광합성과 호흡을 하는 이유
④ 식물의 호흡과 광합성이 이루어지는 때
⑤ 식물이 만들어 낸 양분이 이동하는 통로

핵심 내용 파악하기

2 윗글을 통해 해결할 수 있는 질문으로 가장 적절한 것은?

① 식물은 하루 동안에 이산화 탄소를 얼마나 내뿜을까?
② 햇빛이 없는 흐린 날에 식물은 어떻게 양분을 만들까?
③ 엽록체에 저장된 녹말이 설탕으로 바뀌는 원리는 무엇일까?
④ 광합성과 달리 호흡이 낮과 밤에 모두 일어나는 이유는 무엇일까?
⑤ 광합성으로 얻은 양분이 뿌리에 저장되는 식물에는 어떤 것이 있을까?

세부 내용 파악하기

`고난도`

3 ㉠과 ㉡을 비교한 내용으로 적절하지 <u>않은</u> 것은?

	㉠	㉡
①	빛이 있을 때 이루어짐.	빛과 상관없이 이루어짐.
②	식물의 모든 세포에서 일어남.	잎의 엽록체에서 일어남.
③	결과물로 산소가 발생함.	결과물로 이산화 탄소가 발생함.
④	빛에너지를 이용하여 양분을 만듦.	양분을 분해하여 에너지를 얻음.
⑤	물과 이산화 탄소를 재료로 삼음.	포도당과 산소를 재료로 삼음.

수능찍먹

사례에 적용하기

4 <보기>는 ㉮의 질문에 대한 답을 그림으로 표현한 것이다. 윗글을 바탕으로 <보기>의 ⓐ~ⓔ를 이해한 내용으로 적절하지 <u>않은</u> 것은?

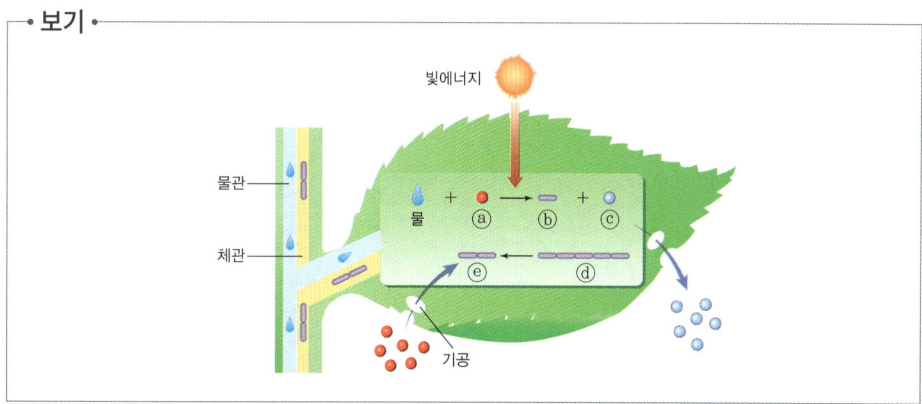

① ⓐ는 식물의 호흡으로 발생한 것이 이용되기도 한다.
② ⓑ는 ⓓ의 형태로 바뀌어 일단 엽록체에 저장된다.
③ ⓒ와 ⓔ는 호흡으로 에너지를 얻을 때 이용되기도 한다.
④ ⓓ는 ⓔ와는 달리 물에 잘 녹지 않는 성질을 가지고 있다.
⑤ ⓔ는 주로 낮에 체관을 통해 식물의 여러 곳으로 운반된다.

◆ **개념 한눈에 보기**

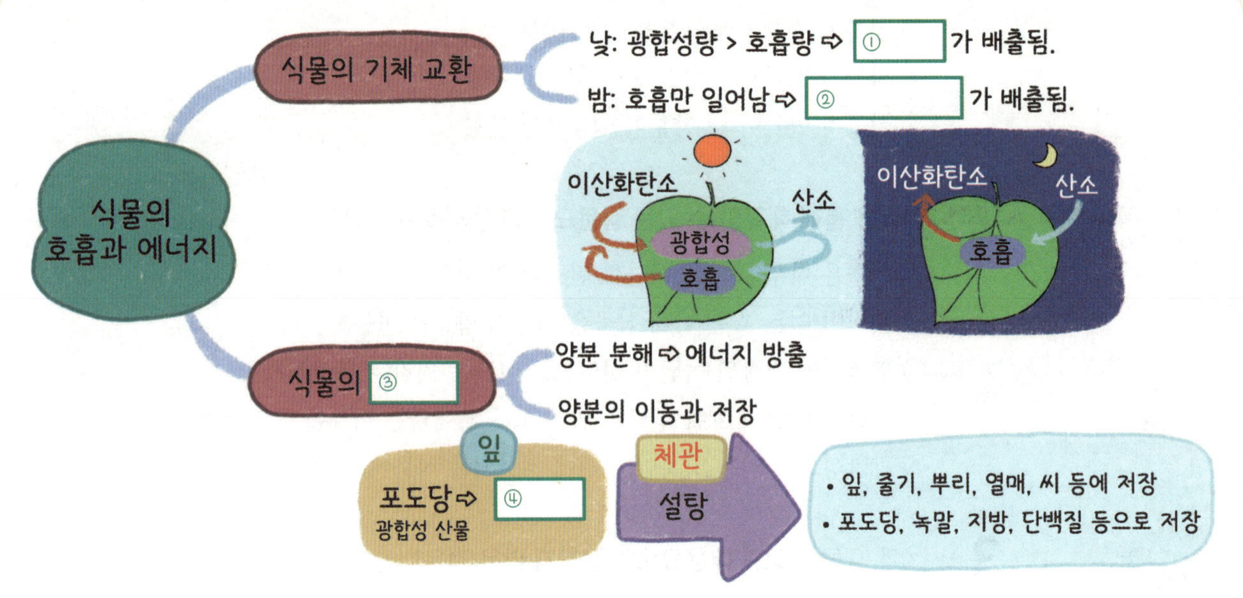

📖 교과 개념 사전

#산소 [산소]
산소 원소로 만들어진 이원자 분자. 공기의 주성분이면서 사람의 호흡과 동식물의 생활에 없어서는 안 되는 기체이다.

#식물의 호흡 [호흡]
식물이 세포에서 양분을 분해하여 생명 활동에 필요한 에너지를 얻는 과정.

#포도당 [포도당]
생물의 에너지원으로, 여러 가지 당류 중 가장 기본적인 당.

교과 개념 확인 Quiz ✎

다음 물음에 답하시오.

❶ 호흡은 식물이 　　　를 이용해 양분을 분해하여 생명 활동에 필요한 에너지를 얻는 과정이다.

❷ 식물은 낮과 밤의 구분 없이 항상 광합성을 한다.　　　　　　　　　　○ ㅣ ✕

❸ 빛이 있는 낮에 식물의 호흡으로 발생한 이산화 탄소는 대부분 광합성에 사용된다.

　　　　　　　　　　　　　　　○ ㅣ ✕

❹ 광합성으로 만들어진 포도당은 물에 잘 녹는 녹말 상태로 바뀐 후 저장된다.　○ ㅣ ✕

❺ 식물은 　　　을 통해서 산소를 흡수하고 이산화 탄소를 내보내고, 광합성을 통해 이산화 탄소를 흡수하고 산소를 내보낸다.

12일차

1 »생명과학
사람은 어떻게 에너지를 얻을까?

Step 1 교과 개념 **톡** 생각 열기

◆ **무엇을 배울까?**

초등	중등	고등	수능기출
과학 5-1 교과서 4단원 우리 몸의 구조와 기능	과학 2 교과서 6단원 동물과 에너지	생명과학 교과서 1단원 생명 시스템의 구성	2008학년도 수능 [34-36] 피의 순환 이론

❶ 음식물이 소화되어 **영양소**가 흡수되는 과정 이해하기

#영양소　　#소화계　　#소화 효소

❷ 순환계의 구조와 기능 이해하기

#순환계　　#심장　　#혈관

💡 **생각해 보기**　음식을 먹으면 힘이 생기는 이유는 무엇일까?

1 자동차가 엔진, 핸들, 바퀴 등 각기 다른 기능을 하는 장치들로 구성되어 있듯이 우리 몸도 서로 다른 기능을 하는 기관들로 구성되어 있다. 우리 몸을 구성하는 기본 단위는 세포로, 우리 몸은 수많은 세포가 모여 여러 단계를 거치면서 점점 복잡해지는 구조로 되어 있다. 모양과 기능이 비슷한 세포가 모여 조직을 이루고, 여러 조직이 모여 기관을 이룬다. 기관에는 심장, 폐, 위, 간 등이 있는데, 이들 중에서 소화, 순환, 호흡, 배설 등 서로 연관된 기능을 하는 것끼리 모여 기관계를 이룬다. 각 기관계는 서로 연결되어 있어 함께 있어야 생명 활동을 할 수 있다.

2 그런데 자동차가 움직이려면 연료가 필요하다. 그렇다면 사람이 살아가기 위해서는 무엇이 필요할까? 사람이 생명 활동을 유지하려면 **#영양소**와 산소가 필요하다. **#소화계**는 입, 식도, 위, 소장, 대장, 항문으로 연결된 소화관과 간, 쓸개, 이자 등으로 구성되는데, 이 소화계에서 영양소를 받아들이는 역할을 한다. 그리고 심장, 혈관, 혈액으로 구성된 순환계에서 영양소와 산소를 운반하는 역할을 한다. 그럼 소화계와 순환계는 어떤 과정에 따라 영양소와 산소를 받아들이고 운반할까?

3 사람은 음식을 통해 영양소를 얻는다. 그런데 3대 영양소인 탄수화물, 단백질, 지방은 분자의 크기가 커서 몸속에 흡수되려면 작게 분해되어야 하는데, 이를 소화 라고 한다. 음식을 먹으면 먼저 입에서 음식물이 침과 섞이는데, 침 속의 아밀레이스라는 **#소화 효소**에 의해 탄수화물인 녹말이 엿당으로 분해된다. 그 다음 식도를 거쳐 위로 운반된 음식물은 위액에 있는 염산과 소화 효소인 펩신의 작용으로 단백질이 분해된 후 소장으로 내려간다. 소장의 시작 부분인 십이지장에서 음식물은 이자액, 쓸개즙과 섞인다. 이자액에는 아밀레이스를 비롯하여 여러 소화 효소가 들어 있는데, 이 중 트립신은 단백질을, 라이페이스는 지방을 분해한다. 이렇게 분해된 영양소는 소장 안쪽 벽에 있는 융털˙을 통해 흡수된다.

4 한편, 우리의 몸에서 호흡을 통해 흡수한 산소와 소장에서 흡수한 영양소를 온몸의 세포로 운반하는 것이 바로 **#순환계**이다. 순환계에 속하는 **#심장**은 끊임없이 수축하고˙ 이완하면서˙ 혈액을 순환시킨다. 심장은 좌우 2개의 심방과 2개의 심실로 이루어지는데, 정맥과 연결되어 있는 심방은 심장으로 들어오는 혈액을 받아들이고, 동맥과 연결되어 있는 심실은 심장에서 혈액을 내보낸다. 혈액이 흐르는 길인 **#혈관**은 심장에서 나온 혈액이 지나가는 혈관인 동맥, 심장으로 들어가는 혈액이 지나가는 혈관인 정맥, 동맥과 정맥을 연결하며 몸 전체에 퍼져 있는 혈관인 모세 혈관으로 구분된다. 심장에서 나온 혈액은 동맥, 모세 혈관, 정맥을 거쳐 다시 심장으로 되돌아오면서 조직 세포에 영양소와 산소를 공급하고, 조직 세포에서 생긴 노폐물과 이산화 탄소를 받아 운반한다. 이처럼 우리 몸은 소화계, 순환계가 통합적으로 작용하여 에너지를 얻어 생명 활동을 유지한다.

독해 TIP!
이 글에는 우리 몸의 소화와 순환이 일어나는 과정이 잘 드러나 있어. 따라서 **단계에 따른 변화에 초점을 두고 읽어야 해.**

1 문단
우리 몸의 구성 단계와 특성
우리 몸을 구성하는 기본 단위는 ☐ 이며, 우리 몸의 기관계는 서로 연결되어 있음.

2 문단
소화계와 순환계의 기능
• 소화계의 기능: 우리 몸의 에너지원이 되는 ☐ 를 받아들임.
• 순환계의 기능: 영양소와 ☐ 를 운반함.

3 문단
☐ 의 작용 과정
음식이 입 → 위 → 소장을 거치면서 ☐ 에 의해 분해되고, 분해된 영양소는 ☐ 에서 흡수됨.

• **융털** 소장의 안쪽 벽에 있는 돌기. 내부에 모세 혈관망과 림프관이 있으며, 소장의 면적을 넓혀 양분의 흡수를 돕는다.

4 문단
☐ 의 작용 과정
심장이 수축과 이완을 반복하여 혈액을 ☐ → ☐ → ☐ 으로 이동시키면서 산소와 영양소를 운반함.

• **수축하다** 근육 따위가 오그라들다.
• **이완하다** 굳어서 뻣뻣하게 된 근육 따위가 원래의 상태로 풀어지다.

전개 방식 파악하기

1 윗글에 사용된 설명 방식이 <u>아닌</u> 것은?

① 글에 제시된 용어의 의미를 밝히고 있다.

② 스스로 묻고 대답하는 방식을 사용하고 있다.

③ 대상의 기능에 대한 상반된 관점을 소개하고 있다.

④ 특정 개념을 이와 유사한 대상에 빗대어 설명하고 있다.

⑤ 특정 작용의 과정을 진행되는 순서에 따라 서술하고 있다.

세부 내용 파악하기

2 윗글에 대한 이해로 적절하지 <u>않은</u> 것은?

① 영양소는 사람의 생명 활동에 필수적인 물질이다.

② 기관계에는 소화계, 순환계, 호흡계, 배설계 등이 있다.

③ 모양과 기능이 유사한 세포들이 모여 하나의 조직을 이룬다.

④ 우리 몸을 구성하는 여러 기관의 공통된 기본 구조는 세포이다.

⑤ 각 기관계는 고유한 기능이 있어 서로의 활동에 영향을 주지 않는다.

세부 내용 추론하기

고난도

3 소화 에 대한 설명으로 적절하지 <u>않은</u> 것은?

① 하나의 소화 효소는 여러 종류의 영양소를 분해할 수 있다.

② 입에서는 음식물의 탄수화물이, 위에서는 단백질이 분해된다.

③ 소장에서는 음식물이 분해되기도 하고, 영양소가 흡수되기도 한다.

④ 이자액에는 탄수화물, 지방, 단백질을 분해할 수 있는 효소들이 들어 있다.

⑤ 음식물이 입에서 위를 거쳐 소장으로 이동하면서 분자의 크기는 점점 작아진다.

사례에 적용하기

4 윗글을 바탕으로 <보기>에 대해 이해한 내용으로 가장 적절한 것은?

> ▪ 보기 ▪
>
> 혈액이 순환하는 경로에는 두 가지가 있다. 심장이 수축하면 우심방의 혈액은 우심실로 내려간 후 폐동맥을 거쳐 폐의 모세 혈관으로 이동한다. 여기서 혈액은 이산화 탄소를 내보내고 산소를 얻은 다음, 폐정맥을 거쳐 좌심방으로 들어오는데 이를 폐순환이라고 한다. 한편 심장이 수축하면 좌심방의 혈액은 좌심실로 내려간 후 대동맥을 거쳐 온몸의 모세 혈관으로 이동한다. 여기서 혈액은 조직 세포에 산소와 영양소를 공급하고 이산화 탄소와 노폐물을 받아, 대정맥을 거쳐 우심방으로 들어오는데 이를 온몸 순환이라고 한다.

① 폐순환은 온몸 순환과 달리 우리 몸에 영양소를 나른다.

② 폐순환은 온몸 순환과 달리 심장의 수축에 의해 이루어진다.

③ 폐순환은 온몸 순환과 달리 혈액이 산소를 받아 심장으로 들어온다.

④ 온몸 순환은 폐순환과 달리 모세 혈관에서 기체의 교환이 일어난다.

⑤ 온몸 순환은 폐순환과 달리 심방은 정맥과, 심실은 동맥과 연결되어 있다.

◆ 개념 한눈에 보기

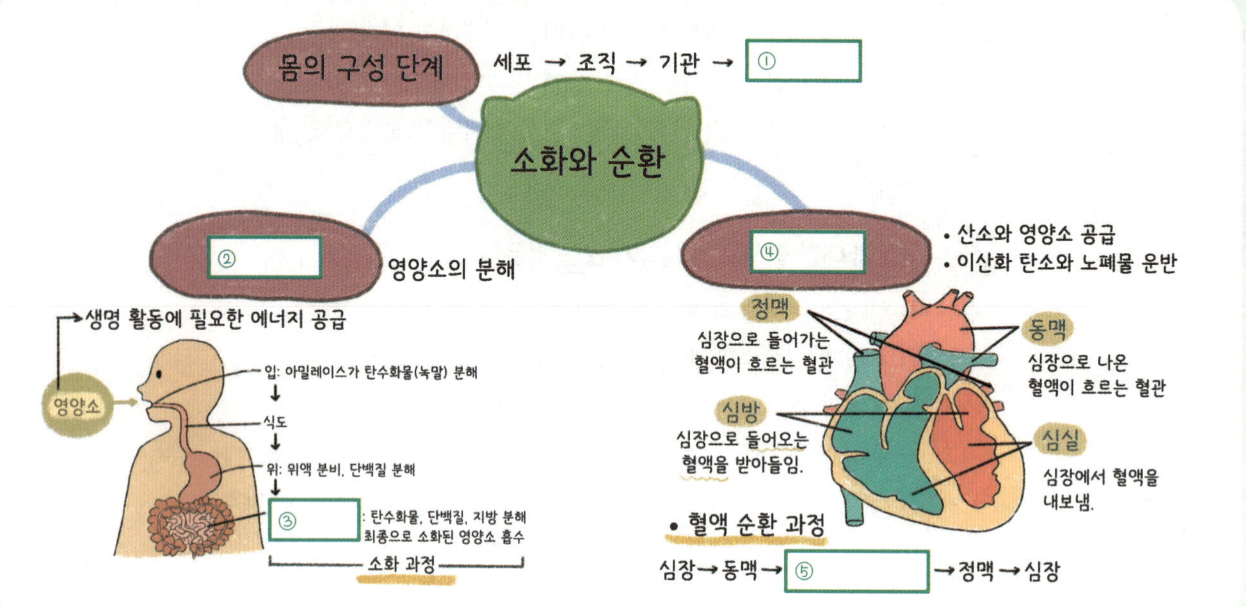

📕 교과 개념 사전

#영양소 [영양소]
생물의 생명 활동에 필요한 물질로, 몸을 구성하기도 하고 에너지원으로 이용되는 물질.

#소화계 [소화계/소화게]
음식물을 섭취 · 분해 · 흡수하여 영양분을 혈액 속에 보내는 기관을 통틀어 이르는 말.

#소화 효소 [소화] [효:소]
크기가 큰 영양소를 크기가 작은 영양소로 분해하는 물질.

#순환계 [순환계/순환게]
영양소와 산소 및 노폐물을 운반하는 기관을 통틀어 이르는 말.

#심장 [심장]
주먹 크기의 근육질 주머니로 혈액 순환의 중심이 되는 기관.

#혈관 [혈관]
혈액이 흐르는 관으로, 동맥과 정맥, 모세 혈관으로 구분된다.

교과 개념 확인 Quiz

다음 물음에 답하시오.

❶ 모양과 기능이 비슷한 세포끼리 모여 조직을 이루고, 여러 조직이 모여 ☐☐을 이룬다.

❷ 음식물에 들어 있는 영양소를 작게 분해하는 과정을 담당하는 기관계를 ☐☐☐라고 한다.

❸ 소화 효소는 위, 소장, 이자에서 분비되어 음식물의 소화를 돕는 물질이다   ○ ┊ ×

❹ 순환계에서 혈액 순환의 중심이 되는 기관은 심장이다.   ○ ┊ ×

❺ 혈액은 노폐물과 이산화 탄소를 조직 세포에 운반하는 역할을 한다.   ○ ┊ ×

2 ≫ 생명과학
사람은 어떻게 숨을 쉬고 노폐물을 내보낼까?

Step 1 교과 개념 **톡** 생각 열기

◆ **무엇을 배울까?**

초등	중등	고등	수능기출
과학 5-1 교과서 4단원 우리 몸의 구조와 기능	과학 2 교과서 6단원 동물과 에너지	생명과학 교과서 1단원 생명 시스템의 구성	2008년 3월 고3 교육청 [32-36] 호흡의 기능과 중요성

❶ **호흡** 기관의 구조와 기능, 호흡 운동의 원리 이해하기

#호흡   #호흡계   #폐포

❷ **배설** 기관의 구조와 기능, 노폐물의 배설 과정 이해하기

#배설   #배설계   #콩팥   #네프론

빈 음료수 팩의 빨대에 입김을 불어 넣어 보자. 음료수 팩은 어떻게 될까? 음료수 팩 안에 공기가 들어가게 되면서 음료수 팩이 빵빵해진다. 그럼 이와 반대로 음료수 팩의 빨대를 세게 빨면 어떻게 될까? 음료수 팩 안의 공기가 빠져나가게 되어 음료수 팩이 찌그러진다. 즉, 공기가 음료수 팩으로 들어올 때는 음료수 팩의 부피가 커지고, 공기가 음료수 팩을 빠져나갈 때는 음료수 팩의 부피가 작아지게 된다. 숨을 들이마시거나 내쉴 때 폐의 크기가 달라지는 것도 이와 관련이 있다.

💡 **생각해 보기**   우리가 숨을 들이마시고 내쉴 때 가슴 안도 부피가 달라지는 걸까?

1 창문이 닫혀 있는 공간에 오래 있다 보면 숨이 막히고 졸음이 쏟아진다. 그리고 이때 창문을 열면 숨이 트이면서 잠을 쫓을 수 있다. 이는 밀폐된 공간에서 사람들이 숨을 쉬며 내뱉는 이산화 탄소가 늘어나, 사람들이 들이마실 산소의 양이 줄어들기 때문에 나타나는 현상이다. 이처럼 산소는 생명 활동에 중요한 역할을 하므로, #호흡을 통해 공기 중의 산소를 받아들이고 몸 안의 이산화 탄소를 내보내는 활동 또한 중요하다. 호흡 운동은 들이마시는 숨인 들숨과 내쉬는 숨인 날숨이 반복되는 것으로, 들숨으로 산소를 받아들이고 날숨으로 이산화 탄소를 내보낸다.

2 이러한 기체 교환은 코, 기관, 기관지, 폐 등의 호흡 기관이 모여 이루어진 #호흡계에서 일어난다. 들숨을 통해 코로 들어온 산소는 기관을 따라 폐로 이동한다. 폐는 갈비뼈와 가로막˙으로 둘러싸인 흉강˙에 들어 있으며, 기관지와 연결된 #폐포라는 공기주머니로 가득 차 있다. 포도송이처럼 생긴 폐포로 들어온 산소는 폐포를 둘러싼 모세 혈관으로 이동하고 혈액을 통해 온몸의 조직 세포로 전달된다. 그리고 조직 세포에 있는 이산화 탄소는 모세 혈관의 혈액을 통해 폐포로 전달된다.

3 그렇다면 호흡 운동은 어떤 원리에 의해 일어나는 것일까? 폐는 스스로 움직이지 못하기 때문에 호흡 운동은 가로막과 갈비뼈의 움직임에 의해 일어난다. 즉 들숨이 일어날 때에는 가로막이 내려가고 갈비뼈가 올라가 흉강의 부피가 커진다. 그리고 이에 따라 흉강과 폐의 압력이 낮아져 공기가 폐로 들어온다. 날숨이 일어날 때에는 이와 반대되는 움직임이 나타나 공기가 폐에서 빠져나간다.

4 생명 활동에서 산소 못지않게 영양소도 중요한 역할을 한다. 세포는 영양소를 분해하여 생명 활동에 필요한 에너지를 얻는다. 그런데 영양소를 분해하는 과정에서 노폐물이 만들어지기 때문에, 이 노폐물을 몸 밖으로 내보내는 #배설이 원활해야˙ 건강을 유지할 수 있다. 배설은 콩팥, 오줌관, 방광, 요도 등의 배설 기관으로 이루어진 #배설계를 통해 일어난다. 예를 들어 단백질이 분해되면서 만들어진 요소는 #콩팥에서 걸러진 후 오줌관, 방광, 요도를 거쳐 몸 밖으로 배출된다.

5 그렇다면 콩팥은 어떻게 노폐물을 걸러낼까? 콩팥에는 사구체, 보먼주머니, 세뇨관으로 구성된 #네프론이 있는데, 이곳에서 혈액 속의 노폐물이 걸러져 오줌이 만들어진다. 콩팥에 연결된 동맥 속 혈액은 사구체로 흐르는데, 사구체는 모세 혈관이 실뭉치처럼 뭉쳐 있는 부분으로 보먼주머니보다 압력이 높다. 이 압력 차이로 포도당, 요소 등 분자의 크기가 작은 물질은 물과 함께 사구체에서 보먼주머니로 여과되어˙ 가늘고 긴 세뇨관을 따라 이동한다. 이때 포도당, 아미노산과 같이 우리 몸에 필요한 성분은 세뇨관에서 모세 혈관 속으로 재흡수되고, 사구체에서 여과되지 못했던 노폐물은 모세 혈관에서 세뇨관으로 분비된다˙. 이렇게 만들어진 오줌은 오줌관을 따라 방광에 모였다가 요도를 통해 몸 밖으로 나간다.

---

1 문단
호흡의 원리
[   ]을 통해 산소를 받아들이고 [   ]을 통해 이산화 탄소를 내보냄.

2 문단
호흡계에서의 [   ] 교환
[   ]는 폐포 → 모세 혈관 → 조직 세포로, [   ]는 조직 세포 → 모세 혈관 → 폐포로 이동함.

· 가로막 배와 가슴 사이를 분리하는 근육.
· 흉강 목과 가로막 사이의 부분.

3 문단
호흡 운동의 원리
가로막과 갈비뼈의 움직임 → [   ]의 부피 변화 → 흉강과 [   ]의 압력 변화로 호흡 운동이 일어남.

4 문단
[   ]의 기능
영양소를 분해할 때 만들어진 [   ]을 몸 밖으로 내보냄.

· 원활하다 모난 데가 없고 원만하다.

5 문단
배설계의 배설 과정
노폐물이 [   ]의 [   ]에서 여과, 재흡수, 분비를 거쳐 오줌으로 내보내짐.

· 여과되다 거름종이나 여과기가 사용되어 액체 속에 들어 있는 침전물이나 입자가 걸러지다.
· 분비되다 세포의 작용에 의하여 만들어진 액즙이 배출관으로 보내지다.

1 윗글에서 설명하고 있는 내용이 <u>아닌</u> 것은?

① 호흡 운동이 일어나는 원리
② 배설 작용을 방해하는 요소
③ 호흡계와 배설계를 이루는 기관
④ 체내로 들어온 산소의 이동 과정
⑤ 콩팥에서 일어나는 노폐물의 여과 과정

2 윗글의 내용과 일치하지 <u>않는</u> 것은?

① 날숨이 일어날 때는 가로막이 올라가고 갈비뼈가 내려간다.
② 인간의 생명 활동에는 산소와 영양소가 중요한 역할을 한다.
③ 폐의 자체적, 능동적 근육 운동에 의해 기체 교환이 일어난다.
④ 콩팥에서 노폐물을 걸러낼 때 여과, 재흡수, 분비의 원리가 작용한다.
⑤ 이산화 탄소는 조직 세포에서 폐포로 전달되고 날숨을 통해 몸 밖으로 나간다.

3 윗글을 바탕으로 추론한 내용으로 가장 적절한 것은?

① 흉강의 부피는 흉강과 폐의 압력에 비례한다.
② 우리 몸에 이산화 탄소가 줄어들면 졸음 현상이 나타난다.
③ 위에서 소화되지 않은 물질은 배설계인 대장을 통해 몸 밖으로 배출된다.
④ 혈액 속 노폐물을 걸러내는 데는 보먼주머니보다 사구체의 역할이 더 중요하다.
⑤ 조직 세포에서 폐로 가는 혈관보다 폐에서 조직 세포로 가는 혈관에 산소가 많다.

4 <보기>는 오줌의 생성 과정을 나타낸 것이다. 윗글을 바탕으로 <보기>를 이해한 내용으로 적절하지 <u>않은</u> 것은?

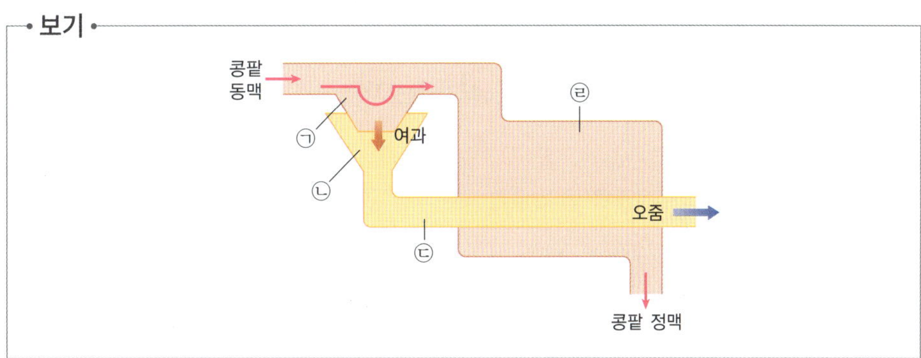

① ㉠의 혈액 성분 중 분자의 크기가 큰 물질은 ㉡으로 이동하지 못한다.
② ㉠에 비해 낮은 ㉡의 압력 때문에 ㉠의 혈액 속 물은 ㉡으로 이동한다.
③ ㉠에서 ㉡으로 이동한 물질 중 일부는 ㉢에서 ㉣로 이동하기도 한다.
④ ㉠에서 ㉡으로 이동하지 못한 물질 중 일부가 ㉣에서 ㉢으로 이동하기도 한다.
⑤ ㉠, ㉡, ㉢의 과정을 거쳐 형성된 오줌에는 포도당과 요소가 포함되어 있지 않다.

◆ 개념 한눈에 보기

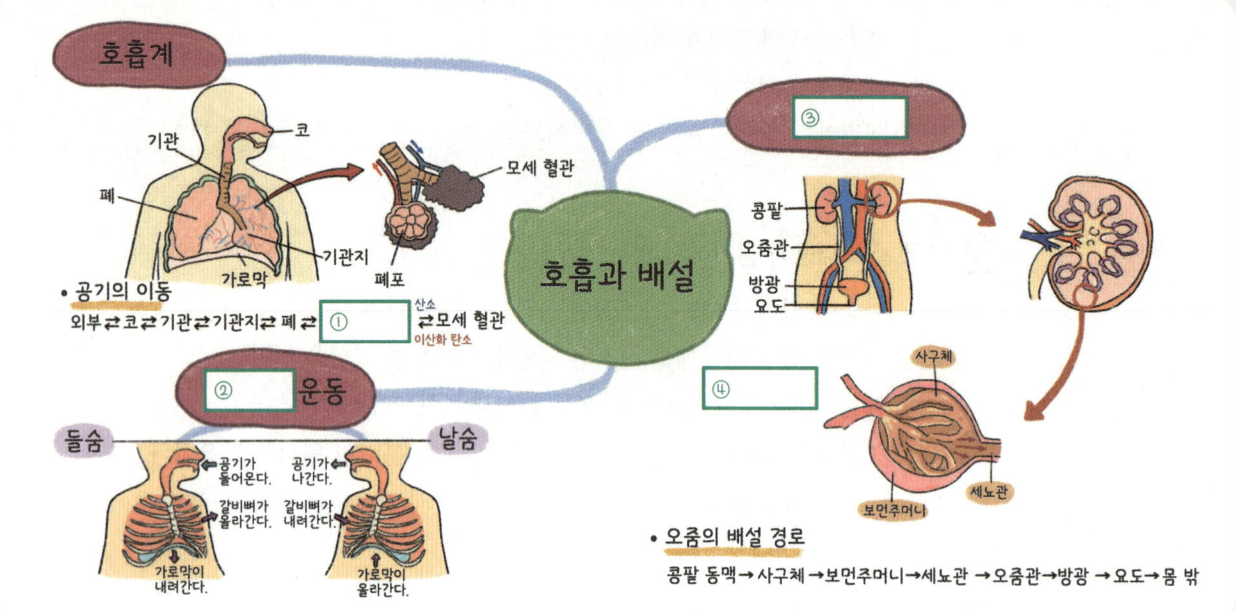

📖 교과 개념 사전

#호흡 [호흡]
생물이 숨쉬기를 통해 산소를 흡수하고 이산화 탄소를 몸 밖으로 내보내는 과정.

#호흡계 [호흡꼐/호흡께]
숨을 쉬기 위해 공기가 드나드는 통로와 기체 교환이 일어나는 기관들의 모임.

#폐포 [페:포/페:포]
허파로 들어간 기관지의 끝에 포도송이처럼 달려 있는 자루.

#배설 [배설]
영양소를 분해할 때 생긴 노폐물을 몸 밖으로 내보내는 일.

#배설계 [배설계/배설게]
배설 기관과 그 부속 기관을 통틀어 이르는 말.

#콩팥 [콩팥]
혈액 속 노폐물을 걸러내어 오줌을 만드는 기관.

#네프론
오줌을 만드는 기본 단위로, 사구체와 보먼주머니, 세뇨관으로 구성된다.

✏️ 교과 개념 확인 Quiz

다음 물음에 답하시오.

❶ 우리 몸에서 기체 교환에 관여하는 기관들의 모임을 □□□라고 한다.

❷ 산소는 들숨을 통해 우리의 몸 안으로 들어오고, 이산화 탄소는 날숨을 통해 몸 밖으로 내보내진다. ○ l ✕

❸ 세포가 영양소를 분해하는 과정에서 생긴 노폐물을 몸 밖으로 내보내는 작용을 하는 기관계를 □□□라고 한다.

❹ 콩팥은 혈액 속의 노폐물을 걸러내어 오줌을 만드는 기관이다. ○ l ✕

❺ □□□은 콩팥으로 들어온 혈액을 거르는 여과 장치로, 사구체, 보먼주머니, 세뇨관으로 구성된다.

13일차

1

>> 물리학

찌릿찌릿, 정전기는 왜 생기는 걸까?

Step 1　교과 개념 톡 생각 열기

◆ **무엇을 배울까?**

초등	중등	고등	수능기출
과학 6-2 교과서 3단원 전기의 이용	과학 2 교과서 7단원 전기와 자기	물리학 교과서 2단원 전기와 자기	2020년 7월 고3 교육청 [20-24] OLED의 발광 원리

❶ **대전**의 개념과 특성 이해하기

　#대전　　#전기　　#정전기

❷ **전류**와 **전압**의 개념과 특성 이해하기

　#전류　　#전압　　#저항　　#옴의 법칙

💡 **생각해 보기**　겨울철이면 일상에서 흔하게 나타나는 정전기는 왜 생기는 것일까?

1 ㉠플라스틱 빗으로 머리를 빗을 때 머리카락이 빗에 달라붙으면서 올*마다 곤두서는 경험을 해 보았을 것이다. 또 겨울에 스웨터를 벗으면 찌직 소리와 함께 머리가 폭탄을 맞은 것처럼 변하기도 한다. 이런 현상들은 모두 정전기 때문에 나타난 것이다. 그렇다면 정전기란 무엇일까?

2 물질을 구성하는 원자는 양전하를 띤 원자핵과 음전하를 띤 전자들로 이루어져 있다. 원자는 양전하의 양과 음전하의 양이 같아서 전기적으로 중성이다. 그런데 성질이 서로 다른 두 물체가 접촉하면 한 물체에서 다른 물체로 전자가 이동한다. 일반적으로 머리카락을 비롯한 모피* 종류는 전자를 쉽게 잃고, 플라스틱 종류는 전자를 쉽게 얻는다. 이때 전자를 잃은 물체는 양전하를 띠고, 전자를 얻은 물체는 음전하를 띠게 된다. 이처럼 물체가 전하를 띠는 현상을 **#대전**이라고 하며, 전하의 흐름으로 생기는 에너지를 **#전기**라고 한다.

3 대전된 물체의 전하가 다른 곳으로 이동하지 않고 한곳에 머물러 있는 현상을 **#정전기**라 한다. 우리가 콘센트에 플러그를 꽂아 쓰는 전기가 흐르는 물이라면, 정전기는 높은 곳에 고여 머물러 있으면서 언제든지 흐를 수 있는 물과 같다. 두 물체가 접촉 등으로 인한 마찰로 전기를 띨 때 정전기 현상이 나타나는데, 두 물체 사이에서 같은 종류의 전하가 대전되어 있으면 서로 밀어내고, 다른 종류의 전하가 대전되어 있으면 서로 끌어당기는 힘이 작용한다.

4 한편, 전구와 전지*를 전선으로 연결하고 스위치를 누르면 전지의 전압에 의해 전선에 전류가 흘러 전구에 불이 들어온다. 이는 전지의 전자가 전선을 통해 이동하면서 전하를 계속 운반하기 때문이다. 이런 전하의 흐름을 **#전류**라고 한다. 전지와 전선을 포함하여 전류가 흐르는 통로를 회로라고 하는데, [A] 회로에 전류가 흐를 때 1초 동안 전선의 한 단면을 통과하는 전하의 양이 전류의 세기이다. 그리고 전하를 밀어 주는 힘, 즉 전류를 흐르게 하는 힘이 **#전압**이다. 전압이 클수록 전류의 세기가 커진다.

5 그런데 전류의 흐름을 방해하는 요소도 있다. 유리나 고무와 같은 물질은 금속이나 물 같은 물질과 달리 전류가 거의 흐르지 못하며, 전선의 길이가 길거나 단면적*이 가늘수록 전류의 흐름이 약해진다. 이처럼 전류의 흐름을 방해하는 정도를 **#저항**이라고 하며, 단위는 Ω(옴)이다. 전압이 일정할 때 저항이 클수록 전류의 세기는 작아지며, 회로의 길이가 일정할 때 전류의 세기는 전압이 클수록 커진다. 이를 다시 정리해 보면 전류의 세기(I)는 전압(V)에 비례하고 저항(R)에 반비례하는데, 이것이 **#옴의 법칙**이다.

---

1 문단
□□□□의 사례
빗으로 머리를 빗거나 스웨터를 벗을 때 머리카락이 위로 치솟음.

• **올** 실이나 줄의 가닥을 세는 단위.

2 문단
대전과 전기의 개념
두 물체가 접촉하면 물체가 전하를 띠는 □□ 현상이 나타나 전기가 발생함.

• **모피** 털이 그대로 붙어 있는 짐승의 가죽.

3 문단
정전기의 개념 및 특징
□□□는 전하가 한곳에 머물러 있는 현상으로, □□를 띤 물체는 서로 밀고 당기는 힘이 작용함.

4 문단
전류와 전압의 개념
□□는 전하의 흐름이고, □□은 전류를 흐르게 하는 힘임.

• **전지** 화학 반응, 방사선, 온도 차, 빛 따위로 전극 사이에 전기 에너지를 발생시키는 장치.

5 문단
저항의 개념 및 옴의 법칙
저항은 □□의 흐름을 방해하는 정도이며, 옴의 법칙은 전류의 세기가 □□에 비례하고 □□에 반비례한다는 법칙임.

• **단면적** 물체를 하나의 평면으로 자른 면의 넓이.

**전개 방식
파악하기**

1 윗글에 사용된 설명 방식으로 적절하지 <u>않은</u> 것은?

① 물음의 방식을 활용하여 독자의 관심을 유도하고 있다.
② 비유적 표현을 활용하여 대상의 특징을 제시하고 있다.
③ 핵심적 용어의 의미를 정의하여 내용 이해를 돕고 있다.
④ 구체적인 예를 드는 방법으로 내용을 쉽게 전달하고 있다.
⑤ 대상의 종류를 일정한 기준에 따라 나누어 각각 설명하고 있다.

**세부 내용
파악하기**

2 윗글의 내용과 일치하지 <u>않는</u> 것은?

① 전압이 같을 때 전선의 길이가 길수록 전류의 세기는 작아진다.
② 원자를 구성하는 원자핵의 전하량과 전자의 총 전하량의 크기는 같다.
③ 같은 종류의 전하를 띤 두 물체 사이에는 서로 밀어내는 힘이 작용한다.
④ 두 물체를 마찰하면 물체 사이에 정전기가 이동하여 각 물체가 대전된다.
⑤ 저항이 전류를 흐르지 못하게 하는 작용이라면, 전압은 전류를 흐르게 하는 힘이다.

**세부 내용
추론하기**

〔고난도〕

3 ㉠에 대한 이해로 적절하지 <u>않은</u> 것은?

① ㉠의 과정이 진행되면 빗은 머리카락과 달리 양전하를 띠게 된다.
② ㉠의 과정에서 빗과 머리카락에 모두 전하를 띠는 대전이 발생한다.
③ ㉠에서 일어나는 마찰 때문에 빗과 머리카락 사이에 전자가 이동한다.
④ ㉠의 접촉 결과로 빗과 머리카락 사이에 서로 끌어당기는 힘이 작용한다.
⑤ ㉠의 상황 이전에 빗과 머리카락은 각각 전기적으로 중성인 상태로 있다.

**사례에
적용하기**

4 [A]의 상황을 <보기>에 빗대어 설명한다고 할 때, ⓐ~ⓔ에 대한 설명으로 적절하지 <u>않은</u> 것은?

┌─ 보기 ─

　외진 시골에 사는 준성이는 자신의 집 마당에 계곡물을 끌어오는 ⓐ<u>수도 시설</u>을 만들었다. 우선 계곡물과 연결된 ⓑ<u>수도관</u>을 설치한 뒤에, 수도관의 끝에는 수돗물의 흐름을 조절할 수 있는 ⓒ<u>수도꼭지</u>를 달았다. 그런데 수도꼭지를 열어도 ⓓ<u>수도관으로 흐르는 물</u>이 나오지 않자 기술자를 불러서 수도 시설에 펌프를 달았다. 펌프가 물을 끌어 올리자 ⓔ<u>물의 높이 차</u>, 즉 수압에 의해 수도관에 물이 흐르면서 물이 시원하게 잘 나왔다.

① ⓐ는 회로에 해당한다.　　　　② ⓑ는 전선에 해당한다.
③ ⓒ는 전지에 해당한다.　　　　④ ⓓ는 전류에 해당한다.
⑤ ⓔ는 전압에 해당한다.

◆ **개념 한눈에 보기**

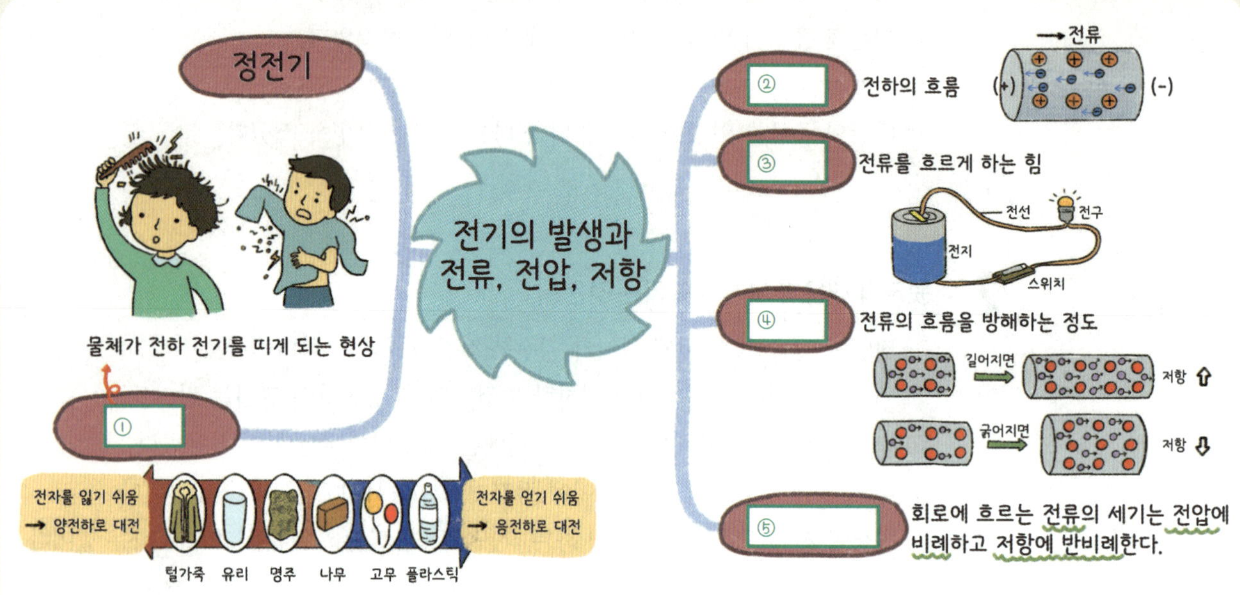

📕 **교과 개념 사전**

#대전 [대전]
어떤 물체가 전기(전하)를 띠는 현상.

#전기 [전:기]
물질 안에 있는 전자 또는 공간에 있는 전자나 이온들의 움직임 때문에 생기는 에너지.

#정전기 [정:전기]
전하를 띤 상태로 한곳에 머물러 있는 전기.

#전류 [절:류]
전하의 흐름.

#전압 [저:납]
전류를 흐르게 하는 능력. 단위는 볼트(V).

#저항 [저:항]
전류가 흐르는 것을 방해하는 작용. 단위는 옴(Ω).

#옴의 법칙 [법칙]
어떤 전기 회로에 흐르는 전류는 그 회로에 가하여진 전압에 정비례하고, 저항에 반비례한다는 법칙.

교과 개념 확인 Quiz ✏️

다음 물음에 답하시오.

❶ 정전기는 성질이 다른 두 물체의 마찰에 의해 발생한다. ○ ｜ ✕

❷ 두 물체를 마찰하면 한 물체에서 다른 물체로 ☐☐가 이동한다.

❸ 원자를 구성하는 원자핵은 전자와 달리 음전하를 띠고 있다. ○ ｜ ✕

❹ 전자가 전선을 통해 이동하면서 전하를 계속 운반하는데, 이때의 전하의 흐름을 ☐☐라고 한다.

❺ 전압이 일정할 때, 전류의 세기는 저항에 반비례한다. ○ ｜ ✕

2

>> 물리학

전류가 자석처럼 자기장을 만들어 낸다고?

Step 1 교과 개념 **톡** 생각 열기

◆ **무엇을 배울까?**

초등	중등	고등	수능기출
과학 4-1 교과서 1단원 자석의 이용	과학 2 교과서 7단원 전기와 자기	물리학 교과서 2단원 전기와 자기	2019년 4월 3학년 교육청 [16-20] 회생제동장치의 원리

❶ **전류에 의한 자기장의 발생 이해하기**

#자기력   #자기장   #전자석

❷ **자기장 속의 전선이 받는 힘 이해하기**

#전동기

💡 **생각해 보기** 매우 무거운 쇳덩어리를 가볍게 옮기는 자석 기중기에는 어떤 원리가 숨어 있을까?

1 자석의 양쪽 극인 N극과 S극은 서로 끌어당기고, 같은 극끼리는 서로 밀어낸다. 나침반 바늘은 작은 자석이고, 지구도 북쪽과 남쪽을 각각 N극, S극으로 하는 큰 자석과 같으므로 나침반 바늘의 N극은 평소에 북쪽을 가리킨다. 그런데 나침반에 막대자석을 가까이 대면 바늘이 가리키는 방향이 달라진다. 이는 바늘이 막대자석의 힘을 받았기 때문이다. 이처럼 자석과 자석 사이에 작용하는 힘을 **#자기력**이라 하고, 자기력이 작용하는 공간을 **#자기장**이라고 한다. 자기장은 N극에서 나와서 S극으로 들어가는 방향으로 형성되며, N극이나 S극에 가까이 갈수록 자기장의 세기가 커진다.

2 한편, 전류가 흐르는 전선 주위에도 자석과 같은 자기장이 발생한다. 콘센트에 꽂혀 있는 충전기같이 전류가 흐르는 곳 근처에 나침반을 두면 바늘이 평소와 다르게 움직인다. 이는 전선에 전류가 흐르면 자석과 같은 성질이 발생함을 의미한다. 그러나 전류가 흐르지 않으면 자기장이 생기지 않는다. 전류가 흐를 때만 자석이 되는 **#전자석**은 전류의 이런 성질을 이용한 것이다. 전자석은 영구 자석*과 달리 전류의 방향을 바꿔 양쪽 극을 바꿀 수 있고, 자기력의 세기를 조절할 수도 있다.

[A]

3 전자석이 사용되는 대표적 장치는 **#전동기**이다. 전동기는 자석에 의한 자기장과 전류에 의한 자기장을 동시에 활용하여 회전력*을 얻는 장치를 말한다. 세탁기, 휴대 전화, 전기차 등과 같이 전기를 사용하여 움직이는 기구에는 대부분 전동기가 들어 있다. 특히 휴대 전화에는 최소형 전동기가 들어 있어 휴대 전화의 진동을 일으킨다.

4 전동기의 원리는 간단하다. 전자석이나 영구 자석의 자기장 속에 있는 전선에 전류를 흐르게 하면, 이 전선은 전류의 방향과 자기장의 방향에 각각 수직인 방향으로 힘을 받는다. 이때 전선이 받는 힘의 방향은 〈그림〉처럼 오른손을 이용해 알 수 있다. 오른손을 펴서 엄지손가락을 전류의 방향과 일치시키고, 나머지 네 손가락을 자석의 자기장 방향과 일치시켰을 때, 손바닥이 향하는 방향이 전선이 받는 힘의 방향이다. 다만 전류의 방향과 자기장의 방향이 평행할* 때는 전선은 힘을 받지 않는다.

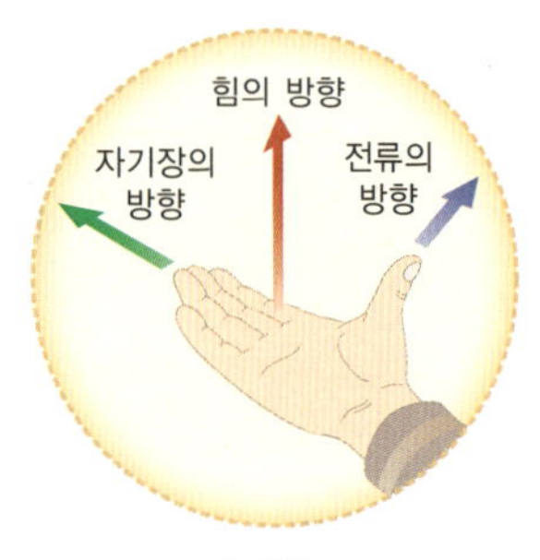

〈그림〉

5 전동기는 자석과 코일로 이루어져 있다. 코일은 나사 모양이나 원기둥 모양으로 여러 번 감은 전선을 말한다. 이 코일에 전류가 흐르면 코일의 왼쪽과 오른쪽 부분에 흐르는 전류의 방향이 서로 반대가 된다. 이 때문에 코일의 왼쪽과 오른쪽 부분이 받는 힘의 방향도 서로 반대가 되면서 코일이 회전하게 되는 것이다.

---

1 문단
자기력과 자기장의 개념
자석과 자석 사이에 작용하는 힘을 [　　]이라 하고, 자기력이 작용하는 공간을 [　　]이라 함.

2 문단
전류에 의한 자기장 형성
[　　]가 흐르는 전선 주위에도 자기장이 형성되며, 전류의 이런 성질을 이용한 것이 [　　]임.

• 영구 자석 일단 자기화가 된 다음에는 자기를 영구히 보존하는 자석.

3 문단
전동기의 개념
전동기는 [　　]과 [　　]에 의한 자기장을 동시에 활용하여 회전력을 얻는 장치임.

• 회전력 물체를 회전시키는 힘.

4 문단
전동기의 원리
자석 속에 있는 전선에 전류를 흐르게 하면 전선은 전류와 자기장의 방향에 각각 [　　]인 방향으로 힘을 받음.

• 평행하다 나란히 가다.

5 문단
전동기의 회전 원리
전동기의 코일에 [　　]가 흐르면 코일의 왼쪽과 오른쪽 부분이 받는 힘의 방향이 서로 [　　]가 되어 코일이 회전함.

1 윗글의 제목으로 가장 적절한 것은?

① 나침반 바늘이 북쪽을 가리키는 원리

② 자기장의 세기에 영향을 미치는 요소

③ 지구의 자기장이 인류에게 미치는 영향

④ 전자석과 영구 자석의 장점 및 단점 비교

⑤ 전류에 의한 자기장과 이를 활용한 전동기의 원리

2 윗글에서 설명하고 있는 내용이 <u>아닌</u> 것은?

① 전자석의 N극과 S극을 바꾸는 방법

② 전동기가 들어 있는 전기 기구의 예

③ 일반적인 자석에서 자기장이 형성되는 방향

④ 전류가 흐르는 전선 주위에 자기장이 생기는 원인

⑤ 전동기에서 전류가 흐르는 전선이 힘을 받는 방향

고난도

3 [A]에서 이끌어 낸 내용으로 적절하지 <u>않은</u> 것은?

① 일상에서 사용하는 전자 제품 속 전동기는 크기가 다양하겠군.

② 여름철에 사람들이 들고 다니는 휴대용 선풍기에도 전동기가 들어 있겠군.

③ 전자석은 전류를 끊으면 자석의 성질이 사라지고 원래 상태로 돌아가겠군.

④ 전류가 흐르는 전선에 자기장이 발생하지 않으면 전동기를 만들기 어렵겠군.

⑤ 전류에 의한 자기장보다 자석에 의한 자기장을 사용한 전동기가 더 큰 힘을 내겠군.

수능찍먹

4 <보기>는 전동기의 구조를 나타낸 것이다. 윗글을 고려할 때, <보기>의 전선 ⓐ~ⓒ가 각각 받는 힘의 방향을 바르게 짝지은 것은?

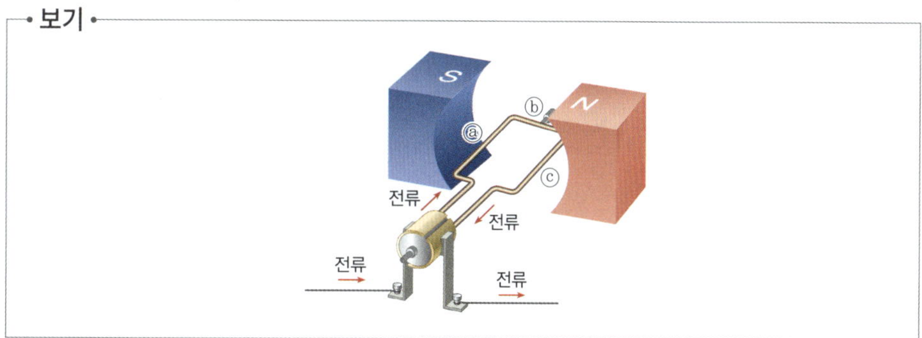

	ⓐ	ⓑ	ⓒ
①	위쪽	없음	아래쪽
②	위쪽	위쪽	아래쪽
③	아래쪽	아래쪽	없음
④	아래쪽	없음	위쪽
⑤	없음	아래쪽	위쪽

◆ **개념 한눈에 보기**

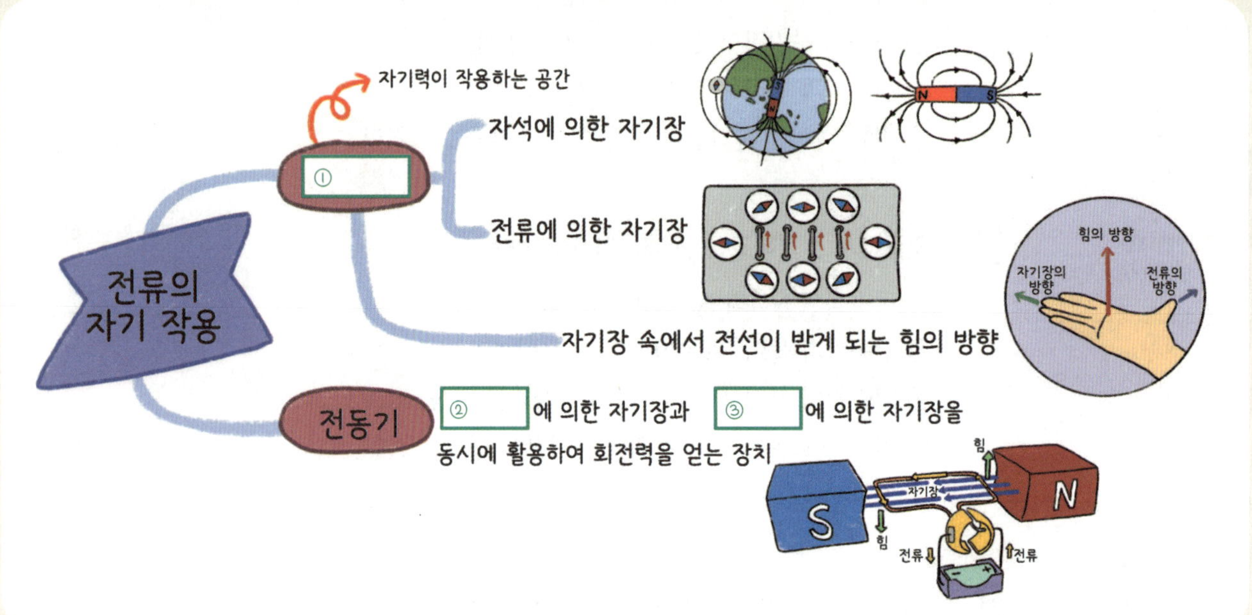

📕 **교과 개념 사전**

#자기력 [자:기력]
자석끼리 서로 밀어내거나 끌어당기는 힘.

#자기장 [자:기장]
자석의 주위, 전류의 주위, 지구의 표면 따위와 같이 자기력이 작용하는 공간.

#전자석 [전:자석]
전류가 흐르면 자기화되고, 전류를 끊으면 원래의 상태로 돌아가는 일시적 자석.

#전동기 [전:동기]
전기 에너지로부터 회전력을 얻는 기계. = (전기) 모터

교과 개념 확인 Quiz ✎

다음 물음에 답하시오.

❶ 자기력은 자석에 전류를 흐르게 할 때에만 발생한다.　　　○ ┊ ✕

❷ 자석의 주위에 자기력이 작용하는 공간을 ☐ ☐☐이라고 한다.

❸ 자기장은 자석에 의한 것과 ☐☐에 의한 것이 있다.

❹ 전자석은 전류가 흘러야 자석의 성질을 띨 수 있다.　　　○ ┊ ✕

❺ 전동기는 자석에 의한 자기장과 전류에 의한 자기장을 모두 이용하여 ☐☐☐을 얻는 장치이다.

14일차

1 >> 지구과학

별까지의 거리를 어떻게 알 수 있을까?

Step 1 교과 개념 **톡** 생각 열기

◆ **무엇을 배울까?**

초등	중등	고등	수능기출
과학 4-2 교과서 1단원 밤하늘 관찰	과학 2 교과서 8단원 별과 우주	지구과학 교과서 3단원 태양계 천체와 별과 우주의 진화	2015학년도 6월 평가원 B형 [25-26] 별의 밝기

❶ 연주 시차를 통해 별까지의 거리를 구하는 방법 이해하기

#시차   #연주 시차

❷ 별의 **등급**과 밝기의 관계 및 **표면 온도**와 색의 관계 이해하기

#겉보기 등급   #절대 등급   #표면 온도

💡 생각해 보기 두 학생이 바라본 아이스크림 트럭의 위치가 다른 이유는 무엇일까?

1 지도는 3차원의 입체˙ 공간을 마치 하늘에서 내려보는 시선으로 그려 2차원의 평면으로 바꾸어 놓은 것이다. 밤하늘의 별을 바라보는 것도 이런 지도를 보는 것과 비슷하다. 3차원의 우주 공간에 있는 별들을 마치 평면처럼 보이는 밤하늘에 펼쳐놓은 것과 같기 때문이다. 그런데 지도와 달리 밤하늘에는 등고선이 없기 때문에, 별까지의 거리를 알아내기 위해서는 특별한 방법을 사용해야 한다.

2 먼저, ㉠연주 시차를 이용한 방법이 있다. 같은 대상이라도 관측자˙의 위치에 따라 물체의 위치가 달라져 보이는데, 이렇게 하나의 물체를 서로 다른 두 지점에서 보았을

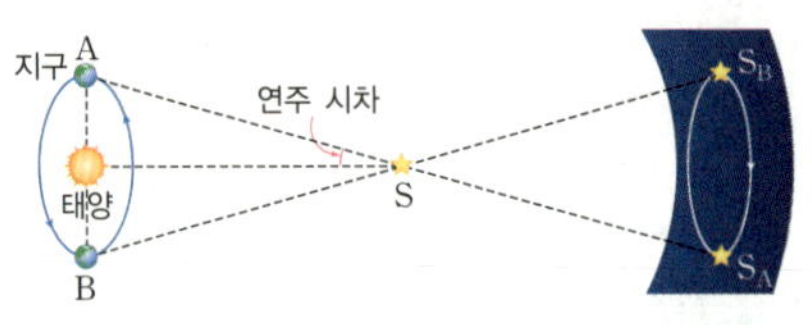

<그림>

때 생기는 각도의 차이를 **#시차**라고 한다. 지구에서 별을 볼 때에도 지구의 공전으로 인해 별을 보는 지점이 달라져 시차가 생긴다. 가장 큰 시차는 〈그림〉과 같이 지구가 공전 궤도˙상에서 가장 멀리 떨어지게 되는 6개월 간격으로 동일한 별을 관측할 때 생기는데, 이렇게 얻은 시차의 절반을 **#연주 시차**라고 한다. 연주 시차는 각도의 단위인 '″(초)'로 나타내며, 연주 시차가 1″인 별의 거리를 1pc(파섹)이라고 한다. 연주 시차는 별까지의 거리에 반비례하므로 연주 시차를 알면 별까지의 거리를 구할 수 있지만, 대부분의 별들은 지구에서 멀리 떨어져 있어 연주 시차를 측정하기가 어렵다. 따라서 연주 시차는 100pc보다 가까운 거리에 있는 별에 적용할 수 있다.

3 다음으로 ㉡별의 밝기와 등급을 이용한 방법이 있다. 별의 밝기는 별의 거리와 별이 방출하는 에너지양에 따라 달라지는데, 방출 에너지양이 같다면 별까지의 거리가 가까운 별일수록 밝게 보인다. 천문학자들은 눈에 보이는 별의 밝기를 기준으로 별의 **#겉보기 등급**을 정했는데, 밝을수록 숫자가 작다. 6등급인 별보다 1등급인 별이 밝으며, 1등급인 별보다 밝은 별은 0등급, −1등급 등으로 나타낸다. 그런데 실제로는 밝은 별이지만 거리가 멀어 어둡게 보일 수 있고, 그 반대의 경우도 있을 수 있다. 그래서 별의 실제 밝기 정도를 나타내는 값이 필요한데, 이를 **#절대 등급**이라고 한다. 절대 등급은 모든 별이 10pc 거리에 있다고 가정했을˙ 때의 밝기를 나타낸 것으로, 밝을수록 그 값이 작다. 만일 겉보기 등급과 절대 등급이 같다면, 그 별은 10pc의 거리에 있고, 겉보기 등급이 절대 등급보다 크면 10pc보다 멀리 있으며, 겉보기 등급이 절대 등급보다 작으면 10pc보다 가까이 있는 것이다.

4 한편, 별의 색도 별에 대한 중요한 정보를 알려 준다. 그것은 바로 별의 **#표면 온도**, 즉 그 별이 얼마나 뜨거운지를 알려 주는 것이다. 비교적 표면 온도가 낮은 천체는 붉은색을 띠는데, 표면 온도가 높아질수록 주황색, 황색, 황백색, 백색, 청백색, 청색 순으로 달라진다. 예를 들어 황색으로 보이는 태양보다 청백색으로 보이는 리겔˙의 표면 온도가 훨씬 더 높은 것이다.

---

1 문단
밤하늘의 공간적 특징
3차원의 입체 공간으로, 별까지의 ☐☐를 알아내려면 특별한 방법을 사용해야 함.

· **입체** 3차원의 공간에서 여러 개의 평면이나 곡면으로 둘러싸인 부분.

2 문단
연주 시차를 이용한 방법
· 지구의 공전 궤도상에서 6개월 간격으로 동일한 별을 관측할 때 생기는 시차의 절반인 ☐☐☐☐를 이용하여 구함.
· 연주 시차는 별까지의 거리에 ☐☐함.

· **관측자** 눈이나 기계로 자연 현상 특히 천체나 기상의 상태, 추이, 변화 따위를 관찰하여 측정하는 사람.
· **궤도** 행성, 혜성, 인공위성 따위가 중력의 영향을 받아 다른 천체의 둘레를 돌면서 그리는 곡선의 길.

3 문단
별의 밝기와 등급을 이용한 방법
눈에 보이는 밝기를 등급으로 나타낸 ☐☐☐☐과 모든 별이 10pc 거리에 있다고 가정했을 때의 밝기를 등급으로 나타낸 ☐☐☐을 비교하여 별까지의 거리를 알아냄.

· **가정하다** 사실이 아니거나 또는 사실인지 아닌지 분명하지 않은 것을 임시로 인정하다.

4 문단
별의 표면 온도와 색
별의 표면 온도가 높을수록 ☐☐을, 낮을수록 ☐☐을 띰.

· **리겔** 오리온자리에서 둘째로 밝은 청백색의 매우 큰 별.

세부 내용
파악하기

1 윗글의 내용과 일치하지 <u>않는</u> 것은?

① 지도는 입체적 정보를 평면에 나타낸 것이다.

② 태양은 리겔보다 표면 온도가 더 높은 별이다.

③ 별들은 실제로는 3차원 공간에 분포하고 있다.

④ 연주 시차는 각도를 나타내는 단위를 사용한다.

⑤ 겉보기 등급과 절대 등급 모두 값이 작을수록 밝다.

세부 내용
추론하기

고난도

2 연주시차 에 대한 설명으로 가장 적절한 것은?

① 연주 시차는 관측자가 관측한 시차에 2를 곱하여 계산한다.

② 지구가 공전하지 않는다고 해도 별의 연주 시차를 구할 수 있다.

③ 연주 시차가 큰 별은 연주 시차가 작은 별보다 더 가까이에 있다.

④ 어떤 별의 연주 시차가 1″라면 그 별까지의 거리는 10pc으로 나타낸다.

⑤ 연주 시차는 한 지점에서 동시에 두 물체를 보았을 때 생기는 차이를 이용한 것이다.

세부 내용
추론하기

3 ㉠과 ㉡에 대한 설명으로 가장 적절한 것은?

① ㉠과 ㉡은 모두 별의 실제 밝기를 구하는 과정이 필요하다.

② ㉠과 ㉡은 모두 별의 에너지양과 거리 사이의 관계를 이용한다.

③ ㉠과 ㉡은 모두 100pc 이상의 멀리 있는 별에도 적용할 수 있다.

④ ㉠은 관측된 별의 위치 정보를, ㉡은 별의 밝기 정보를 이용한다.

⑤ ㉠은 별은 1년 동안 관측한 정보를, ㉡은 매일 관측한 정보를 이용한다.

사례에
적용하기

4 윗글을 바탕으로 <보기>의 '시리우스'와 '베텔게우스'에 대해 이해한 내용으로 적절하지 <u>않는</u> 것은?

보기

구분	시리우스	베텔게우스
겉보기 등급	-1.5	0.4
절대 등급	1.4	-5.6
색	백색	붉은색

① 시리우스는 눈에 보이는 밝기보다 실제 밝기가 어두운 별이겠군.

② 맨눈으로 보았을 때 시리우스는 베텔게우스보다 밝게 보이겠군.

③ 지구를 기준으로 할 때, 베텔게우스는 10pc보다 먼 곳에 있겠군.

④ 지구를 기준으로 할 때, 시리우스는 베텔게우스보다 먼 곳에 있겠군.

⑤ 시리우스의 표면 온도는 베텔게우스의 표면 온도보다 높겠군.

◆ 개념 한눈에 보기

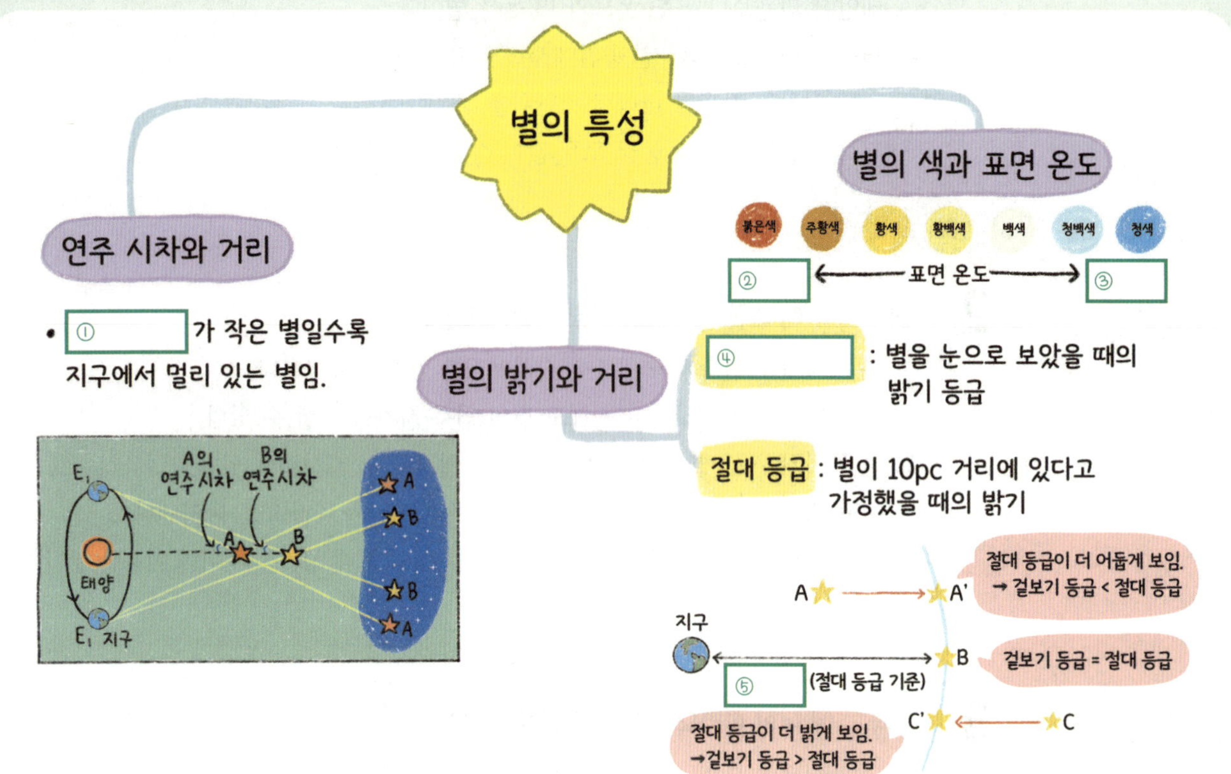

📖 교과 개념 사전

#시차 [시ː차]
하나의 물체를 서로 다른 두 지점에서 보았을 때 방향의 차이.

#연주 시차 [연주] [시ː차]
지구의 공전 궤도상에서 6개월 간격으로 동일한 별을 바라볼 때 생기는 각(시차)의 절반.

#겉보기 등급 [걷뽀기] [등ː급]
맨눈으로 본 천체의 밝기 등급. 맨눈으로 볼 수 있는 별 가운데 가장 희미한 빛을 내는 별을 6등급, 가장 밝은 빛을 내는 별을 1등급으로 하여 밝기가 약 2.5배 더할 때마다 1등급씩 줄여 나타낸다.

#절대 등급 [절때] [등ː급]
별의 실제 밝기를 나타내는 기준으로 사용되는 등급. 10pc(파섹) 떨어진 일정 거리에서 본 별의 겉보기 밝기를 등급으로 나타낸다.

#표면 온도 [표면] [온도]
가장 바깥쪽 부분에서 측정되는 온도.

✏️ 교과 개념 확인 Quiz

다음 물음에 답하시오.

❶ 시차가 생기기 위해서는 같은 천체를 서로 다른 위치에서 관측해야 한다.　○ ｜ ✕

❷ 별의 연주 시차와 별까지의 거리는 비례한다.　○ ｜ ✕

❸ 우리가 눈으로 별을 바라볼 때, 그 별의 밝기는 □□□ □□으로 표현할 수 있다.

❹ 절대 등급은 별이 실제로 얼마나 밝은지를 나타내는 값으로, 별이 10pc 거리에 있다고 가정할 때의 밝기 등급에 해당한다.　○ ｜ ✕

❺ 별은 표면 온도가 낮을수록 □□□을 띠고, 표면 온도가 높을수록 □□을 띤다.

2 ≫ 지구과학
밤하늘을 수놓은 천체의 무리, 은하

Step 1 교과 개념 톡 생각 열기

◆ **무엇을 배울까?**

초등	중등	고등	수능기출
과학 4-2 교과서 1단원 밤하늘 관찰	과학 2 교과서 8단원 별과 우주	지구과학 교과서 3단원 태양계 천체와 별과 우주의 진화	2016학년도 6월 평가원 B형 [25-26] 우주의 암흑 물질

❶ 성운과 성단의 특징을 비교하여 이해하기

#성간 물질　　#성운　　#성단

❷ 우리은하의 모양과 크기 이해하기

#은하　　#우리은하　　#외부 은하

💡 **생각해 보기** 밤하늘에 공처럼 모여 있거나 구름처럼 퍼져 보이는 천체는 무엇일까?

1 지구의 멸망˚을 앞두고 새로운 삶의 터전을 찾기 위해 미지˚의 행성을 찾아 떠나는 우주여행을 그린 '인터스텔라(interstellar)'라는 영화가 있다. 이 영화 제목을 우리말로 하면 '성간', 즉 '별과 별 사이의 공간'이다. 우리가 살고 있는 지구가 속한 태양계에서 가장 가까운 별은 프록시마 센타우리로 태양에서 약 4.24광년˚ 떨어져 있는데, 태양과 프록시마 센타우리 사이의 공간이 성간인 것이다.

2 그렇다면 성간은 아무것도 없이 텅 비어 있을까? 사실 그렇지 않다. 성간에는 수소 등의 가스와 먼지 등이 존재하고 있는데, 이런 물질들을 **#성간 물질**이라고 한다. 그런데 이 성간 물질들은 대부분의 공간에서 희박하게˚ 퍼져 있지만, 특정한 공간에서는 마치 구름처럼 덩어리 형태로 모여 있다. 이렇게 모여 있는 성간 물질을 성간 구름, 즉 **#성운**이라고 한다. 은하수를 찍은 사진을 보면 검은 구름들이 보이는데, 이것은 우리은하 내부의 성운들이다. 한편, 우주에는 많은 수의 별들이 좁은 공간에 모여 있는 천체도 있는데, 이를 별들의 집단, 즉 **#성단**이라고 한다.

3 **#은하**는 이러한 성단, 성운, 성간 물질 등이 모여 있는 거대한˚ 천체 집단이다. 태양계가 속해 있는 은하를 **#우리은하**라고 하는데, 오랫동안 사람들은 우리은하 를 은하수라고 불렀다. 우리은하는 약 2,000억 개의 별들이 모여 있다. 우리은하는 옆에서 보면 별들이 많이 모여 있는 중심부가 부풀어 있는 납작한 원반 모양이지만, 위에서 보면 중심부에 별들이 집중되어 막대 모양으로 밀집해˚ 있고, 그 주변에는 소용돌이치는 모양로 된 여러 개의 나선팔이 돌고 있다. 태양계는 우리은하의 중심부에서 약 2만 8천 광년 떨어진 나선팔에 위치하고 있다.

4 한편, 우주에는 우리은하 밖으로 엄청나게 많은 **#외부 은하**들이 있다. 이렇게 많은 외부 은하를 발견할 수 있었던 것은 우수한 성능의 망원경이 발명되었기 때문이다. 우주의 구조에 대한 지식의 발전은 천문학자들의 논쟁을 통해서도 이루어졌는데, 그 예로 1920년대 M31이라는 천체가 우리은하 안에 있는지, 밖에 있는지를 두고 벌어진 논쟁을 들 수 있다. 섀플리는 우리은하가 우주의 전부이므로, M31은 우리은하 안에 있는 성운일 뿐이라고 주장했다. 이와 달리 커티스는 우주에는 우리은하 외에도 다른 은하들이 존재할 것이며, M31도 그중 하나라고 주장했다. 이 논쟁은 이후 허블에 의해 끝을 맺었다. 허블은 관측을 통해 우리은하에 속한 것으로 알려졌던 여러 천체가 우리은하 밖에 있다는 것을 밝혀냈다. 당시에도 우리은하의 지름이 약 10만 광년이라는 것을 알고 있었는데, 허블이 M31까지 거리를 약 90만 광년으로 계산해 낸 것이었다. 이 M31은 안드로메다은하로, 실제로는 우리은하에서 약 250만 광년 떨어져 있다. ㉠이렇게 안드로메다은하는 우주에 대한 우리의 시야˚를 넓게 만든 은하인 셈이다. 지금까지 우리가 우주에 대한 지식을 쌓게 된 것은 과학 기술의 발전과 더불어 수많은 사람들의 노력 덕분이라고 할 수 있다.

---

① 문단
성간의 개념
☐과 ☐ 사이의 공간

- **멸망** 망하여 없어짐.
- **미지** 아직 알지 못함.
- **광년** 빛이 초속 30만 km의 속도로 1년 동안 나아가는 거리.

② 문단
성운과 성단의 특징
성간 물질이 모여 있어 구름처럼 보이는 천체를 ☐, 많은 수의 별들이 좁은 공간에 모여 있는 천체를 ☐이라고 함.

- **희박하다** 기체나 액체 따위의 밀도나 농도가 짙지 못하고 낮거나 엷다.

③ 문단
은하와 우리은하의 특징
- ☐: 성단, 성운, 성간 물질 등이 모여 있는 거대한 천체 집단
- 우리은하: ☐가 속해 있는 은하로, 약 2,000억 개의 별로 구성되어 있음.

- **거대하다** 엄청나게 크다.
- **밀집하다** 빈틈없이 빽빽하게 모이다.

④ 문단
외부 은하의 발견과 우주에 대한 지식의 발전
과학 기술의 발전과 천문학자들의 노력으로 우리은하의 밖에 ☐가 존재한다는 것을 발견하게 되었으며, 이를 통해 ☐에 대한 시야가 넓어짐.

- **시야** 사물에 대한 식견이나 사려가 미치는 범위.

핵심 내용 파악하기

1 윗글을 읽고 대답할 수 있는 질문이 <u>아닌</u> 것은?

① 성운은 무엇으로 이루어져 있는가?

② 성간 물질은 별에 어떤 영향을 주는가?

③ 태양계에서 가장 가까운 별은 무엇인가?

④ 망원경은 천문학에 어떤 영향을 주었는가?

⑤ M31 천체를 부르는 다른 이름은 무엇인가?

세부 내용 파악하기

2 우리은하 에 대한 설명으로 적절하지 <u>않은</u> 것은?

① 태양을 포함한 약 2,000억 개의 별이 모여 있다.

② 위에서 본 모습과 옆에서 본 모습에는 차이가 있다.

③ 나선팔 부분보다 중심부에 별들이 집중적으로 모여 있다.

④ 성간 물질과 성운은 많이 있지만 성단은 존재하지 않는다.

⑤ 외부 은하인 안드로메다은하와는 약 250만 광년 떨어져 있다.

세부 내용 추론하기

고난도

3 ㉠과 같이 평가할 수 있는 이유로 가장 적절한 것은?

① 우리은하에서 볼 수 없는 별들이 안드로메다은하에 있음이 밝혀졌기 때문에

② 허블의 연구로 안드로메다은하가 우리은하보다 크다는 것이 밝혀졌기 때문에

③ 안드로메다은하를 통해 우리은하의 지름이 약 10만 광년임이 밝혀졌기 때문에

④ 안드로메다은하를 통해 우리은하 외에 다른 외부 은하가 있음이 밝혀졌기 때문에

⑤ 안드로메다은하가 허블이 계산한 것보다 실제로 더 멀리 있음이 밝혀졌기 때문에

사례에 적용하기

수능찍먹

4 윗글과 <보기>를 읽은 학생이 '커티스'와 '섀플리'에 대해 평가한 내용으로 가장 적절한 것은?

> **• 보기 •**
>
> 커티스와 섀플리는 우리은하의 구조에 대해서도 논쟁을 벌였다. 커티스는 태양계가 우리은하의 중심이라고 주장했지만, 섀플리는 태양계가 우리은하의 중심부가 아닌 바깥쪽에 있으며, 은하 중심을 공전한다고 주장했다. 이후 태양계가 우리은하의 중심이 아니라는 사실이 밝혀져, 이 논쟁은 섀플리의 승리로 끝이 났다.

① 커티스는 '우주의 구조'와 '우리은하의 구조'에 대해서 모두 틀린 주장을 하였군.

② 커티스는 '우주의 구조'에 대해서는 옳은 주장을, '우리은하의 구조'에 대해서는 틀린 주장을 하였군.

③ 커티스는 '우주의 구조'에 대해서는 틀린 주장을, '우리은하의 구조'에 대해서는 옳은 주장을 하였군.

④ 섀플리는 '우주의 구조'와 '우리은하의 구조'에 대해서 모두 옳은 주장을 하였군.

⑤ 섀플리는 '우주의 구조'에 대해서는 옳은 주장을, '우리은하의 구조'에 대해서는 틀린 주장을 하였군.

◆ 개념 한눈에 보기

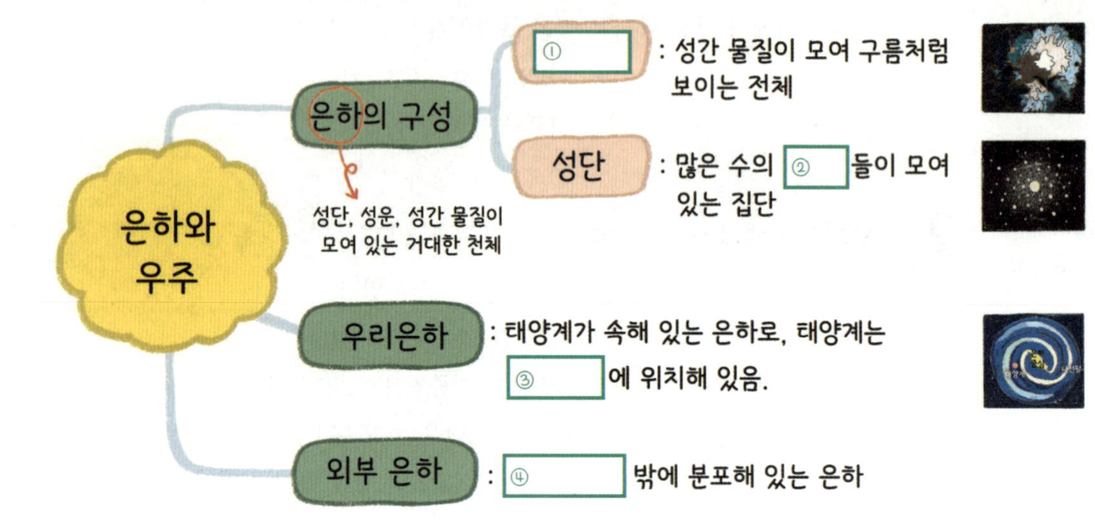

📖 교과 개념 사전

#성간 물질 [성간] [물찔]
별과 별 사이의 공간에 떠 있는 아주 희박한 물질. 성간 가스와 우주 티끌 등이 있다.

#성운 [성운]
성간 물질이 모여 구름 모양으로 퍼져 보이는 천체. 기체와 작은 고체 입자로 구성되어 있다.

#성단 [성단]
수많은 별이 모여 집단을 이루는 천체. 구상 성단과 산개 성단 따위가 있다.

#은하 [은하]
천구 위에 구름 띠 모양으로 길게 분포되어 있는 수많은 천체의 무리.

#우리은하 [우리은하]
태양계가 속해 있는 은하.

#외부 은하 [외:부/웨:부] [은하]
우리은하 밖에 존재하는 은하. 모양을 기준으로 분류하며 대표적인 외부 은하로 안드로메다은하가 있다.

교과 개념 확인 Quiz ✏️

다음 물음에 답하시오.

❶ 별과 별 사이에 분포하는 가스와 먼지 등을 성간 물질이라고 한다.　　　　　○ | ×

❷ 태양계는 우리은하의 중심에 위치해 있다.　　　　　○ | ×

❸ 우리은하에는 많은 별들이 모여 집단을 이룬 천체인 ☐☐과 성간 물질이 모여 구름 모양을 이룬 ☐☐이 있다.

❹ 우리은하 밖에 분포하는 수많은 은하를 ☐☐☐☐라 한다 .

❺ 허블은 ☐☐☐☐☐☐은하가 우리은하 밖에 있는 외부 은하임을 밝혀냈다.

1일차-1

생명과학 01 우리 몸을 이루는 아주 작은 방, 세포

세포

細 가늘 세 胞 태보 포

생물체를 이루는 기본 단위.

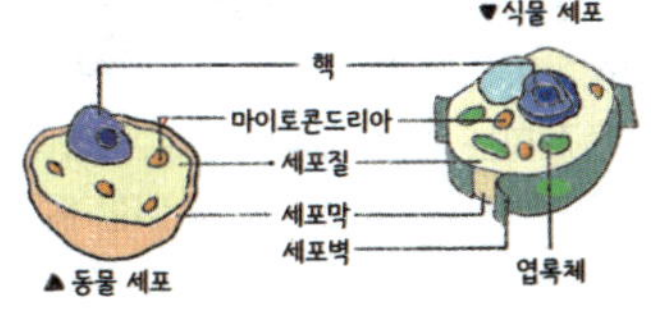

단세포 생물

單 홀 단 細 가늘 세 胞 태보 포 生 날 생
物 만물 물

하나의 개체가 한 개의 세포로 이루어진 생물. 가장 단순한 생물.

다세포 생물

多 많을 다 細 가늘 세 胞 태보 포 生 날 생
物 만물 물

하나의 개체가, (분화된) 많은 세포로 이루어진 생물.

개념 플러스⁺ 개체

하나의 독립된 생물체. 살아가는 데에 필요한 충분한 구조와 독립적인 기능을 갖고 있다.

조직

組 짤 조 織 짤 직

동일한 기능과 구조를 가진 세포의 집단. 동물에서는 상피 조직, 결합 조직, 근육 조직, 신경 조직 따위가 있으며 식물에서는 분열 조직, 영구 조직 따위가 있다.

기관

器 그릇 기 官 벼슬 관

일정한 모양과 기능을 가지고 있는 생물체의 부분. 심장, 위, 간, 폐 등이 기관에 해당한다.

기관계

器 그릇 기 官 벼슬 관 系 이을 계

기능적으로 서로 관련성을 가지고 협동하여 작용하는 기관들의 모임. 소화계, 순환계, 호흡계, 배설계 등이 있다.

생명과학 02 · 1일차-2
우리 주변에는 어떤 친구들이 살지?

생물 다양성

生 날 생 **物** 물건 물 **多** 많을 다 **樣** 모양 양
性 성품 성

한 지역에 살고 있는 생물의 다양한 정도. 종의 다양성, 유전자의 다양성, 생태계의 다양성을 통틀어 이르는 말이다.

변이

變 변할 변 **異** 다를 이(리)

같은 종에서 성별, 나이와 관계없이 모양과 성질이 다른 개체가 존재하는 현상. 외부 요인의 작용에 의한 환경 변이, 유전자의 변화에 의한 돌연변이가 있다.

생물 분류

生 날 생 **物** 물건 물 **分** 나눌 분 **類** 무리 류(유)

생물을 형태나 구조 등 여러 가지 특징을 기준으로 무리 지어 나누는 일. 종을 기본 단위로 하여, 속, 과, 목, 강, 문, 계의 차례로 비슷한 것을 모아 정리한다.

계

界 지경 계

생물을 분류하는 가장 큰 단위. 동물계, 식물계 등이 있다.

종

種 씨 종

생물 분류의 기본 단위. 교배를 통해 생식 능력이 있는 자손을 낳을 수 있는 무리를 말한다.

생명과학 03 식물이 만드는 영양분 레시피

빛에너지

energy

빛이 가지고 있는 전자기 에너지.

광합성

光 빛 광 **合** 합할 합 **成** 이룰 성

식물이 빛에너지를 이용하여 이산화 탄소와 수분으로 양분을 만드는 과정.

엽록체

葉 잎 엽 **綠** 푸를 록(녹) **體** 몸 체

식물의 세포 기관으로, 광합성이 이루어지는 장소이다.

기공

氣 기운 기 **孔** 구멍 공

식물의 잎이나 줄기의 겉껍질에 있는, 숨쉬기와 증산 작용을 하는 구멍.

이산화 탄소

二 두 이 **酸** 실 산 **化** 될 화
炭 숯 탄 **素** 본디 소

탄소의 산화물. 식물의 광합성을 돕는다.

개념 플러스 ➕ 탄소 산화물

탄소 산화물, 산화 탄소 또는 옥소카본은 탄소와 산소로만 이루어진 화합물이다. 탄소 산화물의 가장 단순한 예로는 일산화 탄소와 이산화 탄소가 있다.

모세관 현상

毛 터럭 모 **細** 가늘 세 **管** 대롱 관
現 나타날 현 **象** 코끼리 상

가는 대롱(관)을 액체 속에 넣어 세웠을 때, 대롱 안의 액체 표면이 대롱 밖의 액체 표면보다 높아지거나 낮아지는 현상.

증산 작용

蒸 찔 증 **散** 흩을 산 **作** 지을 작 **用** 쓸 용

식물체 안의 수분이 수증기가 되어 공기 중으로 나오는 현상.

생명과학 04 식물은 어떻게 숨을 쉬고 밥을 먹지?

산소

酸 실 산 **素** 본디 소

산소 원소로 만들어진 이원자 분자. 공기의 주성분이면서 사람의 호흡과 동식물의 생활에 없어서는 안 되는 기체이다.

개념 플러스+ 이원자 분자

종류가 같거나 다른 두 개의 원자로 이루어진 분자. '질소(N_2)', '산소(O_2)'처럼 종류가 같은 두 개의 원자로 이루어진 것과 '염화수소(HCl)', '일산화탄소(CO)'처럼 종류가 다른 두 개의 원자로 이루어진 것이 있다.

식물의 호흡

植 심을 식 **物** 물건 물 **呼** 부를 호 **吸** 마실 흡

식물이 세포에서 양분을 분해하여 생명 활동에 필요한 에너지를 얻는 과정.

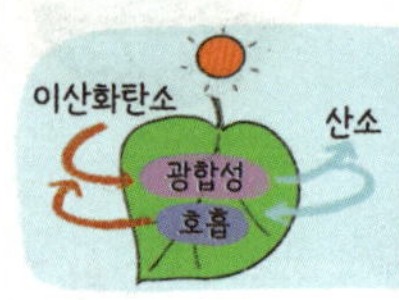

포도당

葡 포도 포 **萄** 포도 도 **糖** 엿 당

생물의 에너지원으로, 여러 가지 당류 중 가장 기본적인 당.

개념 플러스+ 에너지원

에너지로 사용이 가능한 자원으로, 영양소가 체내에서 연소(산화)한 경우에 에너지(열량)가 생기는 물질을 가리킨다. 에너지원이 될 수 있는 영양소는 당질(탄수화물), 지질, 단백질이고 이러한 것을 3대 영양소라고 한다.

생명과학 05 | 12일차 -1 | 사람은 어떻게 에너지를 얻을까?

영양소

營 경영할 영 **養** 기를 양 **素** 본디 소

생물의 생명 활동에 필요한 물질로, 몸을 구성하기도 하고 에너지원으로 이용되는 물질.

소화계

消 사라질 소 **化** 될 화 **系** 맬 계

음식물을 섭취·분해·흡수하여 영양분을 혈액 속에 보내는 기관을 통틀어 이르는 말. 입에서 항문까지 연결되는 소화관과 간, 쓸개, 이자 등으로 구성된다.

소화 효소

消 사라질 소 **化** 될 화 **酵** 삭힐 효 **素** 본디 소

크기가 큰 영양소를 크기가 작은 영양소로 분해하는 물질.

순환계

循 돌 순 **環** 고리 환 **系** 맬 계

영양소와 산소 및 노폐물을 우리 몸의 적절한 곳으로 운반하는 기관을 통틀어 이르는 말. 심장, 혈관, 혈액으로 구성된다.

심장

心 마음 심 **臟** 오장 장

주먹 크기의 근육질 주머니로 혈액 순환의 중심이 되는 기관.

혈관

血 피 혈 **管** 대롱 관

혈액이 흐르는 관으로, 동맥과 정맥, 모세 혈관으로 구분된다.

개념 플러스⁺ 모세 혈관

혈관 중에서 조직 세포 사이에 분포하는 가장 가는 혈관. 모세 혈관을 통해 혈액과 세포간질액 사이에 물질 교환이 일어난다.

사람은 어떻게 숨을 쉬고 노폐물을 내보낼까?

호흡

呼 부를 호　吸 마실 흡

생물이 숨쉬기를 통해 산소를 흡수하고 이산화 탄소를 몸 밖으로 내보내는 과정.

호흡계

呼 부를 호　吸 마실 흡　系 맬 계

숨을 쉬기 위해 공기가 드나드는 통로와 기체 교환이 일어나는 기관들의 모임. 호흡계는 코, 기관, 기관지, 폐와 같은 호흡 기관이 모여 이루어진다.

폐포

肺 허파 폐　胞 세포 포

허파로 들어간 기관지의 끝에 포도송이처럼 달려 있는 자루.

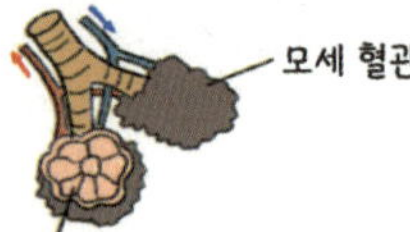

배설

排 밀칠 배　泄 샐 설

영양소로부터 생명 활동에 필요한 물질과 에너지를 얻은 후 생긴 노폐물을 몸 밖으로 내보내는 일.

배설계

排 밀칠 배　泄 샐 설
系 맬 계

배설 기관과 그 부속 기관을 통틀어 이르는 말.

콩팥

혈액 속 노폐물을 걸러내어 오줌을 만드는 기관. 체액의 조성이나 양을 일정하게 유지하는 작용을 한다.

네프론

nephron

오줌을 만드는 기본 단위로, 사구체와 보먼주머니, 세뇨관으로 구성된다.

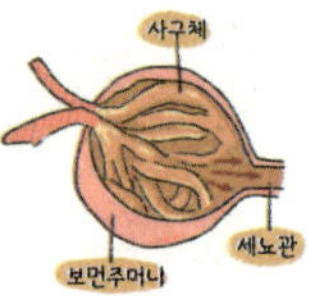

생명과학 07 · 19일차 -1 · 눈·코·입의 서로 다른 역할

자극

刺 찌를 자　戟 창 극

생물에 작용하여 반응을 일으키게 하는 요인.

개념 플러스⁺ 반응

자극에 대응하여 일어나는 현상으로, 반응은 자신의 의지로 일어나는지에 따라 의식적 반응과 무의식적 반응으로 구분된다.

시각

視 볼 시　覺 깨달을 각

눈에서 빛을 자극으로 받아들여 물체의 모양, 색깔, 거리 등을 느끼는 감각.

청각

聽 들을 청　覺 깨달을 각

귀에서 공기 등을 통해 전달된 소리를 느끼는 감각. 귀는 청각뿐 아니라 몸의 회전이나 이동, 몸의 위치나 기울기를 감각하는 평형 감각 기관이다.

후각

嗅 맡을 후　覺 깨달을 각

코에서 기체 상태의 화학 물질을 자극으로 받아들여 냄새를 느끼는 감각.

미각

味 맛 미　覺 깨달을 각

혀에서 액체 상태의 화학 물질을 자극으로 받아들여 맛을 느끼는 감각.

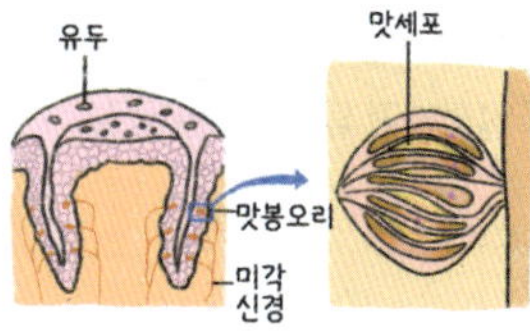

피부 감각

皮 가죽 피　膚 살갗 부　感 느낄 감
覺 깨달을 각

피부의 감각점을 통해 압력, 통증 등을 느끼는 감각. 매운맛과 떫은맛은 혀와 입 속의 피부를 통해 느끼는 피부 감각이다.

생명과학 08 · 우리 몸은 자극에 어떻게 반응할까?

뉴런

neuron

신경계를 구성하는 신경 세포로, 신경 세포체, 가지 돌기, 축삭 돌기로 이루어져 있다.

중추 신경계

中 가운데 중　樞 지도리 추　神 귀신 신
經 지날 경　系 맬 계

뇌와 척수로 구성되어 있으며, 자극에 대해 판단하고 적절한 명령을 내리는 역할을 한다.

> **개념 플러스➕　척수**
>
> 등뼈 안에 있는 중추 신경 계통의 부분. 뇌와 말초 신경 사이의 흥분 전달 통로 역할을 한다. 몸의 말단부에서 받아들인 감각 정보는 척수를 통해 뇌로 전달되고, 뇌에서 내린 명령은 척수를 통해 말단의 반응기에 전달된다.

말초 신경계

末 끝 말　梢 나뭇가지 끝 초　神 귀신 신
經 지날 경　系 맬 계

중추 신경계로부터 온몸으로 연결되는 신경의 모든 경로.

무조건 반사

無 없을 무　條 가지 조　件 물건 건
反 돌이킬 반　射 쏠 사

자극에 대한 무의식적인 반응. 감각 기관에서 받아들인 자극이 대뇌로 전달되지 않고, 그 전에 척수, 연수, 중간뇌의 명령이 반응기로 전달되어 나타나는 반응.

호르몬

hormone

내분비샘에서 분비되어 특정 세포나 조직에 작용하여 몸의 생리 작용을 조절하는 물질.

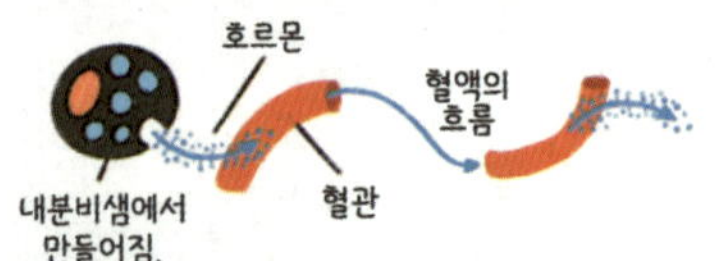

항상성

恒 항상 항　常 떳떳할 상　性 성품 성

외부 환경의 변화에 적절하게 반응하여 몸의 상태를 일정하게 유지하려는 성질.

생명과학 09 · 20일차-1 · 내 몸은 어떻게 자라는 걸까?

세포 분열

細 가늘 세 胞 세포 포 分 나눌 분
裂 찢을 열(렬)

일정한 크기에 도달한 세포가 두 개의 세포로 나누어지는 현상.

재생

再 두 재 生 날 생

상실되거나 손상된 생물체의 한 부분에 새로운 조직이 생겨 다시 자라남.

생장

生 날 생 長 길 장

생물의 몸이 점점 커지는 것.

생식

生 날 생 殖 불릴 식

생물이 자기와 닮은 개체를 만들어 종족을 유지하는 현상. 유성 생식과 무성 생식으로 나눈다.

개념 플러스 + 유성 생식

암수의 두 배우자가 합일한 접합체에서 새로운 생명체가 발생하는 생식법. 대개의 다세포 생물에서 볼 수 있다.

염색체

染 물들 염 色 빛 색 體 몸 체

생물의 종류나 성에 따라 그 수가 일정한 유전자의 집합체. 사람의 체세포에는 46개(23쌍)의 염색체가 들어 있으며, 이 중 22쌍은 남녀에게 공통적으로 들어가는 상염색체이고, 나머지 1쌍은 성을 결정하는 성염색체이다.

체세포 분열

體 몸 체 細 가늘 세 胞 세포 포 分 나눌 분
裂 찢을 열(렬)

사람의 몸을 구성하는 체세포가 둘로 나누어지는 과정으로, 생장, 재생, 생식이 이루어질 때 일어난다.

넌 대체 누굴 닮은 거니?

형질

形 모양 형   質 바탕 질

동식물의 모양, 크기, 성질 따위의 고유한 특징.

개념 플러스⁺ 유전

어버이의 성격, 체질, 형상 따위의 형질이 자손에게 전해짐. 또는 그런 현상. 오스트리아의 식물학자 멘델에 의하여 처음으로 이에 대한 과학적 설명이 이루어졌다.

대립 형질

對 대할 대   立 설 립(입)   形 모양 형
質 바탕 질

대립 유전자가 지배하는 형질. 서로 우성과 열성의 관계에 있는 것이 보통이다.

우성

優 넉넉할 우   性 성품 성

대립 형질이 서로 다른 두 품종을 교배하였을 때 나타나는 잡종 제1대의 형질.

개념 플러스⁺ 우열의 원리

유전자의 구성이 다를 때 우성의 형질만 나타나고 열성의 형질은 나타나지 않는다는 원리.

열성

劣 못할 열(렬)   性 성품 성

대립 형질 중에서 잡종 제1대에는 나타나지 않는 형질.

분리 법칙

分 나눌 분   離 떠날 리(이)   法 법 법
則 법칙 칙

유전의 과정에서 생식 세포가 만들어질 때, 쌍으로 존재하던 대립 유전자가 분리되어 서로 다른 생식 세포로 하나씩 나뉘어 들어가는 현상.

독립 법칙

獨 홀로 독   立 설 립(입)   法 법 법   則 법칙 칙

두 가지 이상의 형질이 함께 유전될 때, 한 형질을 나타내는 대립 유전자 쌍이 다른 형질을 나타내는 대립 유전자 쌍에 영향을 받지 않고 독립적으로 분리되어 유전되는 현상.

물리학 01 열은 어떤 방법으로 이동할까?

전도

傳 전할 전 導 인도할 도

주로 고체에서 물질을 이루고 있는 입자들이 충돌하면서 열이 이동하는 방법.

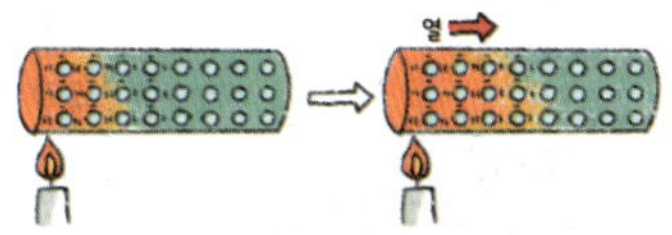

복사

輻 바큇살 복 射 쏠 사

열이 다른 물질을 거치지 않고 직접 이동하는 방법. 전도나 대류에 비해 열의 전달이 매우 빠르다.

대류

對 대할 대 流 흐를 류(유)

기체나 액체에서, 물질을 이루는 입자가 직접 이동함으로써 열이 전달되는 현상.

열평형

熱 더울 열 平 평평할 평 衡 저울대 형

온도가 서로 다른 두 물체를 접촉시켰을 경우에, 온도가 높은 물체에서 온도가 낮은 물체로 열이 이동하여 두 물체의 온도가 같아졌을 때 열의 흐름이 정지되는 상태.

단열

斷 끊을 단 熱 더울 열

물체와 물체 사이에 열이 서로 통하지 않도록 막는 것.

11

물리학 02 · 2일차-2
열을 받으면 커지는 것들이 있다고?

열량

熱 더울 열　**量** 헤아릴 량(양)

열에너지의 양. 열량의 단위는 cal 또는 kcal를 사용한다.

개념 플러스⁺ cal(칼로리)

열에너지를 측정하는 국제 단위계의 기본 단위. 1cal은 물 1g의 온도를 1℃만큼 올리는 데 필요한 열의 양이다. 1kcal(키로칼로리)는 1,000cal이다.

비열

比 견줄 비　**熱** 더울 열

물질 1kg의 온도를 1℃ 올리는 데 드는 열량. 물의 비열은 1kcal/(g·℃)로서, 모든 물질 가운데 가장 크다.

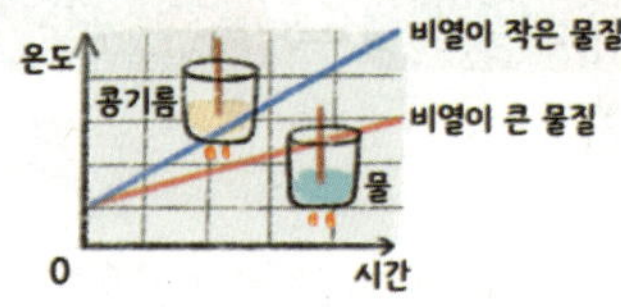

열팽창

熱 더울 열　**膨** 부풀 팽　**脹** 배부를 창

물체의 온도가 올라감에 따라 그 길이, 면적, 부피가 늘어나는 현상.

바이메탈

bi-metal

열팽창률이 서로 다른 두 개의 얇은 쇠붙이를 한데 붙여 합친 것. 온도가 높아지면 팽창률의 차이 때문에 그 길이가 서로 달라져 팽창률이 작은 쇠붙이 쪽으로 구부러지고, 온도가 낮아지면 그 반대쪽으로 구부러진다. 온도계, 화재경보기, 온도 조절기 따위에 쓴다.

물리학 03 운동 상태를 바꾸는 힘, 알짜힘

힘

물체의 모양이나 운동 상태를 변화시키는 원인.

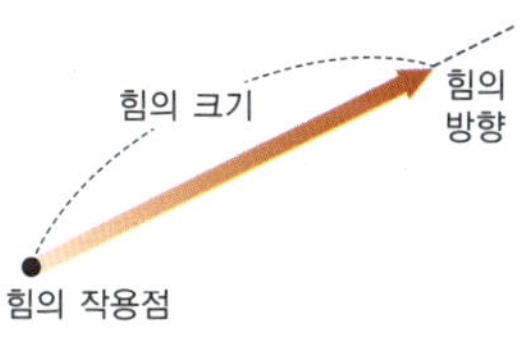

운동 상태

運 운전할 운 動 움직일 동 狀 형상 상
態 모습 태

물체의 속력과 운동 방향을 모두 고려하여 나타낸 것.

알짜힘

한 물체에 작용하는 모든 힘의 합. '합력'이라고도 한다.

개념 플러스⁺ 합력

한 물체에 여러 힘이 동시에 작용할 때, 이 힘들과 같은 효과를 나타내는 하나의 힘. 한 물체에 작용하는 두 힘의 합력을 구하면 물체가 어느 힘의 방향으로 움직일지 알아낼 수 있다.

힘의 평형

平 평평할 평   衡 저울대 형

어떤 물체에 두 가지 이상의 힘이 작용할 때에, 알짜힘이 영(0)이 되어 아무런 힘의 작용이 없는 것과 같이 된 상태.

번지 점프에 숨어 있는 여러 가지 힘

#중력

重 무거울 중　力 힘 력(역)

지구, 달 등과 같은 천체가 물체를 당기는 힘.

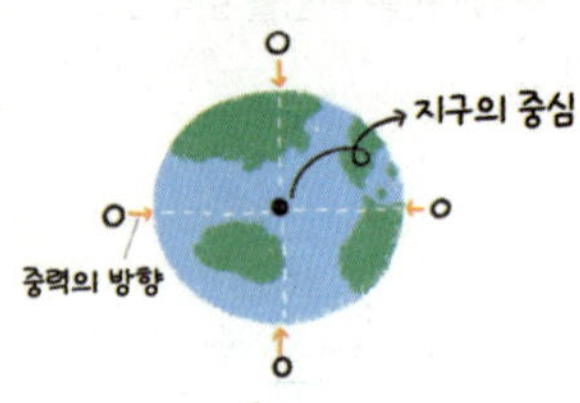

#무게

물건의 무거운 정도. 단위는 뉴턴(N). 중력에 따라 달라진다.

#질량

質 바탕 질　量 헤아릴 량(양)

물체의 고유한 역학적 기본량. 국제단위는 킬로그램(kg).

#탄성력

彈 탄알 탄　性 성품 성　力 힘 력(역)

물체의 변형으로 생기는 힘. 변형되는 정도에 비례한다.

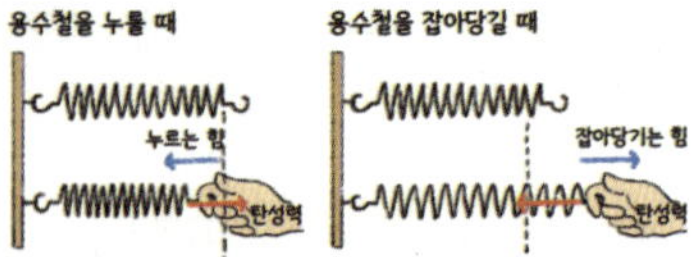

#마찰력

摩 갈 마　擦 비빌 찰　力 힘 력(역)

접촉하고 있는 두 물체가 상대 운동을 하려고 하거나 상대 운동을 하고 있을 때, 그 운동을 방해하는 방향으로 작용하는 힘.

#부력

浮 뜰 부　力 힘 력(역)

기체나 액체 속에 있는 물체가 그 물체에 작용하는 압력에 의하여 중력과 반대 방향인 위로 뜨려는 힘.

물리학 05 | 9일차 -1 | 물속에서는 왜 다리가 짧아 보일까?

광원

光 빛 광 　**源** 근원 원

제 스스로 빛을 내는 물체. 태양, 별 등이 있다. 광원에서 나온 빛이 눈으로 직접 들어오거나 광원에서 나온 빛이 물체에 반사되어 눈으로 들어와야 물체가 보인다.

빛의 직진

直 곧을 직 　**進** 나아갈 진

광원에서 나온 빛이 장애물을 만나지 않았을 때, 일직선으로 곧게 나아가는 성질.

빛의 반사

反 돌이킬 반 　**射** 쏠 사

빛이 직진하다가 성질이 다른 물질의 표면에 부딪혀 되돌아오는 현상.

빛의 합성

合 합할 합 　**成** 이룰 성

여러 가지 색의 빛이 합쳐져서 다른 색의 빛으로 보이는 현상.

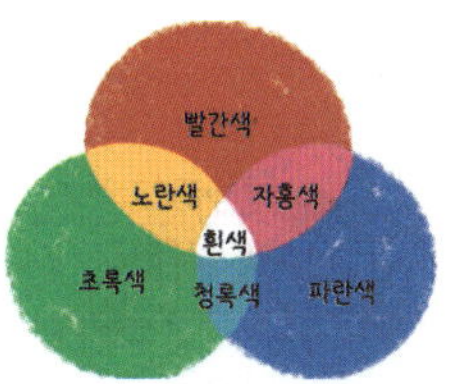

빛의 굴절

屈 굽힐 굴 　**折** 꺾을 절

빛이 공기 속을 직진하다가 다른 물질을 만나면 경계면에서 진행 방향이 꺾이는 현상.

물리학 06 소리는 어떤 방식으로 전달될까?

파동

波 물결 파　動 움직일 동

한 곳에서 발생한 진동이 주위로 퍼져 나가는 현상.

매질

媒 중매 매　質 바탕 질

어떤 파동 또는 물리적 작용을 한 곳에서 다른 곳으로 옮겨 주는 물질.

횡파

橫 가로 횡　波 물결 파

매질의 진동 방향과 파동의 진행 방향이 수직인 파동. 빛을 포함한 전자기파와 물결파, 지진파의 S파는 대표적인 횡파이다.

종파

縱 늘어질 종　波 물결 파

매질의 진동 방향이 파동의 진행 방향에 일치하는 파동. 음파와 지진파의 P파가 대표적인 종파이다.

파장

波 물결 파　長 길 장

마루(골)에서 이웃한 마루(골)까지의 거리.

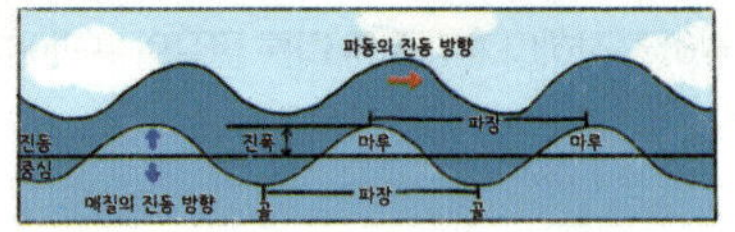

진폭

振 떨칠 진　幅 폭 폭

진동 중심에서 마루나 골까지의 수직 거리.

> **개념 플러스⁺　마루와 골**
> - 마루: 긴 줄기로 이어져 있는 산이나 고개의 꼭대기.
> - 골: 두 산이나 언덕 사이에 깊숙하게 패어 들어간 부분.

진동수

振 떨칠 진　動 움직일 동
數 셈 수

매질의 한 점이 1초 동안 진동하는 횟수. 단위는 Hz(헤르츠)이다.

파형

波 물결 파　形 모양 형

물결처럼 기복이 있는 파동의 모양.

물리학 07 | 13일차-1

찌릿찌릿, 정전기는 왜 생기는 걸까?

대전

帶 띠 대   電 번개 전

어떤 물체가 전기(전하)를 띠는 현상.

개념 플러스⁺ 전하

물체가 띠고 있는 정전기의 양. 같은 부호의 전하 사이에는 미는 힘이, 다른 부호의 전하 사이에는 끄는 힘이 작용한다. 한 점에 집중되어 있는 것을 점전하라고 하며, 이것이 이동하는 현상이 전류이다.

전기

電 번개 전   氣 기운 기

물질 안에 있는 전자 또는 공간에 있는 전자나 이온들의 움직임 때문에 생기는 에너지.

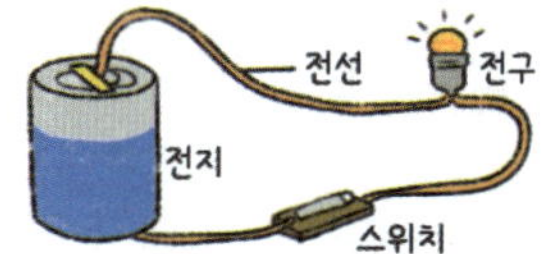

정전기

靜 고요할 정   電 번개 전
氣 기운 기

전하를 띤 상태로 한곳에 머물러 있는 전기.

전류

電 번개 전   流 흐를 류(유)

전하의 흐름. 정량적으로는 단면을 통하여 단위 시간당 흐르는 전하의 양이다.

전압

電 번개 전   壓 누를 압

전류를 흐르게 하는 능력. 단위는 볼트(V).

저항

抵 막을 저   抗 겨룰 항

전류가 흐르는 것을 방해하는 작용. 전압을 전류로 나눈 값으로 나타낸다. 단위는 옴(Ω).

옴의 법칙

Ohm   法 법 법   則 법칙 칙

어떤 전기 회로에 흐르는 전류는 그 회로에 가하여진 전압에 정비례하고, 저항에 반비례한다는 법칙.

전류가 자석처럼 자기장을 만들어 낸다고?

자기력

磁 자석 자　氣 기운 기　力 힘 력(역)

자석끼리 서로 밀어내거나 끌어당기는 힘. 자기력은 자석의 세기가 셀수록, 두 물체 사이의 거리가 가까울수록 크게 작용한다.

자기장

磁 자석 자　氣 기운 기　場 마당 장

자석의 주위, 전류의 주위, 지구의 표면 따위와 같이 자기력이 작용하는 공간.

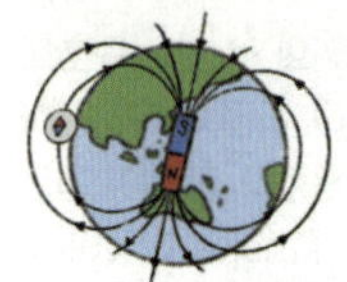
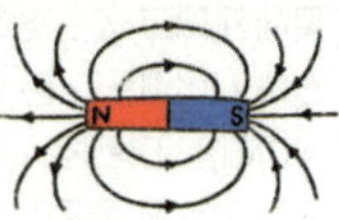
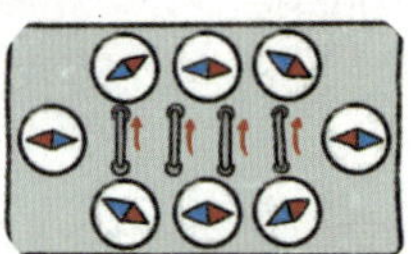

전자석

電 번개 전　磁 자석 자　石 돌 석

전류가 흐르면 자기화되고, 전류를 끊으면 원래의 상태로 돌아가는 일시적 자석.

개념 플러스⁺　**자기화**

물질에서 스스로 또는 외부 자기장에 의해 자석처럼 되는 것을 의미한다.

전동기

電 번개 전　動 움직일 동　機 틀 기

전기 에너지로부터 회전력을 얻는 기계.
= (전기) 모터

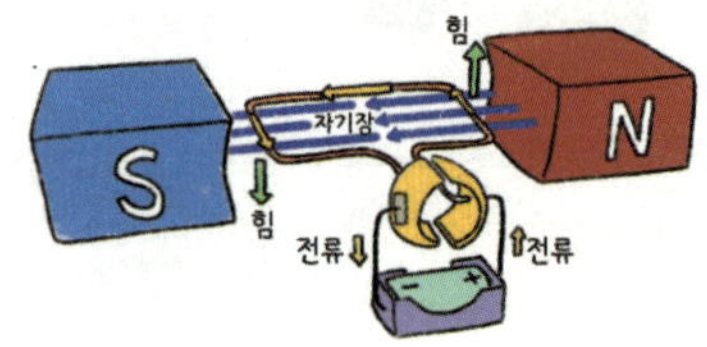

물리학 09 | 18일차-1 | 물체가 어떻게 운동을 할 수 있을까?

이동 거리

移 옮길 이   動 움직일 동   距 상거할 거
離 떠날 리(이)

물체가 운동하는 동안 움직인 거리.

속력

速 빠를 속   力 힘 력(역)

물체의 빠르기를 나타내는 양으로, 단위 시간 동안 이동한 거리.

등속 운동

等 무리 등   速 빠를 속   運 옮길 운   動 움직일 동

시간에 따라 속력이 일정한 운동.

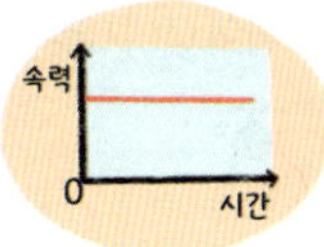

공기 저항

空 빌 공   氣 기운 기   抵 막을 저   抗 겨룰 항

공기가 물체의 움직임을 저지하는 힘.

자유 낙하 운동

自 스스로 자   由 말미암을 유   落 떨어질 낙(락)
下 아래 하   運 옮길 운   動 움직일 동

일정한 높이에서 정지하고 있는 물체가 중력의 작용만으로 떨어질 때의 운동. 물체의 속력이 1초마다 9.8m/s씩 증가한다.

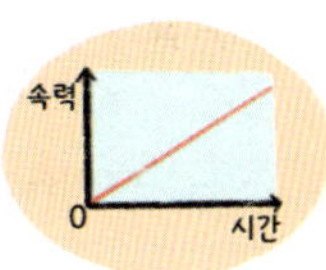

일을 하는데 어떻게 에너지가 생기지?

일

물체에 힘을 작용하여 물체를 그 힘의 방향으로 이동시키는 것.

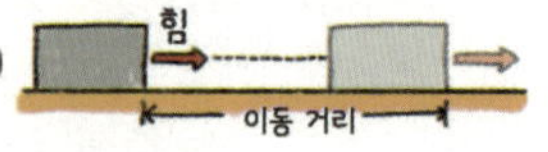

일의 양

量 헤아릴 양(량)

물체에 힘이 작용하여 물체가 그 힘의 방향으로 일정한 거리만큼 움직였을 때에, 힘의 크기와 이동 거리를 곱한 양.

에너지

energy

기본적인 물리량의 하나. 물체나 물체계가 가지고 있는 일을 하는 능력을 통틀어 이르는 말로, 에너지의 형태에 따라 운동, 위치, 열, 전기 따위의 에너지로 구분한다.

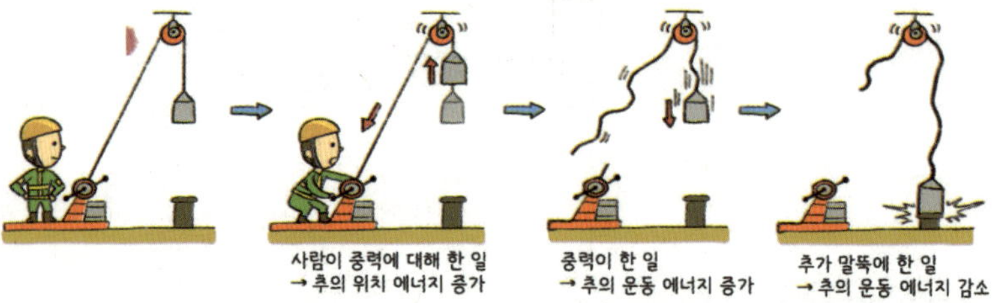

운동 에너지

運 옮길 운　動 움직일 동　energy

운동하는 물체가 가지고 있는 에너지.

위치 에너지

位 자리 위　置 둘 치　energy

물체가 어떤 특정한 위치에서 표준 위치로 돌아갈 때까지 일을 할 수 있는 잠재적 에너지. 크기는 물체의 위치로 정하여진다.

화학 01 3일차-1 물질의 세 가지 얼굴

고체

固 굳을 고 體 몸 체

일정한 모양과 부피가 있으며 쉽게 변형되지않는 물질의 상태.

액체

液 진 액 體 몸 체

일정한 부피는 있으나 일정한 모양이 없는 물질의 상태.

기체

氣 기운 기 體 몸 체

모양과 부피가 모두 일정하지 않은 물질의 상태.

융해

融 녹을 융 解 풀 해

고체에 열을 가했을 때 액체로 되는 현상.

응고

凝 엉길 응 固 굳을 고

액체가 고체로 변하는 현상.

기화

氣 기운 기 化 될 화

액체가 기체로 변하는 현상.

액화

液 진 액 化 될 화

기체가 냉각·압축되어 액체로 변하는 현상.

승화

昇 오를 승 華 빛날 화

고체가 곧바로 기체로 변하거나 그와 반대로 기체가 곧바로 고체로 변하는 현상.

21

화학 02 에스키모는 왜 이글루 바닥에 물을 뿌릴까?

열에너지

熱 더울 열　energy

열을 에너지의 한 형태로 볼 때의 이름. 온도가 높은 물질에서 낮은 물질로 이동하는 성질이 있다.

상태 변화

狀 형상 상　態 모습 태　變 변할 변　化 될 화

물질이 어느 한 상태에서 다른 상태로 변화하는 것.

열에너지 흡수

熱 더울 열　energy　吸 마실 흡　收 거둘 수

물질의 상태가 변할 때 입자 배열의 변화가 일어나며 열에너지가 물질에 빨려 들어가는 것.

열에너지 방출

熱 더울 열　energy　放 놓을 방　出 날 출

물질의 상태가 변할 때 입자 배열의 변화가 일어나며 열에너지를 내보내는 것.

화학 03 | 4일차-1 | 입자는 가만히 있지 않아

입자

粒 낟알 입(립)　子 아들 자

물질의 일부로서, 구성하는 물질과 같은 종류의 매우 작은 물체.

개념 플러스⁺ 물질

물체를 이루고 있는 재료 또는 그 본바탕. 다양한 자연 현상을 일으키는 실체로, 공간의 일부를 차지하고 질량을 갖는다.

입자의 운동

粒 낟알 입(립)　子 아들 자　運 옮길 운
動 움직일 동

입자가 시간의 경과에 따라 그 공간적 위치를 바꾸는 일. 입자가 스스로 끊임없이 움직이는 것을 의미한다.

확산

擴 넓힐 확　散 흩을 산

기체를 이루는 입자가 스스로 운동하여 모든 방향으로 퍼져 나가는 현상.

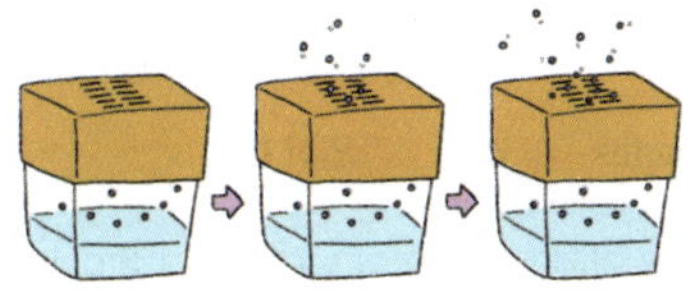

증발

蒸 찔 증　發 필 발

액체를 이루고 있는 입자가 스스로 운동하여 액체 표면에서 떨어져 나와 기체로 변하는 현상.

화학 04 · 4일차 -2 · 하늘 높이 올라간 풍선이 터지는 이유는?

압력

壓 누를 압   力 힘 력(역)

두 물체가 접촉면을 경계로 하여 서로 그 면에 수직으로 누르는 단위 면적에서의 힘의 단위.

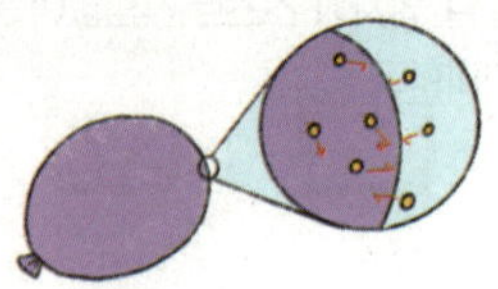

부피

넓이와 높이를 가진 물건이 공간에서 차지하는 크기.

대기압

大 클 대   氣 기운 기   壓 누를 압

지구를 둘러싸고 있는 공기의 압력. 보통 지표에서 대기압은 1기압이다.

보일 법칙

Boyle   法 법 법   則 법칙 칙

'온도가 일정할 때 일정한 양의 기체 부피는 압력에 반비례한다.'는 것으로, 영국의 과학자 보일이 처음으로 밝혀내었다.

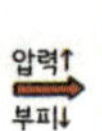

온도

溫 따뜻할 온   度 법도 도

따뜻함과 차가움의 정도. 또는 그것을 나타내는 수치.

샤를 법칙

Charles   法 법 법   則 법칙 칙

'같은 압력에서 온도가 높아지면 기체의 부피는 일정하게 증가한다.'는 것으로, 프랑스의 과학자 샤를이 처음으로 밝혀내었다.

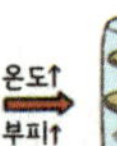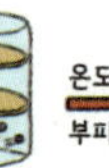

화학 05 · 7일차 -1 · 소금물이 100℃에도 끓지 않는 이유

순물질

純 순수할 순   物 물건 물   質 바탕 질

한 종류의 물질로만 이루어진 물질.

물

혼합물

混 섞을 혼   合 합할 합   物 물건 물

두 가지 이상의 물질이 각각의 성질을 지니면서 서로 화학적 결합을 하지 아니하고 뒤섞인 물질.

우유   설탕물

밀도

密 빽빽할 밀   度 법도 도

어떤 물질의 단위 부피만큼의 질량.

용해도

溶 녹을 용   解 풀 해   度 법도 도

일정한 온도에서 일정한 양의 용매에 녹을 수 있는 용질의 최대의 양. 보통 용매 100g에 녹을 수 있는 용질을 g 수로 나타낸다.

개념 플러스⁺ 용매

어떤 액체에 물질을 녹여서 용액을 만들 때 그 액체를 가리키는 말. 액체에 액체를 녹일 때는 많은 쪽의 액체를 이른다.

녹는점

點 점 점

고체가 액체로 되는 동안 일정하게 유지되는 온도.

어는점

點 점 점

액체가 고체로 되는 동안 일정하게 유지되는 온도.

끓는점

點 점 점

액체가 끓는 동안 일정하게 유지되는 온도.

화학 06 바닷물도 식수가 될 수 있어요

끓는점 차이

點 점 점   差 다를 차   異 다를 이(리)

끓는점은 액체가 기체로 변할 때 일정하게 유지되는 온도로, 물질마다 다르다. 끓는점의 차이를 이용하여 액체 혼합물을 분리할 수 있다.

증류

蒸 찔 증   溜 낙숫물 류(유)

액체를 가열하여 생긴 기체를 냉각하여 다시 액체로 만드는 일.

밀도 차이

密 빽빽할 밀   度 법도 도   差 다를 차   異 다를 이(리)

밀도는 일정한 부피에 해당하는 물질의 질량을 의미하는데, 물질마다 다르다. 밀도의 차이를 이용하여 서로 섞이지 않는 액체 혼합물이나 고체 혼합물을 분리할 수 있다.

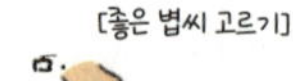

재결정

再 두 재   結 맺을 결   晶 맑을 정

결정성 물질을 정제하는 방법의 하나. 결정성의 고체를 물이나 그 밖의 용매에 녹여, 냉각하거나 증발시켜서 다시 결정화함으로써, 그 결정물의 불순물을 없앤다.

크로마토그래피

chromatography

혼합물을 이루고 있는 성분 물질이 용매를 따라 이동하는 속도 차이를 이용하여 혼합물을 분리하는 방법.

화학 07 · 10일차-1 · 물질은 무엇으로 이루어져 있을까?

원소

元 으뜸 원   素 본디 소

더 이상 분해되지 않으면서 물질을 이루는 기본 성분.

원자

原 근원 원   子 아들 자

더 이상 쪼갤 수 없는 가장 작은 단위 입자.

화합물

化 될 화   合 합할 합
物 만물 물

둘 이상의 원소가 결합하여 만들어지는 순물질.

개념 플러스⁺ 순물질

한 가지 종류의 홑원소 물질이나 화합물로 이루어진 물질로, 두 가지 이상의 순물질이 섞여 있는 물질인 혼합물과 구별하기 위하여 쓰는 말.

물리 변화

物 만물 물   理 다스릴 리
變 변할 변   化 될 화

물질의 성질은 변하지 않으면서 모양이나 상태가 변하는 현상.

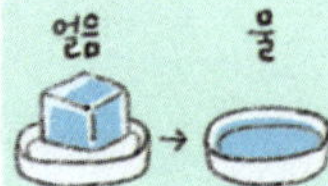

화학 변화

化 될 화   學 배울 학
變 변할 변   化 될 화

처음 물질과는 성질이 전혀 다른 새로운 물질로 변하는 현상.

화학 반응식

化 될 화   學 배울 학   反 돌이킬 반   應 응할 응
式 법 식

화학 반응을 일으키는 물질과 화학 반응의 결과로 생기는 생성 물질의 종류, 그들 사이의 관계를 나타내는 식.

주기율표

週 돌 주   期 기약할 기   律 법칙 률(율)   表 겉 표

유사한 성질을 갖는 원소들을 일정한 규칙으로 배열한 표.

화학 08 · 10일차-2 · 원자는 어떻게 이온이 되는 걸까?

이온

ion

원자가 전자의 이동으로 전자를 잃거나 얻어서 전하를 띠는 입자.

원자핵

原 근원 원　子 아들 자　核 씨 핵

원자의 중심부를 이루는 입자. 양성자와 중성자가 결합한 것으로 원자의 대부분을 차지하며 양전하를 갖는다.

전자

電 번개 전　子 아들 자

음전하를 가지고 원자핵 주위를 도는 소립자의 하나.

전하

電 번개 전　荷 멜 하

물체가 띠고 있는 정전기의 양. 같은 부호의 전하 사이에는 미는 힘이, 다른 부호의 전하 사이에는 끄는 힘이 작용한다.

양이온

陽 볕 양　ion

원자가 전자를 잃어 양전하를 띠는 입자.

음이온

陰 그늘 음　ion

원자가 전자를 얻어 음전하를 띠는 입자.

화학 09 나무를 태우면 질량이 줄어들까?

질량 보존 법칙

質 바탕 질   量 헤아릴 량(양)   保 지킬 보
存 있을 존   法 법 법   則 법칙 칙

화학 반응이 일어나기 전과 후에 물질의 모든 질량은 항상 일정하다는 원칙.

앙금 생성 반응

生 날 생   成 이룰 성   反 돌이킬 반   應 응할 응

이온이 포함된 두 가지 수용액을 섞었을 때, 물질 속의 특정 양이온과 음이온이 반응하여 물에 녹지 않는 물질이 만들어지는 현상.

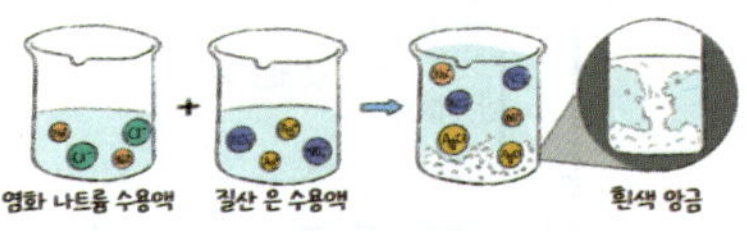

연소 반응

燃 탈 연   燒 불사를 소   反 돌이킬 반
應 응할 응

물질이 산소와 결합하여 많은 빛과 열을 내는 현상.

열린 공간

空 빌 공   間 사이 간

물질이 이동할 수 있는 공간.

닫힌 공간

空 빌 공   間 사이 간

물질이 이동할 수 없는 밀폐된 공간.

기체 발생 반응

氣 기운 기   體 몸 체   發 필 발   生 날 생
反 돌이킬 반   應 응할 응

화학 반응 가운데 기체가 생성되는 현상.

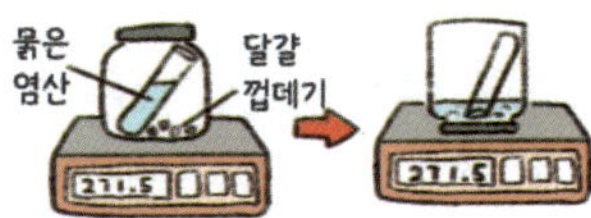

에너지가 열을 낸다고?

발열 반응

發 필 발　熱 더울 열　反 돌이킬 반　應 응할 응

열을 방출하며 진행하는 화학 반응.

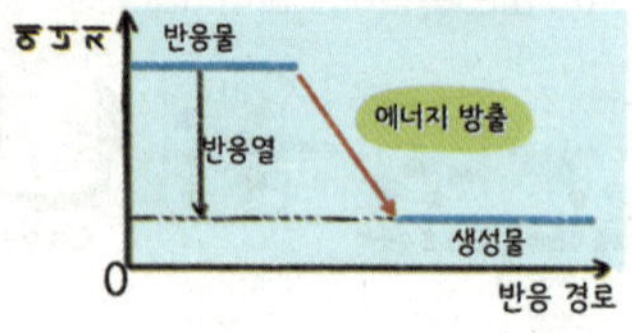

흡열 반응

吸 마실 흡　熱 더울 열　反 돌이킬 반
應 응할 응

주위의 열을 흡수하여 일어나는 화학 반응.

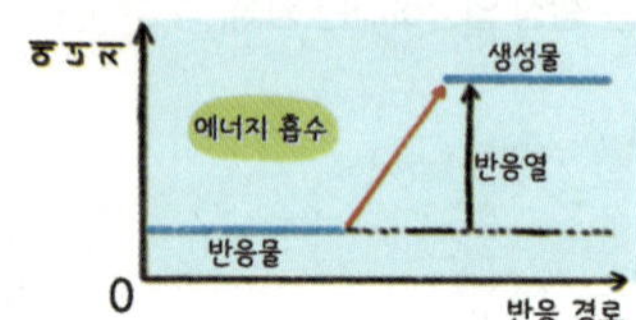

반응열

反 돌이킬 반　應 응할 응　熱 더울 열

반응물과 생성물이 가지고 있는 에너지의 차 이로 인해 화학 반응이 일어날 때 방출하거나 흡수하는 열.

개념 플러스+ 방출하다

입자나 전자기파의 형태로 에너지를 내보 내다.

열분해

熱 더울 열　分 나눌 분　解 풀 해

열에 의하여 생기는 분해 반응. 곧 석유를 밀 폐 용기 안에 넣고 압력을 주면서 가열하여 가솔린, 등유, 경유, 중유 따위로 나누는 것이 다.

지구과학 01 — 6일차-1
기운 센 태양은 지구를 힘들게 해

흑점

黑 검을 흑　點 점 점

태양 표면에 보이는 검은 반점. 광구에 나타나는 현상으로, 광구의 온도보다 2,000℃ 정도 더 낮기 때문에 검게 보인다.

홍염

紅 붉을 홍　焰 불꽃 염

태양의 대기층인 채층에서 높이 소용돌이쳐 일어나는 붉은 불꽃 모양의 가스 기둥.

개념 플러스⁺　채층

태양의 광구(光球)와 상층 대기인 코로나 사이의 대기층. 두께는 약 1,600km이며, 일식 때 코로나의 아래층에서 분홍빛으로 보인다.

플레어

flare

흑점 부근에서 강한 폭발이 일어나 대기층이 밝아지며 엄청난 양의 물질과 에너지를 방출하는 현상.

코로나

corona

태양 대기의 가장 바깥층에 있는 청백색의 희미한 가스층.

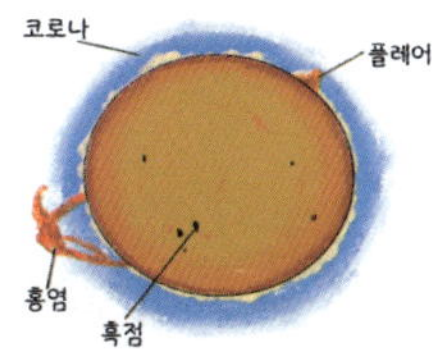

태양풍

太 클 태　陽 볕 양
風 바람 풍

태양에서 방출되는 전기를 띤 입자의 흐름. 주로 양성자와 전자로 이루어지며, 지구 가까이 이르렀을 때 속도는 매초 350km이다.

자기 폭풍

磁 자석 자　氣 기운 기　暴 사나울 폭
風 바람 풍

지구 표면의 자기장이 갑자기 크게 바뀌는 현상.

오로라

aurora

태양풍이 대기 중의 공기 분자와 충돌하면서 빛을 내는 현상. 주로 극지방에서 나타난다.

지구과학 02 | 6일차-2 | 지구야, 네가 움직여서 그런 거야

지구의 자전

地 땅 지 **球** 공 구 **自** 스스로 자 **轉** 구를 전

지구가 자전축을 중심으로 하루에 한 바퀴씩 서에서 동으로 회전하는 운동.

개념 플러스⁺ 자전축

천체가 스스로 회전할 때 기준이 되는 고정된 중심축. 지구는 자전축이 23.5° 기울어져 있다.

일주 운동

日 날 일 **週** 돌 주 **運** 옮길 운 **動** 움직일 동

지구의 자전 운동으로 인하여 모든 천체가 천구와 함께 지구의 자전 방향과 반대 방향으로 도는 것처럼 보이는 운동.

별자리

별의 위치를 정하기 위하여 밝은 별을 중심으로 천구를 몇 부분으로 나눈

것. 동물, 물건, 신화에 나오는 인물의 이름이 붙여져 있다.

연주 운동

年 해 연(년) **週** 돌 주 **運** 옮길 운 **動** 움직일 동

지구의 공전 운동 때문에 천체가 1년을 주기로 지구의 둘레를 한 바퀴 도는 것처럼 보이는 현상.

황도

黃 누를 황 **道** 길 도

태양이 천구상에서 별자리 사이를 이동해 가는 길.

지구의 공전

地 땅 지 **球** 공 구 **公** 공평할 공 **轉** 구를 전

지구가 태양을 한 초점으로 하는 타원 궤도를 따라 1년에 한 바퀴씩 회전하는 운동.

돌은 돌고 돌아 돌이 돼요

지각

地 땅 지   殼 껍질 각

단단한 암석으로 이루어진 지구의 겉 부분. 대륙 지역에서는 평균 35km, 해양 지역에서는 5~10km의 두께이다.

화성암

火 불 화   成 이룰 성   巖 바위 암

마그마가 냉각·응고되어 이루어진 암석을 통틀어 이르는 말. 마그마가 빠르게 냉각되면서 만들어진 화산암과 마그마가 느리게 냉각되면서 만들어진 심성암으로 나뉜다.

퇴적암

堆 쌓을 퇴   積 쌓을 적   巖 바위 암

퇴적 작용으로 생긴 암석. 퇴적물이 바다나 호수 밑에 쌓인 후 단단하게 굳어져서 생긴다.

개념 플러스⁺ 퇴적 작용

암석의 파편이나 죽은 생물의 몸이나 뼈 따위가 물이나 빙하, 바람 따위의 작용으로 운반되어 일정한 곳에 쌓이는 일.

변성암

變 변할 변   成 이룰 성   巖 바위 암

퇴적암 또는 화성암이 땅 밑 깊은 곳에서 열, 압력 등의 영향이나 화학적 작용을 받아 변한 암석. 

암석의 순환

巖 바위 암   石 돌 석   循 돌 순   環 고리 환

암석이 오랜 시간 변화를 받아 다른 암석으로 변하는 과정을 말한다.

화산 활동이 자주 일어나는 곳이 있다고?

화산 활동

火 불 화   山 메 산   活 살 활   動 움직일 동

지하에서 생성된 마그마가 지각의 약한 틈을 뚫고 지표로 분출하는 현상.

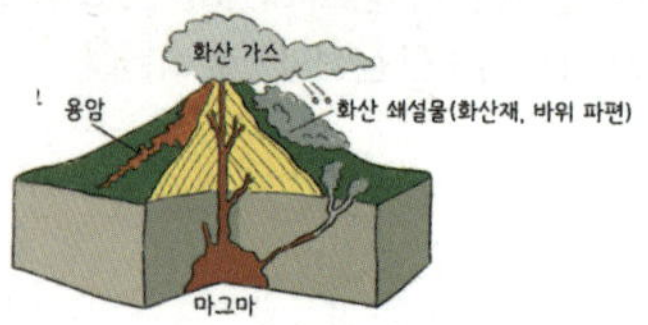

화산

火 불 화   山 메 산

지하에서 생성된 마그마가 지각의 약한 틈을 뚫고 지표로 분출되는 지점. 또는 그 결과로 만들어진 산.

대륙 이동설

大 클 대   陸 뭍 륙(육)   移 옮길 이
動 움직일 동   說 말씀 설

지구상의 대륙은 예전에는 하나의 거대한 덩어리였는데, 그 후 분리되고 이동하여 현재와 같은 상태로 되었다는 학설.

판 구조론

板 널빤지 판   構 얽을 구   造 지을 조
論 논할 론(논)

지구의 겉 부분은 여러 개의 판으로 이루어지며, 이들이 서로 다른 방향과 속도로 움직여 대륙이 이동하고, 화산 활동이나 지진 등의 지각 변동이 발생한다는 이론.

화산대

火 불 화   山 메 산   帶 띠 대

화산이 띠 모양으로 분포한 지대. 환태평양 화산대와 지중해 화산대 등이 있다.

지진대

地 땅 지   震 우레 진   帶 띠 대

지진이 자주 일어나거나 일어나기 쉬운 지역. 가늘고 긴 띠 모양을 이루고 있는 경우가 많다.

지구과학 05 · 14일차-1
별까지의 거리를 어떻게 알 수 있을까?

시차

視 볼 시 差 다를 차

하나의 물체를 서로 다른 두 지점에서 보았을 때 방향의 차이.

연주 시차

年 해 년(연) 周 두루 주 視 볼 시 差 다를 차

지구의 공전 궤도상에서 6개월 간격으로 동일한 별을 바라볼 때 생기는 각(시차)의 절반.

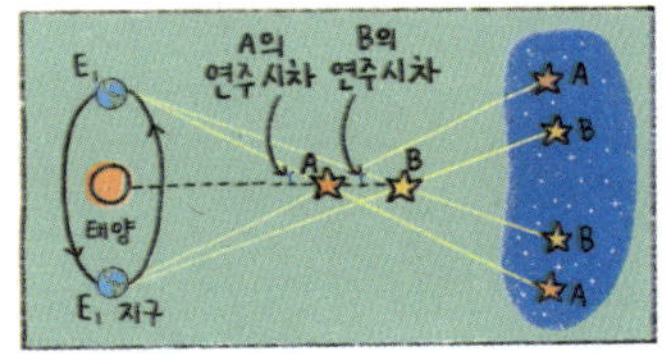

겉보기 등급

等 무리 등 級 등급 급

맨눈으로 본 천체의 밝기 등급. 맨눈으로 볼 수 있는 별 가운데 가장 희미한 빛을 내는 별을 6등급, 가장 밝은 빛을 내는 별을 1등급으로 하여 밝기가 약 2.5배 더할 때마다 1등급씩 줄여 나타낸다.

절대 등급

等 무리 등 級 등급 급

별의 실제 밝기를 나타내는 기준으로 사용되는 등급. 10pc(파섹) 떨어진 일정 거리에서 본 별의 겉보기 밝기를 등급으로 나타낸다.

표면 온도

表 겉 표 面 낯 면 溫 따뜻할 온 度 법도 도

가장 바깥쪽 부분에서 측정되는 온도. 직접 측정할 수 없으므로 별의 색깔을 통해 알아낸다.

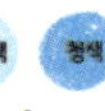

지구과학 06 밤하늘을 수놓은 천체의 무리, 은하

#성간 물질

星별 성 **間**사이 간 **物**만물 물 **質**바탕 질

별과 별 사이의 공간에 떠 있는 아주 희박한 물질. 성간 가스와 우주 티끌 등이 있다.

#성운

星별 성 **雲**구름 운

성간 물질이 모여 구름 모양으로 퍼져 보이는 천체. 기체와 작은 고체 입자로 구성되어 있다.

#성단

星별 성 **團**둥글 단

수많은 별이 모여 집단을 이루는 천체. 구상 성단과 산개 성단 따위가 있다.

#은하

銀은 은 **河**물 하

천구 위에 구름 띠 모양으로 길게 분포되어 있는 수많은 천체의 무리.

#우리은하

銀은 은 **河**물 하

태양계가 속해 있는 은하.

#외부 은하

外바깥 외 **部**거느릴 부 **銀**은 은 **河**물 하

우리은하 밖에 존재하는 은하. 모양을 기준으로 분류하며 대표적인 외부 은하로 안드로메다은하가 있다.

개념 플러스⁺ 안드로메다은하

안드로메다자리에 있는 나선 모양의 은하. 밝기는 5등급이고, 지구에서의 거리는 약 200만 광년이다. 우리은하보다 조금 크다.

지구과학 07 · 16일차-1 · 지구가 점점 뜨거워진다고?

#기권

氣 기운 기　圈 우리 권

지구 표면에서 약 1,000km까지 대기로 둘러싸여 있는 영역.

#기권의 층상 구조

氣 기운 기　圈 우리 권　層 층 층　狀 형상 상
構 얽을 구　造 지을 조

기권을 높이에 따른 기온 변화를 기준으로 하여 4개의 층으로 구분한 것. 지표면에서부터 상층까지 대류권, 성층권, 중간권, 열권으로 나뉜다.

#복사 평형

輻 바큇살 복　射 쏠 사　平 평평할 평　衡 저울대 형

복사 에너지가 들어오는 양과 나가는 양이 같아서 서로 균형을 이루는 상태.

개념 플러스⁺　복사 에너지

물질의 도움을 받지 않고 직접 전달되는 에너지.

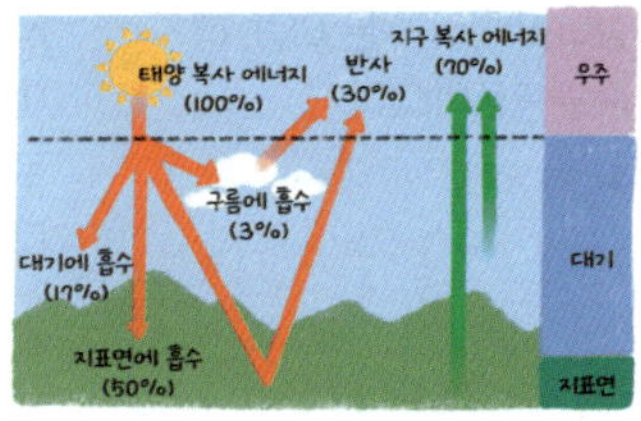

#온실 효과

溫 따뜻할 온　室 집 실　效 본받을 효
果 실과 과

대기 중의 수증기, 이산화 탄소, 메테인 등과 같은 온실 기체가 지구 복사 에너지를 흡수했다가 지표로 재방출하여 지구의 평균 기온을 높이는 현상.

#지구 온난화

地 땅 지　球 공 구　溫 따뜻할 온　暖 따뜻할 난
化 될 화

온실 효과의 증가로 지구의 평균 기온이 지속적으로 상승하는 현상.

지구과학 08 공기가 움직이면 바람이 불어요

기압

氣 기운 기　壓 누를 압

공기에 의해서 생기는 압력. 공기가 단위 넓이에 작용하는 힘.

바람

두 지점 사이의 기압 차이로 인해 발생하는 공기의 흐름.

해륙풍

海 바다 해　陸 뭍 륙(육)
風 바람 풍

해안에서 하루를 주기로 풍향이 바뀌어 부는 바람. 해풍과 육풍이 있다.

계절풍

季 계절 계　節 마디 절
風 바람 풍

계절에 따라 주기적으로 일정한 방향으로 부는 바람. 여름에는 바다에서 대륙으로, 겨울에는 대륙에서 바다로 분다.

기단

氣 기운 기　團 둥글 단

기온이나 습도 등의 성질이 같은 공기 덩어리.

전선면

前 앞 전　線 줄 선　面 낯 면

성질이 다른 두 기단이 만나서 생기는 경계면.

전선

前 앞 전　線 줄 선

성질이 다른 두 기단이 만나서 생기는 전선면이 지표면과 만나서 생기는 경계선.

바다마다 온도가 다른 이유

혼합층

混 섞을 혼 合 합할 합 層 층 층

태양 에너지를 흡수하여 수온이 비교적 높게 나타나고, 바람의 영향으로 해수가 잘 섞여 수온이 일정하게 나타나는 층.

수온 약층

水 물 수 溫 따뜻할 온 躍 뛸 약 層 층 층

수온이 급격하게 변화하는 층. 수심이 얕은 혼합층과 수심이 깊은 심해층 사이에 분포한다.

심해층

深 깊을 심 海 바다 해 層 층 층

수온 약층 아래에 위치하며 태양 에너지가 도달하지 못해 수온이 매우 낮고 변화가 거의 없는 층.

염류

鹽 소금 염 類 무리 류(유)

해수에 녹아 있는 염화 나트륨, 염화 마그네슘 등의 여러 가지 물질.

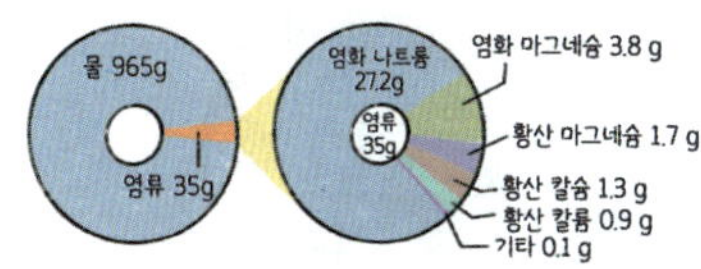

염분

鹽 소금 염 分 나눌 분

해수 1,000g에 녹아 있는 염류의 총량을 g 수로 나타낸 것.

염분비 일정 법칙

鹽 소금 염 分 나눌 분 比 견줄 비 一 한 일 定 정할 정 法 법 법 則 법칙 칙

바닷물에 각 염류가 녹아 있는 비율은 어느 바다에서나 일정하다는 법칙.

기후를 움직이는 바닷물의 큰 흐름

해류

海 바다 해　流 흐를 류(유)

일정한 방향과 속도로 이동하는 바닷물의 흐름.

표층 해류

表 겉 표　層 층 층　海 바다 해　流 흐를 류(유)

바람에 의해 바다 표면에서 일정한 방향으로 흐르는 해수의 흐름.

대기 대순환

大 클 대　氣 기운 기　大 클 대　循 돌 순　環 고리 환

대기가 지구상에서 대규모로 일정한 순환과 혼합을 계속하는 현상. 위도에 따라, 지역에 따라 다르게 나타난다.

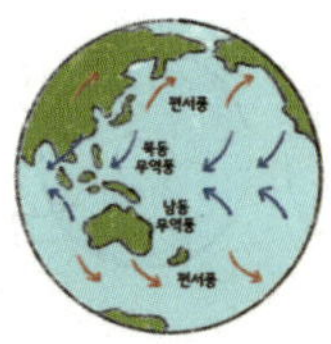

무역풍

貿 무역할 무　易 바꿀 역　風 바람 풍

아열대 고압대로부터 적도 저압대로 일 년 내내 부는 바람.

개념 플러스⁺　**아열대 고압대**

위도 30~35도 지역에서 아열대 고기압이 형성한 띠 모양의 영역. 비가 잘 오지 않아 유명한 사막 지역들이 이 지대에 분포한다. 세계 최대 사막인 사하라사막과 칼라하리사막 등이 이 고압대의 영향을 받아서 만들어졌다.

편서풍

偏 치우칠 편　西 서녘 서　風 바람 풍

중위도 지역에서 일 년 내내 서쪽에서 동쪽으로 부는 바람.

표층 순환

表 겉 표　層 층 층　循 돌 순　環 고리 환

넓은 지역에서 표층 해류가 순환을 이루는 현상.

기후 변화

氣 기운 기　候 기후 후　變 변할 변　化 될 화

일정한 지역에서 여러 해에 걸쳐 나타난 기온, 비, 눈, 바람 따위의 평균 상태가 변하는 현상.

1

>> 화학

나무를 태우면 질량이 줄어들까?

Step 1 교과 개념 **톡** 생각 열기

◆ **무엇을 배울까?**

초등	중등	고등	수능기출
과학 6-2 교과서 2단원 물질의 연소	과학 3 교과서 1단원 화학 반응의 규칙성	통합과학 2 교과서 1단원 변화와 다양성	COMING SOON

❶ 화학 반응이 일어날 때 물질의 질량이 보존됨을 이해하기

#질량 보존 법칙

❷ 반응의 종류에 따른 실험을 통해 **질량 보존 법칙** 확인하기

#앙금 생성 반응   #연소 반응   #열린 공간   #닫힌 공간

#기체 발생 반응

💡 **생각해 보기**   나무의 질량과 나무를 태우고 남은 재의 질량은 같을까, 다를까?

1 무게와 질량은 같은 말일까? 무게는 어떤 물체에 작용하는 중력의 크기를 말하는 것으로, 중력이 변하면 측정되는 무게의 값도 달라진다. 달은 지구 중력의 1/6밖에 되지 않으므로 달에서 잰 물체의 무게는 지구에서 잰 물체 무게의 1/6이 된다. 그러나 질량은 각각의 물체마다 가지고 있는 고유의 양이므로 어디에서 측정하더라도 그 값은 늘 일정하다.

2 프랑스의 화학자 라부아지에는 실험을 통해 화학 반응이 일어나더라도 물질의 질량은 동일하게 보존된다는˙ '질량 보존 법칙'을 최초로 증명하였다. **#질량 보존 법칙**이란 화학 반응이 일어나기 전과 후 물질의 총 질량은 변하지 않는다는 것이다. 라부아지에는 밀폐된˙ 유리 용기 안에 수은을 가열하는 실험을 했는데, 며칠 후 그 안에 남아 있는 기체의 질량은 감소하고 붉은색의 새 물질이 생긴 것을 발견했다. 그리고 반복 실험을 하며 정밀 저울을 통해 반응 전후 물질의 질량을 측정한 결과, 화학 반응이 일어나기 전 물질의 총 질량과 반응 후 물질의 총 질량이 서로 같다는 사실을 알아냈다.

3 화학 반응에서의 질량 보존 법칙은 다양한 실험을 통해 확인할 수 있다. 양이온과 음이온이 만나 물에 잘 녹지 않는 앙금이 생성되는 **#앙금 생성 반응**에서도 질량 보존 법칙은 성립한다. 염화 나트륨 수용액과 질산 은 수용액을 섞으면 흰색 앙금인 염화 은과 질산 나트륨이 만들어지는데, 원래는 투명했던 수용액에서 염화 은이라는 고체 앙금이 만들어졌기 때문에 얼핏 질량이 증가했을 것으로 생각하기 쉽다. 하지만 앙금은 이미 존재하고 있던 이온들의 조합이 바뀌어 생성된 것이므로 반응물의 총 질량과 생성물의 총 질량은 동일하다.

4 물질과 산소가 결합하는 **#연소 반응**에서도 질량 보존 법칙을 확인할 수 있다. 물질의 이동이 원활한 **#열린 공간**에서 강철 솜을 태우면 강철 솜이 공기 중의 산소와 결합하여 산화 철이 생성되므로, 반응하면서 결합한 산소의 질량만큼 반응 후 질량이 증가한다. 그러나 물질의 이동이 차단된 **#닫힌 공간**에서 실험한 후 반응 전후의 질량을 측정해 보면 전체 질량은 변하지 않는다는 것을 알 수 있다. 연소 반응 시 결합한 산소의 질량을 반응 전후로 모두 고려하면 전체 질량은 변하지 않는 것이다. **#기체 발생 반응**에서도 반응 전후에 질량이 변화하는 것처럼 보이지만, 공기 중으로 날아간 기체의 질량까지 고려한다면 이때도 질량 보존 법칙은 성립한다.

5 이처럼 물질의 질량이 보존되는 것은 물질이 핵 반응을 제외한, 어떤 화학 반응을 거치더라도 이온이나 원자의 종류와 개수가 동일하게 유지되기 때문이다. 탄산 나트륨과 질산 은의 반응, 강철 솜과 산소의 반응에서도 물질을 이루는 이온이나 원자의 배열만 달라졌을 뿐 그 종류와 개수는 변하지 않았기 때문에 총 질량은 달라지지 않은 것이다.

---

1 문단
무게와 질량의 차이
무게는 어떤 물체에 작용하는 [ ]이고, 질량은 각각의 물체마다 가지고 있는 고유의 양임.

2 문단
질량 보존 법칙
화학 반응이 일어날 때 반응물의 총 질량과 생성물의 총 질량은 [ ].

· **보존되다** 잘 보호되고 간수되어 남겨지다.
· **밀폐되다** 샐 틈이 없이 꼭 막히거나 닫히다.

3 문단
질량 보존 법칙의 증명 ① - 앙금 생성 반응
염화 나트륨 수용액과 질산 은 수용액을 섞으면 [ ]이 생성되나, 반응 전후 물질의 총 질량은 동일함.

4 문단
질량 보존 법칙의 증명 ② - 연소 반응과 기체 발생 반응
· 연소 반응: 연소하면서 결합한 산소의 [ ]을 고려하면 반응 전후의 총 질량은 동일함.
· 기체 발생 반응: 공기 중으로 날아간 기체의 질량을 고려하면 반응 전후 물질의 총 질량은 동일함.

5 문단
화학 반응에서 물질의 질량이 [ ]되는 이유
화학 반응을 거치더라도 이온이나 원자의 배열만 달라질 뿐, 그 [ ]와 [ ]는 동일하게 유지됨.

전개 방식
파악하기

1 **윗글에 대한 설명으로 적절한 것은?**

① 질량 보존 법칙이 확립되어 온 역사적 과정들을 소개하고 있다.

② 질량 보존 법칙이 성립하기 위한 조건을 분석하여 나열하고 있다.

③ 질량 보존 법칙을 증명하기 위해 구체적인 실험을 예로 들고 있다.

④ 질량 보존 법칙이 오늘날에 미친 영향과 그 의의를 언급하고 있다.

⑤ 질량 보존 법칙을 증명한 학자의 견해를 밝히고 그 한계를 지적하고 있다.

세부 내용
추론하기

고난도

2 **윗글에 대한 이해로 적절하지 <u>않은</u> 것은?**

① 물체의 질량은 장소에 따른 중력의 변화와 관계없이 그 값이 일정하다.

② 밀폐된 장소에서 강철 솜을 태우면 연소 후 질량은 연소 전보다 감소한다.

③ 두 물질이 화학 반응하여 앙금이 발생해도 반응물과 생성물의 질량은 같다.

④ 화학 반응이 일어난 뒤에도 물질을 이루는 원자의 종류와 개수는 유지된다.

⑤ 라부아지에가 막히지 않은 용기로 실험을 했다면 반응 후 물질의 질량은 반응 전보다 증가했을 것이다.

사례에
적용하기

3 **윗글의 내용을 바탕으로, <보기>를 이해한 내용으로 적절한 것은?**

> **• 보기 •**
>
> 　질량 보존 법칙을 확인하기 위해 묽은 염산이 들어 있는 삼각 플라스크에 달걀 껍데기(탄산 칼슘)를 넣자마자 마개로 닫고 질량을 측정하였다. 화학 반응이 일어나는 것을 기다려 염화 칼슘과 물, 이산화 탄소 기체가 발생하는 것을 확인하였고 반응이 모두 끝난 후 마개를 열어 다시 질량을 측정하였다.

① 마개의 여부와 상관없이 반응 후의 질량은 반응 전의 질량보다 크다.

② 화학 반응이 일어날 때 마개를 열어 주어야 정확한 실험 결과를 얻을 수 있다.

③ (묽은 염산＋달걀 껍데기)의 질량은 (염화 칼슘＋물＋이산화 탄소)의 질량보다 크다.

④ (묽은 염산＋달걀 껍데기)의 질량은 반응이 끝난 후 마개를 열어 측정한 질량보다 작다.

⑤ 반응이 끝난 후 마개를 열면 이산화 탄소가 빠져나가서 마개를 열기 전보다 질량이 작아진다.

◆ 개념 한눈에 보기

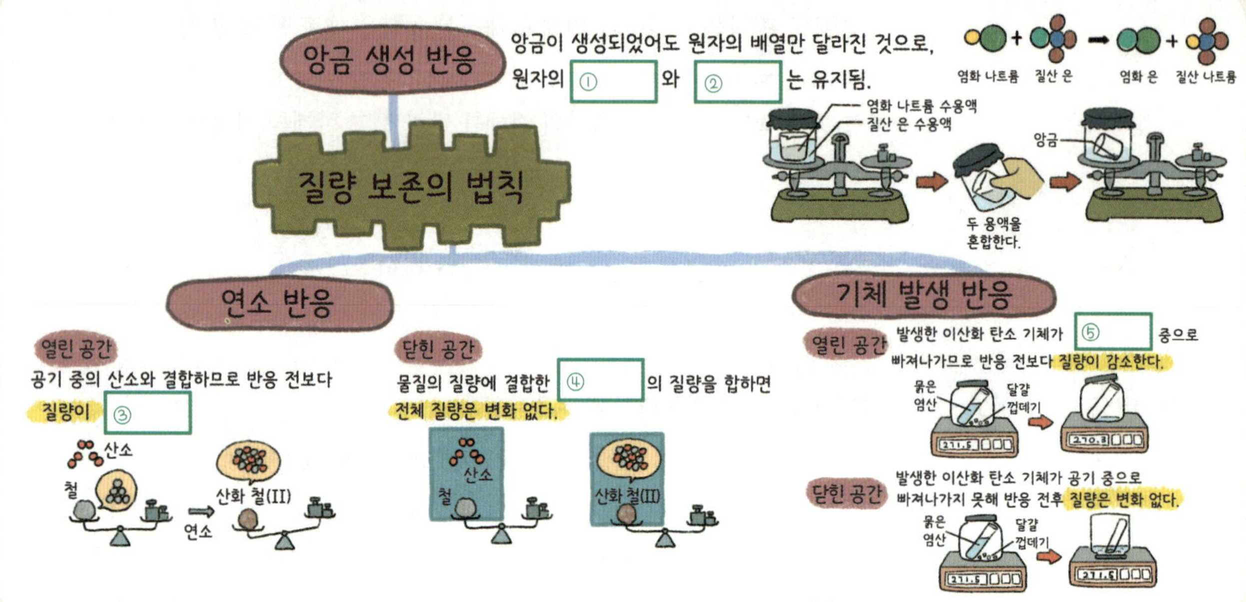

📖 교과 개념 사전

#질량 보존 법칙 [질량] [보:존] [법칙]
화학 반응이 일어나기 전과 후에 물질의 모든 질량은 항상 일정하다는 원칙.

#앙금 생성 반응 [앙금] [생성] [바:능]
이온이 포함된 두 가지 수용액을 섞었을 때, 물질 속의 특정 양이온과 음이온이 반응하여 물에 녹지 않는 물질이 만들어지는 현상.

#연소 반응 [연소] [바:능]
물질이 산소와 결합하여 많은 빛과 열을 내는 현상.

#열린 공간 [열린] [공간]
물질이 이동할 수 있는 공간.

#닫힌 공간 [다친] [공간]
물질이 이동할 수 없는 밀폐된 공간.

#기체 발생 반응 [기체] [발쌩] [바:능]
화학 반응 가운데 기체가 생성되는 현상.

교과 개념 확인 Quiz ✏

다음 물음에 답하시오.

❶ 화학 반응이 일어날 때 반응물과 생성물의 □□□은 같다.

❷ 물질은 핵반응을 제외한 어떤 화학 반응을 거치더라도 원자의 □□만 달라질 뿐, 원자의 종류와 개수는 동일하게 유지된다.

❸ 열린 공간에서 염화 나트륨 수용액에 질산 은 수용액을 섞으면 앙금이 생성되어 질량이 늘어난다.　　　◯ ¦ ✕

❹ 닫힌 공간에서 연소 반응을 진행시킨다면 (강철 솜 + 산소)의 질량과 산화 철의 질량은 같다.　　　◯ ¦ ✕

❺ 기체가 발생하는 화학 반응에서도 질량 보존 법칙은 성립한다.　　　◯ ¦ ✕

2 ≫화학
에너지가 열을 낸다고?

Step 1 교과 개념  생각 열기

◆ **무엇을 배울까?**

초등	중등	고등	수능기출
과학 6-2 교과서 2단원 물질의 연소	과학 3 교과서 1단원 화학 반응의 규칙성	통합과학 2 교과서 1단원 변화와 다양성	COMING SOON

❶ 화학 반응 시 에너지의 출입이 일어남을 이해하기

　#발열 반응　　#흡열 반응　　#반응열　　#열분해

❷ 발열 반응과 흡열 반응의 구체적 사례 파악하기

💡 **생각해 보기**　발열 도시락은 어떤 원리를 이용해 음식을 데우는 걸까?

1 양초에 불을 붙이면 양초는 빛과 열을 내며 타고, 식물은 빛 에너지를 흡수하여 광합성을 한다. 이와 같은 물질의 화학 반응이 일어나면 에너지의 출입이 발생하는데, 이것을 각각 **#발열 반응**과 **#흡열 반응**이라고 부른다. 또한 반응물과 생성물이 가지고 있는 에너지 차이로 인해 화학 반응이 일어날 때 방출하거나 흡수하는 열을 **#반응열**이라고 한다.

2 ㉠발열 반응은 주변으로 에너지를 방출하는 화학 반응이다. 발열 반응이 일어날 때는 반응이 일어나는 쪽에서 주변으로 에너지를 방출하므로 주변의 온도가 높아진다. 이는 반응물의 에너지가 생성물의 에너지보다 클 때, 반응물 내부의 화학 에너지가 열에너지로 전환되어˚ 주변으로 빠져나가는 것이다. 가스나 휘발유 등 화석 연료의 연소˚ 반응은 연료와 산소가 결합하여˚ 빛과 열에너지를 방출하는 대표적 발열 반응이다. 연료가 연소할 때 방출하는 에너지를 이용하여 자동차를 움직이거나 난방을 할 수 있다. 호흡을 할 때도 발열 반응이 일어난다. 호흡기를 통해 몸속으로 들어온 산소가 포도당과 반응하면 이산화 탄소와 물이 생성되면서 열에너지가 방출되는데, 이 에너지는 체온을 유지하거나 운동 등을 하는 데 쓰인다. 겨울철 주머니에 넣어 사용하는 손난로 역시 발열 반응을 이용한 것이다. 부직포 주머니에 들어 있는 철 가루가 공기 중의 산소와 반응하여 주변으로 에너지를 방출하므로 손난로가 따뜻해지는 것이다.

3 ㉡흡열 반응은 주변의 에너지를 흡수하는 화학 반응이다. 흡열 반응이 일어날 때는 반응이 일어나는 쪽에서 주변의 에너지를 흡수하므로 주변의 온도가 낮아진다. 반응물의 에너지가 생성물의 에너지보다 작을 때 에너지의 흡수가 일어나고, 반응물이 흡수한 열에너지가 화학 에너지로 전환되어 생성물의 에너지가 커진다. 식물이 광합성을 할 때 태양의 빛 에너지를 흡수하여 물과 이산화 탄소를 원료로 산소와 양분을 얻는 것이 대표적 흡열 반응이다. 베이킹파우더˚의 주성분인 탄산수소 나트륨의 **#열분해**도 주변에서 가해 준 열에너지를 흡수하여 일어나는 흡열 반응이다. 탄산수소 나트륨이 열에너지를 흡수하면 분해되어 이산화 탄소 기체를 방출하는데, 이로 인해 오븐 속 빵 반죽이 부풀어 오르는 것이다.

4 실험을 통해서도 흡열 반응을 관찰할 수 있다. 물로 적신 나무판 위에 염화 암모늄과 수산화 바륨이 들어 있는 비커를 올려놓는다. 두 물질을 잘 섞어 준 후 잠시 기다려 비커를 들어 올리면 나무판도 함께 올라오는데, 이것은 염화 암모늄과 수산화 바륨이 반응하며 주위의 열을 흡수하기 때문이다. 두 물질이 반응할 때 주변으로부터 열을 흡수하므로 나무판 위의 물이 얼어 비커와 나무판이 서로 달라붙게 되는 것이다.

---

1 문단
화학 반응에서의 에너지 출입
화학 반응에서 에너지의 출입이 일어나 ◻◻◻◻과 ◻◻◻◻ 등이 나타나며, 반응물과 생성물의 에너지 차이로 발생하는 열을 ◻◻◻이라고 함.

2 문단
발열 반응의 개념과 사례
주변으로 에너지를 방출하는 화학 반응으로, 주변의 온도가 ◻◻◻.
예 연료의 연소, 호흡, 손난로

· **전환되다** 다른 방향이나 상태로 바뀌다.
· **연소** 물질이 산소와 화합할 때에, 많은 빛과 열을 내는 현상.
· **결합하다** 둘 이상의 사물이나 사람이 서로 관계를 맺어 하나가 되다.

3 문단
흡열 반응의 개념과 사례
주변의 에너지를 흡수하는 화학 반응으로, 주변의 온도가 ◻◻◻.
예 식물의 광합성, 열분해

· **베이킹파우더** 빵, 과자를 구울 때에 넣는, 부풀게 하는 데 쓰는 가루

4 문단
흡열 반응의 실험
염화 암모늄과 수산화 바륨이 반응하여 주변의 ◻◻을 ◻◻하는 과정에서 나무판의 물이 얾.

1 윗글의 제목으로 가장 적절한 것은?

① 에너지의 출입이 일어나는 환경
② 발열 반응과 흡열 반응의 장단점 비교
③ 발열 반응과 흡열 반응의 관찰과 실험
④ 발열 반응과 흡열 반응의 개념 및 사례
⑤ 화학 반응에서 열에너지가 발생하는 이유

2 윗글의 내용과 일치하지 <u>않는</u> 것은?

① 반응열은 발열 반응과 흡열 반응에서 모두 발생한다.
② 연료의 연소는 화학 반응이며 주변으로 빛과 열에너지를 방출한다.
③ 체내의 산소가 포도당과 반응할 때 생긴 에너지로 생명 활동을 한다.
④ 탄산수소 나트륨은 외부에서 열을 얻어 분해되며 새로운 물질을 만든다.
⑤ 염화 암모늄과 수산화 바륨이 반응하면 비커의 내부에서 열이 방출된다.

고난도

3 ㉠과 ㉡에 대한 설명으로 적절하지 <u>않은</u> 것은?

① ㉠이 일어나면, 반응물의 에너지가 주변으로 빠져나간다.
② ㉡이 일어나면, 주변의 에너지를 흡수해 생성물의 에너지가 커진다.
③ ㉠이 일어나면, 반응물 주변의 온도가 높아져 따뜻함을 느낄 수 있다.
④ ㉡이 일어나면, 반응물 주변의 온도가 낮아져 시원함을 느낄 수 있다.
⑤ ㉠과 ㉡에서는 모두 반응물에 열을 가해 주어야 에너지의 이동이 일어난다.

4 윗글을 참고할 때, <보기>에 대한 반응으로 가장 적절한 것은?

> **보기**
>
> A가 다리를 다쳐 병원에 갔더니 다리에 석고 붕대를 감아 주었다. 석고 붕대는 석고 가루를 묻힌 붕대인데, 물에 적셔 다친 부위에 감았더니 딱딱하게 굳어서 다친 부위를 보호해 주었다. 그런데 석고 붕대를 감고 굳히는 동안 붕대가 점점 따뜻해졌다.

① 화석 연료의 연소와는 다른 방향으로 에너지가 이동하였겠군.
② 석고와 물이 반응하여 에너지를 방출하므로 붕대가 따뜻해졌겠군.
③ 석고와 물이 반응하여 내부의 열에너지가 화학 에너지로 전환되었겠군.
④ 석고와 물이 반응하여 새로운 물질이 발생하므로 붕대가 부풀어 올랐겠군.
⑤ 석고와 물이 반응하여 주변의 에너지를 흡수하므로 붕대가 딱딱하게 굳었겠군.

◆ 개념 한눈에 보기

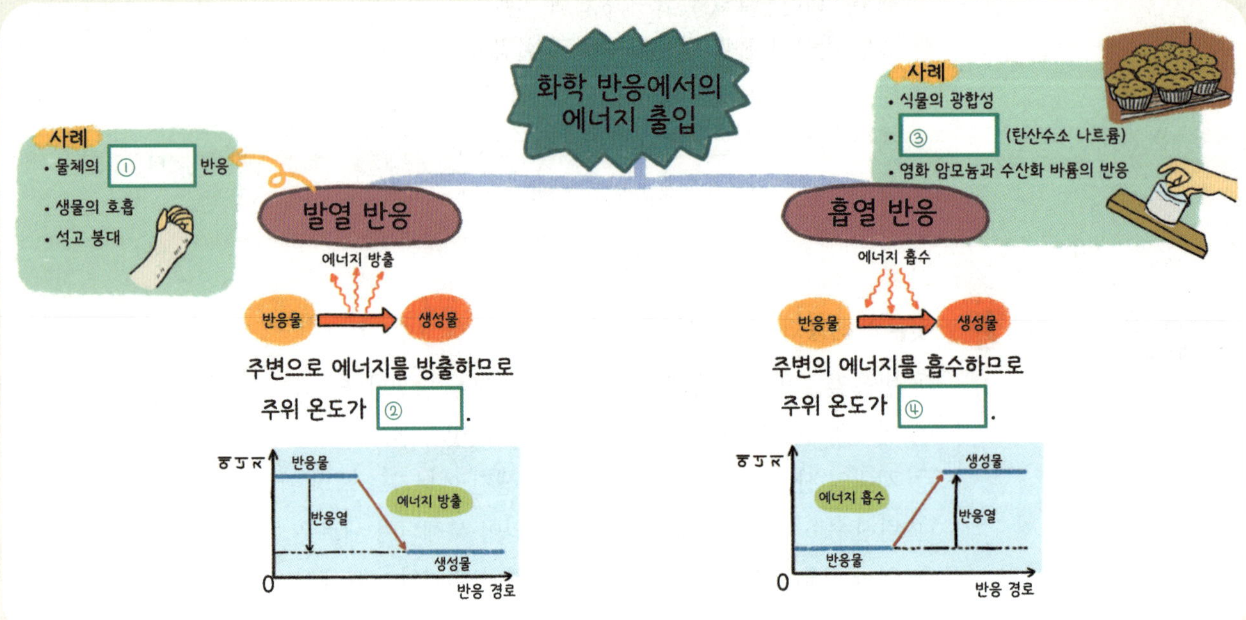

📖 교과 개념 사전

#발열 반응 [바렬] [바:능]
열을 방출하며 진행하는 화학 반응.

#흡열 반응 [흐별] [바:능]
주위의 열을 흡수하여 일어나는 화학 반응.

#반응열 [바:능녈]
반응물과 생성물이 가지고 있는 에너지의 차이로 인해 화학 반응이 일어날 때 방출하거나 흡수하는 열.

#열분해 [열분해]
열에 의하여 생기는 분해 반응. 곧 석유를 밀폐 용기 안에 넣고 압력을 주면서 가열하여 가솔린, 등유, 경유, 중유 따위로 나누는 것이다.

교과 개념 확인 Quiz ✎

다음 물음에 답하시오.

❶ 주변으로 에너지를 방출하는 화학 반응을 ☐ ☐ ☐ 이라고 한다.

❷ 손난로의 철 가루가 산소와 반응하면 에너지의 방출이 일어나 주변의 온도가 낮아진다.

　　　　　　　　　○ | ✕

❸ 식물의 ☐ ☐ ☐ 은 태양의 빛 에너지를 흡수하여 물과 이산화 탄소를 원료로 산소와 양분을 얻는 대표적 흡열 반응이다.

❹ 염화 암모늄과 수산화 바륨의 반응은 ☐ ☐ ☐ 이므로 주변에 물이 있으면 얼 수 있다.

이번 주에 배운 **핵심 교과 개념**을 확인해 볼까요?

본문에 수록된 교과 개념에 대한 자세한 풀이를

일차별로 묶어 부록에 담았어요.

부록 페이지를 찾아가서 이번 주에 배운 핵심 교과 개념을

다시 한번 복습해 보세요!

일차		# 핵심 교과 개념	부록
11일차	1	빛에너지 | 광합성 | 엽록체 | 기공 | 이산화 탄소 | 모세관 현상 | 증산 작용	03p
	2	산소 | 식물의 호흡 | 포도당	04p
12일차	1	영양소 | 소화계 | 소화 효소 | 순환계 | 심장 | 혈관	05p
	2	호흡 | 호흡계 | 폐포 | 배설 | 배설계 | 콩팥 | 네프론	06p
13일차	1	대전 | 전기 | 정전기 | 전류 | 전압 | 저항 | 옴의 법칙	17p
	2	자기력 | 자기장 | 전자석 | 전동기	18p
14일차	1	시차 | 연주 시차 | 겉보기 등급 | 절대 등급 | 표면 온도	35p
	2	성간 물질 | 성운 | 성단 | 은하 | 우리은하 | 외부 은하	36p
15일차	1	질량 보존 법칙 | 앙금 생성 반응 | 연소 반응 | 열린 공간 | 닫힌 공간 | 기체 발생 반응	29p
	2	발열 반응 | 흡열 반응 | 반응열 | 열분해	30p

시작~!

1

≫ 지구과학

지구가 점점 뜨거워진다고?

Step 1 교과 개념 **톡** 생각 열기

◆ **무엇을 배울까?**

초등	중등	고등	수능기출
과학 4-2 교과서 4단원 기후 변화와 우리 생활	과학 3 교과서 2단원 날씨와 기후 변화	통합과학 2 교과서 2단원 환경과 에너지	COMING SOON

❶ **기권**이 **층상 구조**를 이루고 있음을 이해하기

#기권   #기권의 층상 구조

❷ **온실 효과**와 지구 **온난화**를 지구 **복사 평형**의 관점에서 이해하기

#복사 평형   #온실 효과   #지구 온난화

💡 **생각해 보기**   따뜻한 봄에도 산봉우리의 눈이 녹지 않은 이유는 무엇일까?

1 높은 산에 올라가면 왜 추워질까? 여름에도 산 정상에 오르면 평지에 있을 때보다 서늘한 느낌을 받는다. 이는 지구를 둘러싸고 있는 기권의 기온 차이 때문이다. #기권은 지구 표면에서 약 1,000km까지 대기˙로 둘러싸여 있는 영역이며 높이에 따른 기온 분포를 기준으로 하여 4개의 층으로 구분하는데, 이를 #기권의 층상 구조라 한다.

2 지표부터 높이 약 11km까지는 높이 올라갈수록 기온이 낮아지는 대류권이다. 대류권에서는 대류가 활발히 일어나고 수증기가 있어 구름이 만들어지며 눈, 비와 같은 기상 현상이 나타난다. 높이 약 11km~50km 구간인 성층권은 위로 올라갈수록 기온이 높아지고 오존층이 존재하여 오존˙이 태양으로부터 오는 자외선을 흡수한다. 기온이 높은 공기가 위쪽에 있어 대류가 일어나지 않는 안정한 층이므로 비행기 항로로 이용된다. 높이 약 50km~80km 구간인 중간권은 위로 올라갈수록 성층권에서 방출되는 에너지를 적게 받아 기온이 낮아진다. 대류는 일어나지만 수증기가 거의 없어 기상 현상은 나타나지 않고, 상층 부분에서 유성˙이 관측되기도 한다. 높이 80km 이상의 구간인 열권은 태양 에너지를 직접 받아 높이 올라갈수록 기온이 높아진다. 그러나 대기가 희박하고 낮과 밤의 기온 차가 매우 크다.

3 지구를 둘러싼 이 대기는 지구로 들어오는 태양 복사 에너지˙를 반사하거나 흡수하는 역할을 한다. 우리가 햇빛을 받아 따뜻함을 느끼는 것은 태양으로부터 에너지를 받기 때문인데, 지구로 들어오는 태양 복사 에너지를 100이라고 할 때 30은 대기와 지표면에서 반사되어 우주 공간으로 빠져나가고, 70만이 흡수된다. 하지만 지구는 흡수한 태양 복사 에너지와 동일한 양의 지구 복사 에너지를 우주 공간으로 다시 방출한다˙. 이것이 지구가 태양으로부터 끊임없이 에너지를 받고 있으면서도 약 15℃의 평균 온도를 일정하게 유지하는 이유이다. 흡수하는 복사 에너지 양과 방출하는 복사 에너지 양이 같아 온도 변화가 없는 #복사 평형을 이룬 것이다.

4 복사 평형을 이루는 과정에서 대기 중 온실 기체˙는 지구 복사 에너지를 일부 흡수했다가 지표로 재방출하여 지구의 온도를 높이는데, 이를 #온실 효과라고 한다. 지구에 ㉠대기가 없는 경우 온실 효과는 나타나지 않고 ㉡대기가 있는 경우보다 더 낮은 온도인 약 −18℃에서 복사 평형을 이루게 된다. 그러나 대기로 둘러싸인 실제 지구는 대기의 재복사에 의해 더 많은 에너지를 받으므로 대기가 없는 경우보다 복사 평형을 이루는 온도가 더 높다. 그런데 최근 지구는 이보다 더 높은 온도에서 복사 평형이 이루어지고 있다. 대기 중 증가한 수증기, 이산화 탄소, 메테인 등의 온실 기체가 더 많은 지구 복사 에너지를 흡수·재방출하여 온실 효과가 강화되었기 때문이다. 그 결과 지구의 평균 온도가 지속적으로 상승하는 #지구 온난화가 발생하여 폭염, 홍수 등의 기상 이변˙ 및 해수면˙ 상승과 같은 문제가 나타나고 있다.

---

1 문단
지구를 둘러싸고 있는 기권
기권은 지구 표면에서 약 1,000km까지 [ ]로 둘러싸여 있는 영역으로, 4개의 층으로 구분함.

· **대기** 지구의 중력에 의해 지표를 둘러싸고 있는 공기.

2 문단
기권의 층상 구조
기권은 높이에 따른 기온 변화를 기준으로 하여 대류권 – [ ] – 중간권 – [ ]으로 구분됨.

· **오존** 3원자의 산소로 된 푸른빛의 기체. 특유한 냄새가 나며, 상온에서 분해되어 산소가 된다.
· **유성** 지구의 대기권 안으로 들어와 빛을 내며 떨어지는 작은 물체.

3 문단
대기의 역할과 복사 평형
대기는 흡수한 태양 복사 에너지와 동일한 양의 지구 복사 에너지를 우주 공간으로 방출하여 [ ]을 이룸으로써 지구의 평균 [ ]를 일정하게 유지함.

· **복사 에너지** 물질의 도움을 받지 않고 직접 전달되는 에너지.
· **방출하다** 입자나 전자기파의 형태로 에너지를 내보내다.

4 문단
온실 효과와 [ ]
온실 기체가 지구 복사 에너지를 흡수했다가 지표로 재방출하는 과정에서 발생하는 온실 효과의 강화로 지구 온난화의 문제가 생겨남.

· **온실 기체** 온실 효과를 일으키는 기체를 통틀어 이르는 말.
· **이변** 예상하지 못한 사태나 괴이한 변고.
· **해수면** 바닷물의 표면.

핵심 내용 파악하기

1 윗글에서 다룬 내용으로 적절하지 <u>않은</u> 것은?

① 높은 산에서 추위를 느끼는 이유
② 지구의 평균 온도가 유지되는 원리
③ 온실 효과를 줄이기 위한 대응 방안
④ 지구가 흡수하는 태양 복사 에너지의 비율
⑤ 지구 온난화에 영향을 주는 온실 기체 종류

세부 내용 파악하기

2 윗글의 내용과 일치하지 <u>않는</u> 것은?

① 성층권은 따뜻한 공기가 높은 쪽에 있어 대류가 일어나지 않는다.
② 대류권은 지표와 가장 가까우며 위로 올라갈수록 기온이 낮아진다.
③ 중간권은 공기 중에 수증기가 거의 없어서 눈이나 비가 오지 않는다.
④ 기권 중 높이 올라갈수록 기온이 높아지는 층은 성층권과 열권이다.
⑤ 열권은 태양 복사 에너지 중 자외선을 흡수하는 영역이 있어서 기온이 높다.

세부 내용 추론하기

고난도

3 ㉠, ㉡에 대한 설명으로 가장 적절한 것은?

① ㉠일 때 지구 복사 에너지는 우주와 지표면 양쪽으로 방출된다.
② ㉡일 때 지구 복사 에너지를 더 많이 우주로 방출하여 지구의 기온이 더 높다.
③ ㉠일 때 지구가 흡수한 태양 복사 에너지의 양은 ㉡일 때보다 많다.
④ ㉠, ㉡ 중 ㉠일 때 지구 온난화가 발생할 확률이 높다.
⑤ ㉠, ㉡ 중 ㉡일 때 지구의 복사 평형 온도는 매년 낮아진다.

사례에 적용하기

4 윗글을 참고하여 <보기>를 이해한 내용으로 가장 적절한 것은?

> **보기**
>
> 시베리아, 캐나다 북부, 알래스카 등 북극해 주변에는 일 년 내내 지층의 온도가 $0°C$ 이하로 유지되는 영구 동토층이 있다. 북반구 전체 면적의 4분의 1에 해당하는 이 땅에는 탄소가 많이 묻혀 있는데, 지구 온난화로 이 땅이 녹으면 땅속의 탄소가 온실 기체로 바뀌어 대기 중으로 방출된다.

① 영구 동토층이 녹으면서 지구 온난화가 가속되는 현상이 일어나겠군.
② 영구 동토층이 녹으면서 지구의 육지 면적이 증가하는 일이 생겨나겠군.
③ 영구 동토층이 녹으면서 복사 평형에 도달하는 온도가 점점 낮아지겠군.
④ 영구 동토층이 녹으면서 지구의 평균 기온이 낮아지는 문제가 발생하겠군.
⑤ 영구 동토층이 녹으면서 태양 복사 에너지를 흡수하는 양이 점점 늘어나겠군.

◆ 개념 한눈에 보기

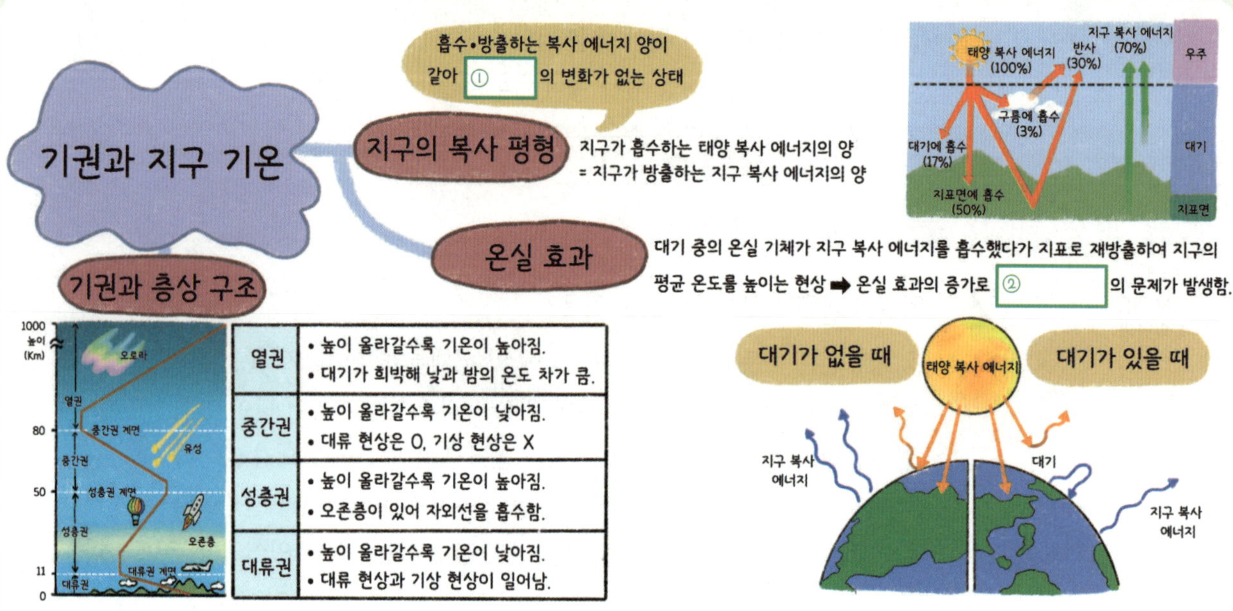

📖 교과 개념 사전

#기권 [기꿘]
지구 표면에서 약 1,000km까지 대기로 둘러싸여 있는 영역.

#기권의 층상 구조 [기꿘] [층상] [구조]
기권을 높이에 따른 기온 분포를 기준으로 하여 4개의 층으로 구분한 것. 지표면에서부터 상층까지 대류권, 성층권, 중간권, 열권으로 나눈다.

#복사 평형 [복싸] [평형]
복사 에너지가 들어오는 양과 나가는 양이 같아서 서로 균형을 이루는 상태.

#온실 효과 [온실] [효:과/효:꽈]
대기 중의 수증기, 이산화 탄소, 메테인 등과 같은 온실 기체가 지구 복사 에너지를 흡수했다가 지표로 재방출하여 지구의 평균 기온을 높이는 현상.

#지구 온난화 [지구] [온난화]
온실 효과의 증가로 지구의 평균 기온이 지속적으로 상승하는 현상.

교과 개념 확인 Quiz ✏

다음 물음에 답하시오.

❶ 기권은 높이에 따른 □□ 분포를 기준으로 4개의 층으로 구분할 수 있다.

❷ 성층권에는 태양으로부터 오는 자외선을 흡수하는 영역인 □□□이 존재한다.

❸ 대기가 있는 지구는 대기가 없는 상황에서보다 더 높은 온도에서 복사 평형을 유지한다.
○ ㅣ ✕

❹ 복사 평형일 때 흡수하는 태양 복사 에너지의 양과 방출하는 지구 복사 에너지의 양이 같다.
○ ㅣ ✕

❺ 대기 중 온실 기체의 양이 증가하면 지구의 평균 기온이 상승하는 지구 온난화가 발생한다.
○ ㅣ ✕

❻ 지구 복사 에너지를 흡수했다가 지표로 재방출하는 온실 기체로는 산소, 이산화 탄소, 메테인이 있다.
○ ㅣ ✕

2  지구과학

공기가 움직이면 바람이 불어요

Step 1 교과 개념 톡 생각 열기

◆ **무엇을 배울까?**

초등	중등	고등	수능기출
과학 4-2 교과서 4단원 기후 변화와 우리 생활	과학 3 교과서 2단원 날씨와 기후 변화	지구과학 교과서 1단원 대기와 해양의 상호 작용	2014년 7월 고3 교육청 B형 [26-27] 번개와 천둥의 발생

❶ 기압을 바탕으로 **바람**이 생성되는 원리 이해하기

#기압   #바람   #해륙풍   #계절풍

❷ 우리나라에 영향을 주는 **기단**과 **전선**의 특징 이해하기

#기단   #전선면   #전선

💡 **생각해 보기** 산악가들은 왜 높은 산을 오를 때 산소마스크를 착용하는 것일까?

1 비행기를 타고 하늘 높이 오르면 귀가 꽉 막힌 것처럼 먹먹해진다. 이는 **#기압**에 변화가 생겼기 때문이다. 기압은 공기가 단위 넓이에 작용하는 힘으로, 기압의 크기는 시간과 장소에 따라 달라지는데, 높이 올라갈수록 공기의 양이 감소하므로 그 힘이 줄어들어 기압도 낮아진다. 만약 두 지점 사이에 기압 차이가 벌어지면 어떤 일이 생길까? 공기가 기압이 높은 곳에서 낮은 곳으로 이동하면 **#바람**이 분다. 바다와 맞닿은 해안 지역에 가면 하루를 주기˚로 풍향이 바뀌는 **#해륙풍**을 경험할 수 있다. 해안 지역은 낮에는 육지가 바다보다 빨리 가열되므로 육지의 기압이 낮아져 바다에서 육지 쪽으로 해풍이 불고, 밤에는 육지가 바다보다 빨리 냉각되므로 육지가 바다보다 기압이 높아져 육지에서 바다 쪽으로 육풍이 부는 것이다. 이와 ㉠동일한 원리에 따라 대륙과 해양 사이에도 1년을 주기로 하여 **#계절풍**이 분다.

2 한편, 공기가 이동하지 않고 넓은 대륙이나 해양에 오래 머무르면 지표면의 영향을 받아 **#기단**이 형성된다. 기단은 기온, 습도˚ 등의 성질이 비슷한 큰 공기 덩어리로, 세력을 키우거나 줄여 가며 주변 지역의 날씨에 영향을 준다. 우리나라도 기단의 영향으로 계절마다 서로 다른 날씨가 나타난다. 겨울에는 시베리아 기단의 영향으로 춥고 건조한 날씨가, 여름에는 북태평양 기단의 영향으로 무덥고 습한 날씨가 이어진다. 또 봄과 가을에는 양쯔강 기단의 영향으로 따뜻하고 건조한 날씨가, 초여름에는 오호츠크해 기단으로 인해 한랭˚ 다습한 날씨가 나타난다.

3 기단이 다른 지역으로 이동하며 성질이 다른 기단을 만나면 둘은 바로 섞이지 않고 경계면을 만든다. 이 경계면을 **#전선면**이라 하고, 전선면이 지표면과 만나 이루는 경계선을 **#전선**이라고 한다. 이때 성질이 다른 두 기단으로 인해 전선을 경계로 하여 기온, 습도 등이 달라지고 전선의 앞쪽과 뒤쪽 지역은 기온, 기압, 구름의 양, 강수량 등에서 큰 차이를 보인다.

4 전선에는 한랭 전선과 온난 전선 등이 있다. 한랭 전선은 차가운 기단이 따뜻한 기단 쪽으로 이동하여 따뜻한 기단 밑으로 파고들 때 만들어진다. 전선면의 기울기가 급하고 수직 모양으로 발달하는 적운형 구름이 나타나며 전선 뒤 좁은 지역에서 소나기성 비가 내린다. 반대로, 따뜻한 기단이 차가운 기단 쪽으로 이동하여 차가운 기단을 타고 올라가는 상황이라면 전선면의 기울기가 완만한 온난 전선이 만들어진다. 이때는 수평 모양으로 발달하는 층운형 구름을 볼 수 있고 전선 앞쪽 넓은 범위에 걸쳐 지속적인 비가 내린다.

5 우리나라의 장마는 북태평양 기단이 북쪽의 찬 오호츠크해 기단과 만나 형성되는 정체 전선이다. 차가운 기단과 따뜻한 기단의 세력이 비슷하여 한곳에 오랫동안 머무르면 따뜻한 공기가 찬 공기 위로 계속 상승하는데, 이것이 비구름을 만들어 한 지역에 오랫동안 비가 내리는 것이다.

---

1 문단
기압과 바람
기압의 크기는 시간과 장소에 따라 달라지며, 두 지점 사이에 기압 차이가 벌어지면 공기가 기압이 〔　　〕 곳에서 〔　　〕 곳으로 이동하며 바람이 붊.

· **주기** 같은 현상이나 특징이 한 번 나타나고부터 다음번 되풀이되기까지의 기간.

2 문단
기단의 형성 및 영향
공기가 대륙이나 해양과 같은 넓은 장소에 오래 머무를 때 〔　　〕이 형성되며, 우리나라도 기단의 영향으로 〔　　〕에 따라 다양한 날씨가 나타남.

· **습도** 공기 가운데 수증기가 들어 있는 정도.
· **한랭** 날씨 따위가 춥고 참.

3 문단
전선과 날씨
전선면이 지표면과 경계를 이루는 지점에서 〔　　〕이 형성되며, 전선을 경계로 기온, 기압 등이 달라짐.

4 문단
전선의 종류와 특징
차가운 기단과 따뜻한 기단의 이동 형태에 따라 〔　　〕과 〔　　〕이 만들어지며 전선면의 기울기, 구름 모양, 강수 방식 등에서 차이를 보임.

5 문단
우리나라의 장마
장마는 차가운 기단과 따뜻한 기단의 세력이 비슷하여 한곳에 오랫동안 머무르면서 〔　　〕이 형성된 것임.

핵심 내용 파악하기

1 윗글을 통해 해결할 수 있는 질문이 <u>아닌</u> 것은?

① 높이 올라가면 기압이 낮아지는 이유는 무엇일까?

② 한랭 전선과 온난 전선이 만들어지는 조건은 무엇일까?

③ 해륙풍의 방향이 낮과 밤에 달라지는 이유는 무엇일까?

④ 전선면이 지표면과 만나 경계를 이루는 이유는 무엇일까?

⑤ 우리나라의 사계절에 영향을 주는 기단의 특징은 무엇일까?

세부 내용 추론하기

2 윗글의 내용과 일치하지 <u>않는</u> 것은?

① 대륙보다 해양에서 발생한 기단의 습도가 높다.

② 바람이 강하게 부는 곳이라면 기단이 발생하기 어렵다.

③ 이미 형성된 기단은 소멸될 때까지 한자리에 고정된다.

④ 성질이 다른 두 기단이 만난 주변으로 날씨 변화가 나타난다.

⑤ 기단의 세력이 비슷하여 공기의 상승이 일어나면 비가 내린다.

세부 내용 추론하기

고난도

3 ㉠과 관련하여 추론한 내용으로 가장 적절한 것은?

① 여름에는 해양보다 빨리 더워지는 대륙의 기압이 더 높을 것이다.

② 겨울에는 대륙보다 빨리 추워지는 해양의 기압이 더 높을 것이다.

③ 겨울에는 기압 차이로 인해 대륙에서 해양으로 바람이 불 것이다.

④ 계절풍은 해양이 대륙보다 항상 시원하기 때문에 일어나는 현상이다.

⑤ 여름에는 해양과 대륙의 기압 차이가 커서 겨울보다 바람이 세게 불 것이다.

사례에 적용하기

수능 찍먹

4 윗글을 바탕으로 <보기>를 이해한 내용으로 가장 적절한 것은?

> • 보기 •
>
> 다음은 차가운 공기와 따뜻한 공기가 만나 형성된 전선의 단면을 나타낸 그림이다.

① (가)가 통과된 직후에는 좁은 지역에 소나기가 내린다.

② (가)가 이동하는 앞쪽으로 오랜 시간 약한 비가 내린다.

③ (나)는 전선면의 기울기가 급하고 적운형 구름이 생성된다.

④ (나)는 차가운 기단이 따뜻한 기단 쪽으로 이동할 때 형성된다.

⑤ (가)와 (나) 모두 차가운 기단과 따뜻한 기단의 세력이 비슷하다.

◆ 개념 한눈에 보기

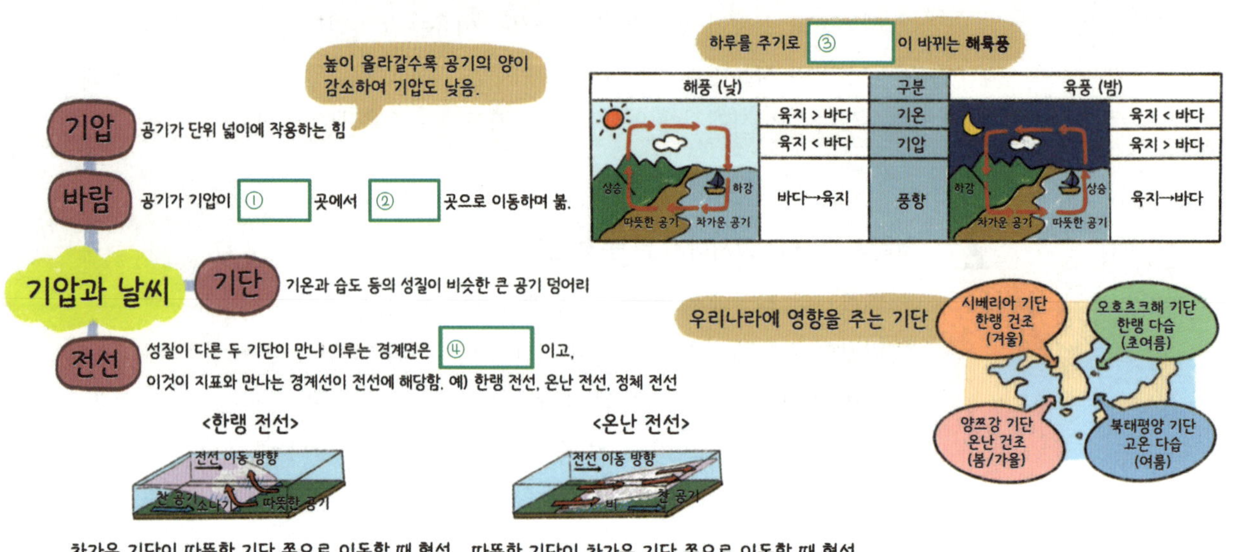

📖 교과 개념 사전

#기압 [기압]
공기에 의해서 생기는 압력. 공기가 단위 넓이에 작용하는 힘.

#바람 [바람]
두 지점 사이의 기압 차이로 인해 발생하는 공기의 흐름.

#해륙풍 [해:륙풍]
해안에서 하루를 주기로 풍향이 바뀌어 부는 바람. 해풍과 육풍이 있다.

#계절풍 [계:절풍/게:절풍]
계절에 따라 주기적으로 일정한 방향으로 부는 바람. 여름에는 바다에서 대륙으로, 겨울에는 대륙에서 바다로 분다.

#기단 [기단]
기온이나 습도 등의 성질이 같은 공기 덩어리.

#전선면 [전선면]
성질이 다른 두 기단이 만나서 생기는 경계면.

#전선 [전선]
성질이 다른 두 기단이 만나서 생기는 전선면이 지표면과 만나서 생기는 경계선.

교과 개념 확인 Quiz

다음 물음에 답하시오.

❶ 기압은 시간과 장소에 관계없이 일정하다.
　　　　　　　　　○ ┊ ✕

❷ 기압이 높은 곳에서 낮은 곳으로 바람이 분다.
　　　　　　　　　○ ┊ ✕

❸ 해안 지역의 육지와 바다는 하루를 주기로 바람의 방향이 바뀐다.　　　○ ┊ ✕

❹ 기단은 발생한 장소에 따라 기온, ☐☐ 등의 성질이 다르다.

❺ 여름에는 ☐☐☐☐ 기단의 영향으로 무덥고 습한 날씨가, 겨울에는 시베리아 기단의 영향으로 춥고 건조한 날씨가 나타난다.

❻ 북태평양 기단이 오호츠크해 기단과 만나 한곳에 오래 머무르면 ☐☐가 발생한다.

1

>> 지구과학

바다마다 온도가 다른 이유

Step 1 교과 개념 톡 생각 열기

◆ **무엇을 배울까?**

초등	중등	고등	수능기출
과학 3-2 교과서 2단원 지구와 바다	과학 3 교과서 3단원 수권과 해수의 순환	통합과학 2 교과서 2단원 환경과 에너지	2016년 7월 고3 교육청 [21-23] 해수면의 온도와 기후 역습

❶ 위도와 깊이에 따라 다른 **해수의 온도** 이해하기

#혼합층   #수온 약층   #심해층

❷ **염분비 일정 법칙**을 통해 해수의 특성 이해하기

#염류   #염분   #염분비 일정 법칙

💡 **생각해 보기**   바닷물의 온도는 깊이에 따라 어떻게 달라질까?

1 북극은 북극점 주위에 넓게 펼쳐진, 연평균 기온이 영하 35~40℃인 차가운 바다이다. 이와 달리 적도˚ 부근의 남태평양은 일 년 내내 스쿠버 다이빙 같은 해양 스포츠를 즐길 수 있을 정도로 따뜻한 바다이다. 왜 이런 일이 발생할까? 해수의 온도는 태양 에너지의 영향을 가장 크게 받기 때문이다. 지구로 들어오는 태양 에너지의 양은 적도 지방에서 가장 많고 남극과 북극에 가까운 고위도로 갈수록 줄어들므로 저위도에서 고위도로 갈수록 표층˚ 수온이 낮아져 이와 같은 현상이 나타나는 것이다.

2 수온은 위도˚에 따라 변하기도 하지만 수심˚에 따라 달라지기도 한다. 바다에 도달하는 태양 에너지는 어느 정도의 깊이까지는 전달될 수 있지만, 수심이 깊어질수록 태양 에너지의 흡수량이 감소하기 때문이다. 해수는 깊이에 따라 달라지는 수온 분포에 따라 세 개의 층으로 구분할 수 있다. 해수면 부근은 태양 에너지를 흡수하여 수온이 비교적 높게 나타나고, 바람의 영향으로 해수가 잘 섞여 일정한 수온을 유지한다. 이 층을 **#혼합층**이라고 하는데, 혼합층은 바람이 강하게 불수록 두껍게 나타나는 특징을 보인다. 혼합층 아래에는 수심이 깊어질수록 수온이 급격히 낮아지는 **#수온 약층**이 있다. 수온 약층은 아래쪽의 수온이 위쪽의 수온보다 낮아 해수가 잘 섞이지 않으므로 대류˚가 일어나지 않아 혼합층과 심해층 간의 물질이나 에너지 교환을 차단하는 역할을 한다. 그보다 아래에는 햇빛이나 바람의 영향을 받지 않는 **#심해층**이 있다. 심해층은 태양 에너지가 도달하지 못해 수온이 매우 낮고 그 변화가 거의 없으며, 전체 해수의 약 80%를 차지한다.

3 이러한 해수에는 여러 가지 물질이 녹아 있는데 이를 **#염류**라고 한다. 염류 중 가장 많은 양을 차지하는 것은 짠맛을 내는 염화 나트륨이고 쓴맛을 내는 염화 마그네슘이 그 다음으로 많다. 그밖에도 황산 마그네슘과 황산 칼슘 등이 포함되어 있다. **#염분**은 해수 1,000g(=1kg)에 녹아 있는 염류의 총량을 g 수로 나타낸 것을 말하는데, 전 세계 해수의 평균 염분은 35psu(실용 염분 단위)이다. 이는 바닷물 1kg에 염류 35g이 녹아 있다는 것을 의미한다.

4 ㉠그렇다면 전 세계 바다의 염분은 어느 곳이든 일정할까? 전 세계 바다의 표층 염분 분포는 지역에 따라 다르고, 계절에 따라 변한다. 염분은 강수량과 증발량의 차이, 흘러드는 담수˚의 양 등에 영향을 받기 때문이다. 또한 해수는 영하 이하로 떨어져 얼게 되면 염분이 높아지고, 이 빙하가 녹아 물로 변하면 염분이 낮아진다. 그러나 해수에 녹아 있는 염류들 사이의 비율은 어느 바다에서나 거의 일정한데, 이를 **#염분비 일정 법칙**이라고 한다. 이는 오랜 세월 동안 바닷물이 끊임없이 움직이고 순환하면서 서로 섞이기 때문이다.

---

1 문단
위도에 따른 해수의 수온 분포
☐☐☐에서 ☐☐☐로 갈수록 도달하는 태양 에너지의 양이 줄어들어 표층 수온이 낮아짐.

· **적도** 북극과 남극으로부터 같은 거리에 있는 지점들을 이은 선.
· **표층** 여러 층으로 된 것의 겉을 이루고 있는 층.

2 문단
깊이에 따른 해수의 수온 분포
태양 에너지와 바람의 영향에 따라 ☐☐☐ - ☐☐☐ - ☐☐☐으로 나뉨.

· **위도** 지구 위의 위치를 나타내는 좌표축 중에서 가로로 된 것.
· **수심** 강이나 바다, 호수 따위의 물의 깊이.
· **대류** 기체나 액체에서, 물질이 이동함으로써 열이 전달되는 현상. 기체나 액체가 부분적으로 가열되면 가열된 부분이 팽창하면서 밀도가 작아져 위로 올라가고, 위에 있던 밀도가 큰 부분은 내려오게 되는데, 이런 과정이 되풀이되면서 기체나 액체의 전체가 고르게 가열된다.

3 문단
해수의 염류와 염분
해수에 녹아 있는 염화 나트륨 등의 물질을 ☐☐☐라고 하며 해수 1,000g에 녹아 있는 염류의 총량을 g 수로 나타낸 것을 ☐☐☐이라고 함.

4 문단
해수의 염분 분포에 영향을 주는 요인
강수량과 증발량의 차이, 담수의 유입, 해수가 얼거나 빙하가 녹는 정도 등이 해수의 ☐☐☐ 분포에 영향을 주지만, 해수에 녹아 있는 염류들 사이의 ☐☐☐은 어느 바다에서나 거의 일정함.

· **담수** 강이나 호수 따위와 같이 염분이 없는 물.

핵심 내용 파악하기

1 윗글에서 설명하고 있는 내용이 <u>아닌</u> 것은?

① 위도에 따른 해수의 수온 분포　　② 깊이에 따른 해수의 수온 분포

③ 해수에 녹아 있는 염류의 쓰임　　④ 염분비 일정 법칙의 성립 이유

⑤ 염분의 변화에 영향을 주는 요인

세부 내용 파악하기

2 윗글의 내용과 일치하지 <u>않는</u> 것은?

① 고위도의 바다일수록 태양 에너지의 영향을 적게 받는다.

② 수심이 깊어질수록 태양 에너지가 적게 도달하여 수온이 낮아진다.

③ 해수면 부근의 혼합층은 바람의 혼합 작용으로 일정한 수온을 유지한다.

④ 수온이 급격히 낮아지는 수온 약층에서는 물질의 이동이 원활하게 일어난다.

⑤ 바닷물의 짜고 쓴 맛은 염류 중 염화 나트륨과 염화 마그네슘으로 인해 발생한다.

세부 내용 추론하기

고난도

3 ㉠에 대한 추론으로 적절한 것은?

① 집중 호우가 발생하는 여름철은 겨울철보다 염분이 높게 나타난다.

② 하천수나 지하수의 유입량이 적은 바다일수록 염분이 높게 나타난다.

③ 강과 바다가 만나는 하구보다 바다의 중앙부일수록 염분이 낮게 나타난다.

④ 건조한 기후로 증발량이 강수량보다 많은 지역일수록 염분이 낮게 나타난다.

⑤ 해빙이 일어나는 지역은 염분이 높게, 결빙이 일어나는 지역은 염분이 낮게 나타난다.

사례에 적용하기

4 윗글의 내용을 바탕으로 할 때, <보기>의 실험 결과를 추론한 내용으로 적절한 것은?

> ・**보기**・
>
> 　염분이 30psu인 해수 1kg을 가져와 다음의 실험을 진행하였다. (가)는 염분이 30psu인 해수 1kg에 담수 500g을 투입하여 물의 양이 불어난 것이고, (나)는 원래의 조건에서 증발이 일어나 물의 양이 감소한 것이다.
>
> 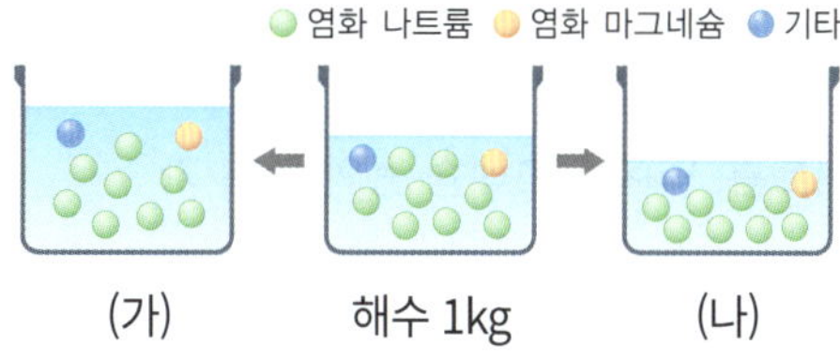
>

① (가)는 담수의 유입이 일어났으나 염분은 변화하지 않았다.

② (가)는 담수의 유입이 일어나면서 염류들 사이의 비율이 변화하였다.

③ (나)는 증발로 물의 양이 줄어들었으나 염분은 변화하지 않았다.

④ (나)는 증발로 물의 양이 줄어들면서 염류들 사이의 비율이 변화하였다.

⑤ (가)와 (나) 모두 염분 변화와 무관하게 염류들 사이의 비율이 일정하게 유지되었다.

◆ **개념 한눈에 보기**

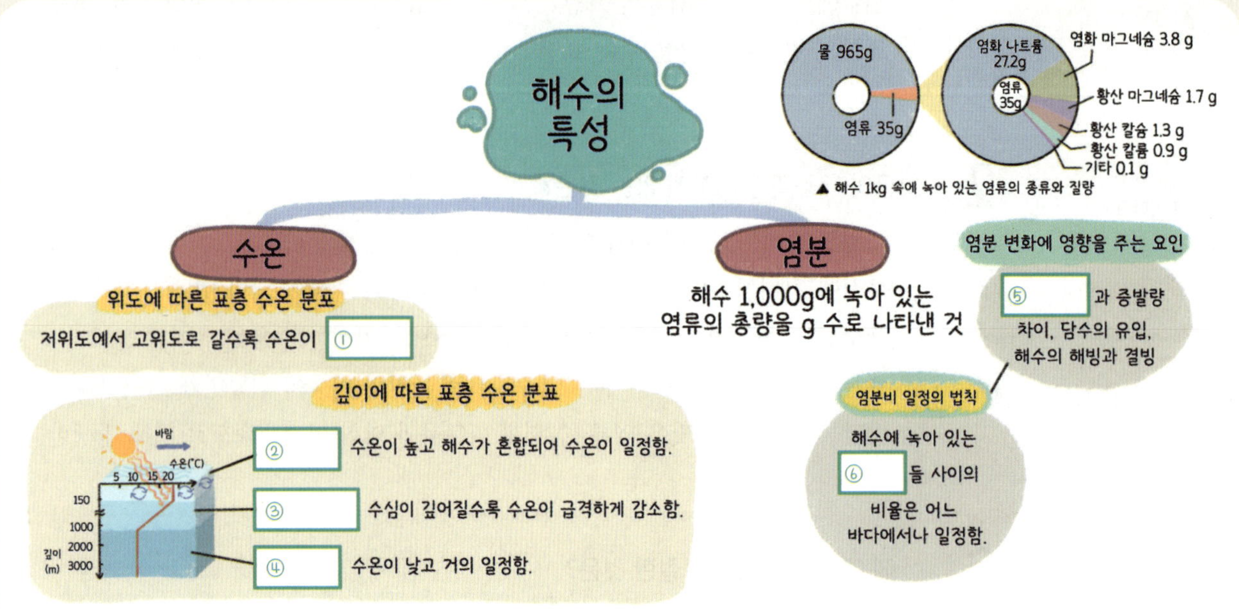

📖 **교과 개념 사전**

#혼합층 [혼:합층]
태양 에너지를 흡수하여 수온이 비교적 높게 나타나고, 바람의 영향으로 해수가 잘 섞여 수온이 일정하게 나타나는 층.

#수온 약층 [수온] [약층]
수온이 급격하게 변화하는 층. 수심이 얕은 혼합층과 수심이 깊은 심해층 사이에 분포한다.

#심해층 [심:해층]
수온 약층 아래에 위치하며 태양 에너지가 도달하지 못해 수온이 매우 낮고 변화가 거의 없는 층.

#염류 [염뉴]
해수에 녹아 있는 염화 나트륨, 염화 마그네슘 등의 여러 가지 물질.

#염분 [염분]
해수 1,000g에 녹아 있는 염류의 총량을 g 수로 나타낸 것.

#염분비 일정 법칙 [염분비] [일쩡] [법칙]
바닷물에 각 염류가 녹아 있는 비율은 어느 바다에서나 일정하다는 법칙.

교과 개념 확인 Quiz ✎

다음 물음에 답하시오.

❶ 깊이에 따른 해수의 수온 분포는 □□□ □□와 바람에 따라 달라진다.

❷ 혼합층의 두께는 바람의 영향이 강할수록 두꺼워진다.　　　　○ ┆ ✕

❸ 수온 약층은 아래쪽 수온이 위쪽의 수온보다 낮아 대류가 일어나지 않는다.　　○ ┆ ✕

❹ 심해층은 태양 에너지가 도달하지 못해 수온 변화가 거의 일어나지 않는다.　　○ ┆ ✕

❺ 전 세계 해수의 평균 염분은 □□psu이고, 지역이나 계절에 따라 표층 염분은 달라진다.

❻ 해수에 녹아 있는 염류들 사이의 □□은 전 세계 어느 바다에서 일정하다.

2 ≫ 지구과학
기후를 움직이는 바닷물의 큰 흐름

Step 1 교과 개념 **톡** 생각 열기

◆ **무엇을 배울까?**

초등	중등	고등	수능기출
과학 3-2 교과서 2단원 지구와 바다	과학 3 교과서 3단원 수권과 해수의 순환	통합과학 2 교과서 2단원 환경과 에너지	COMING SOON

❶ **표층 순환과 대기 대순환과의 관계 이해하기**

#해류   #표층 해류   #대기 대순환   #무역풍

#편서풍   #표층 순환

❷ **표층 해류의 영향 이해하기**

#기후 변화

💡 **생각해 보기**   다른 나라에서 띄운 유리병이 우리나라 해변에서 발견되는 까닭은 무엇일까?

1 콜럼버스나 마젤란 등이 항해에 나선 배는 오늘날처럼 엔진이 달려 있지 않았다. 그들의 배는 크고 많은 돛이 달린 범선˙으로, 바람에서 추진력˙을 얻었다. 그렇다면 그들은 오직 바람의 힘만으로 아주 먼 바다까지 이동할 수 있었을까? 실제로 그들이 탄 범선은 대서양이나 태평양 같은 넓은 바다를 횡단하면서˙ 바람뿐 아니라 거대한 바닷물의 흐름인 **#해류**, 그중에서도 **#표층 해류**의 힘을 함께 이용했다.

2 ㉠표층 해류는 수심 2,000m 이내의 바닷물의 흐름으로, 그 방향은 전 지구적으로 일어나는 대기 운동인 **#대기 대순환**에 의한 바람의 방향과 비슷하다. 이는 표층 해류가 바람에 의한 마찰력으로 생겨나기 때문이다. 〈그림〉은 표층 해류와 대기 대순환의 관계를 나타낸 것이다. 〈그림〉처럼 저위도(0°~30°) 지역은 주로 동에서 서로 부는 **#무역풍**이, 중위도(30°~60°) 지역은 주로 서에서 동으로 부는 **#편서풍**이 표층 해류에 영향을 준다.

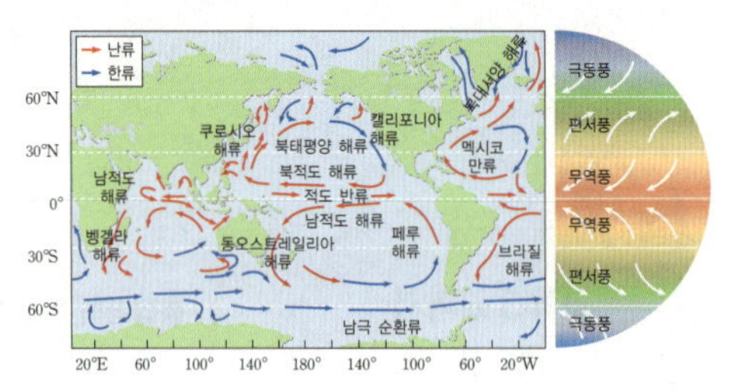

<그림>

3 표층 해류는 각 대양˙에서 서로 연결되어 큰 순환을 이루는데, 이를 **#표층 순환**이라고 한다. 태평양에서 표층 순환은 적도를 기준으로 북반구와 남반구가 대칭적˙ 분포를 보인다. 먼저 저위도 해역에서는 무역풍에 의해 동에서 서로 흐르는 적도 해류가 나타나 북태평양에서는 북적도 해류가, 남태평양에서는 남적도 해류가 흐른다. 이 두 해류가 대륙을 만나 방향이 바뀌어 각각 북쪽으로 흐르는 쿠로시오 해류, 남쪽으로 흐르는 동오스트레일리아 해류를 이룬다. 한편 중위도 해역에서는 편서풍에 의해 서에서 동으로 흐르는 해류가 형성되어 북태평양에서는 북태평양 해류가, 남태평양에서는 남극 순환류가 흐른다. 이 두 해류도 대륙을 만나 각각 북아메리카의 동쪽 해안을 따라 남하하는˙ 캘리포니아 해류, 칠레와 페루 해안을 따라 북상하는˙ 페루 해류가 된다. 그 결과, 북태평양에서는 북적도 해류, 쿠로시오 해류, 북태평양 해류, 캘리포니아 해류가 시계 방향의 순환을 이루고, 남태평양에서는 남적도 해류, 동오스트레일리아 해류, 남극 순환류, 페루 해류가 반시계 방향의 순환을 이룬다.

4 표층 해류는 상대적 수온에 따라 따뜻한 해류인 난류와, 차가운 해류인 한류로 나뉜다. 북적도 해류, 남적도 해류, 쿠로시오 해류는 난류에, 캘리포니아 해류, 남극 순환류, 페루 해류는 한류에 해당한다. 표층 해류는 저위도의 열에너지를 고위도로 내보내 지구 전체에 열에너지가 골고루 퍼질 수 있게 함으로써 지구의 에너지 불균형˙을 해소한다˙. 그리고 주변 해양의 수온을 변화시켜 기온이나 강수량 등 해안 지역의 **#기후 변화**에 영향을 미친다. 최근 들어 지구의 곳곳에서 발생하는 폭염이나 폭설 등의 이상 기후 현상도 모두 해류와 밀접한 관련이 있다.

---

1 문단
범선을 움직이게 하는 요소
범선은 □□과 □□□□의 힘을 이용하여 이동함.

- **범선** 돛을 단 배.
- **추진력** 물체를 밀어 앞으로 내보내는 힘.
- **횡단하다** 대륙이나 대양 따위를 동서의 방향으로 가로 건너다.

2 문단
표층 해류와 대기 대순환의 관계
표층 해류의 방향은 □□□□에 의한 바람의 방향과 비슷함.

	바람	방향
저위도		동 → 서
중위도		서 → 동

3 문단
표층 순환의 개념과 분포
표층 순환은 표층 해류가 큰 순환을 이루는 것으로, □□를 기준으로 북반구와 남반구가 □□□ 분포를 보임.

- **대양** 세계의 해양 가운데에서 특히 넓은 해역을 차지하는 대규모의 바다.
- **대칭적** 점·선·면 또는 그것들의 모임이 한 점·직선·평면을 사이에 두고 같은 거리에 마주 놓여 있는 것.
- **남하하다** 남쪽으로 내려가다.
- **북상하다** 북쪽을 향해 올라가다.

4 문단
표층 해류의 종류와 영향
- 표층 해류의 종류: 상대적 수온에 따라 □□와 □□로 나뉨.
- 표층 해류의 영향: 지구의 에너지 □□□을 해소하고 해안 지역의 □□□□에 영향을 미침.

- **불균형** 어느 편으로 치우쳐 고르지 아니함.
- **해소하다** 어려운 일이나 문제가 되는 상태를 해결하여 없애다.

1 윗글에 사용된 설명 방식으로 가장 적절한 것은?

① 표층 순환에 대한 특정 학자의 주장을 인용하고 있다.

② 표층 순환이 일어나는 과정을 구체적으로 설명하고 있다.

③ 표층 순환이 발생하는 원인을 비유적으로 서술하고 있다.

④ 표층 순환의 종류를 나누고 각각의 장단점을 밝히고 있다.

⑤ 표층 순환과 대기 대순환의 공통점과 차이점을 분석하고 있다.

2 ㉠에 대한 설명으로 적절하지 <u>않은</u> 것은?

① 표층 해류는 발생 장소에 따라 한류와 난류로 나눌 수 있다.

② 표층 해류는 주변 지역의 기온이나 강수량에 영향을 미친다.

③ 표층 해류는 일정한 방향으로 부는 바람에 의해 만들어진다.

④ 표층 해류는 지구 전체에 열에너지가 고루 퍼질 수 있게 한다.

⑤ 표층 해류는 서로 연결되어 흐르면서 큰 순환을 이루기도 한다.

3 윗글을 참고할 때, <보기>의 ⓐ~ⓓ에 대한 이해로 적절하지 <u>않은</u> 것은?

> **• 보기 •**
>
> | 북태평양 | 북적도 해류 → 쿠로시오 해류 → 북태평양 해류 → 캘리포니아 해류 |
> |---|---|
> | 남태평양 | ⓐ → ⓑ → ⓒ → ⓓ |

① ⓐ는 남적도 해류로, 북적도 해류와 같은 방향으로 흐른다.

② ⓑ는 동오스트레일리아 해류로, 남쪽 방향으로 흐른다.

③ ⓒ는 남극 순환류로, 북태평양 해류와 반대 방향으로 흐른다.

④ ⓓ는 페루 해류로, 캘리포니아 해류와 반대 방향으로 흐른다.

⑤ ⓐ는 ⓒ와 ⓓ에 비해 해수의 온도가 높다.

4 <보기>는 마젤란의 세계 일주 항로와 이에 대해 추론한 내용이다. 윗글을 참고할 때, <보기>의 빈칸에 들어갈 내용으로 가장 적절한 것은?

> **• 보기 •**

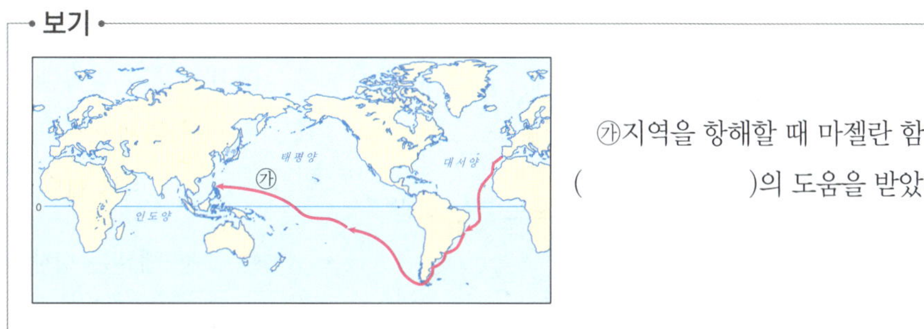

㉮지역을 항해할 때 마젤란 함대는 (　　　　　)의 도움을 받았겠군.

① 무역풍과 북적도 해류   ② 편서풍과 북적도 해류

③ 무역풍과 북태평양 해류   ④ 편서풍과 북태평양 해류

⑤ 바람의 도움 없이 북태평양 해류

◆ 개념 한눈에 보기

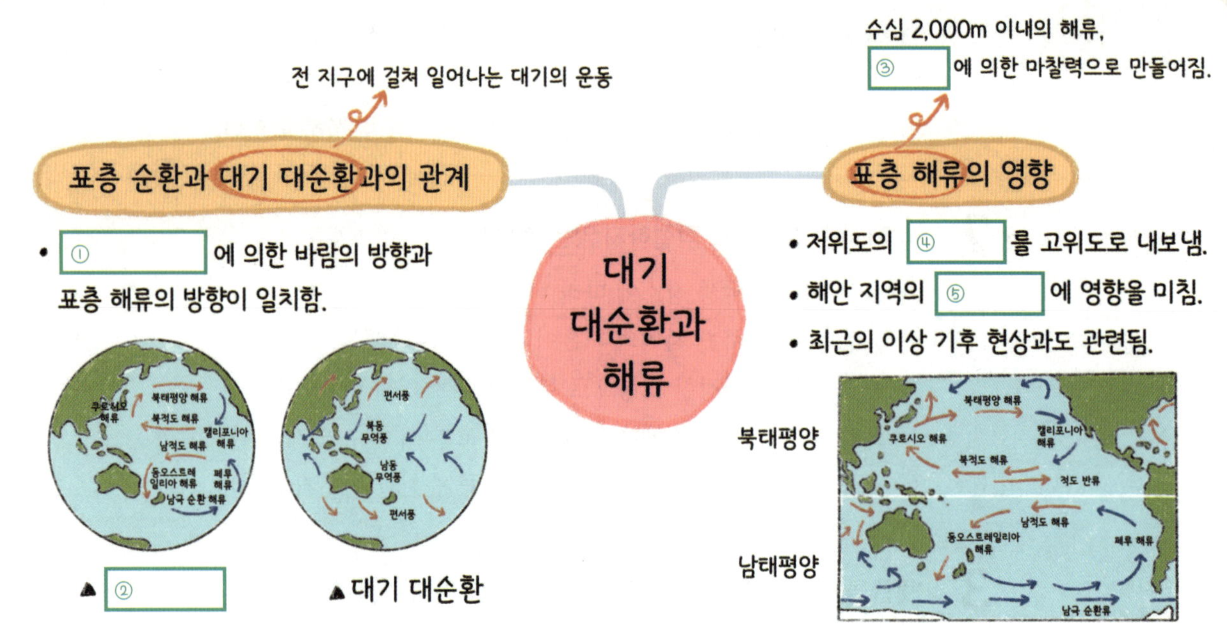

📖 교과 개념 사전

#해류 [해ː류]
일정한 방향과 속도로 이동하는 바닷물의 흐름.

#표층 해류 [표층] [해ː류]
바람에 의해 바다 표면에서 일정한 방향으로 흐르는 해수의 흐름.

#대기 대순환 [대ː기] [대ː순환]
대기가 지구상에서 대규모로 일정한 순환과 혼합을 계속하는 현상. 위도에 따라, 지역에 따라 다르게 나타난다.

#무역풍 [무역ː풍]
아열대 고압대로부터 적도 저압대로 일 년 내내 부는 바람.

#편서풍 [편서풍]
중위도 지역에서 일 년 내내 서쪽에서 동쪽으로 부는 바람.

#표층 순환 [표층] [순환]
넓은 지역에서 표층 해류가 순환을 이루는 현상.

#기후 변화 [기후] [변ː화]
일정한 지역에서 여러 해에 걸쳐 나타난 기온, 비, 눈, 바람 따위의 평균 상태가 변하는 현상.

교과 개념 확인 Quiz

다음 물음에 답하시오.

❶ 대기 대순환은 위도에 따라 다르게 나타나는 공기의 순환 현상이다.　　　○ ㅣ ✕

❷ ☐☐☐과 ☐☐☐은 일년 내내 분다는 점에서 공통점이 있지만, 각 바람이 부는 지역과 방향은 서로 다르다.

❸ 표층 해류는 대기 대순환에 의한 바람의 방향과 반대 방향으로 흐른다.　　　○ ㅣ ✕

❹ 바닷물의 일정한 흐름을 해류라고 하는데, 바람에 의해 바다 표면에서 흐르는 해류를 ☐☐ ☐☐라고 한다.

❺ 표층 해류는 상대적 수온에 따라 따뜻한 해류인 ☐☐와 차가운 해류인 ☐☐로 나뉜다.

1 >> 물리학

물체가 어떻게 운동을 할 수 있을까?

Step 1 교과 개념 톡 생각 열기

◆ **무엇을 배울까?**

초등	중등	고등	수능기출
과학 6-1 교과서 2단원 물체의 운동	과학 3 교과서 4단원 운동과 에너지	물리학 교과서 1단원 힘과 에너지	2016학년도 수능 B형 [29-30] 자유 낙하할 때 발생하는 힘

❶ 운동하는 물체의 **속력**과 **등속 운동**의 개념 이해하기

  #이동 거리   #속력

❷ **등속 운동**과 **자유 낙하 운동**의 원리를 비교하여 이해하기

  #등속 운동   #공기 저항   #자유 낙하 운동

💡 **생각해 보기**   왜 진공관 속에서는 무거운 쇠구슬과 가벼운 깃털이 동시에 바닥에 떨어지는 걸까?

1 사람만 운동을 하는 것이 아니라 물체도 '운동'을 한다. 물리학에서는 시간에 따라 물체의 위치가 변할 때 운동한다고 하고, 운동하는 동안 움직인 거리를 **#이동 거리**라고 한다. 물체의 빠르기는 이동 거리를 걸린 시간으로 나눈 값인 **#속력**으로 알 수 있는데, 단위는 m/s(미터 매 초)나 km/h(킬로미터 매 시)를 주로 사용한다. 예를 들어 50m를 10초에 달린 사람의 속력은 $\frac{50m}{10s}$이므로 5m/s가 된다. 이때 물체가 이동한 전체 거리를 총 걸린 시간으로 나누면 해당 물체의 평균 속력을 알 수 있다.

2 도로를 달리는 자동차나 운동장을 굴러가는 축구공처럼 우리 생활 속에서 운동하는 물체의 속력은 대부분 일정하지 않다. 그러나 지하철역이나 공항 등에 설치된 에스컬레이터와 무빙워크°는 시간이 지나도 속력이 일정한 **#등속 운동**을 하고 있다. 따라서 시간을 가로축으로 삼아 등속 운동을 하는 물체의 이동 거리를 그래프로 나타내면 기울어진 직선 모양이 된다. 이때 그래프의 기울기가 가파르면 속력이 크고, 완만하면 속력이 작은 것을 의미한다. 또한 등속 운동하는 물체의 속력은 계속하여 일정하므로 시간-속력 그래프로 나타내면 시간축에 나란한 직선 모양이 된다.

3 이번에는 높은 곳에서 사과를 떨어뜨리는 상황을 생각해 보자. **#공기 저항**이 없다면 떨어지는 사과에 작용하는 힘은 중력뿐인데, 이와 같이 물체가 중력만 받으면서 아래로 떨어지는 운동을 **#자유 낙하 운동**이라고 한다. 여기서 공기 저항이란 물체의 운동을 방해하는 힘으로 물체의 운동 방향과는 반대로 작용한다. 그렇다면 자유 낙하 운동을 하는 물체의 속력은 시간에 따라 어떻게 변할까? 자유 낙하 운동을 하는 사과를 일정한 시간 간격으로 촬영해 보면, 사과 사이의 간격이 점점 벌어지는 것을 확인할 수 있다. 사과 사이의 간격은 일정한 시간 동안 물체가 이동한 거리이므로 곧 속력을 나타낸다. 이러한 사과의 움직임을 시간-속력 그래프로 나타내면 매초마다 9.8m/s씩 속력이 증가하는 모습을 볼 수 있는데, 이때 9.8을 지구의 중력 가속도 상수°라고 한다.

4 질량이 다른 두 물체를 동시에 떨어뜨리면 어떻게 될까? 공기가 있는 상태에서 쇠구슬과 깃털을 동시에 떨어뜨리면 쇠구슬이 땅에 먼저 닿는다. 쇠구슬은 공기 저항의 영향을 무시할 정도로 적게 받지만 깃털은 공기 저항의 영향을 많이 받기 때문이다. 그러나 진공° 상태에서 두 물체가 동시에 자유 낙하 운동을 하면 물체의 운동 방향으로 중력이 작용하고 쇠구슬과 깃털은 동시에 바닥에 닿는다. 왜냐하면 자유 낙하 운동을 하는 물체는 공기 저항의 영향을 받지 않으며 질량에 관계없이 속력이 빨라지는 정도가 같기 때문이다. 즉, 물체의 속력이 질량에 관계없이 매초마다 9.8m/s씩 일정하게 증가하는 것이다.

독해 TIP!

이 글은 등속 운동과 자유 낙하 운동을 비교하여 설명하고 있어. 이런 글은 **설명하는 두 개념의 원리를 파악하고 차이점을 정리해 가며 읽어 보자.**

1 문단
물체의 운동
시간에 따라 물체의 위치가 변하는 현상
- ☐☐☐ : 운동하는 동안 움직인 거리
- 속력: 일정한 ☐☐ 동안 이동한 거리로, 물체의 빠르기를 나타냄.

2 문단
등속 운동의 개념
에스컬레이터나 무빙워크처럼 물체가 운동할 때 시간에 따라 속력이 ☐☐한 운동

- **무빙워크** 사람이나 화물이 자동적으로 이동되도록 만든 경사진 길 모양의 장치.

3 문단
자유 낙하 운동의 개념
물체가 ☐☐만 받으면서 아래로 떨어지는 운동으로, 시간에 따라 속력이 일정하게 증가함.

- **상수** 변하지 않는 일정한 값을 가진 수나 양.

4 문단
질량이 다른 물체의 자유 낙하 운동
자유 낙하 운동하는 물체는 질량에 관계없이 1초에 ☐☐m/s씩 일정하게 속력이 증가함.

- **진공** 물질이 전혀 존재하지 아니하는 공간.

---

1 윗글에서 다루고 있는 내용이 <u>아닌</u> 것은?

① 물리학에서 의미하는 운동의 개념

② 일상에서 등속 운동이 이루어지는 사례

③ 운동하는 물체가 공기 저항을 받는 까닭

④ 높은 곳에서 떨어지는 물체에 작용하는 힘

⑤ 자유 낙하 운동을 하는 물체의 속력이 변화하는 정도

고난도

2 윗글에서 알 수 있는 내용으로 적절한 것은?

① 한자리에 정지한 채 있는 물체의 속력은 0이다.

② 등속 운동을 하는 물체는 속력이 일정하게 느려진다.

③ 등속 운동을 하는 물체의 이동 거리는 시간에 반비례한다.

④ 자유 낙하 운동을 하는 물체의 반대 방향으로 공기 저항이 작용한다.

⑤ 자유 낙하 운동을 하는 물체의 속력은 바닥에 가까워질수록 감소한다.

3 윗글을 바탕으로 <보기>를 이해한 내용으로 적절하지 <u>않은</u> 것은?

> **⊷ 보기 ⊷**
>
> 　한 출발점에서 토끼와 거북이가 달리기 경주를 시작하였다. 이들은 동일한 직선 방향으로 동시에 출발하였는데, 토끼와 거북이가 출발점에서 이동한 거리의 값은 다음과 같다.

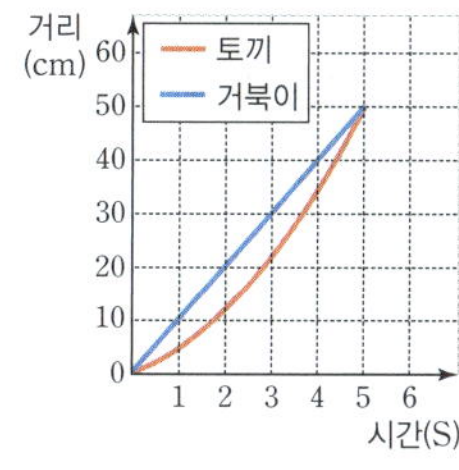

구분	0초	1초	2초	3초	4초	5초
토끼	0cm	4cm	12cm	22cm	35cm	50cm
거북이	0cm	10cm	20cm	30cm	40cm	50cm

① 0초에서 5초까지 거북이의 1초당 속력은 일정하다.

② 0초에서 5초까지 토끼의 속력은 계속해서 변화하고 있다.

③ 0초에서 5초까지 토끼의 속력은 증가하다가 다시 감소하고 있다.

④ 0초에서 1초까지 거북이의 속력이 토끼의 속력보다 빠르다.

⑤ 0초에서 5초까지 토끼의 평균 속력과 거북이의 평균 속력은 같다

◆ 개념 한눈에 보기

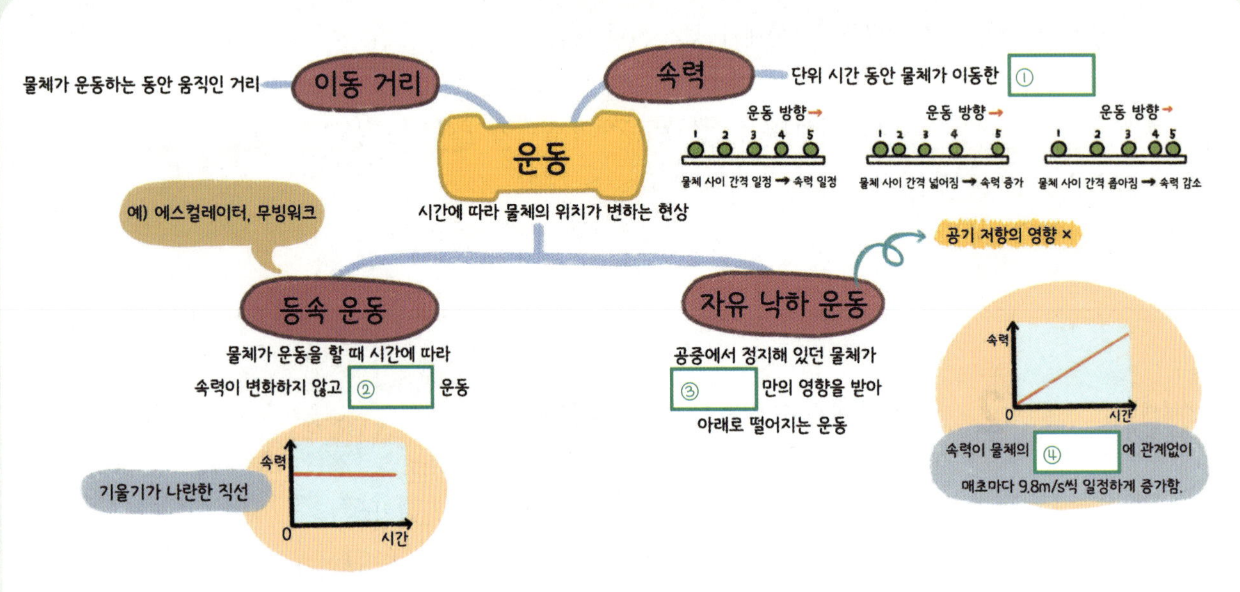

📕 교과 개념 사전

#이동 거리 [이동] [거:리]
물체가 운동하는 동안 움직인 거리.

#속력 [송:녁]
물체의 빠르기를 나타내는 양으로, 단위 시간 동안 이동한 거리.

#등속 운동 [등:속] [운:동]
시간에 따라 속력이 일정한 운동.

#공기 저항 [공기] [저:항]
공기가 물체의 움직임을 저지하는 힘.

#자유 낙하 운동 [자유] [나카] [운:동]
일정한 높이에서 정지하고 있는 물체가 중력의 작용만으로 떨어질 때의 운동. 물체의 속력이 1초마다 9.8m/s씩 증가한다.

교과 개념 확인 Quiz

다음 물음에 답하시오.

❶ 물체가 시간의 경과에 따라 위치를 바꾸는 일을 □□이라고 한다.

❷ 평균 속력은 물체가 이동한 전체 거리를 총 걸린 시간으로 나눈 값으로 나타낸다.   ○ ┃ ✕

❸ 운동을 하는 대부분의 물체는 속력의 변화 없이 등속 운동만 한다.   ○ ┃ ✕

❹ 자유 낙하 운동은 공기 저항 없이 □□의 작용만으로 떨어지는 운동을 말한다.

❺ 공기 저항이 없이 자유 낙하 운동을 하는 물체의 □□은 일정한 크기로 빨라진다.

2 ≫ 물리학
일을 하는데 어떻게 에너지가 생기지?

Step 1 교과 개념 톡 생각 열기

◆ **무엇을 배울까?**

초등	중등	고등	수능기출
과학 6-1 교과서 2단원 물체의 운동	과학 3 교과서 4단원 운동과 에너지	물리학 교과서 1단원 힘과 에너지	COMING SOON

❶ **과학에서의 일의 개념 및 일의 양 이해하기**

#일   #일의 양

❷ **에너지의 개념과 특성 이해하기**

#에너지   #운동 에너지   #위치 에너지

💡 **생각해 보기**   과학에서의 일은 일상에서의 일과 어떻게 다른 걸까?

1 일이라는 용어를 다양한 뜻으로 사용하는 일상에서와 달리 과학에서는 물체에 힘을 작용하여 그 힘의 방향으로 물체를 이동시킬 때 #일을 한다고 말한다. 가령 바닥에 떨어진 휴지를 들어 올렸다면 일을 한 것이지만 온 힘을 다해 바위를 들어 보려 하였으나 바위가 전혀 움직이지 않았다면 일을 한 것이 아니다. 물체의 이동 거리가 0이기 때문이다. 이때 물체에 한 #일의 양은 물체에 작용한 힘의 크기에 물체가 힘의 방향으로 이동한 거리를 곱한 값이다. 물체에 작용한 힘의 크기가 클수록, 물체의 이동 거리가 길수록 일을 더 많이 한 것이다. 일의 단위로는 J(줄)을 사용하며 1J은 1N(뉴턴)의 힘을 주어서 물체를 힘의 방향으로 1m 이동시켰을 때 한 일의 양이다.

2 그런데 물체를 수평으로 이동시키는 것이 아니라 위로 들어 올리는 경우에는 아래로 작용하는 중력을 거스르는 것이므로 중력에 대해 일을 한 것과 같다. 물체를 일정한 속력으로 들어 올리는 힘의 크기는 물체의 무게(N)와 같으므로, 중력에 대해 한 일의 양은 물체의 무게에 물체를 들어 올린 높이(m)를 곱하여 구한다. 여기서 물체의 무게는 지구를 기준으로 하여 질량(kg)에 9.8을 곱한 값이다. 반대로 물체가 자유 낙하 운동을 할 때는 중력이 물체에 일을 한 것과 같다. 따라서 중력이 한 일의 양은 물체에 작용하는 중력의 크기와 물체가 낙하한 거리를 곱하여 구한다.

3 굴러가는 볼링공은 볼링핀을 쓰러뜨리는 일을 할 수 있고, 높은 곳에서 떨어지는 물은 물레방아*를 돌리는 일을 할 수 있다. 이처럼 움직이는 물체나 높은 곳에 있는 물체는 일을 할 능력이 있는데, 이 능력을 #에너지라고 한다. 이 역학적* 에너지는 성격에 따라 운동 에너지와 위치 에너지 등으로 구분할 수 있다. 먼저, 굴러가는 볼링공과 같이 운동하는 물체가 지니는 에너지를 #운동 에너지라고 한다. 운동 에너지는 그 물체의 질량에 비례하며 속력의 제곱에 비례한다. 높은 곳에 있는 물과 같이 어떤 높이에 있는 물체가 가지는 에너지는 #위치 에너지이며 이 위치 에너지는 물체의 질량과 높이에 각각 비례한다. 다만 높이의 기준면*에 따라 위치 에너지의 양이 달라지는데 물체의 높이가 기준면과 같으면 위치 에너지는 0이다.

4 일과 에너지는 어떤 관계를 지닐까? 일과 에너지는 서로 전환*이 가능하며 물체가 가진 에너지는 그 물체가 할 수 있는 일의 양과 같다. 무거운 추*를 들어 올려 땅에 말뚝*을 박는 상황을 떠올려 보자. 먼저 줄을 당겨 추를 들어 올리는 일을 하면 추의 위치 에너지가 증가한다. 이는 중력에 대해 한 일이 추의 위치 에너지로 전환되기 때문이다. 그리고 줄을 놓아 높이 올라간 추를 떨어뜨리면 중력이 추에 한 일의 양만큼 추의 운동 에너지가 증가한다. 이때 추의 위치 에너지는 그만큼 감소한다. 말뚝을 향해 떨어진 추는 말뚝을 박는 일을 하고, 그만큼 추의 운동 에너지는 다시 감소한다. 즉 어떤 물체에 일을 하면 그만큼 물체의 에너지가 증가하고, 물체가 외부에 일을 하면 그만큼 물체의 에너지는 감소하는 것이다.

전개 방식 파악하기

1 윗글에 사용된 설명 방법으로 적절하지 <u>않은</u> 것은?

① 예시의 방법을 통해 '일'의 의미를 설명하고 있다.

② 일정한 기준에 따라 에너지의 종류를 설명하고 있다.

③ 정의의 방식을 사용하여 에너지의 의미를 설명하고 있다.

④ 구체적 상황이 진행되는 과정을 통해 일과 에너지의 관계를 설명하고 있다.

⑤ 비교의 방식으로 과학적 '일'과 일상적 '일'의 공통점과 차이점을 설명하고 있다.

세부 내용 파악하기

2 윗글의 내용과 일치하지 <u>않는</u> 것은?

① 운동하는 물체는 일을 할 에너지를 지니고 있다.

② 물체를 들어 올릴 때는 중력에 대해 일을 한 것이다.

③ 일의 양은 힘의 크기와 물체의 이동 거리에 비례한다.

④ 물체가 외부에 일을 하면 그 물체의 에너지가 증가한다.

⑤ 높이의 기준면이 어디냐에 따라 위치 에너지의 양이 달라진다.

세부 내용 추론하기

[고난도]

3 윗글에서 이끌어 낸 내용으로 가장 적절한 것은?

① 위치 에너지보다 운동 에너지가 물체에 더 많은 일을 해 줄 수 있다.

② 기준면에 정지해 있는 물체는 위치 에너지와 운동 에너지가 모두 0이다.

③ 운동하는 물체의 속력이 2배가 되면 그 물체의 운동 에너지도 2배가 된다.

④ 물이 떨어지면서 물레방아를 돌리는 일을 한 만큼 물의 에너지는 늘어난다.

⑤ 질량이 동일할 경우에 높이가 낮은 곳에 있는 물체의 위치 에너지가 더 크다.

사례에 적용하기

4 윗글을 참고하여 <보기>를 이해한 내용으로 적절하지 <u>않은</u> 것은?

> **보기**
>
> 지수는 바닥에 있던 가방을 들고 은우를 만나러 갔다. 지수의 손에 들린 가방은 바닥에서 50㎝ 높이에 위치해 있었으며, 가방의 질량은 2kg이었다. 지수는 무거운 가방을 한 손에 든 채 손의 흔들림 없이 꼿꼿한 자세로 앞을 향해 걸었다.

① 바닥을 기준면으로 할 때 지수가 들어 올린 가방은 위치 에너지를 지니겠군.

② 지수가 바닥에 있던 가방을 들 때는 힘의 방향과 가방의 이동 방향이 같겠군.

③ 지수가 앞을 향해 빨리 걸을수록 가방이 지닌 위치 에너지가 더 커지겠군.

④ 지수가 바닥에 있던 가방을 들어 올릴 때 가방에 한 일의 양은 9.8J이 되겠군.

⑤ 지수가 가방을 든 채로 걸어가는 동안에 지수가 가방에 일을 한 것은 아니겠군.

◆ 개념 한눈에 보기

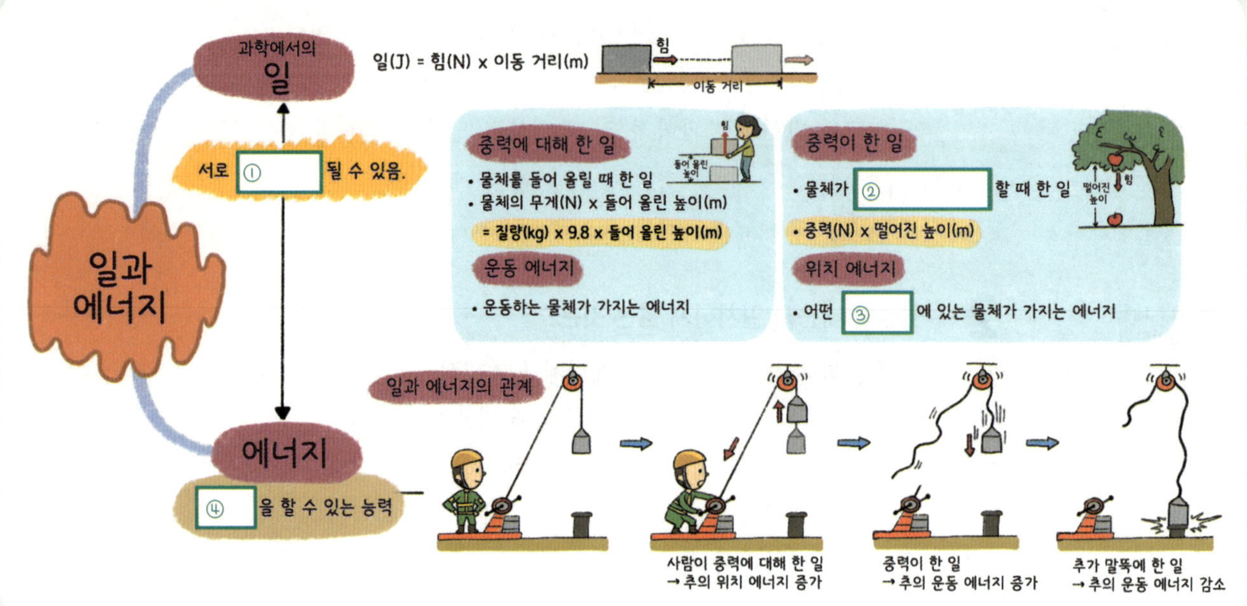

📗 교과 개념 사전

#일 [일]
물체에 힘을 작용하여 물체를 그 힘의 방향으로 이동시키는 것.

#일의 양 [일] [양]
물체에 힘이 작용하여 물체가 그 힘의 방향으로 일정한 거리만큼 움직였을 때에, 힘의 크기와 이동 거리를 곱한 양.

#에너지
기본적인 물리량의 하나. 물체나 물체계가 가지고 있는 일을 하는 능력을 통틀어 이르는 말로, 에너지의 형태에 따라 운동, 위치, 열, 전기 따위의 에너지로 구분한다.

#운동 에너지 [운:동]
운동하는 물체가 가지고 있는 에너지.

#위치 에너지 [위치]
물체가 어떤 특정한 위치에서 표준 위치로 돌아갈 때까지 일을 할 수 있는 잠재적 에너지. 크기는 물체의 위치로 정하여진다.

교과 개념 확인 Quiz 🖊

다음 물음에 답하시오.

❶ 역도 선수가 역기를 든 채로 가만히 서 있는 것은 과학에서의 일을 한 것이 아니다. ○ | ×

❷ 바닥에 있는 물체를 책상 위로 올릴 때에는 중력이 물체에 일을 한 것이다. ○ | ×

❸ 물체가 지닌, 일을 할 수 있는 능력을 □□□ 라고 한다.

❹ 물체의 운동 에너지는 물체의 질량에 비례하고, □□의 제곱에 비례한다.

❺ 기준면보다 높은 곳에 있는 물체가 지닌 에너지를 □□ 에너지라고 한다.

1

>> 생명과학

눈·코·입의 서로 다른 역할

Step 1 교과 개념 툭 생각 열기

◆ **무엇을 배울까?**

초등	중등	고등	수능기출
과학 5-1 교과서 4단원 우리 몸의 구조와 기능	과학 3 교과서 5단원 자극과 반응	생명과학 교과서 2단원 항상성과 몸의 조절	2012학년도 수능 [21-24] 이어폰으로 소리의 공간감을 구현하는 원리

❶ 감각 기관의 구조와 기능을 이해하기

　#시각　　#청각　　#후각　　#미각　　#피부 감각

❷ 자극이 감각 기관에서 뇌로 전달되는 과정 이해하기

　#자극

💡 **생각해 보기**　왜 코를 막으면 양파와 사과를 구분하지 못할까?

1 햇빛, 소리, 냄새 등과 같이 생물에 작용하여 반응을 일으키게 하는 환경의 변화를 #자극이라 하고, 이러한 자극을 받아들이는 기관을 감각 기관이라고 한다. 우리 몸에는 여러 가지 감각 기관이 있으며, 감각 기관마다 받아들이는 자극의 종류가 다르다. 그렇다면 감각 기관에서는 어떤 과정을 거쳐 자극을 느끼는지 알아보자.

2 눈에서 빛을 자극으로 받아들여 물체의 모양, 색깔 등을 느끼는 감각을 #시각이라고 한다. 우리가 어떤 물체를 보면 물체에서 나온 빛이 눈의 각막과 수정체를 통과하면서 굴절되고, 굴절된 빛은 눈 안을 채우고 있

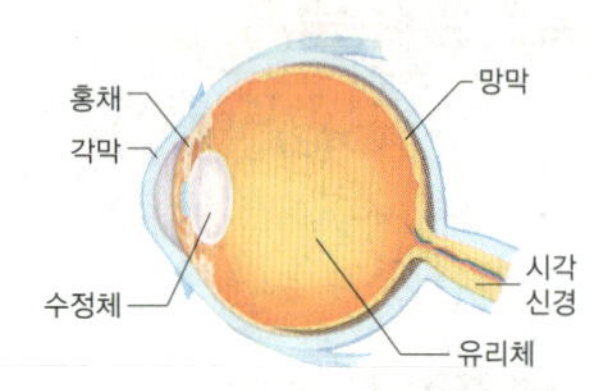

는 투명한 물질인 유리체를 지나 망막에 상을 맺는다. 그러면 망막에 있는 시각 세포가 빛 자극을 받아들이고, 이 자극이 시각 신경을 통해 뇌로 전달되어 물체의 모습을 보게 된다. 이 과정에서 눈은 물체를 잘 보기 위해 조절 작용을 하기도 한다. 주변이 밝으면 각막에 감싸인 홍채˚의 면적이 넓어지면서 동공˚의 크기가 작아져 동공으로 들어오는 빛의 양을 줄이는 것이나, 가까운 거리의 물체를 볼 때면 수정체가 두꺼워지는 것이 그 예이다.

3 귀에서 공기 등을 통해 전달된 소리를 받아들여 느끼는 감각을 #청각이라고 한다. 귀의 귓바퀴에 모인 소리가 외이도를 지나 고막을 진동시키고, 이 진동이 귓속뼈에서 증폭되어˚ 달팽이관

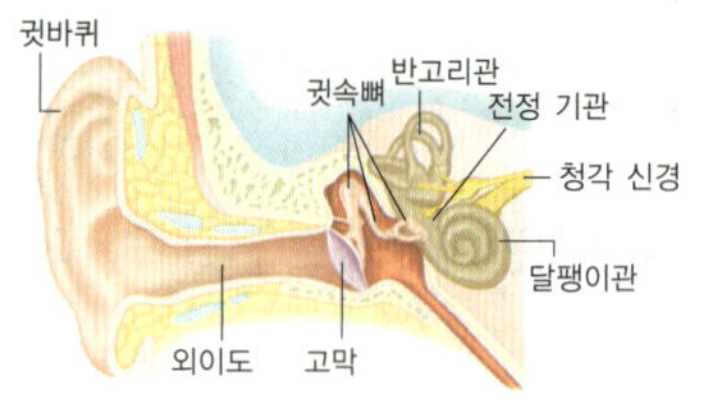

으로 전달된다. 그러면 달팽이관의 청각 세포가 이 진동을 자극으로 받아들이고, 이 자극이 청각 신경을 통해 뇌로 전달되어 소리를 듣게 된다. 한편, 귀는 이 외에도 다른 역할을 한다. 귓속뼈 뒤에 있는 전정 기관과 반고리관은 각각 몸의 기울어짐과 회전이라는 자극을 감지하여 뇌로 전달해 몸의 균형을 유지한다.

4 코를 통해 냄새를 느끼는 감각을 #후각이라고 한다. 콧속 윗부분의 후각 상피에는 후각 세포가 모여 있는데, 기체 상태의 화학 물질이 후각 세포를 자극하면 이 자극이 후각 신경을 통해 뇌로 전달되어 냄새를 맡게 된다. 혀를 통해 맛을 느끼는 감각은 #미각이다. 혀의 표면에 있는 유두라는 작은 돌기의 옆면에는 맛세포가 모여 있는 맛봉오리가 있는데, 입 안으로 들어온 액체 상태의 화학 물질이 맛세포를 자극하면, 이 자극이 미각 신경을 통해 뇌로 전달되어 맛을 느끼게 된다.

5 피부에 있는 감각점을 통해 자극을 느끼는 감각을 #피부 감각이라고 한다. 몸의 부위에 따라 감각점의 종류나 개수가 다른데, 촉점, 통점, 온점, 냉점, 압점이 있으며 차례대로 가벼운 접촉, 아픔, 따뜻함, 차가움, 압력을 자극으로 받아들인다. 이때 매운맛과 떫은맛은 혀와 입속 피부의 통점과 압점이 각각 받아들이는 피부 감각이다. 그리고 각 감각점에서 받아들인 이 자극은 감각 신경을 통해 뇌로 전달된다.

---

1 문단
자극과 ⬚의 개념
⬚은 생물에 작용하여 반응을 일으키게 하는 환경 변화를, 감각 기관은 이러한 자극을 받아들이는 기관을 의미함.

2 문단
눈의 구조와 감각 인식 과정
빛 → 각막 → ⬚ → 유리체 → 망막의 ⬚ → 시각 신경 → 뇌

• 홍채 안구의 각막과 수정체 사이에 있는 둥근 모양의 얇은 막. 동공의 크기를 조절하며, 인종에 따라 색소가 다르다.
• 동공 눈알의 한가운데 있는, 빛이 들어가는 검은 부분. = 눈동자.

3 문단
귀의 구조와 감각 인식 과정
소리 → 귓바퀴 → 외이도 → ⬚ → 귓속뼈 → 달팽이관의 ⬚ → 청각 신경 → 뇌

• 증폭되다 사물의 범위가 늘어나 커지다.

4 문단
코와 혀의 감각 인식 과정
• 코: 기체 상태의 화학 물질 → ⬚의 후각 세포 → 후각 신경 → 뇌
• 혀: 액체 상태의 화학 물질 → 유두 → 맛봉오리의 ⬚ → 미각 신경 → 뇌

5 문단
피부의 감각 인식 과정
피부 자극 → 피부의 ⬚ → 감각 신경 → 뇌

핵심 내용 파악하기

1 윗글의 핵심 내용으로 가장 적절한 것은?

① 감각 기관의 기능과 한계
② 감각 기관의 종류와 감각 인식 과정
③ 다섯 가지 감각을 종합하는 뇌의 기능
④ 감각 기관에 따른 감각 인식 능력의 차이
⑤ 동일한 자극에 대한 감각 기관별 반응 차이

세부 내용 파악하기

2 윗글의 내용과 일치하지 <u>않는</u> 것은?

① 귀는 청각 외에 인체의 균형 감각도 담당한다.
② 눈, 귀, 코, 혀, 피부는 감각 기관에 포함된다.
③ 인간이 느끼는 모든 감각은 뇌를 통해 인식된다.
④ 후각은 기체, 미각은 액체 상태의 자극 물질을 받아들인다.
⑤ 눈에서 빛 자극을 받아들이는 시각 세포는 유리체에 분포한다.

세부 내용 추론하기

고난도

3 윗글을 바탕으로 한 추론으로 적절하지 <u>않은</u> 것은?

① 떫은맛과 매운맛은 미각을 통해서는 느낄 수 없다.
② 사람의 눈은 빛이 없으면 대상의 형태나 색을 인식할 수 없다.
③ 피부의 감각점이 달라지면 받아들이는 자극의 종류도 달라진다.
④ 주변이 어두우면 홍채의 면적이 넓어져 동공으로 받아들이는 빛의 양을 늘린다.
⑤ 수정체의 기능이 떨어지면 가까운 곳의 물체가 잘 안 보이는 현상이 생길 수 있다.

사례에 적용하기

4 윗글을 바탕으로 <보기>에 대해 보인 반응으로 가장 적절한 것은?

> • 보기 •
>
> 귓구멍에 꽂고 소리를 듣는 일반 이어폰과 달리, 뼈 전도 이어폰은 귀 근처에 걸어 착용하는 이어폰이다. 뼈 전도 이어폰은 뼈와 피부의 진동을 청각 세포에 바로 전달하기 때문에 이어폰에서 나오는 소리를 들으면서도 외부의 다른 소리를 듣거나 다른 사람과 대화를 주고받을 수 있는 장점이 있다.

① 일반 이어폰과 뼈 전도 이어폰은 모두 진동을 통해 소리를 전달하겠군.
② 일반 이어폰과 뼈 전도 이어폰은 모두 청각 신경에서 소리가 증폭되겠군.
③ 일반 이어폰과 뼈 전도 이어폰은 모두 외이도와 고막의 역할이 중요하겠군.
④ 일반 이어폰보다 뼈 전도 이어폰이 이어폰에서 나오는 소리가 더 잘 전달되겠군.
⑤ 일반 이어폰은 뼈 전도 이어폰과 달리 청각 세포에 이상이 있어도 소리를 들을 수 있겠군.

◆ 개념 한눈에 보기

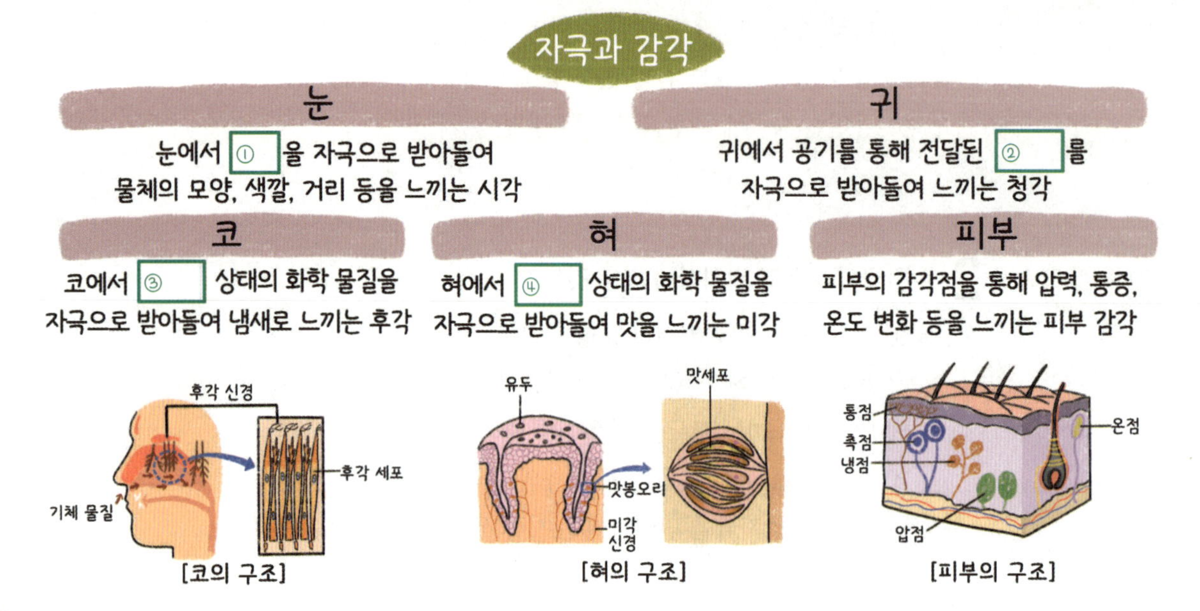

📖 교과 개념 사전

#자극 [자ː극]
생체에 작용하여 반응을 일으키게 하는 요인.

#시각 [시각]
눈에서 빛을 자극으로 받아들여 물체의 모양, 색깔, 거리 등을 느끼는 감각.

#청각 [청각]
귀에서 공기 등을 통해 전달된 소리를 느끼는 감각. 귀는 청각뿐 아니라 몸의 회전이나 이동, 몸의 위치나 기울기를 감각하는 평형 감각 기관이다.

#후각 [후각]
코에서 기체 상태의 화학 물질을 자극으로 받아들여 냄새를 느끼는 감각.

#미각 [미각]
혀에서 액체 상태의 화학 물질을 자극으로 받아들여 맛을 느끼는 감각.

#피부 감각 [피부] [감각]
피부의 감각점을 통해 압력, 통증 등을 느끼는 감각. 매운맛과 떫은맛은 혀와 입 속의 피부를 통해 느끼는 피부 감각이다.

교과 개념 확인 Quiz ✏

다음 물음에 답하시오.

❶ 물체의 형태와 색깔 등을 느낄 수 있는 감각 기관은 눈이다.　　　　　　　○ ｜ ✕

❷ 귀의 귓바퀴에 모인 소리는 외이도를 진동시키고, 이 진동이 고막에서 증폭된다.　○ ｜ ✕

❸ 코를 통해 음식 냄새, 꽃향기 등을 느낄 수 있는 감각을 ☐☐이라고 한다.

❹ 혀를 통해 액체 상태의 자극 물질을 받아들여 맛을 느낄 수 있는 감각을 미각이라고 한다.　　　　　　　　　　　○ ｜ ✕

❺ 피부의 감각점을 통해 부드러움, 아픔, 따뜻함, 차가움, 딱딱함 등을 느끼는 감각을 ☐☐☐☐이라고 한다.

2 ≫ 생명과학

우리 몸은 자극에 어떻게 반응할까?

Step 1 교과 개념 **톡** 생각 열기

◆ **무엇을 배울까?**

초등	중등	고등	수능기출
과학 5-1 교과서 4단원 우리 몸의 구조와 기능	과학 3 교과서 5단원 자극과 반응	생명과학 교과서 2단원 항상성과 몸의 조절	2014년 7월 고3 교육청 A형 [18-20] 내분비계의 작용

❶ 신경계를 통해 일어나는 자극에 대한 반응의 경로 이해하기

#뉴런   #중추 신경계   #말초 신경계   #무조건 반사

❷ 우리 몸의 기능 조절에 관여하는 **호르몬**의 특징 이해하기

#호르몬   #항상성

💡 **생각해 보기**   나래는 어떻게 시끄러운 곳에서 자기 이름을 알아듣고 돌아볼 수 있었을까?

1 뒤에서 빵빵거리는 자동차 소리가 들리면 옆으로 피하게 되는데, 우리의 몸이 이렇게 반응할 수 있는 것은, 감각 기관이 받아들인 자극을 뇌로 전달하고 판단하여 반응하도록 신호를 보내는 신경계가 있어서이다. 신경계는 신경 세포인 #뉴런이 모여 이루어지는데, 뉴런은 신경 세포체, 가지 돌기, 축삭 돌기로 구성된다. 가지 돌기는 감각 기관이나 다른 뉴런에서 전달한 자극을 받아들이고, 축삭 돌기는 다른 뉴런이나 기관으로 자극을 전달한다. 또 기능에 따라 감각 신경을 구성하는 감각 뉴런, 중추 신경계를 구성하는 연합 뉴런, 운동 신경을 구성하는 운동 뉴런이 있는데, 감각 뉴런이 빵빵 소리를 연합 뉴런에 전달하면, 연합 뉴런은 자동차가 다가온다는 판단을 내린 후 운동 뉴런에 피하라는 명령을 내린다. 그러면 운동 뉴런이 이 명령을 반응기*로 전달해 우리를 길 옆으로 움직이게 한다.

2 신경계는 #중추 신경계와 #말초 신경계가 있다. 중추 신경계는 뇌와 척수로 이루어졌는데, 뇌에서 대뇌는 운동 기관에 명령을 내리며 기억, 추리 등을 담당한다. 소뇌는 몸의 자세와 균형을 유지하고, 간뇌는 혈당량, 체온과 체액 농도 등 몸속 상태를 일정하게 유지한다. 중간뇌는 눈의 운동을, 연수는 심장 박동과 호흡, 소화 운동 등을 조절한다. 척수는 뇌와 말초 신경계 사이에서 신호를 전달한다. 한편, 온몸에 퍼져 있는 말초 신경계는 중추 신경계를 온몸의 조직이나 기관과 연결한다.

3 신경계가 관여하는*, 자극에 대한 반응은 두 가지로 나눌 수 있다. 먼저 자신의 의지에 따라 일어나는 의식적 반응이다. 이는 자극이 척수를 통해 대뇌로 전달된 후 대뇌의

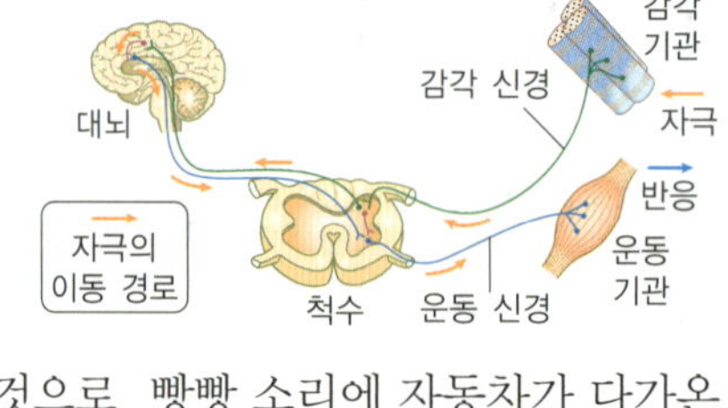

명령이 다시 척수를 통해 반응기로 전달되는 것으로, 빵빵 소리에 자동차가 다가온다는 판단을 하고 옆으로 피하는 행동이 그 예이다. 이와 달리 자극이 대뇌로 전달되기 전에 척수 등의 명령이 반응기로 전달되어 나타나는 #무조건 반사도 있다. 뜨거운 것을 만졌을 때 무의식적으로 손을 떼는 행동이 이에 해당한다.

4 자극에 대한 반응을 일으키는 것에는 #호르몬도 있다. 호르몬은 체내의 내분비샘*에서 만들어지는 물질로, 혈액을 따라 순환하면서 특정 세포에 신호를 전달하고 기관의 활동을 조절한다. 날이 추울 때 갑상샘에서 분비되는 호르몬인 티록신은 몸속 열 발생량을 늘려 체온을 올린다. 또 혈액 속 포도당의 양, 즉 혈당량을 조절하는 과정에서는 이자에서 분비되는 호르몬인 인슐린이 작용하면 혈당량이 감소하고 글루카곤이 작용하면 혈당량이 증가한다. 이처럼 우리 몸은 환경 변화에 반응하여 몸의 상태를 일정하게 유지하려는 성질을 가지는데, 이를 #항상성이라고 한다. 항상성은 신속한 신호 전달과 일시적* 반응을 일으키는 신경계와 느리지만 지속적 반응을 일으키는 ㉠호르몬의 작용을 통해 유지된다.

---

1 문단
　　　의 구성 요소와 자극 전달 경로
신경계는 자극에 대해 반응하게 하며 　　　으로 구성됨.
• 전달 경로: 자극 → 감각 기관 → 감각 뉴런 → 　　　 → 　　　 → 반응기 → 반응
• **반응기** 자극에 대응하여 적당한 반응을 나타내는 조직 또는 기관. 팔, 다리는 물론 신경이 이어져 있는 근육이나 분비선 등이 포함된다.

2 문단
신경계의 구분과 기능
여러 감각 정보를 종합해 명령을 내리는 　　　와, 온몸과 중추 신경계를 연결하는 말초 신경계로 나뉨.

3 문단
자극에 대한 두 가지 반응
　　　에 따른 의식적 반응과, 무의식적인 반응인 　　　 반사가 있음.
• **관여하다** 어떤 일에 관계하여 참여하다.

4 문단
호르몬의 기능
혈액을 따라 온몸을 순환하면서 특정 세포에 신호를 전달하고 기관의 활동을 조절하여 　　　이 유지되게 함.
• **내분비샘** 호르몬을 만들어 혈액 등으로 분비하는 조직이나 기관.
• **일시적** 짧은 한때의 것.

핵심 내용 파악하기

1 윗글에서 답을 찾을 수 있는 질문이 <u>아닌</u> 것은?

① 항상성이라는 말의 뜻은 무엇일까?

② 신경계와 호르몬이 하는 역할은 무엇일까?

③ 말초 신경계는 기능에 따라 어떻게 나뉠까?

④ 신경계에서 자극이 전달되는 과정은 어떻게 될까?

⑤ 자극에 대해 나타나는 반응의 종류에는 어떤 것이 있을까?

세부 내용 파악하기

2 윗글의 내용과 일치하지 <u>않은</u> 것은?

① 뇌의 여러 부분은 각각 고유한 역할을 맡고 있다.

② 말초 신경계는 뇌와 척수를 온몸의 조직이나 기관과 연결한다.

③ 뉴런은 감각 기관과 반응기 사이에서 신호를 전달하거나 판단하는 역할을 한다.

④ 항상성은 호르몬의 신속한 신호 전달과 신경계의 지속적 반응을 통해 유지된다.

⑤ 감각 기관에서 받아들인 자극은 감각 뉴런, 연합 뉴런, 운동 뉴런의 순으로 전달된다.

고난도

세부 내용 추론하기

3 윗글을 통해 ㉠을 이해한 내용으로 가장 적절한 것은?

① 인슐린과 달리 티록신은 내분비샘에서 만들어질 것이다.

② 혈액 속 포도당의 양이 많아지면 글루카곤이 작용할 것이다.

③ 혈당량이 낮아질수록 인슐린이 분비되는 양이 늘어날 것이다.

④ 사람이 36.5도의 체온을 유지하는 데 티록신이 작용할 것이다.

⑤ 체액의 농도를 조절하기 위해 간뇌에서 인슐린과 글루카곤을 분비할 것이다.

사례에 적용하기

4 윗글을 바탕으로 <보기>의 (가)와 (나)를 비교한 내용으로 적절하지 <u>않은</u> 것은?

> ┌ **보기** ┐
>
> 
>
>
> 감각 기관에서 받아들이는 자극의 종류에 따라 우리 몸에서 반응이 일어나는 경로에 차이를 보인다. (가)와 (나)는 실생활에서 나타나는 반응 사례이다.
>
> (가) 날아오는 공을 보고 친다. (나) 컵을 쥐는 순간 뜨거워 손을 뗀다.

① (가)는 의식적 반응이라면, (나)는 무조건 반사이겠군.

② (가)의 반응과 달리, (나)의 반응에는 연합 뉴런이 작용하지 않겠군.

③ (가)와 (나)의 반응에는 중추 신경계와 말초 신경계가 모두 작용하겠군.

④ (가)는 대뇌의 명령이, (나)는 척수의 명령이 반응기로 전달되겠군.

⑤ (가)와 같은 반응보다 (나)와 같은 반응이 일반적으로 더 빨리 일어나겠군.

◆ 개념 한눈에 보기

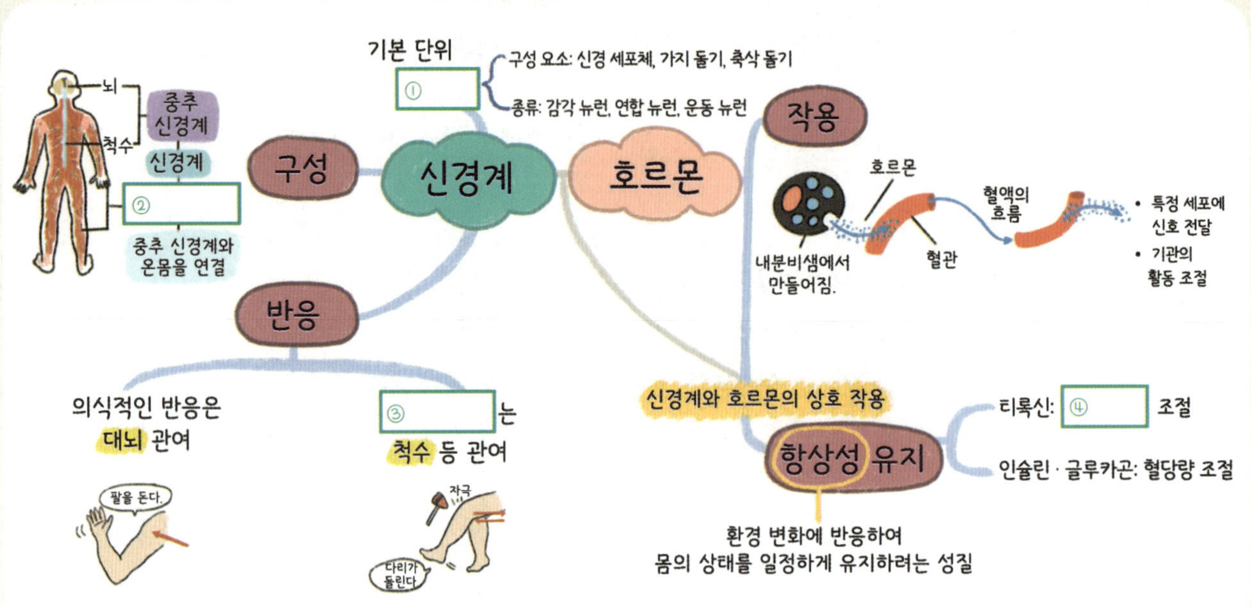

📖 교과 개념 사전

#뉴런
신경계를 구성하는 신경 세포로 신경 세포체, 가지 돌기, 축삭 돌기로 이루어져 있다.

#중추 신경계 [중추] [신경계/신경게]
뇌와 척수로 구성되어 있으며, 자극에 대해 판단하고 적절한 명령을 내리는 역할을 한다.

#말초 신경계 [말초] [신경계/신경게]
중추 신경계로부터 온몸으로 연결되는 신경의 모든 경로.

#무조건 반사 [무조껀] [반:사]
자극에 대한 무의식적인 반응. 감각 기관에서 받아들인 자극이 대뇌로 전달되지 않고, 그 전에 척수, 연수, 중간뇌의 명령이 반응기로 전달되어 나타나는 반응.

#호르몬
내분비샘에서 분비되어 특정 세포나 조직에 작용하여 몸의 생리 작용을 조절하는 물질.

#항상성 [항상썽]
외부 환경의 변화에 적절하게 반응하여 몸의 상태를 일정하게 유지하려는 성질.

교과 개념 확인 Quiz ✏

다음 물음에 답하시오.

❶ 신경계는 수많은 신경 세포가 모여서 이루어지는데, 이 신경 세포를 ▢▢이라고 한다.

❷ 뇌와 척수로 이루어진 중추 신경계는 여러 감각 정보를 종합하여 적절한 반응을 하도록 명령을 내린다.　　　　○ ｜ ✕

❸ ▢▢ ▢▢▢는 중추 신경계를 온몸의 조직이나 기관과 연결한다.

❹ 대뇌가 관여하여 나타나는 반응을 무조건 반사라고 한다.　　　　○ ｜ ✕

❺ 우리 몸이 체온이나 혈당량을 일정하게 유지하려는 성질을 ▢▢▢이라고 한다.

❻ ▢▢▢은 내분비샘에서 만들어져 특정 세포나 기관으로 신호를 전달하여 몸의 기능을 조절하는 물질이다.

20일차

1

>> 생명과학

내 몸은 어떻게 자라는 걸까?

◆ **무엇을 배울까?**

초등	중등	고등	수능기출
과학 3-1 교과서 4단원 생물의 한살이	과학 3 교과서 6단원 생식과 유전	생명과학 교과서 3단원 생명의 연속성과 다양성	COMING SOON

❶ **세포 분열**을 개체의 생장 및 생식과 관련지어 이해하기

   #세포 분열   #재생   #생장   #생식

❷ **체세포 분열** 과정을 **염색체**와 관련지어 이해하기

   #염색체   #체세포 분열

💡 **생각해 보기** 어떻게 아기 때보다 키가 3배, 몸무게가 10배 넘게 늘어날 수 있었을까?

1 코끼리나 토끼와 같은 다세포 생물의 몸은 형태나 기능이 다양한 세포로 이루어져 있다. 그러나 코끼리가 토끼보다 몸집이 큰 것은 그 몸을 구성하는 세포의 크기가 커서가 아니다. 대부분 동물의 몸은 10~100㎛ 정도의 아주 작은 세포들로 이루어져 있다. 그럼 어째서 둘의 몸집이 다른 것일까? 그건 바로 코끼리의 몸을 이루는 세포의 수가 더 많기 때문이다. 세포는 생명 활동에 필요한 산소와 영양소를 외부로부터 받아들이고 생명 활동 과정에서 생긴 노폐물을 밖으로 다시 내보내는 물질 교환을 한다. 그런데 이것을 원활하게 하려면 세포의 크기가 커지는 것보다 하나의 세포가 여러 개의 작은 세포로 나누어져 표면적을 늘리는 것이 더 유리하다*.

2 세포는 어느 정도 커지면 둘로 나누어지는데, 이를 #세포 분열이라 한다. 단세포 생물인 아메바나 박테리아는 세포 분열이 곧 자손을 늘리는 것이지만, 사람과 같은 다세포 생물의 경우는 세포 분열이 #재생과 #생장이라는 주요 역할을 한다. 상처 난 손가락이 아물거나 키가 자라는 것은 바로 재생과 생장의 예이다. 또 생물이 자손을 만드는 #생식이 이루어질 때도 세포 분열이 활발히 일어난다.

3 한편, 사람의 몸을 이루는 체세포에는 #염색체가 들어 있는데, 염색체는 생물의 특징을 결정하는 여러 유전 정보를 저장하고 있는 유전 물질인 DNA와 단백질로 구성되어 있다. 사람의 체세포에는 크기와 형태가 같은 2개의 염색체가 쌍을 이루는 상동 염색체 23쌍

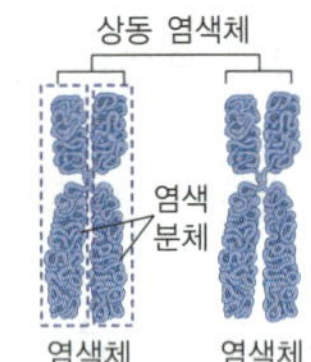

이 있다. 상동 염색체는 부모로부터 각각 염색체 한 개씩을 물려받은 것으로, 이 중 22쌍은 성별에 상관없이 공통으로 있는 상염색체이고, 1쌍은 성을 결정하는 성염색체로, X염색체와 Y염색체가 있다. 염색체는 평소에는 세포의 핵 속에 실처럼 풀어져 있다가 체세포 분열이 시작되면 응축되어* 막대 모양의 형태가 된다.

4 #체세포 분열은 하나의 체세포가 둘로 나누어지는 것으로, 체세포 분열 전의 세포인 모세포 하나가 동일한 유전 정보와 염색체 수를 가지는 2개의 딸세포*로 분열하는 과정을 통해 이루어진다. 체세포가 분열하기 전인 간기에는 세포의 핵막이 뚜렷한 형태를 보이며 유전 물질이 복제되어* 그 양이 두 배로 늘어난다. 세포 분열이 시작되는 전기에는 핵막이 사라지고 두 가닥의 염색 분체로 이루어진 막대 모양의 염색체가 모습을 나타내며, 중기에는 염색체가 세포의 중앙에 나란히 배열된다. 그리고 후기에는 두 가닥의 염색 분체가 분리되어 1개씩 세포의 양쪽 끝으로 이동하며, 말기에는 핵막이 나타나면서 2개의 핵이 만들어진다. 이어서 세포질 분열이 일어나는 단계가 되면 염색체가 핵 안에서 풀어진다. 이렇게 만들어진 딸세포 2개는 다시 시간이 흐르면서 어느 정도 커지면 모세포가 되어 같은 과정을 반복하게 되는데, 이러한 반복을 통해 우리의 몸은 재생과 생장을 하는 것이다.

전개 방식
파악하기

1 **윗글에 사용된 설명 방식으로 가장 적절한 것은?**

① 세포의 물질 교환 과정을 사례를 들어 설명하고 있다.

② 사람과 동물의 세포 분열 과정을 비교하여 설명하고 있다.

③ 체세포 분열의 과정을 단계에 따라 차례로 설명하고 있다.

④ 세포의 종류를 일정한 기준에 따라 나누어 설명하고 있다.

⑤ 다세포 동물과 단세포 동물의 생김새를 대조해 설명하고 있다.

세부 내용
파악하기

2 **윗글의 내용과 일치하지 <u>않는</u> 것은?**

① 모세포와 딸세포는 동일한 유전 정보를 가지고 있다.

② 단세포 동물은 세포 분열을 통해 재생, 생장, 생식을 한다.

③ 하나의 세포가 둘로 나누어지는 것을 세포 분열이라고 한다.

④ DNA에는 생물의 특징을 결정하는 유전 정보가 저장되어 있다.

⑤ 사람은 어머니와 아버지로부터 상동 염색체의 쌍 중 각각 하나씩을 물려받는다.

세부 내용
추론하기

고난도

3 **윗글을 통해 파악할 수 있는 내용으로 적절하지 <u>않은</u> 것은?**

① X염색체와 Y염색체는 성별을 결정하는 염색체이다.

② 상처 난 곳에 살이 재생되는 것은 체세포 분열로 인한 결과이다.

③ 체세포 분열을 막 끝낸 세포는 분열 전의 세포에 비해 크기가 작다.

④ 세포 분열을 통해 세포의 표면적을 줄일수록 영양소를 흡수하는 데 유리하다.

⑤ 호랑이와 고양이의 몸집이 다른 것은 체세포의 개수에 차이가 있기 때문이다.

수능찍먹

사례에
적용하기

4 **윗글을 바탕으로 <보기>의 그림을 이해한 내용으로 적절하지 <u>않은</u> 것은?**

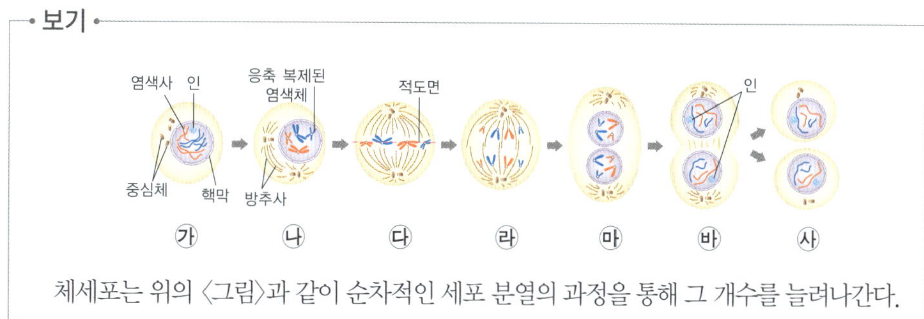

① ㉮와 달리 ㉴는 하나의 세포에서 유전 물질의 양이 두 배로 늘어나는 단계이다.

② ㉯는 핵막이 사라지는 단계이고, ㉲는 새로운 핵막이 나타나는 단계이다.

③ ㉮는 모세포이고 ㉴는 세포 분열의 결과로 만들어진 딸세포이다.

④ ㉱에서는 ㉰의 염색체에서 분리된 두 가닥의 염색 분체가 각각 양쪽 끝으로 이동한다.

⑤ ㉯에서는 막대 모양의 염색체가 나타나고, ㉳에서는 염색체가 핵 안에서 풀어지게 된다.

◆ **개념 한눈에 보기**

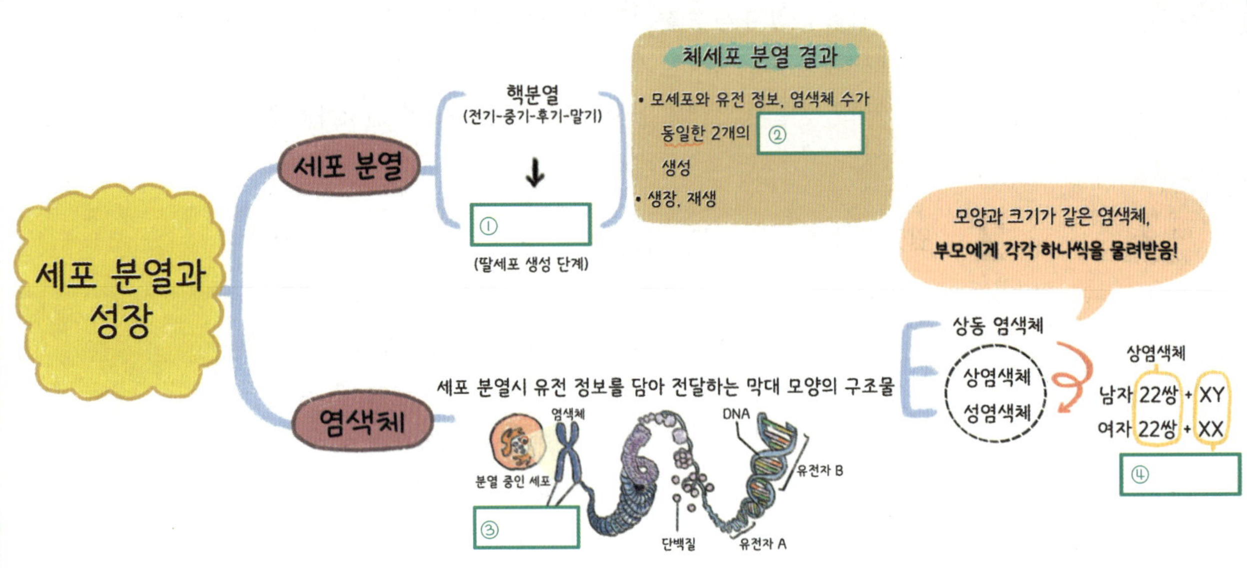

📗 교과 개념 사전

#세포 분열 [세:포] [부녈]
일정한 크기에 도달한 세포가 두 개의 세포로 나누어지는 현상.

#재생 [재:생]
상실되거나 손상된 생물체의 한 부분에 새로운 조직이 생겨 다시 자라남.

#생장 [생장]
생물의 몸이 점점 커지는 것.

#생식 [생식]
생물이 자기와 닮은 개체를 만들어 종족을 유지하는 현상. 유성 생식과 무성 생식으로 나눈다.

#염색체 [염:색체]
생물의 종류나 성에 따라 그 수가 일정한 유전자의 집합체. 사람의 체세포에는 46개(23쌍)의 염색체가 들어 있으며, 이 중 22쌍은 남녀에게 공통적으로 들어가는 상염색체이고, 나머지 1쌍은 성을 결정하는 성염색체이다.

#체세포 분열 [체세포] [부녈]
사람의 몸을 구성하는 체세포가 둘로 나누어지는 과정으로, 생장, 재생, 생식이 이루어질 때 일어난다.

교과 개념 확인 Quiz ✏️

다음 물음에 답하시오.

❶ 사람의 체세포에 있는 염색체 중에서 ☐☐ ☐☐는 남성과 여성을 구분하는 역할을 한다.

❷ 다세포 생물은 세포 분열에 의해 세포의 크기가 늘어나서 몸집이 커진다.　　○ ┊ ✕

❸ 체세포 분열은 모세포 1개로부터 딸세포 2개가 형성된다.　　○ ┊ ✕

❹ 체세포 분열로 만들어진 딸세포의 염색체 수는 모세포의 절반이다.　　○ ┊ ✕

❺ 우리의 몸은 체세포 분열의 과정을 반복하며 ☐☐과 ☐☐이라는 중요한 역할을 수행한다.

20일차

2 >> 생명과학

넌 대체 누굴 닮은 거니?

Step 1　교과 개념 톡 생각 열기

◆ 무엇을 배울까?

초등	중등	고등	수능기출
과학 3-1 교과서 4단원 생물의 한살이	과학 3 교과서 6단원 생식과 유전	생명과학 교과서 3단원 생명의 연속성과 다양성	2007년 3월 고3 교육청 [21-24] 유전자와 인간

❶ 유전 용어를 알고 멘델이 한 유전 실험의 의의 이해하기

　#형질　　#대립 형질　　#우성　　#열성

❷ 멘델이 발견한 법칙을 통해 유전자의 전달 원리와 과정 이해하기

　#분리 법칙　　#독립 법칙

💡 생각해 보기　둥근 완두콩만 재배했는데 주름진 완두콩이 나온 까닭은 무엇일까?

1 한쪽은 수학을 잘하고, 다른 한쪽은 수학을 못하는 부모 사이에서 태어난 아이는 중간 정도의 수학 실력을 가질까? 만약 모든 유전이 이런 식으로 중간 정도에서 이루어진다면, 부모가 지닌 우수한 #형질은 대가 이어질수록 점점 덜 우수한 쪽으로 변해 갈 것이다. 그런데 19세기의 과학자 멘델은 순종˚ 완두 둘을 교배하는˚ 실험을 통해 놀라운 사실을 발견했다. 순종 둥근 완두와 순종 주름진 완두를 교배하여 나온 잡종은 둥글면서 주름진 중간 형태가 아니라 모두 둥근 완두가 된다는 것이었다. 또한 이렇게 나온 잡종을 다시 교배하면 둥근 완두가 약 75%, 주름진 완두가 약 25% 정도가 나온다는 결과를 얻었다. 이러한 실험을 통해 둥글거나 주름진 형태는 완두가 지니는 #대립 형질이며, 이 대립 형질을 이루는 대립 유전자의 구성에 따라 겉모습이 달라질 수 있음을 알아냈다.

2 순종 둥근 완두(RR)와 순종 주름진 완두(rr)를 교배하면 대립 유전자 'R', 'r'은 각각 분리되어 서로 다른 생식 세포로 들어가는데, 이를 분리 법칙이라 한다. 이렇게 분리되어 생식 세포에 들어간 'R'과 'r'

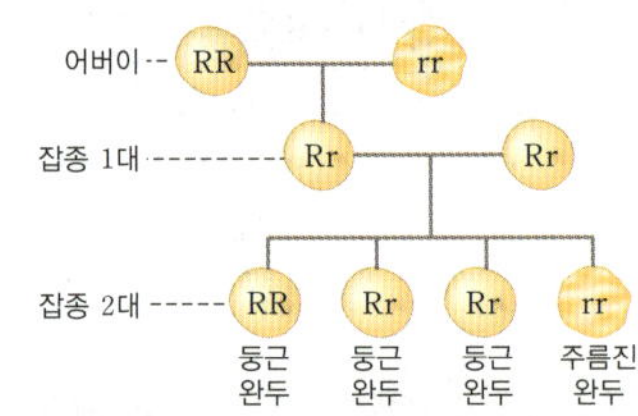

이 결합하여 얻은 잡종 1대는 언제나 둥근 완두(Rr)가 된다. 대립 형질이 다른 두 순종 개체를 교배했을 때 잡종 1대에서 발현되는˚ 형질을 #우성, 그렇지 않은 형질을 #열성이라 하는데 완두는 둥근 형태(R)가 우성, 주름진 형태(r)가 열성인 것이다. 잡종 1대의 둥근 완두(Rr) 둘을 다시 교배하면, #분리 법칙에 따라 잡종 2대에서는 ㉠둥근 완두(RR), 둥근 완두(Rr), 주름진 완두(rr)가 1:2:1의 비율로 나온다.

3 그렇다면 ㉡두 가지 형질을 지닌, 둥글고 노란색인 순종 완두(RRYY)와 주름지고 초록색인 순종 완두(rryy)를 교배하면 어떻게 될까? 둥근 형태와 노란색이 우성이므로 잡종 1대에서는 우열의 원리에 따라 둥글고 노란색인 완두(RrYy)만 나온다. 모양, 색깔을 결정하는 대립 유전자 쌍은 서로 영향을 미치지 않고 각각 분리되어 서로 다른 생식 세포로 들어간다는 #독립 법칙에 의해 둥글고 초록색인 완두나 주름지고 노란색인 완두는 나오지 않는다. 그런데 둥글고 노란색인 잡종 완두(RrYy)끼리 다시 교배하면 그때에는 다양한 유전자형을 지닌 잡종 2대가 만들어진다. 'RRYY', 'RrYy' 등과 같이 우성 형질 'R'과 'Y'가 발현되거나 'rryy'와 같이 열성 형질 'r'과 'y'가 발현되는 등의 방식으로 우열의 원리에 따라 '둥글고 노란색인 완두, 둥글고 초록색인 완두, 주름지고 노란색인 완두, 주름지고 초록색인 완두'가 특정 비율로 나온다. 형질이 다양할수록, 교배의 횟수가 많아질수록 복잡한 유전자형이 결합된 자손이 나오는 것이다. 하지만 인간은 완두와는 비교할 수 없이 복잡한 유전자 구조를 지녔으며, 수학 실력이 특정 유전자 때문인지도 아직 규명되지˚ 않았다. 수학을 잘하지 못하는 것이 꼭 부모 때문만은 아닌 것이다.

---

1 문단

□□□의 완두 실험

대립 □□을 이루는 대립 유전자의 구성에 따라 겉모습이 달라질 수 있음을 알아냄.

• 순종 다른 계통과 섞이지 아니한 유전적으로 순수한 계통 혹은 품종.
• 교배하다 생물의 암수를 인위적으로 수정 또는 수분시켜 다음 세대를 얻다.

2 문단

□□ 법칙과 □□ 유전자의 발현

대립 유전자의 분리와 결합에 의해 잡종 1대가 만들어질 때, 우성 대립 유전자와 열성 대립 유전자가 결합하면 언제나 □□ 형질이 발현됨.

• 발현되다 속에 있거나 숨은 것이 밖으로 나타나다.

3 문단

□□ 법칙에 따른 다양한 형질의 유전

여러 형질이 함께 유전될 때에는 각각의 형질이 □□적으로 분리되어 유전되며, 각각의 형질은 우성과 □□의 관계에 따라 다른 비율로 발현됨.

• 규명되다 어떤 사실이 자세히 따져져 바로 밝혀지다.

1 윗글에서 사용된 설명 방식으로 적절하지 <u>않은</u> 것은?

① 핵심 용어의 뜻을 밝혀 독자의 이해를 돕고 있다.

② 실생활 사례를 통해 독자의 관심을 유도하고 있다.

③ 권위 있는 사람의 말을 빌려 주장을 강화하고 있다.

④ 묻고 대답하는 방식을 통해 실험 결과를 설명하고 있다.

⑤ 시각 자료를 통해 실험 내용을 구체적으로 제시하고 있다.

2 윗글의 내용과 일치하는 것은?

① 수학을 잘하는 것과 못하는 것은 유전되는 대립 형질이다.

② 잡종 1대와 달리 잡종 2대에서는 순종이 나올 확률이 사라진다.

③ 대립 유전자 쌍은 유전될 때 분리되어 하나의 생식 세포로 들어간다.

④ 우성과 열성의 대립 형질을 가진 생물은 우성과 열성의 중간 형질이 유전된다.

⑤ 두 가지 형질이 함께 유전될 때 각 형질의 대립 유전자 쌍은 독립적으로 유전된다.

고난도

3 ㉠을 통해 이끌어 낼 수 있는 내용으로 적절하지 <u>않은</u> 것은?

① 우성 형질의 유전자끼리 결합하면 우성 형질이 나타난다.

② 열성 형질의 유전자끼리 결합하면 열성 형질이 나타난다.

③ 대립되는 형질의 유전자끼리 결합하면 우성 형질이 나타난다.

④ 대립 유전자의 결합 순서에 따라 우성 또는 열성 형질이 바뀐다.

⑤ 잡종 2대에서는 열성 형질보다 우성 형질이 나타날 확률이 높다.

수능찍먹

4 <보기>는 ㉡에 대한 실험 결과이다. 윗글의 내용을 참고할 때, <보기>의 질문에 대한 답변으로 가장 적절한 것은?

┌─ 보기 ─

둥글고 노란색인 완두와 주름지고 초록색인 완두를 교배하여 얻은 잡종 1대를 다시 교배하여 '둥글고 노란색인 완두, 둥글고 초록색인 완두, 주름지고 노란색인 완두, 주름지고 초록색인 완두'의 잡종 2대를 얻었다. 그렇다면 앞에 제시된 완두의 순서를 따를 때 잡종 2대의 비율은 어떻게 될까?

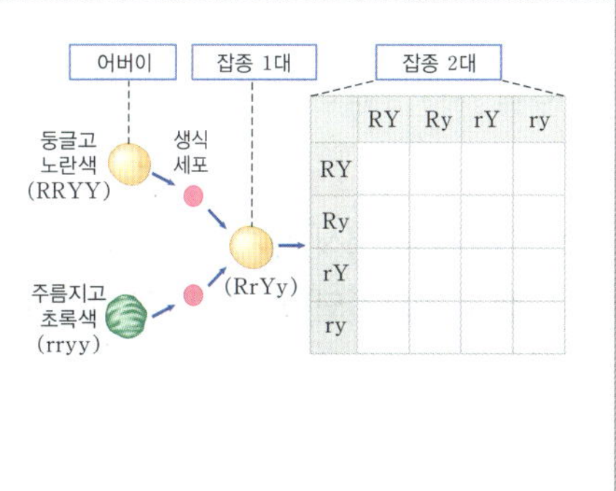

① 9 : 3 : 3 : 1   ② 7 : 4 : 4 : 1   ③ 6 : 4 : 4 : 2

④ 5 : 5 : 5 : 1   ⑤ 4 : 4 : 4 : 4

◆ 개념 한눈에 보기

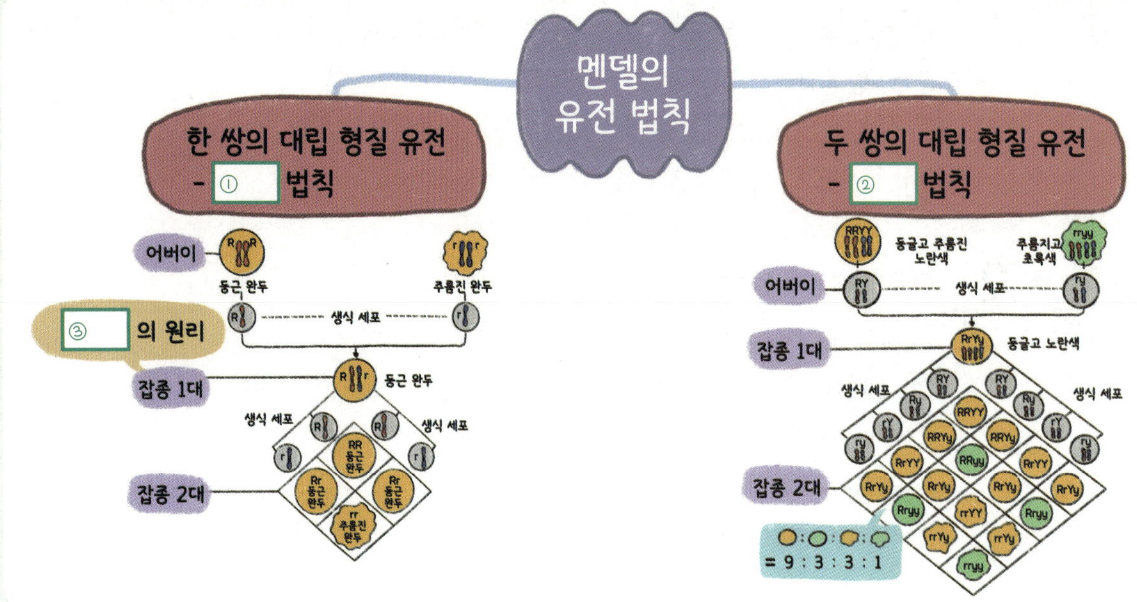

📖 교과 개념 사전

#형질 [형질]
동식물의 모양, 크기, 성질 따위의 고유한 특징.

#대립 형질 [대:립] [형질]
대립 유전자가 지배하는 형질. 서로 우성과 열성의 관계에 있는 것이 보통이다.

#우성 [우성]
대립 형질이 서로 다른 두 순종 품종을 교배하였을 때 나타나는 잡종 제1대의 형질.

#열성 [열썽]
대립 형질 중에서 잡종 제1대에는 나타나지 않는 형질.

#분리 법칙 [불리] [법칙]
유전의 과정에서 생식 세포가 만들어질 때, 쌍으로 존재하던 대립 유전자가 분리되어 서로 다른 생식 세포로 하나씩 나뉘어 들어가는 현상.

#독립 법칙 [동닙] [법칙]
두 가지 이상의 형질이 함께 유전될 때, 한 형질을 나타내는 대립 유전자 쌍이 다른 형질을 나타내는 대립 유전자 쌍에 영향을 받지 않고 독립적으로 분리되어 유전되는 현상.

교과 개념 확인 Quiz ✎

다음 물음에 답하시오.

❶ 콩의 모양이 둥글거나 주름지고, 콩의 색깔이 녹색이거나 노란색인 것처럼 대립 유전자에 의해 나타나는 특성을 ☐☐☐☐이라고 한다.

❷ 우성 형질을 가진 대립 유전자와 열성 형질을 가진 대립 유전자가 결합하면 열성 형질이 나타난다.　　　　○ ｜ X

❸ 둥근 완두의 대립 유전자가 Rr로 구성되어 있을 때 대립 유전자 R과 r이 각각 다른 생식 세포로 들어가는 현상을 ☐☐ 법칙이라 한다.

❹ 여러 형질이 동시에 유전될 때 각각의 형질에 나타나는 대립 유전자 쌍이 서로 영향을 받지 않고 유전되는 현상을 ☐☐ 법칙이라 한다.

이번 주에 배운 **핵심 교과 개념**을 확인해 볼까요?

본문에 수록된 교과 개념에 대한 자세한 풀이를

일차별로 묶어 부록에 담았어요.

부록 페이지를 찾아가서 이번 주에 배운 핵심 교과 개념을

다시 한번 복습해 보세요!

일차		# 핵심 교과 개념	부록
16일차	1	기권 ｜ 기권의 층상 구조 ｜ 복사 평형 ｜ 온실 효과 ｜ 지구 온난화	37p
	2	기압 ｜ 바람 ｜ 해륙풍 ｜ 계절풍 ｜ 기단 ｜ 전선면 ｜ 전선	38p
17일차	1	혼합층 ｜ 수온 약층 ｜ 심해층 ｜ 염류 ｜ 염분 ｜ 염분비 일정 법칙	39p
	2	해류 ｜ 표층 해류 ｜ 대기 대순환 ｜ 무역풍 ｜ 편서풍 ｜ 표층 순환 ｜ 기후 변화	40p
18일차	1	이동 거리 ｜ 속력 ｜ 등속 운동 ｜ 공기 저항 ｜ 자유 낙하 운동	19p
	2	일 ｜ 일의 양 ｜ 에너지 ｜ 운동 에너지 ｜ 위치 에너지	20p
19일차	1	자극 ｜ 시각 ｜ 청각 ｜ 후각 ｜ 미각 ｜ 피부 감각	07p
	2	뉴런 ｜ 중추 신경계 ｜ 말초 신경계 ｜ 무조건 반사 ｜ 호르몬 ｜ 항상성	08p
20일차	1	세포 분열 ｜ 재생 ｜ 생장 ｜ 생식 ｜ 염색체 ｜ 체세포 분열	09p
	2	형질 ｜ 대립 형질 ｜ 우성 ｜ 열성 ｜ 분리 법칙 ｜ 독립 법칙	10p

INDEX

ㄱ

겉보기 등급	119
계	015
계절풍	141
고체	027
공기 저항	153
광원	077
광합성	095
기공	095
기관	011
기관계	011
기권	137
기권의 층상 구조	137
기단	141
기압	141
기체	027
기체 발생 반응	127
기화	027
기후 변화	149
끓는점	061
끓는점 차이	065

ㄴ

네프론	107
녹는점	061
뉴런	165

ㄷ

다세포 생물	011
단세포 생물	011
단열	019
닫힌 공간	127
대기 대순환	149
대기압	039
대류	019
대륙 이동설	073
대립 형질	173
대전	111
독립 법칙	173
등속 운동	153

ㅁ

마찰력	047
말초 신경계	165
매질	081
모세관 현상	095
무게	047
무역풍	149
무조건 반사	165
물리 변화	085
미각	161
밀도	061
밀도 차이	065

ㅂ

바람	141
바이메탈	023
반응열	131
발열 반응	131
배설	107
배설계	107
변성암	069
변이	015
별자리	057
보일 법칙	039
복사	019
복사 평형	137
부력	047
부피	039
분리 법칙	173
비열	023
빛에너지	095
빛의 굴절	077
빛의 반사	077
빛의 직진	077
빛의 합성	077

ㅅ

산소	099
상태 변화	031
생물 다양성	015
생물 분류	015
생식	169
생장	169
샤를 법칙	039
성간 물질	123
성단	123
성운	123
세포	011
세포 분열	169
소화 효소	103
소화계	103
속력	153
수온 약층	145
순물질	061
순환계	103
승화	027
시각	161
시차	119
식물의 호흡	099
심장	103
심해층	145

ㅇ

알짜힘	043
암석의 순환	069
압력	039
앙금 생성 반응	127
액체	027
액화	027
양이온	089
어는점	061
에너지	157
연소 반응	127
연주 시차	119
연주 운동	057
열량	023
열린 공간	127
열분해	131
열성	173
열에너지	031
열에너지 방출	031
열에너지 흡수	031
열팽창	023
열평형	019
염류	145
염분	145
염분비 일정 법칙	145
염색체	169
엽록체	095
영양소	103

오로라 053
온도 039
온실 효과 137
옴의 법칙 111
외부 은하 123
용해도 061
우리은하 123
우성 173
운동 상태 043
운동 에너지 157
원소 085
원자 085
원자핵 089
위치 에너지 157
융해 027
은하 123
음이온 089
응고 027
이동 거리 153
이산화 탄소 095
이온 089
일 157
일의 양 157
일주 운동 057
입자 035
입자의 운동 035

ㅈ

자극 161
자기 폭풍 053
자기력 115
자기장 115
자유 낙하 운동 153
재결정 065
재생 169
저항 111
전기 111
전도 019
전동기 115
전류 111
전선 141
전선면 141
전압 111
전자 089
전자석 115
전하 089
절대 등급 119
정전기 111

조직 011
종 015
종파 081
주기율표 085
중력 047
중추 신경계 165
증류 065
증발 035
증산 작용 095
지각 069
지구 온난화 137
지구의 공전 057
지구의 자전 057
지진대 073
진동수 081
진폭 081
질량 047
질량 보존 법칙 127

ㅊ

청각 161
체세포 분열 169

ㅋ

코로나 053
콩팥 107
크로마토그래피 065

ㅌ

탄성력 047
태양풍 053
퇴적암 069

ㅍ

파동 081
파장 081
파형 081
판 구조론 073

편서풍 149
폐포 107
포도당 099
표면 온도 119
표층 순환 149
표층 해류 149
플레어 053
피부 감각 161

ㅎ

항상성 165
해류 149
해륙풍 141
혈관 103
형질 173
호르몬 165
호흡 107
호흡계 107
혼합물 061
혼합층 145
홍염 053
화산 073
화산 활동 073
화산대 073
화성암 069
화학 반응식 085
화학 변화 085
화합물 085
확산 035
황도 057
횡파 081
후각 161
흑점 053
흡열 반응 131
힘 043
힘의 평형 043

수능까지 이어지는 독해의 기술
독기

수능까지 이어지는 **독해의 기술**

독기

정답과 해설

중학국어

비문학 독해

과학개념

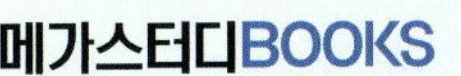

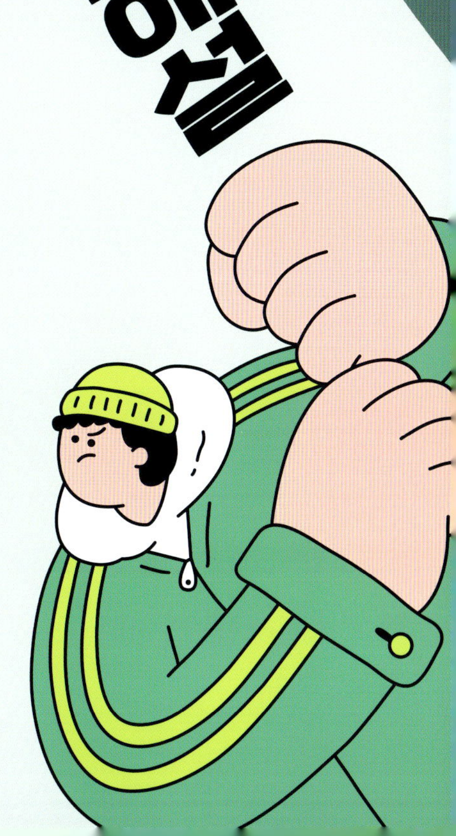

메가스터디BOOKS

수능까지 이어지는 **독해의 기술**

독끼

정답과 해설

중학국어

비문학 독해
과학개념

메가스터디BOOKS

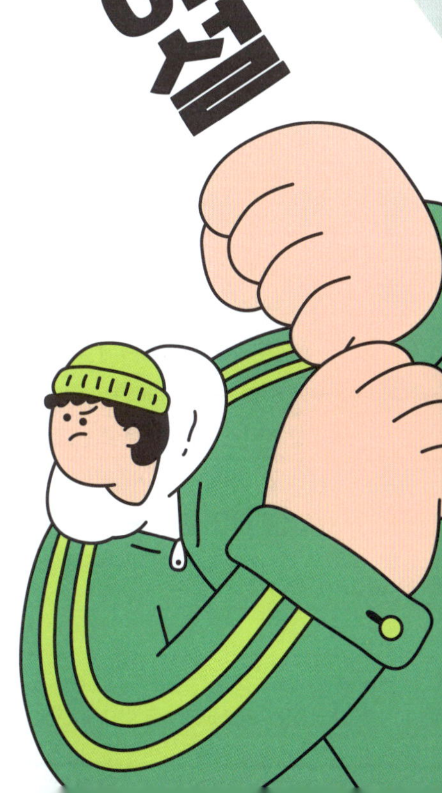

1 »생명과학
우리 몸을 이루는 아주 작은 방, 세포

| 구성 |

1+2 몸을 구성하는 세포의 발견
- 우리 몸과 세포의 관계: 우리 몸은 수많은 세포로 이루어짐.
- 세포의 발견: 레벤후크와 로버트 훅이 현미경을 발명하여 각각 미생물과 세포를 발견함.

3 세포의 구조와 기능
- 세포의 구조: 동물 세포와 식물 세포는 모두 핵, 세포막, 세포질로 구성되고 세포질 안에 마이토콘드리아가 있으나, 동물 세포와 달리 식물 세포에는 엽록체와 세포벽이 있음.
- 세포의 기능: 생물이 살아가는 데 필요한 모든 활동이 일어남.

4 동물의 구성 단계
세포 → 조직 → 기관 → 기관계 → 개체

| 주제 | 세포의 구조와 기능 및 동물의 구성 단계

Step 2 교과 개념 쏙 지문 독해 · 본문 012쪽

1 ③　　2 ④　　3 ①

1 세부 내용 파악하기　답 ③

2문단에 따르면, 레벤후크는 현미경을 만들어 연못의 물이나 빗물 속에서 꿈틀거리는 미생물들을 발견했다. 그리고 그의 연구 결과는 영국 왕립 학회에 발표되었고, 이후 미생물학이 성립되고 발전하는 데 영향을 주었다. 따라서 레벤후크의 연구는 미생물학이 성립되고 발전하는 데 영향을 주었다고 할 수 있다.

오답 챙기기

① 1문단에서 우리 몸의 세포들 중 크기가 가장 작은 세포는 적혈구이며, 가장 큰 세포는 난자라고 하였다.

② 1문단에서 최근 연구에 따르면 우리 몸은 60~100조 개의 세포로 이루어져 있다고 하였다. 따라서 우리 몸을 이루는 세포의 수가 적어도 100조 개 이상이라는 이해는 적절하지 않다.

④ 3문단에서 1800년대 후반 현미경의 성능이 향상되어 세포 하나의 구조가 어떠한지를 알 수 있게 되었다고 하였다.

⑤ 2문단에서 로버트 훅은 코르크를 관찰하여 작은 방 하나하나를 '세포'라고 이름붙였다고 하였다. 여기서 '방'은 작은 공간을 비유적으로 표현한 말이므로, 로버트 훅이 작은 방들이 규칙적으로 배열된 구조를 세포라고 이름붙였다는 이해는 적절하지 않다.

2 세부 내용 추론하기　답 ④

3문단에서 동물 세포와 식물 세포 모두, '핵, 세포막, 세포질'로 구성되어 있으며, 세포질에는 마이토콘드리아가 있다고 하였다. 그런데 동물 세포와 달리 식물 세포에는 세포질에 광합성을 하여 양분을 만드는 엽록체가 있고, 세포막 바깥쪽에서 세포를 보호하는 두꺼운 벽인 세포벽도 있다고 하였다. 따라서 ㉠에 엽록체가 없다는 설명은 적절하다. 그러나 ㉡에 있는 엽록체는 세포의 핵 안이 아니라, 세포질 안에 있는 것이므로 ④의 설명은 적절하지 않다.

오답 챙기기

① 3문단에서 동물 세포와 식물 세포는 모두 핵, 세포막, 세포질로 구성되어 있으며, 핵은 생명 활동을 조절한다고 하였다.

② 3문단에서 동물 세포와 식물 세포는 모두 핵, 세포막, 세포질로 구성되어 있으며, 세포질을 세포 내부를 채우는 부분이라고 하였다.

③ 3문단에서 동물 세포와 식물 세포는 모두 세포질에 생명 활동에 필요한 에너지를 만드는 마이토콘드리아가 있다고 하였다.

⑤ 3문단에서 동물 세포와 달리 식물 세포에는 세포막 바깥쪽에서 세포를 보호하는 두꺼운 벽인 세포벽이 있다고 하였다.

3 사례에 적용하기　답 ①

4문단을 통해 동물의 경우, '세포'들이 모여 '조직'을 이루고, 조직이 모여 '기관'을 이루며, 기관이 모여 '기관계'를 이룬 다음, 기관계들이 모여 '개체'가 됨을 알 수 있다. 따라서 ⓐ에는 '조직'이, ⓑ에는 '기관'이 들어가는 것이 적절하다. 한편, ⟨보기⟩에서 동식물은 세포, 조직, 기관, 개체의 공통된 단계를 거쳐 구성되어 있지만, 식물의 경우에는 몇 개의 조직이 모여 특정한 기능을 하는 조직계를 구성하고 조직계가 모여 기관을 이룬다고 하였다. 따라서 ⓒ에는 '조직계'가, ⓓ에는 '기관'이 들어가는 것이 적절하다.

Step 3 교과 개념 목 핵심 정리 · 본문 014쪽

◆ **개념 한눈에 보기**
① 세포　② 핵　③ 세포벽　④ 엽록체　⑤ 기관계　⑥ 조직계

• **교과 개념 확인 Quiz** ✎
❶ ○　❷ 단세포, 다세포　❸ ○　❹ ×　❺ 기관계

Tip ❹ 핵은 동물 세포와 식물 세포에 모두 들어 있지만, 세포벽은 식물 세포에만 들어 있다.

2 ≫생명과학
우리 주변에는 어떤 친구들이 살지?

| 구성 |

1+2 생물 다양성의 개념과 특징
- 생물 다양성의 개념: 한 `지역`에 살고 있는 생물의 다양한 정도. 생물의 다양성이 높을수록 `생태계`가 안정적으로 유지됨.
- `변이`와 생물 다양성의 관계: 같은 종류의 생물 사이에서 나타나는 생김새나 특성의 차이인 `변이`는 생물 다양성에 영향을 줌.

3+4 생물 분류의 방법과 목적
- 생물을 `분류`하는 방법: 일정한 기준에 따라 무리를 나눔. '`계` → 문 → 강 → 목 → 과 → 속 → `종`'의 단계로 갈수록 범위가 좁아짐.
- 생물을 분류하는 `목적`: 생물 사이의 가깝고 먼 `관계`를 파악하기 위해서임.

| 주제 | 생물 다양성의 의미 및 생물 분류의 방법과 목적

Step 2 교과 개념 쏙 지문 독해 · 본문 016쪽

| 1 ⑤ | 2 ④ | 3 ④ | 4 ③ |

1 핵심 내용 파악하기 탭 ⑤

1문단에서 파괴된 생태계를 복원하는 것은 생물 다양성을 지키는 것과 밀접한 관련을 맺고 있다고 언급하고 있지만, 생태계가 다양하게 나타나는 이유는 설명하고 있지 않다.

2 세부 내용 파악하기 탭 ④

3문단에서 '식물계와 동물계에 속한 생물은 모두 핵막이 있는 다세포 생물'이라고 하였다. 따라서 세포의 수와 핵막의 유무로 동물계와 식물계를 구분하기는 어렵다.

오답 챙기기

① 3문단에서 자연 상태에서 생식 능력이 있는 자손을 낳을 수 있는가 없는가에 따라 종을 분류한다고 하였다.
② 2문단에 제시된 곤충의 예를 통해서 알 수 있다.
③ 3문단에서 계에서 종으로 갈수록 분류의 범위가 좁아진다고 하였는데, 이는 반대로 종에서 계로 갈수록 분류된 생물의 범위가 넓어진다는 의미이다.
⑤ 4문단에서 분류된 생물들이 지닌 특징을 비교해 보면 생물 사이의 가깝고 먼 관계를 알 수 있다고 하였다.

3 세부 내용 추론하기 탭 ④

1문단에서 생물 다양성은 한 지역에 살고 있는 생물의 다양한 정도를 말한다고 하였고(ⓒ), 생태계의 복원은 생물 다양성을 지키는 것과 밀접한 관련을 맺고 있다고 하였다. 따라서 생태계가 다양할수록 지구 전체의 생물 다양성을 높일 수 있다(ⓐ). 그리고 2문단에서 생물 사이에서 나타나는 생김새와 특성의 차이인 변이도 생물 다양성과 연관이 있다고 하였다. 따라서 같은 종류의 생물에서 생김새나 특성이 달라도 생물 다양성에 영향을 준다(ⓓ).

수능찍먹
4 사례에 적용하기 탭 ③

2문단의 예로 제시된 곤충은 그 색이 환경에 더 가까운 것들만 살아남았다. 그리고 〈보기〉에서 B 섬에서는 짧고 단단한 부리를 지닌 새들만 계속 살아남았고, C 섬에서도 긴 부리를 지닌 새들만 계속 살아남았다. 따라서 B 섬과 C 섬의 새들은 먹이를 먹기에 알맞은 부리를 지닌 것들만 살아남은 것이지, 먹이로 인해 부리 자체의 모양이 변형돼 버린 것은 아니다.

오답 챙기기

① B 섬에서는 딱딱한 씨앗을 먹기에 알맞은 짧고 단단한 부리를 지닌 새들이 살아남은 것으로 보아, 긴 부리를 지닌 새들은 환경에 적응하지 못했을 것이다.
② B 섬과 C 섬의 새들은 다른 섬의 새들과 교류하지 않은 채 오랜 시간이 흐르면서 다른 종으로 바뀌었으므로, 현재 C 섬의 새들은 A 섬에 살던 조상 새들과 종이 다를 수 있을 것이다.
④ B 섬과 C 섬에서 살아남은 새들의 자손들은 그 특성이 더 강한 부리를 지닌 것들이 살아남았다고 하였으므로, 부리의 특성이 자손에게 전달되었을 것이다.
⑤ B 섬과 C 섬의 새들은 교류하지 않고 오랜 시간이 흐르면서 부리 모양, 즉 특징의 차이가 커져 다른 종이 된 것이다.

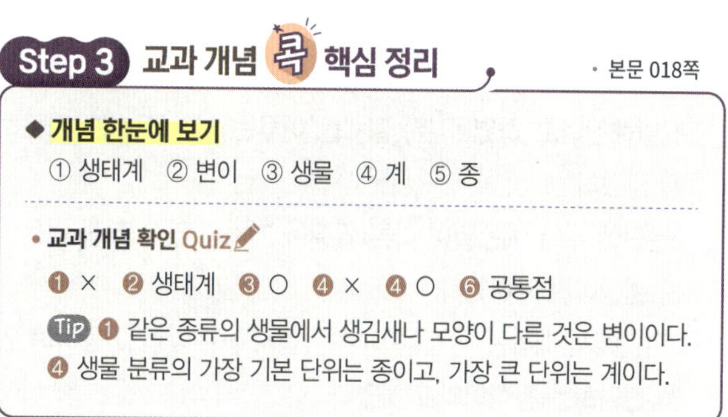

Step 3 교과 개념 콕 핵심 정리 · 본문 018쪽

◆ **개념 한눈에 보기**
① 생태계 ② 변이 ③ 생물 ④ 계 ⑤ 종

• **교과 개념 확인 Quiz**
❶ ✕ ❷ 생태계 ❸ ○ ❹ ✕ ❺ ○ ❻ 공통점
Tip ❶ 같은 종류의 생물에서 생김새나 모양이 다른 것은 변이이다.
❹ 생물 분류의 가장 기본 단위는 종이고, 가장 큰 단위는 계이다.

1 »물리학
열은 어떤 방법으로 이동할까?

| 구성 |

1 온도와 입자의 운동 관계
물체를 구성하는 입자의 운동이 활발할수록 온도가 높고, 둔할수록 온도가 낮음.

2 여러 가지 열의 이동 방법
• 전도: 물질을 구성하는 입자들이 서로 충돌하며 열이 이동하는 현상
• 복사: 열이 다른 물질을 거치지 않고 직접 이동하는 현상
• 대류: 물질을 이루는 입자들이 직접 이동하며 열을 전달하는 현상

3 열의 이동과 열평형
온도가 다른 두 물체가 접촉하면 열이 온도가 높은 물체에서 낮은 물체로 이동하며 두 물체의 온도가 같아지는 열평형에 도달함.

4 열의 이동을 막는 단열
솜이나 스타이로폼, 알루미늄 등의 단열재를 활용하여 열의 이동을 막음으로써 물체의 온도 변화를 줄임.

| 주제 | 열의 이동 방법과 열평형

Step 2 교과 개념 쏙 지문 독해 · 본문 020쪽

| 1 ② | 2 ② | 3 ⑤ | 4 ④ |

1 핵심 내용 파악하기 답 ②
전도는 입자 사이의 충돌에 의해 열이 전달되는 방식이다. 따라서 떨어져 있는 물체 사이에서는 전도에 의해 열이 이동할 수 없다.

오답 챙기기
① 3문단에서 열은 온도가 높은 물체에서 낮은 물체 쪽으로 이동한다고 하였으므로 열은 온도가 높은 곳에서 낮은 곳으로 이동한다.
③ 1문단에서 온도가 높아지면 물체를 구성하는 입자의 운동이 활발해진다고 하였을 뿐, 물체를 이루는 입자의 수는 언급하지 않았다.
④ 2문단에서 복사는 열이 다른 물질을 거치지 않고 직접 이동하는 현상이라고 하였다.
⑤ 2문단에서 대류는 물질을 이루는 입자들이 직접 이동하며 열을 전달하는 방식이라고 하였다.

2 세부 내용 추론하기 답 ②
단열은 열의 이동을 차단하여 물체의 온도 변화를 줄이는 방법이다. 단열이 잘 된 건물은 열의 이동이 잘 일어나지 않기 때문에 내부와 외부가 열형평을 이루기 어렵다.

오답 챙기기
① 1문단에서 물체를 구성하는 입자의 운동이 활발할수록 물체의 온도가 높고, 입자의 운동이 둔할수록 물체의 온도가 낮다고 하였다.
③ 2문단에서 설명한 대류의 원리에 따라 에어컨은 위쪽에, 난로는 아래쪽에 설치하면 공기의 대류가 잘 일어나 효율적인 냉난방을 할 수 있다.
④ 4문단에서 알루미늄 소재는 단열재로 쓰인다고 하였다. 따라서 배달 가방의 안감을 알루미늄 소재로 만들면 열의 이동을 차단하여 음식을 따뜻하게 전달할 수 있을 것이다.
⑤ 3문단에서 온도가 높은 물체가 빼앗긴 열의 양만큼 온도가 낮은 물체가 열을 얻어서 열평형을 이룬다고 하였다.

3 사례에 적용하기 답 ⑤
㉠은 전도의 사례이다. ②은 전도에 의한 열의 이동을 막은 사례이고, ①, ③, ④는 전도를 통해 열이 이동한 사례이다. 그러나 ⑤는 태양의 열이 직접 이동하여 눈을 녹인 것으로, 복사를 통해 열이 이동한 사례이다.

4 사례에 적용하기 답 ④
진공은 어떠한 물질도 없는 상태를 말한다. 이는 열을 전달할 물질이 없다는 것을 의미한다. 따라서 기체 입자가 필요한 대류(ⓐ)와 고체 입자가 필요한 전도(ⓑ)는 일어날 수 없으므로 전도나 대류에 의한 열의 이동을 막을 수 있다. 그리고 은이나 알루미늄은 복사로 전달되는 열을 반사하는데, 보온병 내벽이 은으로 도금되어 있다고 하였으므로 복사(ⓒ)에 의한 열의 이동도 막을 수 있다.

Step 3 교과 개념 록 핵심 정리 · 본문 022쪽

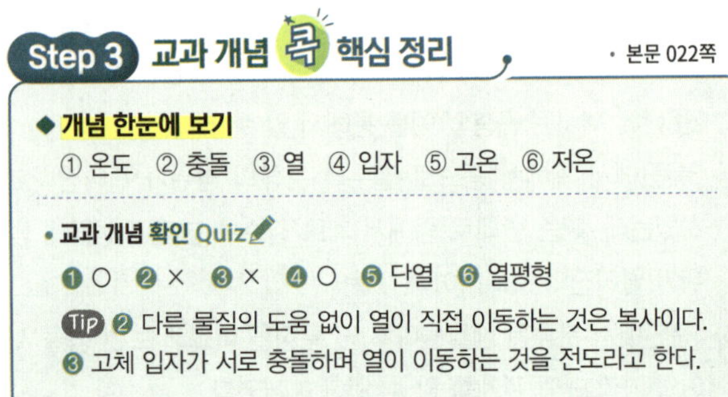

2 ≫ 물리학
열을 받으면 커지는 것들이 있다고?

| 구성 |

1 물질의 온도 상승과 열량의 관계
물질의 종류에 따라 온도를 높이는 데 필요한 열량이 다름.

2 비열의 개념 및 특성
비열은 물질 1kg의 온도를 1℃ 높이는 데 필요한 열량으로, 물질의 종류에 따라 고유한 값을 지님.

3 열팽창의 개념
열을 가할 때 물질을 이루는 입자의 운동이 활발해져 물체의 길이 또는 부피가 늘어나는 현상을 의미함.

4 열팽창 현상을 활용한 바이메탈
바이메탈은 열팽창 정도가 다른 두 물질을 붙여 놓은 것으로, 일정 수준 이상으로 온도가 올라가면 팽창이 잘 안 되는 쪽으로 휘는 특성이 있음.

| **주제** | 비열과 열팽창에 대한 이해

Step 2 교과 개념 쏙 지문 독해 · 본문 024쪽

1 ② 2 ④ 3 ① 4 ②

1 세부 내용 파악하기 답 ②

2문단의 '비열이 클수록 온도 변화는 작게 일어난다.'에서 비열과 온도 변화는 반비례함을 알 수 있다. 즉 비열이 작을수록 온도 변화는 크게 일어난다.

2 세부 내용 추론하기 답 ④

4문단에 따르면, 같은 조건에서 알루미늄이 철보다 약 2배 이상 팽창한다. 즉 철의 팽창률이 알루미늄보다 낮다. 바이메탈에 열을 가하면 팽창이 잘 안 되는 쪽으로 휘므로 철과 알루미늄을 붙여 만든 바이메탈에 열을 가하면 팽창률이 낮은 철 쪽으로 휘어진다.

오답 챙기기

① 2문단에 따르면, 어떤 물질 1kg의 온도를 1℃ 높이는 데 필요한 열량을 그 물질의 비열이라고 하며, 물의 비열은 1kcal/(kg·℃)이다. 따라서 물 1kg의 온도를 1℃ 높이는 데는 1kcal의 열량이 필요하다.

② 2문단에서 비열은 물질의 종류에 따라 고유한 값을 가진다고 하였고, 4문단에서 열팽창의 정도는 물질마다 다르다고 했으므로 비열과 열팽창 정도를 활용해 물질의 종류를 구분할 수 있다.

③ 3문단의 '철도의 선로 이음새에 틈을 만드는 것도 뜨거운 여름에 쇠로 된 선로가 열팽창으로 인해 휘는 상황을 대비하기 위한 것이다.'에서, 철길의 선로를 끊지 않고 길게 이어 만들면 더운 날에 선로가 휠 수 있다는 것을 알 수 있다.

⑤ 4문단의 '여러 가지 재료를 이용하여 건물이나 도로 등을 지을 때에는 각 재료의 열팽창률을 고려해야 한다.'와 '콘크리트와 철근은 열팽창 정도가 비슷하여 함께 사용해도 온도 상승에 따른 변형이 작기 때문에'라는 설명에서, 열팽창률 차이가 큰 재료들로 건물을 지으면 고온의 날씨에 건물이 변형될 위험이 있다는 것을 짐작할 수 있다.

3 세부 내용 추론하기 답 ①

2문단의 '만약 양은 냄비 대신 비열이 높은 뚝배기에 라면을 끓인다면 면이 늦게 익으며 퉁퉁 불어 버릴 것이다.'에서 양은 냄비의 비열이 뚝배기보다 작으며, 양은 냄비를 이용하면 상대적으로 빨리 면을 익힐 수 있다는 사실을 알 수 있다. 그리고 '비열이 클수록 온도 변화는 작게 일어난다.'라는 설명에서, 양은 냄비는 비열이 작아서 온도 변화가 크게 일어나 물이 끓는 속도가 빠르다는 것을 알 수 있다. 따라서 양은 냄비는 비열이 작기 때문에 물이 끓는 속도가 빨라져 면을 빨리 익힐 수 있다.

수능찍먹

4 사례에 적용하기 답 ②

2문단에 따르면, 물의 비열(1)이 모래의 비열(0.19)보다 약 5배 정도 크다. 이를 통해 육지의 비열이 바다의 비열보다 작다는 것을 알 수 있다. 그리고 비열이 작을수록 온도 변화가 더 크게 일어나므로 햇볕이 내리쬐는 낮에는 육지의 온도가 바다보다 빨리 높아진다. 이 때문에 따뜻하게 데워진 육지의 공기가 상승하고, 공기가 빠져나간 공간으로 바다의 차가운 공기가 이동하면서 바다에서 육지로 해풍이 불게 된다.

Step 3 교과 개념 쿡 핵심 정리 · 본문 026쪽

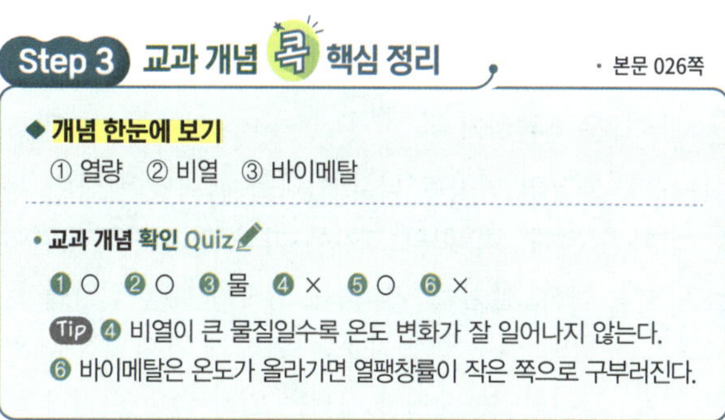

◆ **개념 한눈에 보기**
① 열량 ② 비열 ③ 바이메탈

· **교과 개념 확인 Quiz**
❶ ○ ❷ ○ ❸ 물 ❹ ✕ ❺ ○ ❻ ✕
Tip ❹ 비열이 큰 물질일수록 온도 변화가 잘 일어나지 않는다.
❻ 바이메탈은 온도가 올라가면 열팽창률이 작은 쪽으로 구부러진다.

1 ≫화학
물질의 세 가지 얼굴

| 구성 |

■ 고체와 액체의 차이
어떤 물질이 녹으면 액체 , 굳으면 고체 임.

2+3 물질의 세 가지 상태
• 입자들의 배열 , 입자 사이의 거리, 입자의 운동성에 따라 고체, 액체, 기체로 존재함.
• 고체, 액체, 기체의 특징

	고체	액체	기체
입자 배열	규칙	불규칙	매우 불규칙
입자 간 거리	가까움	고체 보다 멂	매우 멂
입자의 운동성	활발하지 않음	고체보다 활발함	매우 활발함

4+5 물질의 상태 변화
• 상태 변화의 개념 및 종류: 상태 변화는 온도 나 압력의 변화에 따라 물질의 상태가 변하는 것으로, 융해, 응고, 기화, 액화, 승화가 있음.
• 상태 변화가 일어날 때의 특성: 물질의 질량이나 성질은 변하지 않지만 부피 의 변화가 일어남.

| 주제 | 물질의 상태와 상태 변화의 종류 및 특성

Step 2 교과 개념 쏙 지문 독해 · 본문 028쪽

| **1** ⑤ | **2** ⑤ | **3** ③ | **4** ② |

1 세부 내용 파악하기 ⑤

2문단의 '하나의 물질이 상황에 따라 상태가 변하기도 한다. 하지만 겉모양만 달라질 뿐이지 구성 입자의 종류나 개수는 같다.'를 통해 물질의 상태가 변하더라도 그 물질을 구성하는 입자의 종류는 달라지지 않음을 알 수 있다.

2 세부 내용 추론하기 ⑤

2문단의 '물질의 입자는 다른 입자를 끌어당겨 묶어 두는 힘이 있는데, 이 힘의 크기에 따라 입자들의 배열이 달라진다.'에서, 물질을 구성하는 입자가 다른 입자를 끌어당기는 힘이 셀수록 입자들의 거리가 가까워짐을 알 수 있다. 그리고 3문단에서 기체는 입자 간의 거리가 멀

어 각각의 입자들이 활발하게 움직인다고 하였다. 이를 종합하면 기체는 입자들 간에 끌어당기는 힘이 매우 약해서 입자 간의 거리가 멀고, 그 결과 각각의 입자들이 활발하게 움직일 수 있다.

3 사례에 적용하기 ③

망치로 내리친 벽돌이 잘게 부서지는 것은 큰 고체 덩어리가 작은 고체 덩어리로 바뀌는 것이므로 상태 변화의 예로 보기에 적절하지 않다.

오답 챙기기
① 고체가 액체로 변하는 현상인 융해에 해당하는 예이다.
② 액체가 기체로 변하는 현상인 기화에 해당하는 예이다.
④ 기체가 고체로 변하는 현상인 승화에 해당하는 예이다.
⑤ 액체가 고체로 변하는 현상인 응고에 해당하는 예이다.

4 사례에 적용하기 ②

㉯는 입자들의 배열이 불규칙적이고 입자 간의 거리가 ㉰보다 가까운 것으로 보아, 액체 상태를 나타낸다. 그리고 ㉰는 입자들의 배열이 매우 불규칙적이고 입자 간의 거리가 가장 먼 것으로 보아, 기체 상태를 나타낸다. 3문단에 따르면, 액체는 담긴 그릇에 따라 모양이 변하지만 부피는 일정하다. 따라서 ㉯가 일정한 부피를 지니지 않는다는 이해는 적절하지 않다.

오답 챙기기
① ㉮는 고체 상태를, ㉯는 액체 상태를 나타낸다. 3문단에 따르면, 고체는 서로 자리를 바꾸는 정도로 움직일 수 있는 액체와 달리 제자리에서만 진동할 정도로 움직인다.
③ ㉰는 기체 상태를, ㉮는 고체 상태를 나타낸다. 3문단에 따르면, 기체는 모양이 거의 일정한 고체와 달리 모양이 쉽게 변한다.
⑤ ㉯는 액체 상태를, ㉰는 기체 상태를 나타낸다. 5문단에 따르면, 액체가 기체로 변하면 해당 물질의 부피가 늘어난다.

Step 3 교과 개념 콕 핵심 정리 · 본문 030쪽

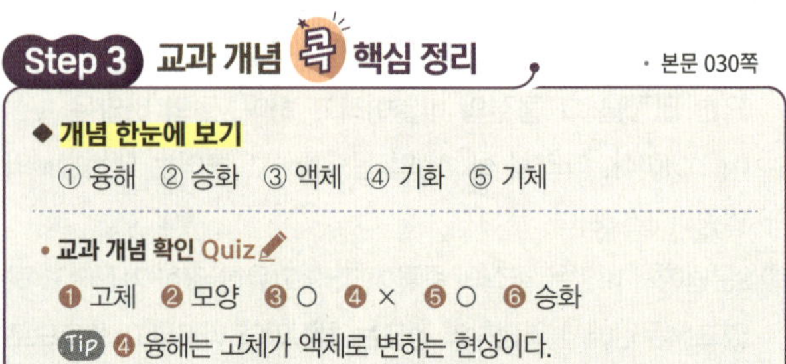

◆ **개념 한눈에 보기**
① 융해 ② 승화 ③ 액체 ④ 기화 ⑤ 기체

• **교과 개념 확인 Quiz**
❶ 고체 ❷ 모양 ❸ ○ ❹ × ❺ ○ ❻ 승화
Tip ❹ 융해는 고체가 액체로 변하는 현상이다.

---

2 ›› 화학
에스키모는 왜 이글루 바닥에 물을 뿌릴까?

| 구성 |

2 + 3 상태 변화와 열에너지
- 물질의 상태 변화와 열에너지: 물질의 상태 변화가 일어날 때 물질이 열에너지를 흡수하거나 방출함.
- 물질의 상태 변화와 열에너지의 관계: 물질을 가열하거나 냉각하여 열에너지를 증가시키거나 감소시키면 물질의 상태 변화가 일어남.

1 이글루의 난방
이글루 바닥에 물을 뿌리면 이글루의 내부 온도가 높아짐.

4 열에너지를 흡수하는 상태 변화
융해, 기화, 고체에서 기체로의 승화가 있고, 상태 변화가 일어나는 동안 물질의 온도는 일정하게 유지되며, 주위의 온도는 낮아짐.

5 열에너지를 방출하는 상태 변화
응고, 액화, 기체에서 고체로의 승화가 있고, 상태 변화가 일어나는 동안 물질의 온도는 일정하게 유지되며, 주위의 온도는 높아짐.

| 주제 | 물질의 상태 변화에 따른 열에너지의 방출과 흡수

Step 2 교과 개념 쏙 지문 독해
· 본문 032쪽

1 ⑤   2 ①   3 ④   4 ③

1 전개 방식 파악하기 답 ⑤

4~5문단에서 열에너지의 변화를 흡수와 방출로 나누어 설명하고 있다. 하지만 각각의 장점과 단점을 분석하고 있지는 않다.

오답 챙기기

① 1문단에서 에스키모의 사례를, 4문단과 5문단에서 각각 열에너지를 흡수하는 예와 방출하는 예를 들어 관련 내용의 이해를 돕고 있다.

② 1문단에서 '어떻게 이런 일이 가능한 걸까?'라는 질문을 던져 내용에 대한 독자의 흥미를 유발하고 있다.

③ 2문단에서 열에너지의 개념을 정의하여 이어지는 내용에 대한 이해를 돕고 있다.

④ 3문단에서 물질은 상태가 변해도 그 물질을 구성하는 입자는 변하지 않기 때문에 가열이나 냉각을 통해 원래 상태로 되돌릴 수 있음을 인과의 설명 방법을 활용하여 제시하고 있다.

2 세부 내용 파악하기 답 ①

3문단에 따르면, 상태 변화가 일어난 물질도 가열이나 냉각을 통해 원래 상태로 되돌릴 수 있다.

오답 챙기기

② 4문단의 '물질이 열에너지를 흡수하면 주위는 열에너지를 잃어 온도가 낮아'진다는 설명에서 확인할 수 있다.

③ 2문단의 '일반적으로 기체는 액체보다, 액체는 고체보다 많은 열에너지를 가지고 있다.'라는 설명에서 확인할 수 있다.

④ 1문단의 '우리는 더운 여름철에 주변을 시원하게 만들려고 바닥에 찬물을 뿌리곤 한다.'라는 설명에서 확인할 수 있다.

⑤ 5문단에 따르면, 물질이 기체에서 액체로 변하는 액화가 일어날 때는 물질이 열에너지를 방출하여 주위의 온도가 높아진다.

3 세부 내용 추론하기 답 ④

5문단을 고려할 때, 이글루 안의 온도가 높아지려면 열에너지를 방출해야 한다. ㉠을 구체적으로 설명하면, 영하의 기온일 때 이글루의 바닥에 물을 뿌리면 그 물이 얼어붙으면서(응고) 열에너지를 방출하는데, 이 때문에 이글루 내부의 온도가 높아지는 것이다.

오답 챙기기

① 이글루 내부의 온도가 영하이므로 물이 기화하지는 않을 것이다.

4 사례에 적용하기 답 ③

4문단을 고려할 때, 기온이 높을 때 물속에서 놀다가 물 밖으로 나오면 물놀이를 할 때보다 춥게(ⓐ) 느껴진다. 이는 몸에 묻은 물이 바깥의 높은 기온 때문에 수증기로 기화(ⓑ)하면서 주변의 열에너지를 흡수(ⓒ)하기 때문이다.

Step 3 교과 개념 콕 핵심 정리
· 본문 034쪽

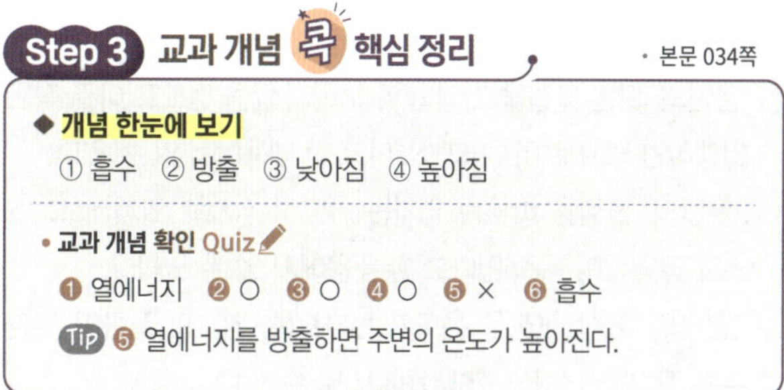

◆ **개념 한눈에 보기**
① 흡수 ② 방출 ③ 낮아짐 ④ 높아짐

· **교과 개념 확인 Quiz**
❶ 열에너지 ❷ ○ ❸ ○ ❹ ○ ❺ × ❻ 흡수
Tip ❺ 열에너지를 방출하면 주변의 온도가 높아진다.

| 구성 |

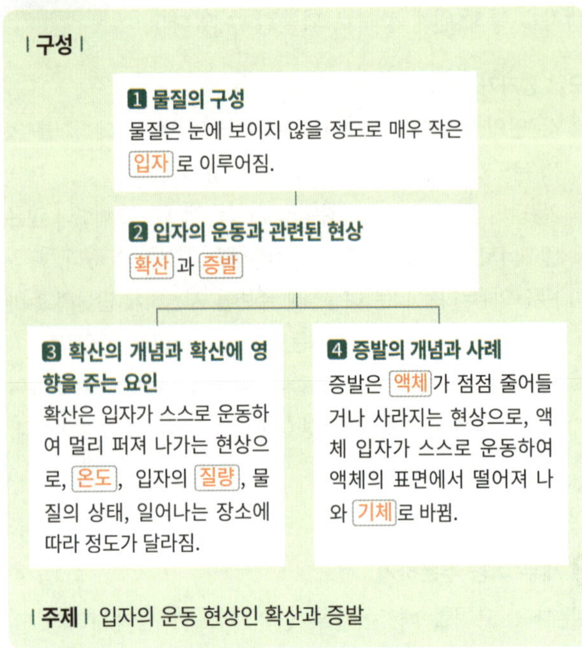

| 주제 | 입자의 운동 현상인 확산과 증발

1 ⑤　　**2** ⑤　　**3** ②　　**4** ③

1 핵심 내용 파악하기 답 ⑤

이 글에서는 입자의 운동과 관련이 있는 현상들을 설명하고 있다. 입자의 운동과 관련이 있는 현상에는, 입자가 스스로 운동하여 멀리 퍼져 나가는 확산과 액체 입자가 스스로 운동하여 액체 표면에서 떨어져 나와 기체로 바뀌는 증발이 있다.

2 세부 내용 파악하기 답 ⑤

3문단에서 물질을 이루고 있는 입자가 스스로 운동하여 멀리 퍼져 나가는 현상을 확산이라고 하였다. 4문단에 따르면, 입자가 스스로 운동하여 액체 표면에서 기체로 바뀌는 것은 증발이다.

오답 챙기기

① 1문단의 '모든 물질을 거의 눈에 보이지 않을 정도로 아주 작은 알갱이인 입자로 이루어져 있'다고 한 내용에서 알 수 있다.
② 2문단의 '물질을 이루는 입자는 가만히 정지해 있지 않고 스스로 끊임없이 움직'인다고 한 내용에서 알 수 있다.
③ 3문단의 '확산 현상은 온도가 높을수록, 입자의 질량이 작을수록 잘 일어'난다고 한 내용에서 알 수 있다.

④ 4문단에서 저울의 숫자가 줄어든 것은 아세톤 입자가 운동을 통해 기체로 바뀌어 공중으로 날아갔기 때문이라고 한 내용에서 알 수 있다.

3 세부 내용 추론하기 답 ②

이 글에서 입자의 운동으로 인해 멀리 떨어진 곳의 사물을 볼 수 있다는 내용은 확인할 수 없다.

오답 챙기기

① 3문단에 따르면, 따뜻한 물에 홍차 티백을 넣으면 차가 우러나며 고르게 퍼져 나가는 것은 확산 현상이다. 확산 현상은 입자의 운동과 관련이 있는 현상이다.
③ 4문단에 따르면, 액체 입자가 액체 표면에서 떨어져 나와 기체로 바뀌어 공기 중으로 날아가는 것은 증발이다.
④ 3문단에 따르면, 액체 속보다는 기체 속에서, 기체 속보다는 진공 속에서 일어날 때 입자의 확산 속도가 더 빨라진다.
⑤ 3문단에 따르면, 같은 물질이라도 액체일 때보다 기체 상태일 때 입자의 확산이 더 활발해진다.

4 사례에 적용하기 답 ③

〈보기〉의 향수 입자 모형은 입자의 운동을 나타내고 있다. 향수의 액체 입자는 시간이 흐르며 스스로 운동하여 기체로 바뀌고(증발), 바뀐 기체 입자는 공기 중으로 멀리 퍼져 나가게 된다(확산). 그런데 고무풍선을 세게 누를수록 더 납작해지는 것은 압력에 따른 기체의 부피 변화를 보여 주는 것으로, 기체의 확산이나 증발 현상과는 관련이 없다.

오답 챙기기

①, ④ 기체가 공기 중에서 확산되어 일어나는 현상이다.
② 빵에 들어 있는 수분이 증발되어 딱딱해진다.
⑤ 염전에서 바닷물을 증발시켜 소금을 얻을 수 있다.

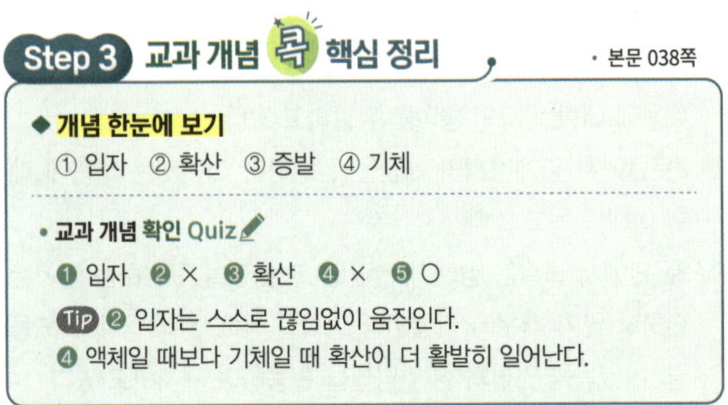

2 하늘 높이 올라간 풍선이 터지는 이유는?
≫화학

| 구성 |

1 기체의 압력 의 개념
일정한 면적에 작용하는 기체의 힘

2 압력과 부피의 관계 - 보일 법칙
온도 가 일정할 때, 기체 부피와 압력은 반비례 관계에 있음.

3 온도와 부피의 관계 - 샤를 법칙
압력이 일정할 때, 온도 가 높아지면 기체의 부피는 일정하게 증가 함.

4 보일 법칙과 샤를 법칙으로 설명 가능한 사례
기체의 압력 및 온도 와 부피 의 관계로 인해 여러 현상이 일어남.

| 주제 | 기체의 압력 및 온도와 부피 관계

Step 2 교과 개념 쏙 지문 독해
· 본문 040쪽

| 1 ⑤ | 2 ④ | 3 ⑤ | 4 ④ |

1 핵심 내용 파악하기
답 ⑤

1문단에서 일정한 면적에 작용하는 기체의 힘이 기체의 압력임을 설명하고 있지만, 기체의 종류에 따라 압력의 크기가 어떻게 다른지는 이 글에서 설명하고 있지 않다.

2 세부 내용 추론하기
답 ④

3문단에서 온도가 낮아지면 기체 입자의 움직임이 둔해져 기체의 부피가 줄어든다는 내용을 확인할 수 있다.

오답 챙기기

① 1문단에 따르면, 일정한 면적에 작용하는 기체의 힘이 기체의 압력이다. 따라서 일정한 면적에 작용하는 기체의 힘이 클수록 기체의 압력이 높다.

② 1문단에 따르면, 기체의 압력은 기체가 있는 모든 방향에서 작용한다.

③ 3문단의 샤를 법칙에 따르면, 압력이 일정할 때 기체의 온도와 부피가 비례한다. 따라서 기체의 온도와 부피의 비례 관계는 압력의 크기에 영향을 받는다.

⑤ 2문단에 따르면, 고무풍선이 날아오를수록 부풀어 오르는 것은 기체 입자의 크기가 점점 커져서가 아니라 풍선 안의 기체의 부피가 증가했기 때문이다.

3 사례에 적용하기
답 ⑤

3문단의 내용을 통해 샤를 법칙은 압력이 일정할 때, 온도가 높아지면 기체의 부피는 일정한 비율로 증가함을 나타내는 법칙임을 확인할 수 있다. ⑤의 '잠수부가 내쉰 공기방울은 수면에 가까워질수록 커'지는 것은 물의 압력이 작아져 공기방울의 부피가 커지는 현상으로, 2문단에서 설명한 '보일 법칙'과 연관 있는 사례이다.

오답 챙기기

① 온도가 높아지면서 수증기의 부피가 증가하여 냄비 뚜껑이 들썩이는 현상이다.

② 여름엔 온도가 높아 기체의 부피가 늘어나기 때문에 미리 타이어의 공기압을 낮춰 두는 것이다.

③ 풍등의 연료에 불을 붙이면 온도가 올라가 풍등 안의 기체의 부피가 늘어나 공중으로 떠오르게 된다.

④ 뜨거운 물 안에서 탁구공 안 공기의 부피가 늘어나 찌그러진 부분이 펴진다.

4 사례에 적용하기
답 ④

2문단에 따르면, 밀폐 용기 속 기체의 부피가 작아질수록 기체 입자 간의 충돌 횟수가 많아진다. 〈보기〉의 그래프에서 B보다 C가 부피가 작으므로, B보다 C에서 기체 입자들이 충돌하는 횟수가 더 많을 것이다.

오답 챙기기

① 〈보기〉의 그래프는 기체의 부피가 압력에 반비례함을 보여 준다.

② 기체 입자의 운동은 압력이 아닌 온도의 크기에 따라 달라지는데, 〈보기〉의 그래프는 온도가 일정한 상황에서 측정된 것이므로 어느 지점에서 기체 입자의 운동이 더 활발한지는 알 수 없다.

③ 기체 입자 사이의 거리는 기체의 부피가 커질수록 멀어지므로 기체 입자 사이의 평균 거리가 가장 먼 것은 A이다.

⑤ 기체의 부피가 클수록 기체 입자 간의 거리가 멀어지면서 기체 입자가 운동할 수 있는 공간이 넓어진다. A에서 C로 갈수록 기체의 부피가 작아지므로, 기체가 운동할 수 있는 공간은 줄어든다.

Step 3 교과 개념 록 핵심 정리
· 본문 042쪽

◆ **개념 한눈에 보기**
① 압력 ② 보일 ③ 부피 ④ 샤를 ⑤ 온도

· **교과 개념 확인 Quiz**
❶ ○ ❷ × ❸ 반비례 ❹ 온도 ❺ 샤를
Tip ❷ 높은 곳으로 올라갈수록 대기압, 즉 공기의 압력은 작아진다.

1 》물리학
운동 상태를 바꾸는 힘, 알짜힘

| 구성 |

1+2 과학에서의 힘의 개념과 표현 방법
• 힘의 개념: 물체의 모양이나 운동 상태를 변하게 하는 원인
• 힘의 표현 방법: 힘의 작용점을 기준으로 화살표를 활용하여 힘의 방향과 크기를 표시함.

3 알짜힘의 개념과 힘의 평형
한 물체에 동시에 작용하는 여러 힘이 합쳐진 힘을 알짜힘 이라 하고, 이 힘이 0이면 힘의 평형 상태가 됨.

4 알짜힘과 운동 상태의 관계
• 물체의 운동 방향과 알짜힘의 방향이 나란할 때: 속력만 변함.
• 물체의 운동 방향과 알짜힘의 방향이 수직일 때: 운동 방향만 변함.
• 물체의 운동 방향과 알짜힘의 방향이 비스듬할 때: 속력과 운동 방향이 모두 변함.

| 주제 | 알짜힘의 작용 방식과 알짜힘에 따른 운동 상태의 변화

Step 2 교과 개념  지문 독해 · 본문 044쪽

1 ④　　2 ②　　3 ③

1 핵심 내용 파악하기 　　답 ④

2문단을 통해 힘을 표현할 때는 화살표를 활용하여 힘의 방향과 크기를 표시한다는 점을 알 수 있을 뿐, 힘을 표현할 때 활용되는 화살표의 종류에는 어떤 것이 있는지는 이 글을 통해 알 수 없다.

오답 챙기기

① 1문단의 '이때 운동 상태란 이동 거리를 이동에 걸린 시간으로 나눈 값인 속력과 물체의 운동 방향을 말한다.'에서 알 수 있다.

② 3문단의 '한 물체에 나란한 방향으로 두 힘이 동시에 작용하면 알짜힘은 두 힘의 크기를 더한 것과 같으며 ~ 한 물체에 작용하는 두 힘의 크기가 같고 방향만 반대일 때에는 알짜힘이 0이 된다.'에서 알 수 있다.

③ 4문단의 '물체의 운동 방향과 나란한 방향으로 알짜힘이 작용하면, 물체의 운동 방향은 변하지 않고 속력만 변한다.'와 물체의 '운동 방향과 비스듬한 방향으로 알짜힘이 작용하면 물체의 속력과 운동 방향이 모두 변한다.'에서 알 수 있다.

⑤ 4문단의 '앞뒤로 오르내리는 그네의 움직임이 여기에 해당하는데'에서 알 수 있다.

2 세부 내용 추론하기 　　답 ②

3문단에 따르면, 알짜힘이 0이면 물체는 모양이나 운동 상태의 변화가 없는 힘의 평형 상태가 된다. 즉 멈춰 있는 물체는 계속 멈춰 있고, 움직이는 물체는 방향과 속력의 변화 없이 계속 움직인다. 따라서 운동하는 물체에 여러 힘이 작용해 알짜힘이 0이 되면 그 물체가 정지하는 것이 아니라 방향과 속력의 변화 없이 계속 움직일 것이다.

오답 챙기기

① 1문단 따르면, 속력은 이동 거리를 이동에 걸린 시간으로 나눈 값이다. 따라서 같은 거리를 이동한 경우 이동 시간이 짧을수록 속력이 빠를 것임을 알 수 있다.

③ 4문단에 따르면, 물체의 운동 방향과 나란한 방향으로 알짜힘이 작용하면, 물체의 운동 방향은 변하지 않고 속력만 변한다.

④ 4문단에 따르면, 물체의 운동 방향과 수직 방향으로 알짜힘이 작용하면, 물체의 속력은 변하지 않고 운동 방향만 변한다. 따라서 일정한 속력으로 돌며 운동 방향만 변하는 회전목마에는 운동 방향과 수직 방향으로 알짜힘이 작용함을 알 수 있다.

⑤ 3문단에 따르면, 알짜힘이 0이면 물체는 모양이나 운동 상태의 변화가 나타나지 않는 힘의 평형 상태가 된다. 따라서 문의 안과 밖에서 두 힘이 작용했음에도 문의 움직임에 변화가 없다는 것은 힘의 평형을 이룬 상태임을 알 수 있다.

수능찍먹
3 사례에 적용하기 　　답 ③

2문단의 '힘의 작용을 표현할 때에는 〈그림〉처럼 힘이 작용하는 지점을 기준으로 화살표를 활용하여 힘의 방향과 크기를 표시한다.'로 보아, 〈보기〉의 자동차에는 두 개의 힘이 동시에 작용하고 있음을 알 수 있다. 그리고 3문단에 따르면, 한 물체에 작용하는 두 힘이 반대 방향이면 알짜힘의 크기는 두 힘 중 큰 힘에서 작은 힘을 뺀 것과 같으며, 힘의 방향은 큰 힘의 방향과 같다. 따라서 〈보기〉에서 알짜힘은 두 힘의 차인 30N이고, 운동 방향은 힘이 더 큰 오른쪽임을 알 수 있다.

Step 3 교과 개념 콕 핵심 정리 · 본문 046쪽

◆ **개념 한눈에 보기**
① 알짜힘　② 평형　③ 운동 상태　④ 나란한　⑤ 수직

• **교과 개념 확인 Quiz**
❶ 힘　❷ 알짜힘　❸ ×　❹ ○　❺ 운동 방향
Tip ❸ 속력은 이동 거리를 이동에 걸린 시간으로 나눈 값이다.

2 » 물리학
번지 점프에 숨어 있는 여러 가지 힘

| 구성 |

2 중력의 개념과 특성
중력은 천체가 물체를 당기는 힘으로, 천체마다 그 크기가 다름.

3 무게와 질량의 차이
물체에 작용하는 중력의 크기인 무게는 중력에 따라 달라지지만, 물체의 고유한 양인 질량은 늘 동일한 값을 지님.

1 번지 점프의 과정과 과학적 힘
번지 점프의 과정에는 여러 가지 과학적 힘이 숨어 있음.

4 탄성력의 개념과 특성
탄성력은 변형된 물체가 원래의 모양으로 되돌아가려는 힘으로, 물체의 변형 정도가 클수록 커짐.

5 마찰력과 부력의 개념과 특성
마찰력은 물체 간 접촉면에서 물체의 운동을 방해하는 힘이고, 부력은 액체나 기체가 물체를 중력과 반대 방향으로 밀어 올리는 힘임.

| 주제 | 번지 점프를 통해 본 여러 가지 과학적 힘의 개념과 특성

Step 2 교과 개념 쏙 지문 독해
· 본문 048쪽

1 ③　　　2 ⑤　　　3 ③　　　4 ③

---

1 핵심 내용 파악하기　　답 ③

2문단에서 중력의 크기는 천체마다 다르다고 설명하고 있을 뿐, 그 까닭은 제시하고 있지 않다.

오답 챙기기

① 3문단에서 무게와 질량의 차이점을 설명하고 있다.
② 5문단에서 부력과 마찰력이 작용하는 방향을 설명하고 있다.
④ 4문단에서 물체의 변형 정도와 탄성력의 관계에 대해 설명하고 있다.
⑤ 2문단에서 달의 중력과 지구 중력의 크기 차이에 대해 설명하고 있다.

---

2 세부 내용 파악하기　　답 ⑤

시우가 점프대 아래로 떨어지는 것은 지구의 중력 때문이고, 시우의 몸이 위로 튕겨 오르게 된 것은 고무 로프의 탄성력 때문이다. 따라서 시우의 몸이 떨어졌다 올라갔다를 반복한 것은 탄성력과 중력이 모두 작용하고 있기 때문이지, 중력이 약해진 결과인 것은 아니다.

---

3 세부 내용 추론하기　　답 ③

3문단에 따르면, ⓑ(질량)는 장소가 달라져도 변하지 않는 고유한 양이다. 따라서 지구에서 물체의 질량이 60kg이라면 이 물체를 달에서 재더라도 60kg이 된다.

오답 챙기기

② 천체가 물체를 당기는 힘을 중력이라 하고, 물체에 작용하는 중력의 크기를 무게라 한다. 따라서 천체가 물체를 끌어당기는 힘이 커질수록 ⓐ(무게)도 커진다.
④ 2문단에 따르면, 달의 중력은 지구 중력의 약 6분의 1이다. 그리고 이러한 중력의 차이는 ⓐ(무게)에는 영향을 미치지만 ⓑ(질량)에는 영향을 미치지 않는다. 달 표면에서 잰 ⓐ(무게)가 9.8N인 물체를 지구 표면에서 재면 58.8N(← 9.8N×6)이 된다. 그리고 지구 표면에서 질량이 1kg인 물체의 무게가 9.8N이므로 58.8N인 물체의 질량은 6kg(← 58.8÷9.8)이 되고, 이 크기는 지구와 달에서 모두 같다. 따라서 달 표면에서 쟀을 때 ⓐ(무게)가 9.8N인 물체의 ⓑ(질량)는 6kg이 된다.
⑤ 3문단에 따르면, 같은 천체에서 무게는 질량에 비례한다. 따라서 같은 장소에서 잴 경우, 물체의 ⓑ(질량)가 작을수록 ⓐ(무게)도 작아진다.

4 사례에 적용하기　　답 ③

[A]에 따르면, 물체의 무게가 무거울수록, 접촉면의 표면이 거칠수록 마찰력이 커진다. 하지만 접촉면의 넓이는 마찰력의 크기에 영향을 주지 않는다. 이를 고려할 때, ㉴는 마찰력을 크게 만드는 조건에 해당하지 않으므로 어떤 숫자가 오더라도 마찰력의 크기와 관련이 없다. 따라서 물체의 무게(㉮)가 가장 무겁고, 접촉면인 책상의 표면이 거친(㉰) ③의 조건에서 마찰력이 가장 크다.

Step 3 교과 개념 콕 핵심 정리
· 본문 050쪽

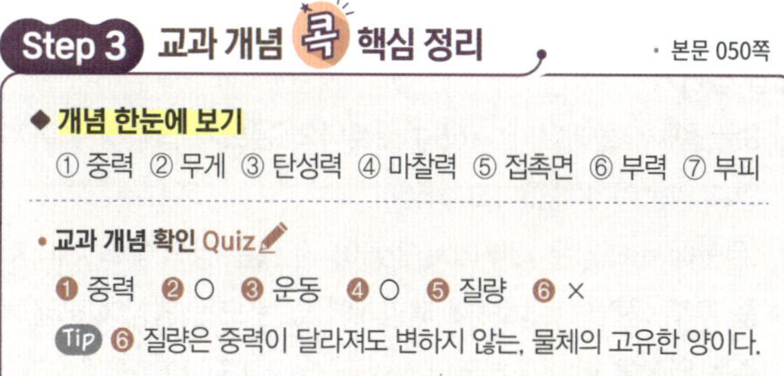

◆ **개념 한눈에 보기**
① 중력　② 무게　③ 탄성력　④ 마찰력　⑤ 접촉면　⑥ 부력　⑦ 부피

· **교과 개념 확인 Quiz**
❶ 중력　❷ ○　❸ 운동　❹ ○　❺ 질량　❻ ×
Tip ❻ 질량은 중력이 달라져도 변하지 않는, 물체의 고유한 양이다.

1 ≫지구과학
기운 센 태양은 지구를 힘들게 해

| 구성 |

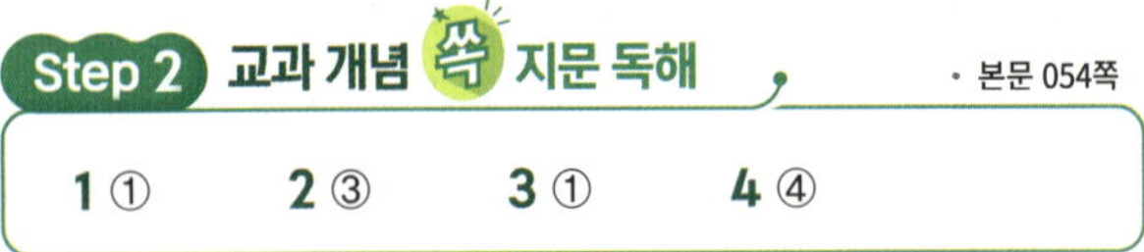

❶ 태양의 역할
태양은 많은 양의 빛과 에너지를 태양계 있는 모든 행성에 공급해 줌.

❷ 태양의 활동과 태양의 대기
태양의 활동이 활발할수록 흑점의 개수가 증가하고, 홍염과 플레어가 자주 발생하며, 코로나의 크기가 커짐.

❸ 태양의 활동이 지구에 미치는 영향
태양의 활동이 활발해지면 강한 태양풍으로 인해 자기 폭풍이 발생하여 전기·통신과 관련된 제품이나 시스템에 장애가 생기고, 오로라가 발생함.

❹ 태양 활동의 피해 예방 방안
태양의 변화를 실시간으로 관측하고 우주 환경의 변화를 예보함.

| 주제 | 태양의 활동이 활발할 때 지구에 나타나는 현상

Step 2 교과 개념 쏙 지문 독해 · 본문 054쪽

1 ①　　2 ③　　3 ①　　4 ④

1 전개 방식 파악하기　　답 ①

1문단과 3문단에서 각각 '그렇다면 태양이 내보내는 에너지의 양은 언제나 같을까?', '그렇다면 태양 활동이 활발할 때, 지구에는 어떠한 현상이 나타날까?'라는 질문을 던지고 이후 이 질문에 대한 답을 하는 제시하는 방식으로 내용을 전개하고 있다.

2 핵심 내용 파악하기　　답 ③

1문단에서 태양은 태양계에서 스스로 빛을 내는 유일한 천체라고 언급하고 있을 뿐, 태양이 스스로 빛을 내는 원리가 무엇인지는 설명하고 있지 않다.

오답 챙기기

① 3문단에서 플레어가 나타나 코로나의 온도가 급격히 높아지면 태양풍이 발생한다고 하였다.

② 1문단에서 태양은 내부에서 만들어 낸 많은 양의 빛과 에너지를 우주 공간으로 내보내 태양계에 있는 모든 행성에 공급해 주는 역할을 한다고 하였다.

④ 2문단에서 태양의 대기층인 채층에서 홍염과 플레어가 나타난다고 하였다.

⑤ 4문단에서 태양의 활동으로 인한 피해를 예방하기 위해 태양에 나타나는 변화를 실시간으로 관측하고, 우주 날씨 예측 센터를 구축하여 우주 기상에 대한 정보를 세계 곳곳에 전달한다고 하였다.

3 세부 내용 추론하기　　답 ①

2문단에서 플레어는 흑점 부근의 채층에서 짧은 시간 동안 나타나는 강력한 폭발이라고 하였다. 그런데 채층은 태양의 대기층이므로 플레어가 태양 내부에서 일어난다는 이해는 적절하지 않다.

오답 챙기기

② 1문단에서 식물은 태양에서 얻은 빛과 에너지를 이용하여 광합성을 하고, 이를 통해 산소와 양분을 얻는다고 하였다.

③ 3문단에서 태양에서 나온 전기 입자들의 흐름인 태양풍이 자기 폭풍을 일으키면 통신 관련 시스템에 장애가 생긴다고 하였다.

④ 2문단에서 태양의 활동이 활발할수록 광구에 나타나는 반점인 흑점의 개수가 증가한다고 하였다.

⑤ 3문단에서 지구 자기장은 태양풍을 막아 지구를 보호하지만, 태양이 평소보다 강한 태양풍을 내보내면 지구 자기장이 갑자기 불규칙해지는 자기 폭풍이 발생한다고 하였다.

수능찍먹
4 사례에 적용하기　　답 ④

(가)는 태양의 가장 바깥쪽 대기층인 코로나이고, (나)는 광구와 코로나 사이의 대기층인 채층의 물질이 코로나까지 솟아오르는 홍염이다. 태양 활동이 활발해지면 코로나의 크기가 커지고 홍염이 자주 발생하는데, 이러한 현상은 주기적으로 나타난다. 그리고 이때 지구에서는 오로라가 평소보다 더 넓은 지역에서, 더 자주 일어난다.

Step 3 교과 개념 콕 핵심 정리 · 본문 056쪽

◆ **개념 한눈에 보기**
① 활발　② 흑점　③ 코로나　④ 자기 폭풍　⑤ 오로라

· **교과 개념 확인 Quiz**
❶ ○　❷ 홍염　❸ ✕　❹ 태양풍　❺ 오로라　❻ ○
Tip ❸ 태양의 활동이 활발할수록 코로나의 크기가 커진다.

2 지구야, 네가 움직여서 그런 거야

| 구성 |

1 지구의 자전과 공전
자전은 지구가 자전축을 중심으로 하루 에 한 바퀴씩 도는 운동이고, 공전은 지구가 태양 의 둘레를 1년 에 한 바퀴씩 도는 운동임.

2 지구의 자전 으로 나타나는 현상
태양과 달, 별 등의 천체가 동쪽에서 서쪽으로 움직이는 것처럼 보임. → 천체의 일주 운동

3 지구의 공전 으로 나타나는 현상
별자리를 기준으로 태양 의 위치가 조금씩 바뀌기 때문에 우리가 계절마다 다른 별자리 를 볼 수 있음. → 태양의 연주 운동

| 주제 | 지구의 운동과 그에 따라 나타나는 천체의 운동

Step 2 교과 개념 쏙 지문 독해 · 본문 058쪽

1 ③ 2 ④ 3 ①

1 핵심 내용 파악하기 답 ③

1문단과 3문단을 통해 지구가 태양을 중심으로 하여 태양의 둘레를 공전함을 알 수 있을 뿐, 지구가 태양 주위를 공전하는 이유는 이 글을 통해 알 수 없다.

오답 챙기기

① 1문단에서 지구의 자전은 지구가 자전축을 중심으로 스스로 하루에 한 바퀴씩 도는 것이라고 하였고, 지구의 공전은 지구가 태양을 중심으로 하여 태양의 둘레를 1년에 한 바퀴씩 도는 것이라고 하였다.

② 3문단에서 태양이 서쪽에서 동쪽으로 하루에 약 1°씩 별자리 사이를 이동하여 1년 후에 처음의 자리로 되돌아오는 것처럼 보이는 태양의 겉보기 운동을 태양의 연주 운동이라고 하였다. 이를 통해 태양의 연주 운동 속도는 약 1°/일이고, 방향은 서쪽에서 동쪽임을 알 수 있다.

④ 2문단에서 자전에 의한 천체의 일주 운동으로 태양과 달, 별이 매일 동쪽에서 떠서 서쪽으로 지는 것을 보게 된다고 하였다. 이를 통해 지구의 자전으로 인해 천체의 일주 운동이 나타남을 알 수 있다.

⑤ 3문단에서 지구의 공전에 의해 태양이 보이는 위치가 달라지기 때문에 우리가 계절마다 다른 별자리를 볼 수 있다고 하였다.

2 세부 내용 파악하기 답 ④

3문단에서 태양의 겉보기 운동을 태양의 연주 운동이라고 하였고, 이는 태양이 실제로 이동하는 것이 아니라 지구가 태양 주위를 공전하기 때문에 나타나는 현상이라고 하였다.

오답 챙기기

① 1문단에서 지구는 남극과 북극을 이은 가상의 자전축을 중심으로 스스로 하루에 한 바퀴씩 돈다고 하였다.

② 2문단에서 천체의 일주 운동은 실제로 천체가 움직이는 것이 아니라 지구의 자전 때문에 나타나는 현상이라고 하였다.

③ 2문단에서 태양과 달, 별이 매일 동쪽에서 떠서 서쪽으로 진다고 하였다. 따라서 달은 하루를 주기로 하여 동쪽에서 서쪽으로 일주 운동을 한다고 할 수 있다.

⑤ 3문단에서 8월 자정에 남쪽 하늘에서 볼 수 있는 별자리는 염소자리라고 하였다. 이를 통해 여름날 밤 열두 시에 남쪽 하늘에서는 염소자리를 관측할 수 있음을 알 수 있다.

수능 찍먹
3 사례에 적용하기 답 ①

3문단에서 태양이 황도를 따라 연주 운동을 할 때 태양과 같은 방향에 있는 별자리는 태양과 함께 뜨고 지기 때문에 관측하기가 어렵고, 태양의 반대쪽에 있는 별자리는 한밤중에 남쪽 하늘에서 관측할 수 있다고 하였다. 3월 자정에 남쪽 하늘에서 볼 수 있는 별자리가 사자자리라는 3문단의 내용을 고려할 때, 3월에 태양과 함께 뜨고 지는 별자리는 사자자리의 반대편(9월)에 있는 물병자리이다. 그리고 태양은 황도를 따라 서쪽에서 동쪽으로 연주 운동을 하고, 대체로 한 달에 하나의 궁을 지나간다고 하였으므로, 6월에 태양과 함께 뜨고 지는 별자리는 물병자리에서 시계 반대 방향으로 3칸 이동한 황소자리(ㄱ)이며 6월 한밤중에 남쪽 하늘에서 관측할 수 있는 자리는 황소자리의 반대쪽(12월)에 있는 별자리인 전갈자리(ㄴ)이다.

Step 3 교과 개념 톡 핵심 정리 · 본문 060쪽

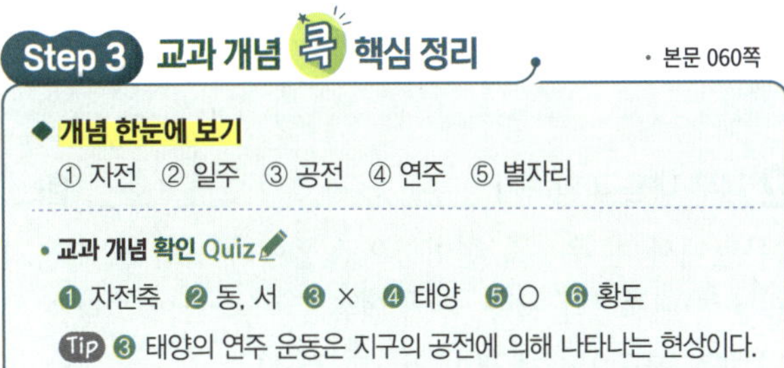

◆ **개념 한눈에 보기**
 ① 자전 ② 일주 ③ 공전 ④ 연주 ⑤ 별자리

· **교과 개념 확인 Quiz**
 ❶ 자전축 ❷ 동, 서 ❸ ✕ ❹ 태양 ❺ ○ ❻ 황도
 Tip ❸ 태양의 연주 운동은 지구의 공전에 의해 나타나는 현상이다.

1 ≫화학
소금물이 100℃에도 끓지 않는 이유

| 구성 |

❷ 물질의 특성 ① - 밀도
물질의 밀도는 고유한 값으로, 같은 물질인 경우 모양이나 크기에 관계없이 일정 하므로 물질을 구분하는 기준이 됨.

❶ 물질의 종류
한 종류의 물질로만 이루어진 순물질과 둘 이상의 순물질이 섞여 있는 혼합물이 있음.

❸ 물질의 특성 ② - 용해도
온도와 용매가 같을 때 용해도는 일정한 값을 나타내므로 물질의 종류에 따라 달라지는 용해도는 물질을 구분하는 기준이 됨.

❹ 물질의 특성 ③ - 녹는점, 어는점, 끓는점
순물질의 녹는점, 어는점, 끓는점은 일정하나, 혼합물은 성분 물질의 혼합 비율에 따라 달라지므로 이 둘을 구분할 수 있는 기준이 됨.

| 주제 | 물질의 특성을 이용한 순물질과 혼합물의 구분

Step 2 교과 개념 쏙 지문 독해 · 본문 062쪽

| 1 ④ | 2 ① | 3 ③ | 4 ⑤ |

1 핵심 내용 파악하기 답 ④

4문단에서 물질의 특성으로 녹는점, 어는점, 끓는점을 설명하고 있기는 하지만, 각각의 정의를 밝히고 있지 않다.

오답 챙기기

① 1문단에서 한 종류의 물질로만 이루어진 것을 순물질, 둘 이상의 순물질이 섞여 있는 것을 혼합물이라고 하였다.

② 1문단에서 물질의 특성으로 밀도, 용해도, 녹는점, 어는점, 끓는점이 있다고 하였다.

③ 2문단에서 물질의 고유한 양인 질량을 부피로 나눈 값이 밀도라고 한 내용(질량÷부피 = 밀도)에서 확인할 수 있다.

⑤ 3문단에서 기체는 온도가 높을수록, 압력이 낮을수록 용해도가 감소한다고 한 내용에서 알 수 있다.

2 세부 내용 파악하기 답 ①

1문단에서 흰 우유를 현미경으로 들여다 보면 물에 녹지 않는 단백질이나 지방, 무기 염류 등이 각각의 성질을 지닌 채로 불균일하게 섞여 있다고 하였다.

---

3 세부 내용 추론하기 답 ③

2문단에서 백금 반지와 은반지를 구별하는 데 도움이 되지 않는 크기나 무게는 물질의 특성으로 볼 수 없다고 하였다. 따라서 물질에서 파악할 수 있는 값이라고 해서 크기와 무게를 ㉠이라고 이해하는 것은 적절하지 않다.

오답 챙기기

① 물질의 특성은 그 물질만이 갖고 있는 고유한 성질이기 때문에 같은 종류의 물질은 동일한 특성이 나타난다.

② 4문단에서 녹는점, 어는점, 끓는점을 물질의 특성으로 소개하였다. 그리고 순물질과 달리 혼합물은 이것이 성분 물질의 혼합 비율에 따라 다양하게 나타난다고 하였다.

④ 2~3문단에 제시된 밀도와 용해도의 계산 방법, 4문단에서 설명한 녹는점, 어는점, 끓는점 등의 언급으로 보아 물질의 특성은 양에 관계없이 그 물질이 지닌 고유의 성질임을 알 수 있다.

⑤ 2문단에 제시된 백금 반지와 은반지의 사례에서 보듯 물질의 특성은 겉보기 성질이 유사한 두 물질을 구분하는 기준으로 활용할 수 있다.

수능찍먹

4 사례에 적용하기 답 ⑤

〈보기〉는 용매가 물일 때 질산 나트륨, 질산 칼륨, 염화 칼륨, 염화 나트륨의 용해도를 나타낸 것이다. 물의 온도가 70℃를 초과할 때, 온도가 올라갈수록 질산 칼륨이 질산 나트륨보다 용해도가 높음을 확인할 수 있다.

오답 챙기기

① 20℃의 물에서 용해도가 가장 높은 것은 질산 나트륨이다.

② 물의 온도가 0℃일 때 질산 칼륨의 용해도는 20에 조금 못 미치지만, 물에 전혀 녹지 않은 것은 아니다.

③ 온도에 따라 용해도 변화가 가장 큰 것은 곡선의 기울기가 가장 급한 질산 칼륨이다.

④ 물의 온도가 40℃일 때 질산 칼륨의 용해도는 약 60이고, 염화 나트륨의 용해도는 약 40이다.

Step 3 교과 개념 쿡 핵심 정리 · 본문 064쪽

◆ **개념 한눈에 보기**
  ① 순물질 ② 온도 ③ 압력

- **교과 개념 확인 Quiz**
  ❶ 순물질, 혼합물 ❷ ○ ❸ × ❹ 질량 ❺ 용해도 ❻ ×
  Tip ❸ 물은 한 종류의 물질로만 이루어진 순물질이다.
  ❻ 고체는 온도가 높을수록 용해도가 증가한다.

2 »화학
바닷물도 식수가 될 수 있어요

| 구성 |

혼합물의 분리 방법

❶ 끓는점 차이를 이용한 혼합물 분리 방법
액체 상태의 혼합물을 가열하면 끓는점 이 낮은 물질이 먼저 끓어 나오는데 그 기체 물질을 냉각하여 순수한 액체를 얻음.

❷ 밀도 차이를 이용한 혼합물 분리 방법
밀도가 작은 물질은 위 로 떠오르고 , 밀도가 큰 물질은 아래 로 가라앉는 원리를 이용하여 서로 섞이지 않는 액체·고체 혼합물을 분리하는 방법

❸ 재결정을 이용한 혼합물 분리 방법
불순물이 포함된 고체 혼합물을 녹인 후 용액의 온도 를 서서히 낮추어 순도 높은 결정을 얻는 방법

❹ 크로마토그래피를 이용한 혼합물 분리 방법
혼합물을 이루고 있는 성분 물질이 용매를 따라 이동하는 속도 차이를 이용하여 분리하는 방법

| 주제 | 물질의 특성을 이용하여 혼합물을 분리하는 다양한 방법

Step 2 교과 개념  지문 독해 · 본문 066쪽

1 ⑤   2 ④   3 ④

1 세부 내용 파악하기 답 ⑤

2문단에서 고체 혼합물을 이루는 두 물질의 중간 정도 밀도를 지닌 액체를 활용해야 밀도가 큰 물질은 아래로, 작은 물질은 위로 이동하여 혼합물을 분리할 수 있다고 하였다.

오답 챙기기

① 1문단에서 물질의 끓는점 차이를 이용하여 순수한 물질을 얻어 내는 방식이 증류임을 설명하고 있다.
② 재결정은 온도에 따른 물질의 용해도 차이에 따라 순도 높은 물질을 얻는 방법이므로 천일염의 사례에서와 같이 용해도 차이가 큰 물질이 분리되어 나온다.
③ 3문단에서 재결정은 물질의 용해도 차이를 이용하여 순도 높은 결정을 얻는 방법이라고 하였다.
④ 4문단에서 '크로마토그래피를 이용하면 성질이 비슷한 물질로 이루어'진 혼합물을 분리할 수 있다고 설명하고 있다.

2 세부 내용 추론하기 답 ④

3문단에서 재결정은 고체 혼합물을 용매에 녹인 다음 용액을 서서히 냉각하여 순수한 물질을 얻는 방법이라고 하였다.

오답 챙기기

① 천일염을 물에 녹인 후 용해도 차이를 이용해 불순물을 제거하면 깨끗한 소금을 얻을 수 있는데, 이것은 ⓒ에 해당한다.
② 양이 매우 적은 혼합물을 분리할 수 있는 방법은 ㉠이 아니라 크로마토그래피이다.
③ 물질을 가열할 때 기화되는 순수한 물질을 모으는 방법은 ⓒ이 아니라 ㉠이다.
⑤ ⓒ은 고체 혼합물에서 소량의 불순물을 제거하고 순수한 물질을 얻을 때 사용한다.

3 사례에 적용하기 답 ④

2문단에서 유출된 기름의 예에서 보듯이 물과 기름은 밀도 차이를 이용해 분리할 수 있다. 이를 참고할 때, 〈보기〉는 서로 섞이지 않는 액체 혼합물을 밀도 차이를 이용하여 분리하는 실험이다. 탁한 술을 가열하면 물보다 에틸알코올이 먼저 기화되는 현상을 이용하여 맑은 술을 분리하는 것은 증류의 방법이다. ①, ②, ③, ⑤는 모두 밀도 차이를 활용한 방법이다.

Step 3 교과 개념 핵심 정리 · 본문 068쪽

◆ **개념 한눈에 보기**
① 증류   ② 작으면   ③ 크면   ④ 용해도   ⑤ 용매

• **교과 개념 확인 Quiz** ✎
❶ 끓는점   ❷ ×   ❸ 밀도   ❹ ○   ❺ ×   ❻ ○
Tip ❷ 물의 끓는점이 소금의 끓는점보다 낮아 소금물에서는 물이 먼저 기화하고 소금이 남는다. 따라서 끓는점이 낮은 물질이 먼저 기화한다.
❺ 재결정 방식을 사용하면 용해도 차이가 큰 물질이 결정으로 나온다.

1 ≫ 지구과학
돌은 돌고 돌아 돌이 돼요

| 구성 |

1 지각의 개념과 암석의 종류
• 지각의 개념: 암석 으로 이루어진 지구의 표면
• 암석의 종류: 생성 과정 에 따라 화성암, 퇴적암, 변성암으로 나뉨.

2 화성암 의 생성과 분류
• 화성암의 생성: 마그마 가 식어서 굳어져 생김.
• 화성암의 분류: 마그마가 식 는 속도에 따라 화산암 과 심성암 으로 나뉨.

3 퇴적암과 변성암의 생성과 특징
• 퇴적암 의 생성과 특징: 퇴적 물이 바다나 호수 밑에 쌓인 후 굳어져서 생김. 층리 가 나타나며 화석 이 만들어짐.
• 변성암 의 생성과 특징: 암 석이 높은 열이나 압력을 받 아 그 구조와 성질이 변하여 생김. 엽리 가 나타나며 광 물 결정이 큼 .

4 암석의 순환
암석은 한 번 생성된 다음에도 주변 환경의 변화에 따라 끊임없이 다른 암석으로 변화함.

| 주제 | 암석의 종류와 암석의 순환

Step 2 교과 개념 쏙 지문 독해
· 본문 070쪽

1 ⑤   2 ④   3 ②

---

1 핵심 내용 파악하기
답 ⑤

1문단을 통해 지각을 이루는 암석이 생성 과정에 따라 화성암, 퇴적암, 변성암의 세 종류로 나뉜다는 것을 알 수 있다. 그러나 세 종류의 암석 중에서 가장 큰 비율을 차지하는 암석이 무엇인지는 이 글을 통해 알 수 없다.

2 세부 내용 추론하기
답 ④

3문단의 '퇴적암이 생성될 때 종류나 크기가 다른 퇴적물이 여러 겹으로 쌓여 굳어지면 줄무늬 모양의 층리가 만들어진다.'에서 크기가 다른 퇴적물이 쌓여서 굳어지면 층리가 형성됨을 알 수 있다.

오답 챙기기
① 2문단에서 현무암은 화성암 중 화산암에 속한다고 하였고, 화산암은 마그마가 지표에서 빠르게 식어서 생성된다고 하였다.

---

② 4문단에서 퇴적암이 지하 깊은 곳으로 이동하여 높은 열과 압력을 받으면 변성암이 된다고 하였다.
③ 2문단에서 화성암은 마그마가 식는 속도에 따라 화산암과 심성암으로 나뉜다고 하였는데, 두 암석은 색깔이 아니라 광물 결정의 크기에 차이가 있다.
⑤ 3문단에서 변성 작용은 암석이 높은 열이나 압력을 받아 암석의 구조와 성분, 성질 등이 변하는 과정을 말한다고 하였다. 따라서 암석들은 퇴적 작용이 아니라, 변성 작용으로 인해 성질이 변한다.

수능 찍먹
3 사례에 적용하기
답 ②

3문단에서 암석이 높은 열을 받아 변성암이 될 때 암석 속의 광물이 녹았다 식으면서 다시 결정을 만드는 재결정화가 일어나기 때문에 변성암을 이루는 광물 결정의 크기가 원래의 암석보다 더 크다고 하였다. 따라서 변성 암인 규암은 원래의 암석인 사암보다 암석을 이루는 광 물 결정의 크기가 클 것이다.

오답 챙기기
① 퇴적암의 특징은 퇴적물 속에 생물의 유해나 흔적이 함께 쌓 이면 화석이 만들어진다는 점이다. 따라서 퇴적암인 셰일과 사암에서 과거에 살았던 생물의 유해나 흔적을 발견할 수도 있다.
③ 변성 작용은 암석이 높은 열이나 압력을 받아 암석의 구조와 성질 등이 변하는 것이다. 따라서 퇴적암인 셰일과 셰일이 변 화한 변성암인 편암을 이루는 주요 광물이 다른 것은 변성 작 용 때문이라 할 수 있다.
④ 암석의 순환은 암석이 주변 환경의 변화에 따라 다른 암석으 로 변하는 것을 말한다. 따라서 퇴적암인 셰일과 사암이 각각 편마암과 규암으로 변하는 것도 암석의 순환이라 할 수 있다.
⑤ 변성암은 엽리가 나타난다. 따라서 변성암인 편마암을 관찰하 면 암석을 누르는 힘의 수직 방향으로 나타나는 줄무늬를 발 견할 수 있다.

Step 3 교과 개념 콕 핵심 정리
· 본문 072쪽

◆ **개념 한눈에 보기**
① 변성암   ② 퇴적암   ③ 화성암   ④ 순환

• **교과 개념 확인 Quiz**
❶ ○   ❷ ×   ❸ 마그마   ❹ 퇴적암   ❺ 열, 압력
Tip ❷ 화산암은 지표로 분출된 마그마가 빠르게 식으면서 만들어 진다.

2 ≫ 지구과학
화산 활동이 자주 일어나는 곳이 있다고?

| 구성 |

1 화산 활동과 화산 분출물
화산 활동은 마그마가 지각을 뚫고 나오는 현상으로,
마그마 와 화산 가스 , 화산 쇄설물 이 분출됨.

2 화산 활동이 주는 피해
농작물의 생장에 지장을 주고
기후 에 영향을 미침. 또한 산
불과 지진 , 산사태를 발생시
킴.

3 + 4 화산 활동의 과학적 가치
• 화산 활동의 과학적 가치 ①:
지각의 변동에 관한 정보 제
공 - 화산대 와 지진대 가 판
의 경계와 일치하는 사실이
판 구조론의 주장을 뒷받침
해 줌.
• 화산 활동의 과학적 가치 ②:
화석 연구에 중요한 역할을
함.

| 주제 | 화산 활동의 부정적 영향과 과학적 가치

Step 2 교과 개념 쏙 지문 독해 · 본문 074쪽

1 ④   **2** ⑤   **3** ③   **4** ③

1 핵심 내용 파악하기   답 ④

3문단을 통해 판의 경계에서 화산이 자주 일어난다는 것
을 알 수 있으나, 화산 활동이 가장 활발하게 일어난 시
기가 언제인지는 이 글을 통해 알 수 없다.

2 세부 내용 파악하기   답 ⑤

3문단에서 '그의 대륙 이동설은 대륙을 이동시키는 힘이
무엇인지는 설명하지 못했기 때문에 과학계에서 인정받
지 못했다.'라고 하였다. 따라서 베게너는 대륙 이동의
원동력을 제시하지 못했다고 할 수 있다.

오답 챙기기
① 2문단에서 화산 폭발의 충격으로 지진과 산사태가 일어나면
   대규모의 인명 피해가 발생하기도 한다고 하였다.
② 3문단에서 남아메리카와 아프리카 대륙의 빙하의 흔적이 잘
   연결된다고 하였으므로, 아프리카 대륙에서 빙하의 흔적을 발
   견할 수 있다.
③, ④ 2문단에서 화산 활동으로 분출된 화산 쇄설물이 햇빛을
   가리면서 농작물의 생장에 지장을 주거나 지구 전체의 기후
   에 영향을 미치기도 한다고 하였다.

3 세부 내용 추론하기   답 ③

죽은 생명체가 화석이 되기 위해서는 유해가 망가지거나
분해되지 않고 잘 보존되어야 한다. 화석은 생물의 유해
나 흔적이 지층에 남아 있는 것이므로 만약 죽은 생명체
가 쉽게 분해되어 사라져 버리면 화석이 만들어지지 않
을 것이다. ㉠의 뒤 문장에서 죽은 생명체가 퇴적물에 덮
였을 때보다 화산재에 덮였을 때 화석으로 발견될 확률
이 높다고 하였는데, 이는 퇴적물보다는 화산재에 덮여
있을 때 생물체의 몸이 분해되지 않고 잘 남아 있다는 것
을 의미한다. 따라서 ㉠의 이유는 화산재에 의해 생물의
유해가 잘 보존되기 때문이다.

4 사례에 적용하기   답 ③

3문단에서 화산이 자주 일어나는 화산대나 지진이 자주
발생하는 지진대가 판의 경계와 거의 일치한다고 하였
다. 즉, 화산 활동은 판의 중앙보다는 판의 경계에서 활
발하게 발생함을 알 수 있다. 따라서 태평양판의 중앙 부
분보다 가장자리에서 화산 활동이 자주 일어난다는 반응
은 적절하다.

오답 챙기기
① 베게너는 대륙이 갈라지고 이동한다는 대륙 이동설을 주장하
   였다. 따라서 현재 대륙의 분포가 과거와 다르다고 생각했을
   것이다.
② 바다의 한가운데에도 판의 경계가 있으므로 바다의 한가운데
   에서도 지각 변동이 나타날 것이다.
④ 북아메리카 대륙의 서쪽 지역은 판의 경계에 속하지만, 동쪽
   지역은 판의 경계에서 멀다. 따라서 북아메리카 대륙은 서쪽
   지역보다 동쪽 지역이 지진으로부터 안전할 것이다.
⑤ 판은 각각 다른 방향과 속도로 이동하면서 서로 멀어지거나
   모여들고, 때로는 부딪친다. 따라서 태평양판과 남극판은 방
   향과 속도가 모두 다를 것이다.

Step 3 교과 개념 콕 핵심 정리 · 본문 076쪽

◆ **개념 한눈에 보기**
   ① 화산 활동 ② 대륙 이동설 ③ 화석 ④ 판 ⑤ 지진대

• **교과 개념 확인 Quiz** ✏
❶ 마그마 ❷ ○ ❸ 지각 변동 ❹ × ❺ ○
Tip ❹ 판은 각각 다른 방향과 속도로 이동한다.

1 »물리학
물속에서는 왜 다리가 짧아 보일까?

| 구성 |

2+3 빛의 직진과 반사
- 광원의 개념과 빛의 성질: 광원은 스스로 빛을 내는 물체이며, 광원에서 나온 빛은 직진하다가 물에 부딪히면 반사됨.
- 빛의 반사와 물체의 색을 인식하는 원리: 물체에서 반사되어 나온 빛의 색을 그 물체의 색으로 인식함.

1 빛의 중요성
빛이 없으면 일상생활이 거의 불가능해짐.

4 빛의 합성
특정한 빛을 섞으면 새로운 색을 만들 수 있음.

5 빛의 굴절
빛이 직진하다가 성질이 다른 물질을 만나면 경계면에서 진행 방향이 꺾임.

| 주제 | 빛의 경로와 여러 가지 성질

Step 2 교과 개념 쏙 지문 독해　· 본문 078쪽

1 ①   2 ②   3 ④   4 ④

1 핵심 내용 파악하기　답 ①

2문단에서 광원이 스스로 빛을 내는 물체라고 언급하고 있지만, 광원이 어떤 원리로 빛을 만드는지는 설명하고 있지 않다.

오답 챙기기

② 3문단의 '대부분의 물체는 태양광의 빛 중에서 일부만 흡수하고 나머지는 반사한다. 이때 물체에서 반사되어 나온 빛의 색을 우리는 그 물체의 색으로 인식한다.'에서 알 수 있다.

③ 이 글에서는 광원에서 나온 빛이 직진하는 성질이 있으며, 반사, 합성, 굴절의 성질도 있음을 설명하고 있다.

④ 4문단의 '영상 장치는 삼원색 빛의 밝기를 조절하여 다양한 색을 만들어 낸다.'에서 알 수 있다.

⑤ 5문단의 '망원경이나 콘택트렌즈, 안경 등은 빛의 이런 성질을 이용하여 눈의 한계를 보완하는 도구이다.'에서 알 수 있다.

2 세부 내용 파악하기　답 ②

4문단에 따르면, 빛의 삼원색을 균등하게 합성하면 검은색이 아니라 흰색이 된다.

3 세부 내용 추론하기　답 ④

2문단에 따르면, 광원에서 나온 빛이 직진하다가 어떤 물체에 부딪히면 반사되는데, 물체에서 반사된 빛이 우리의 눈에 들어오면서 우리가 그 물체를 인식하게 된다. 이를 ㉠에 적용하면 광원에서 나와 직진하던 빛이 얼굴에 부딪혀 반사되어 거울 쪽으로 직진하고 이 빛이 거울에 부딪혀 반사되면서 우리의 눈으로 들어오는 것이다.

4 사례에 적용하기　답 ④

3문단의 '물체가 빛을 전혀 반사하지 않으면 우리는 물체의 색을 검은색으로 인식하고, 물체가 모든 색의 빛을 다 반사하면 흰색으로 인식한다.'를 통해, 양쪽의 빨대가 빛을 조금도 반사하지 않는다면 우리 눈에는 두 빨대 모두 흰색이 아니라 검은색으로 보일 것임을 알 수 있다.

오답 챙기기

① 1문단과 2문단의 내용에서, 만약 어떠한 광원도 존재하지 않는다면 물체의 존재 여부와 무관하게 우리의 눈에는 아무것도 보이지 않을 것임을 알 수 있다. 따라서 광원이 없다면 왼쪽이나 오른쪽의 상황 모두 우리의 눈으로는 인식할 수 없게 된다.

② 오른쪽의 컵에 담긴 빨대는 왼쪽과 달리 물속에서 잘린 것처럼 보인다. 이는 5문단의 '빛이 굴절되면 물체가 왜곡되어 보인다.'라는 설명을 통해, 빛이 굴절되면서 나타나는 현상임을 알 수 있다.

③ 5문단을 참고하면, 오른쪽의 컵에 담긴 빨대가 왼쪽과 달리 잘린 것처럼 왜곡되게 보이는 것은 공기 중에서 직진하던 빛이 성질이 다른 물질인 물을 만나면서 진행 방향이 꺾이어 굴절되었기 때문임을 알 수 있다.

⑤ 2문단에 따르면, 물체에 반사된 빛이 우리 눈에 들어오면서 우리는 그 물체를 인식할 수 있다. 그리고 5문단에 따르면, 물체에서 반사된 빛이 굴절되면 그 물체가 왜곡되어 보인다. 따라서 왼쪽의 컵에 담긴 빨대가 제 모양대로 보이는 것은 빨대에 비친 빛이 굴절 없이 반사되었기 때문이라고 할 수 있다.

Step 3 교과 개념 콕 핵심 정리　· 본문 080쪽

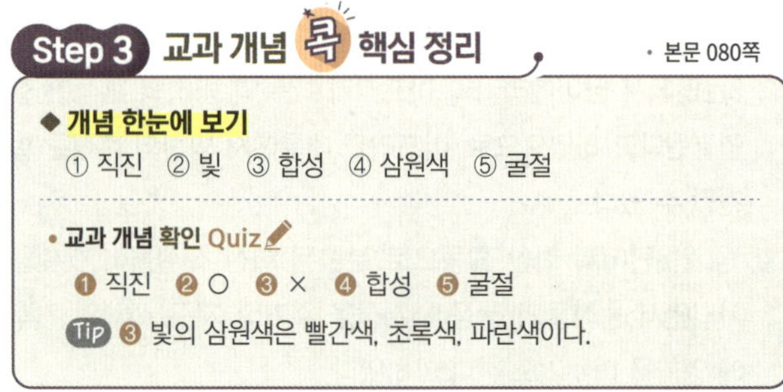

◆ **개념 한눈에 보기**
① 직진   ② 빛   ③ 합성   ④ 삼원색   ⑤ 굴절

· **교과 개념 확인 Quiz**
❶ 직진   ❷ ○   ❸ ×   ❹ 합성   ❺ 굴절
Tip ❸ 빛의 삼원색은 빨간색, 초록색, 파란색이다.

2 ≫물리학
소리는 어떤 방식으로 전달될까?

| 구성 |

1 파동과 매질의 개념
파동은 한 곳에서 발생한 진동 이 퍼져 나가는 현상이고, 매질은 파동 을 전달하는 물질임.

2 파동의 종류
매질의 진동 방향과 파동의 진행 방향이 서로 수직이면 횡파 , 매질의 진동 방향과 파동의 진행 방향이 같으면 종파 임.

3 파동과 관련된 여러 개념
파장 은 마루(골)에서 마루(골)까지의 거리, 진폭 은 진동의 중심에서 마루(골)까지의 거리, 진동수 는 매질의 한 점이 1초 동안 진동하는 횟수를 가리킴.

4 소리의 특성
진폭 , 진동수 , 파형 에 따라 각각 소리의 크기, 소리의 높낮이, 음색이 달라짐.

| 주제 | 파동의 개념과 종류 및 특징

Step 2 교과 개념 쏙 지문 독해 · 본문 082쪽

1 ②   2 ⑤   3 ①   4 ⑤

1 전개 방식 파악하기 답 ②

ㄱ. '진동', '파동', '파동의 전파', '매질' 같은 중요 용어의 개념을 제시하여 내용에 대한 이해를 돕고 있다.

ㄹ. 수면 위에 돌멩이 한 개를 던진 상황과 스포츠 경기장에서 관중들이 파도타기 응원을 하는 상황을 활용하여 진동과 파동의 개념을 알기 쉽게 설명하고 있다.

2 세부 내용 파악하기 답 ⑤

2문단에 따르면, 지진파의 S파는 횡파이고, 지진파의 P파는 종파이다. 따라서 지진으로 인해 발생하는 파동이 모두 횡파에 속하는 것은 아니다.

3 세부 내용 추론하기 답 ①

2문단에 따르면, 빛을 포함한 전자기파는 다른 파동과 달리 매질이 없어도 전파된다. 따라서 진공 상태라도 빛은 전파될 것이다.

오답 챙기기

② 3문단의 '매질의 한 점이 1초 동안 진동하는 횟수를 진동수라고 하며, 단위로는 Hz(헤르츠)를 사용한다.'라는 설명에서, 진동수가 20Hz인 파동의 매질은 1초 동안 20번 진동함을 알 수 있다.

③ 1문단에서 수면에 파동이 생겨도 물 자체는 이동하지 않은 채 위아래로만 출렁이기 때문에 수면 위의 물체도 제자리에서 위아래로만 움직인다고 설명하고 있다.

④ 2문단에 따르면, 휴대 전화는 발신자의 목소리인 음파를 전자기파로 바꾸어 수신자에게 보내 준다. 그런데 전자기파는 횡파이므로, 휴대 전화는 발신자의 목소리를 횡파인 전자기파로 바꾸어 수신자에게 전파한다고 볼 수 있다.

⑤ 4문단에서 파형이 다르면 음색이 달라진다고 하였고, 악기마다 파형이 달라 음색이 다르다고 하였으므로, 진동수와 진폭이 같아도 파형, 즉 파동의 모양이 다르면 음색이 다르다.

4 사례에 적용하기 답 ⑤

㉮와 ㉯는 모두 소리의 파동을 나타낸 것인데, 2문단에 따르면 소리의 파동인 음파는 대표적인 종파이다. 종파는 파동의 진행 방향과 매질의 진동 방향이 동일하므로, ㉮와 ㉯는 모두 매질의 진동 방향과 같은 방향으로 파동이 진행된다.

오답 챙기기

① 3문단의 '진동수가 작을수록 주기와 파장은 길어진다.'로 보아, ㉮의 진동수가 ㉯의 진동수보다 작음을 알 수 있다.

② 4문단의 '큰 소리가 작은 소리보다 진폭이 크고'로 보아, ㉮보다 진폭이 큰 ㉯가 ㉮보다 소리의 크기가 클 것임을 알 수 있다.

③ 3문단의 '진동의 중심에서 마루 또는 골까지의 거리를 진폭이라고 하고'로 보아, ㉯의 진폭이 ㉮의 진폭보다 더 큼을 알 수 있다.

④ 4문단의 '높은 소리가 낮은 소리보다 진동수가 크다.'를 통해, 진동수가 ㉮보다 큰 ㉯가 ㉮보다 소리의 높낮이가 높을 것임을 알 수 있다.

Step 3 교과 개념 콕 핵심 정리 · 본문 084쪽

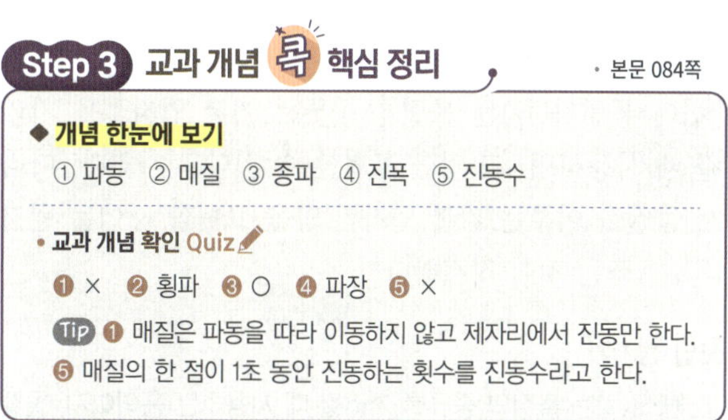

◆ **개념 한눈에 보기**
① 파동 ② 매질 ③ 종파 ④ 진폭 ⑤ 진동수

· **교과 개념 확인 Quiz**
❶ × ❷ 횡파 ❸ ○ ❹ 파장 ❺ ×
Tip ❶ 매질은 파동을 따라 이동하지 않고 제자리에서 진동만 한다.
❺ 매질의 한 점이 1초 동안 진동하는 횟수를 진동수라고 한다.

1 ≫화학
물질은 무엇으로 이루어져 있을까?

| 구성 |

1 원소와 원자의 차이점
원소는 물질의 `종류`를 가리킬 때 사용하지만, 원자는 물질을 이루는 기본 `입자`들을 가리킬 때 사용함.

2 원소 연구의 발전

고대	아리스토텔레스는 '`물`, `불`, 흙, 공기'가 물질의 기본 성분이라 주장함.
근대	라부아지에는 물이 원소가 아닌 `화합물`임을 증명했고, `원소`는 더 이상 분해할 수 없는 물질이라고 주장함.

3 화학 반응식의 개념과 특징
화학 반응식은 화학 변화 과정을 나타낸 식으로 `화학 반응`의 전과 후를 보여 주며, 화학 반응에 필요한 원소와 원자 `개수`가 표시됨.

4 주기율표의 개념과 구성
주기율표는 `원소`를 그 `성질`에 따라 체계적으로 정리한 표로, 현재의 주기율표는 총 118개 원소로 구성됨.

| 주제 | 원소 및 원자에 대한 연구의 역사

Step 2 교과 개념 쏙 지문 독해 · 본문 086쪽

1 ③ 2 ④ 3 ① 4 ③

1 세부 내용 파악하기 답 ③

2문단에서 라부아지에는 산소와 수소를 이용해 물을 합성하는 데 성공했고, 이것은 물이 산소와 수소가 결합한 화합물임을 증명해 낸 것이었다고 하였다. 또한 라부아지에는 원소는 산소와 수소처럼 더 이상 분해할 수 없는 물질이라고 주장했다고 하였다. 즉 물은 더 이상 분해할 수 없는 물질이 아니라, 두 원소가 결합하여 이루어진 물질인 것이다. 따라서 라부아지에가 물이 하나의 원소로 이루어진 물질임을 증명했다는 설명은 적절하지 않다.

2 세부 내용 추론하기 답 ④

[A]에서 원자(ⓛ)는 물질을 이루는 기본 입자들을 가리킬 때 사용하며, 그 양을 표현할 수 있다고 하였다. 따라서 물질을 이루는 기본 입자의 양을 표현할 때에는 원자(ⓛ)를 쓰는 것이 적절하다.

오답 챙기기

① 원소(㉠)는 물질의 종류를 가리킬 때 사용하는 용어이지, 물질을 이루는 입자의 구조를 설명할 때 사용하는 용어가 아니다.

② [A]에서 곰과 양 한 마리씩은 각각의 원자에 해당한다고 하였으므로, 물질을 이루는 입자 하나하나를 표현할 때에는 원자(ⓛ)를 사용한다.

③ [A]에서 물질의 기본 성분은 원소라고 하였으므로, 물질의 기본 성분이 무엇인지 밝힐 때에는 원소(㉠)을 사용한다.

⑤ [A]에서 원소와 원자는 그 사전적 의미가 비슷하지만 두 용어는 엄연히 다른 것이라고 하였다. 따라서 원소(㉠)와 원자(ⓛ)는 구분해서 사용해야 한다.

3 세부 내용 추론하기 답 ①

4문단에서 19세기 말 멘델레예프는 당시까지 발견된 원소를 그 성질에 따라 체계적으로 정리한 주기율표를 발표했다고 하였다. 즉 주기율표는 원소들을 이름이 아니라 성질에 따라 정리하여 만든 것이다.

4 사례에 적용하기 답 ③

〈보기〉의 화학 반응식은 황과 산소가 결합하여 이산화 황이라는 화합물이 만들어지는 과정을 보여 준다. 즉 황 원자 1개와 산소 원자 2개가 결합하는 화학 반응을 통해 '이산화 황'이라는 화합물이 생성되는 과정을 보여 준다.

오답 챙기기

① 3문단에 따르면, 화학 반응식은 화살표 왼쪽에 화학 반응에 참여하는 원소들을 적으므로 〈보기〉에서 화학 반응에 참여하는 원소는 황과 산소로 총 2가지이다.

② 황의 원소 기호 S의 오른쪽 아래에는 숫자가 쓰여 있지 않으므로, 황 원자는 1개만 필요하다는 것을 알 수 있다.

④, ⑤ 3문단에서 화학 반응식은 화살표 왼쪽에 화학 반응에 참여하는 원소들을 적고, 오른쪽에 화학 반응 이후 만들어진 화합물을 적는다고 하였다. 따라서 이산화 황은 두 원소가 결합된 화합물일 뿐, 새로운 원소가 아니며, 〈보기〉의 화학 반응식은 이산화 황이 생성되는 과정을 보여 준다.

Step 3 교과 개념 쿡 핵심 정리 · 본문 088쪽

◆ 개념 한눈에 보기
① 원소 ② 성질 ③ 물리 변화 ④ 화학 반응식 ⑤ 원소

• 교과 개념 확인 Quiz
❶ 원자 ❷ ○ ❸ 화합물 ❹ × ❺ ○ ❻ ○

Tip ❹ 물질이 물리 변화를 거치면 성질은 변하지 않고, 모양이나 상태가 변한다.

2 »화학
원자는 어떻게 이온이 되는 걸까?

| 구성 |

1 이온 음료의 기능
이온 음료는 땀으로 빠져나간 수분과 이온 성분을 보충해 줌.

2 원자의 구조와 전기적 성질
· 원자는 양전하를 띠는 원자핵과 음전하를 띠는 전자로 이루어짐.
· 원자는 전기적으로 중성인 상태로 존재함.

3 이온의 형성과 종류
이온은 원자가 전자를 잃거나 얻어서 형성되며, 양전하를 띠는 양이온과 음전하를 띠는 음이온으로 나뉨.

4 이온식과 이온의 명명법
· 이온식: 원소 기호의 오른쪽 위에 전하의 종류와 잃거나 얻은 전자의 개수를 함께 나타냄.
· 이온의 이름을 붙이는 방법

양이온	원소 이름 + 이온
음이온	원소 이름 + 화 이온

| 주제 | 원자의 구조 및 이온의 종류와 명명법

Step 2 교과 개념  지문 독해
· 본문 090쪽

1 ②　　**2** ②　　**3** ③

1 핵심 내용 파악하기 　답 ②

2문단에서 원자핵과 전자로 이루어진 원자의 구조에 대해 설명하고 있으나, 원자의 크기는 언급하고 있지 않다.

오답 챙기기

① 3문단에서 다른 원자로 이동할 수 있는 전자의 성질 때문에 원자가 가진 전자의 수가 변하면서, 원자가 전하를 띠게 되어 이온이 된다고 하였다.
③ 2문단에서 원자가 전기적인 성질을 띤 상태를 이온이라 한다고 하였고, 3문단에서 이온에는 양이온과 음이온이 있다고 하였다.
④ 2문단에서 원자가 기본적으로는 전기적으로 아무런 성질이 없는 중성인 상태로 존재한다고 하였다.
⑤ 4문단에서 이온의 이름을 붙이는 방법을 양이온의 경우와 음이온의 경우로 나누어 설명하였다.

2 세부 내용 추론하기 　답 ②

2문단에서 원자는 원자를 구성하는 원자핵의 양전하량

과 전자의 총 음전하량이 같아 전기적으로 중성인 상태라고 하였고, 3문단에서 원자가 전자를 다른 원자로 보내거나 다른 원자로부터 전자를 받으면 전하를 띠게 된다고 하였다. 따라서 원자가 전자를 얻거나 잃어서 전자의 총 음전하량이 변하면 전하를 띠게 된다고 추론할 수 있다.

오답 챙기기

① 양전하와 음전하의 양이 균형을 이루면 전기적 성질이 없는 중성 상태가 된다.
③ 전자가 음의 성질을 잃는 것이 아니라 전자의 수가 달라지는 것이다.
④ 전하를 띠는 것은 전자와 관련된 것으로, 양성자와 중성자의 결합은 관련이 없다.
⑤ 원자가 다른 원자와 전자를 주고받으면, 전기적 성질이 비슷해지는 것이 아니라 원자가 전기적 성질을 갖게 되는 것이다.

3 사례에 적용하기 　답 ③

4문단에서 양이온의 경우에는 원소 이름 뒤에 '이온'을 붙이면 된다고 하였다. 그런데 〈보기〉에서 (가)의 이온식 Al^{3+}을 통해 원자가 전자 3개를 잃어 양이온이 되었음을 알 수 있다. 따라서 (가)는 원소 이름 뒤에 '화 이온'이 아니라 '이온'을 붙여야 한다.

오답 챙기기

① 4문단에서 이온식은 원소 기호를 이용하여 표현한다고 했으므로, (가)의 원소 기호는 'Al'이고, (나)의 원소 기호는 'S'이다.
②, ④ 4문단에서 이온식은 원소 기호의 오른쪽 위에 붙어 있는 +와 ─ 및 숫자로 몇 개의 전자를 잃거나 얻어서 이온이 되었는지를 표현한다고 하였다. (가)의 '3+'가와 (나)는 '2─'로 보아, (가)는 원자가 전자 3개를 잃어서, (나)는 원자가 전자 2개를 얻어서 각각 양이온과 음이온이 되었음을 알 수 있다.
⑤ (나)는 음이온이므로 양전하량보다 전자의 총 음전하량이 더 많을 것이다.

Step 3 교과 개념 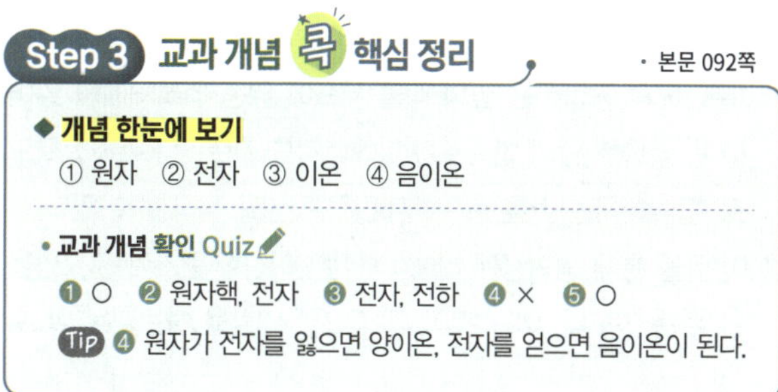 핵심 정리
· 본문 092쪽

◆ **개념 한눈에 보기**
① 원자　② 전자　③ 이온　④ 음이온

· **교과 개념 확인 Quiz**
❶ ○　❷ 원자핵, 전자　❸ 전자, 전하　❹ ✕　❺ ○
Tip ❹ 원자가 전자를 잃으면 양이온, 전자를 얻으면 음이온이 된다.

1

≫ 생명과학
식물이 만드는 영양분 레시피

| 구성 |

1 광합성 에 필요한 물질
빛에너지, 이산화 탄소 , 물

2 이산화 탄소 의 흡수 과정
빛이 있을 때 기공 을 통해 공기 중의 이산화 탄소를 흡수함.

3+4 물의 이동 원리
• 광합성에 이용되는 물의 이동 원리 ① - 모세관 현상: 매우 가는 물관의 밀어 올리는 힘에 의해 물이 잎으로 이동함.
• 광합성에 이용되는 물의 이동 원리 ② - 증산 작용: 기공을 통해 잎의 물이 공기 중으로 나가면 물관에서 아래쪽의 물 분자 를 끌어올리는 현상이 일어남.

| 주제 | 광합성에 필요한 세 가지 재료의 흡수·이동의 원리

Step 2 교과 개념 쏙 지문 독해
· 본문 096쪽

| 1 ④ | 2 ⑤ | 3 ① | 4 ④ |

1 핵심 내용 파악하기
답 ④

1문단에서 식물이 광합성을 통해 스스로 양분을 만든다고 설명하고 있으나, 어떤 종류의 양분이 만들어지는지는 제시하지 않고 있다.

2 세부 내용 추론하기
답 ⑤

광합성은 빛이 있을 때 이루어지며, 식물은 이때 이산화 탄소를 흡수한다. 그런데 빛이 없는 밤에는 광합성이 이루어지지 않으므로, 밤보다 낮에 공기 중의 이산화 탄소를 더 많이 흡수할 것이라고 짐작할 수 있다.

오답 챙기기

① 3문단에서 이산화 탄소는 잎의 기공을 통해 흡수되지만, 물은 뿌리에서 흡수된다고 설명하고 있다.

② 1문단에서 광합성은 잎의 식물 세포에 있는 엽록체에서 일어나며, 엽록체 안의 엽록소가 빛에너지를 흡수한다고 하였으므로, 줄기에서는 빛을 흡수하지 않을 것임을 짐작할 수 있다.

③ 이 글을 통해 광합성에 빛에너지, 물, 이산화 탄소가 필요함을 알 수는 있으나, 어느 것이 더 중요한 역할을 하는지는 알 수 없다.

---

④ 2문단에서 공변세포의 수축과 팽창에 따라 기공이 열리고 닫힌다고 설명하고 있으므로, 기공이 열렸을 때와 닫혔을 때 공변세포의 모양이 다를 것임을 짐작할 수 있다.

3 세부 내용 파악하기
답 ①

4문단에서 광합성에 쓰이고 남은 물은 수증기 상태로 기공 밖으로 빠져나가는데, 식물 안의 수분이 공기 중으로 내보내지는 현상을 증산 작용이라고 하였다. 모세관 현상은 가는 관을 따라 액체가 올라가거나 내려가는 현상으로, 물이 수증기 상태로 바뀌지는 않는다.

4 사례에 적용하기
답 ④

4문단에서 기공이 많이 열릴수록 증산 작용이 활발히 일어나고, 열린 기공을 통해 이산화 탄소도 많이 들어온다고 설명하고 있다. 따라서 (가)에서 많은 양의 물이 배출되는 증산 작용이 일어날 때에 열린 기공으로 이산화 탄소 또한 많이 들어올 것임을 짐작할 수 있으므로, 흡수되는 이산화 탄소의 양이 줄어든다는 반응은 적절하지 않다.

오답 챙기기

① 기공이 많이 열릴수록 증산 작용이 활발해지는데, 증산 작용이 활발해지면 배출되는 물의 양도 많아진다. (나)에서 10시에 비해 12시에 배출된 물의 양이 많은 것으로 보아, 10시보다 12시에 기공이 더 많이 열렸을 것으로 짐작할 수 있다.

②, ③ 4문단에서 기공이 많이 열려 증산 작용이 활발할 때 광합성도 활발해짐을 알 수 있다. 따라서 (나)에서 배출되는 물의 양이 많은 12시에서 14시 사이가 다른 시간에 비해 증산 작용과 광합성이 더 활발히 일어날 것임을 짐작할 수 있다.

⑤ 증산 작용이 일어나면 물관의 물 분자가 잎으로 계속 이동하게 되는데, 이때 뿌리에서 흡수된 물이 잎까지 계속 올라와 기공 밖으로 빠져나가므로 (가)의 시험관 속 물의 양도 줄어들 것임을 짐작할 수 있다.

Step 3 교과 개념 콕 핵심 정리
· 본문 098쪽

◆ **개념 한눈에 보기**
① 엽록체 ② 이산화 탄소 ③ 기공 ④ 증산 작용 ⑤ 물

• **교과 개념 확인 Quiz**
1 광합성 **2** 엽록체 **3** × **4** ○ **5** ○ **6** 증산 작용
Tip **3** 광합성이 일어날 때 기공에서 이산화 탄소가 들어오고 수증기가 나간다.

2 ≫생명과학
식물은 어떻게 숨을 쉬고 밥을 먹지?

| 구성 |

1 광합성과 산소의 관계 및 식물의 호흡의 개념
식물의 광합성으로 산소가 발생함. 식물의 호흡은 식물이 산소를 이용해 양분을 분해하여 에너지를 얻는 과정임.

2 광합성으로 만들어진 양분이 사용·저장되는 과정
광합성은 빛을 이용해 양분을 만드는 과정으로, 광합성으로 만들어진 양분이 체관을 통해 식물 전체로 이동하여 사용되고, 남은 것은 저장됨.

3+4 광합성과 호흡의 관계
• 광합성과 호흡의 차이점: 광합성은 낮에 엽록체에서, 호흡은 밤낮으로 식물의 모든 세포에서 이루어짐.
• 광합성과 호흡의 기체 교환: 낮에는 광합성으로 나온 산소의 일부는 호흡에 사용되고, 호흡으로 발생한 이산화 탄소는 모두 광합성에 이용됨. 밤에는 호흡만 일어나 산소를 흡수하고 이산화 탄소를 배출함.

| 주제 | 식물의 호흡과 광합성에 따른 양분의 생성과 사용

Step 2 교과 개념 쏙 지문 독해 · 본문 100쪽

1 ②　　2 ④　　3 ②　　4 ⑤

1 핵심 내용 파악하기　　답 ②

1문단에서 호흡을 통해 생명 활동에 필요한 에너지를 얻는다고 설명하고 있으나, 그 에너지의 양이 얼마인지에 대해서는 언급하고 있지 않다.

오답 챙기기

① 4문단에서 광합성으로 발생한 산소 중 일부는 호흡에 이용되고 나머지는 공기 중으로 방출된다고 하였다.
③ 1~2문단을 통해 식물이 광합성과 호흡을 하는 이유는 양분을 만들어 생명 활동에 필요한 에너지를 얻기 위해서임을 알 수 있다.
④ 3문단에서 식물의 호흡은 낮과 밤을 구분하지 않고 항상 이루어지며, 광합성은 주로 낮에 이루어진다고 하였다.
⑤ 2문단에서 체관은 식물의 양분이 이동하는 통로라고 하였다.

2 핵심 내용 파악하기　　답 ④

3문단의 '호흡은 생명 활동과 관련되므로 낮과 밤을 구분하지 않고 항상 이루어'진다는 내용에서 알 수 있다.

오답 챙기기

① 밤에 식물에서 이산화 탄소가 나온다고 했을 뿐, 하루 동안에 이산화 탄소를 얼마나 내뿜는지는 설명하지 않았다.
② 양분을 만드는 활동인 광합성이 주로 낮에 이루어진다고 했을 뿐, 햇빛이 없을 때 양분을 어떻게 만드는지는 언급하지 않았다.
③ 포도당이 녹말로 바뀌어 엽록체에 저장되었다가, 밤이 되면 설탕으로 바뀐다고 했을 뿐, 그 원리는 설명하지 않았다.
⑤ 광합성으로 얻은 양분이 식물 속 곳곳에 저장된다고 했을 뿐, 양분이 뿌리에 저장되는 식물에 어떤 것이 있는지는 설명하지 않았다.

3 세부 내용 파악하기　　답 ②

3문단에서 ㉠'광합성'은 '잎의 엽록체에서 일어'나고, ㉡'호흡'은 '뿌리, 줄기, 잎 등 식물의 모든 세포에서 일어난다.'라고 설명하고 있다.

4 사례에 적용하기　　답 ⑤

식물의 호흡에 필요한 양분을 만드는 과정은 광합성이다. 광합성은 물과 이산화 탄소로부터 포도당과 산소를 만들어 내는 과정이므로, ⓐ는 이산화 탄소, ⓑ는 포도당, ⓒ는 산소이고, ⓓ는 녹말, ⓔ는 설탕이다. 그런데 2문단의 '주로 밤이 되면 다시 물에 잘 녹는 설탕으로 바뀌어 체관을 통해 식물의 여러 곳으로 운반된다.'로 보아, ⓔ는 낮이 아닌 밤에 체관을 통해 운반된다.

오답 챙기기

① 4문단에 따르면, 낮에 식물의 호흡으로 발생한 이산화 탄소는 광합성에 사용되기도 한다.
② 광합성으로 만들어진 포도당은 녹말로 바뀌어 엽록체에 저장된다.
③ 호흡은 산소를 이용하여 에너지를 얻는 과정이다. 또 체관을 통해 운반된 양분(설탕)은 호흡으로 에너지를 얻는 데 사용되므로, 산소(ⓒ)와 설탕(ⓔ)은 호흡 활동에 이용된다.
④ 녹말은 물에 잘 녹지 않고, 설탕은 물에 잘 녹는다.

Step 3 교과 개념 콕 핵심 정리 · 본문 102쪽

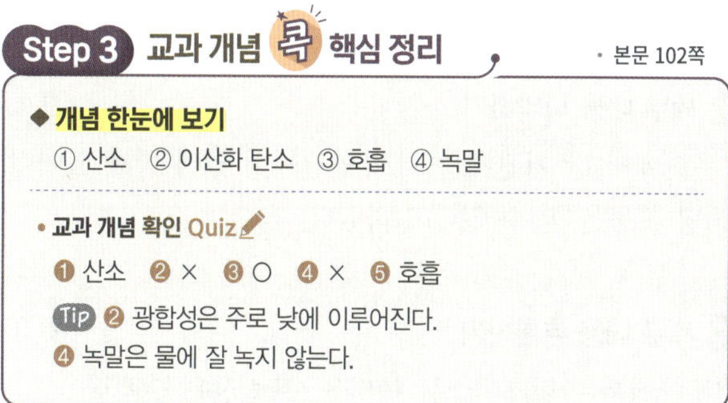

◆ **개념 한눈에 보기**
① 산소　② 이산화 탄소　③ 호흡　④ 녹말

• **교과 개념 확인 Quiz**
❶ 산소　❷ ×　❸ ○　❹ ×　❺ 호흡
Tip ❷ 광합성은 주로 낮에 이루어진다.
❹ 녹말은 물에 잘 녹지 않는다.

1 » 생명과학
사람은 어떻게 에너지를 얻을까?

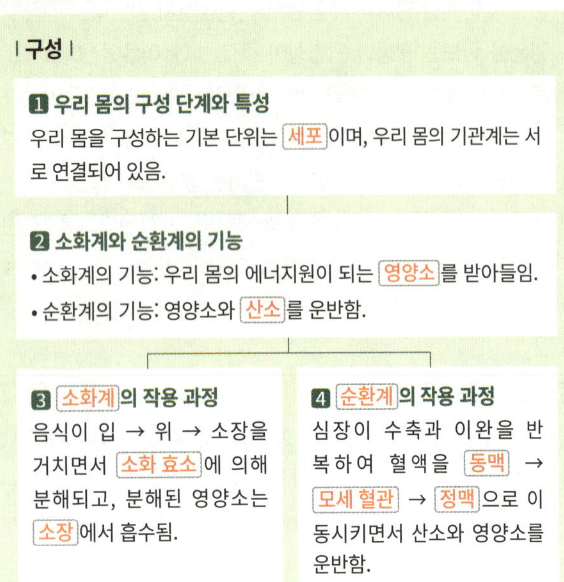

| 구성 |

1 우리 몸의 구성 단계와 특성
우리 몸을 구성하는 기본 단위는 세포이며, 우리 몸의 기관계는 서로 연결되어 있음.

2 소화계와 순환계의 기능
• 소화계의 기능: 우리 몸의 에너지원이 되는 영양소를 받아들임.
• 순환계의 기능: 영양소와 산소를 운반함.

3 소화계의 작용 과정
음식이 입 → 위 → 소장을 거치면서 소화 효소에 의해 분해되고, 분해된 영양소는 소장에서 흡수됨.

4 순환계의 작용 과정
심장이 수축과 이완을 반복하여 혈액을 동맥 → 모세 혈관 → 정맥으로 이동시키면서 산소와 영양소를 운반함.

| 주제 | 소화계와 순환계의 기능과 작용 과정

Step 2 · 교과 개념 쏙 지문 독해 · 본문 104쪽

1 ③   2 ⑤   3 ①   4 ③

1 전개 방식 파악하기  답 ③

이 글은 소화계와 순환계의 기능에 대해 설명하고 있을 뿐, 소화계와 순환계의 기능에 대한 상반된 관점은 소개하고 있지 않다.

오답 챙기기
① 3문단에서 소화의 개념을 제시하고 있다.
② 2문단에서 사람이 살아가기 위해 필요한 것이 무엇인지 물은 뒤 그에 대한 답을 제시하고 있다.
④ 1문단에서 우리 몸의 구성을 자동차의 구성에 빗대어 설명하고 있다.
⑤ 3문단과 4문단에서 각각 소화계와 순환계의 작용 과정을 진행 순서에 따라 설명하고 있다.

2 세부 내용 파악하기 답 ⑤

1문단에서 각 기관계는 서로 연결되어 있어 함께 있어야 생명 활동을 할 수 있다고 하였다.

3 세부 내용 추론하기 답 ①

3문단에서 아밀레이스는 녹말을, 트립신은 단백질을, 라이페이스는 지방을 분해한다고 하였다. 이를 통해 하나의 소화 효소는 한 종류의 영양소를 분해함을 알 수 있다.

오답 챙기기
② 3문단에서 입에서는 침 속의 아밀레이스가 탄수화물을 분해하고, 위에서는 염산과 펩신이 단백질을 분해한다고 하였다.
③ 3문단에서 소장의 시작 부분인 십이지장에서 단백질과 지방이 분해된 뒤 소장 안쪽 벽의 융털을 통해 흡수된다고 하였다.
④ 3문단에서 이자액에는 탄수화물, 단백질, 지방을 분해하는 아밀레이스, 트립신, 라이페이스가 모두 들어 있다고 하였다.
⑤ 3문단을 통해 음식물이 입에서 소장으로 이동하는 동안 소화 효소에 의해 음식물이 더 작게 분해되고 있음을 알 수 있다.

수능 찍먹
4 사례에 적용하기 답 ③

〈보기〉를 통해 폐순환은 심장에서 나온 혈액이 폐에 이산화 탄소를 내보내고 폐에서 산소를 받아 심장으로 들어오는 순환이고, 온몸 순환은 심장에서 나온 혈액이 조직 세포에 산소와 영양소를 공급해 주고, 조직 세포에서 이산화 탄소와 노폐물을 받아 심장으로 들어오는 순환임을 알 수 있다. 따라서 폐순환은 온몸 순환과 달리 혈액이 산소를 받아 심장으로 들어온다.

오답 챙기기
① 우리 몸의 조직 세포에 산소와 영양소를 공급하고 이산화 탄소와 노폐물을 받아 심장으로 들어오는 것은 온몸 순환이다.
② 4문단에서 혈액은 심장의 끊임없는 수축과 이완에 의해 순환된다고 하였고, 〈보기〉에서 심장이 수축하면서 폐순환과 온몸 순환이 시작됨을 확인할 수 있다.
④ 〈보기〉에서 폐순환은 폐의 모세 혈관에서 이산화 탄소와 산소의 교환이 일어나며, 온몸 순환은 온몸의 모세 혈관에서 산소와 이산화 탄소의 교환이 일어남을 확인할 수 있다.
⑤ 4문단에서 심방은 정맥과 연결되어 혈액을 받아들이고 심실은 동맥과 연결되어 심장에서 혈액을 내보낸다고 하였다. 〈보기〉에서도 폐순환과 온몸 순환은 모두 심방은 정맥과, 심실은 동맥과 연결되어 있다.

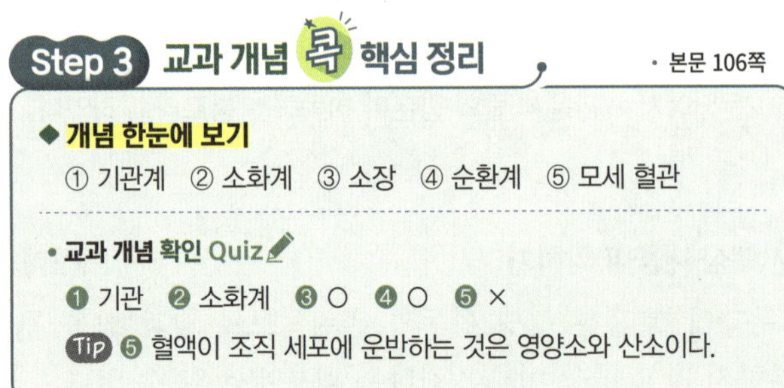
Step 3 · 교과 개념 쏙 핵심 정리 · 본문 106쪽

◆ 개념 한눈에 보기
① 기관계   ② 소화계   ③ 소장   ④ 순환계   ⑤ 모세 혈관

• 교과 개념 확인 Quiz
❶ 기관 ❷ 소화계 ❸ ○ ❹ ○ ❺ ×
Tip ❺ 혈액이 조직 세포에 운반하는 것은 영양소와 산소이다.

2 ≫ 생명과학
사람은 어떻게 숨을 쉬고 노폐물을 내보낼까?

| 구성 |

1 호흡의 원리
들숨 을 통해 산소를 받아들이고 날숨 을 통해 이산화 탄소를 내보냄.

2+3 호흡계와 호흡 운동
• 호흡계에서의 기체 교환: 산소 는 폐포 → 모세 혈관 → 조직 세포로, 이산화 탄소 는 조직 세포 → 모세 혈관 → 폐포로 이동함.
• 호흡 운동의 원리: 가로막과 갈비뼈의 움직임 → 흉강 의 부피 변화 → 흉강과 폐 의 압력 변화로 호흡 운동이 일어남.

4+5 배설계와 배설 작용
• 배설계 의 기능: 영양소를 분해할 때 만들어진 노폐물 을 몸 밖으로 내보냄.
• 배설계의 배설 과정: 노폐물이 콩팥 의 네프론 에서 여과, 재흡수, 분비를 거쳐 오줌으로 내보내짐.

| 주제 | 호흡계와 배설계의 기능과 작용 과정

 **Step 2** 교과 개념 쏙 지문 독해 · 본문 108쪽

| **1** ② | **2** ③ | **3** ⑤ | **4** ⑤ |

1 핵심 내용 파악하기 답 ②

4~5문단에서 배설과 배설계의 작용 과정을 설명하고 있으나, 배설 작용을 방해하는 요소는 이 글에 제시되어 있지 않다.

2 세부 내용 파악하기 답 ③

3문단을 통해 호흡 작용은 가로막과 갈비뼈의 움직임에 의해 일어나며, 폐는 스스로 움직이지 못한다는 것을 확인할 수 있다.

오답 챙기기

④ 5문단을 통해 노폐물이 콩팥에서 여과, 재흡수, 분비의 과정을 거쳐 배설되는 과정을 확인할 수 있다.

⑤ 2문단을 통해 조직 세포에 있는 이산화 탄소는 모세 혈관의 혈액을 통해 폐포로 전달되는 것을 확인할 수 있으며, 1문단을 통해 날숨이 일어날 때 이산화 탄소가 몸 밖으로 나가는 것을 알 수 있다.

3 세부 내용 추론하기 답 ⑤

폐에서 조직 세포로 산소가 이동하고, 조직 세포에서 폐

로 이산화 탄소가 이동한다. 따라서 폐에서 조직 세포로 이어지는 혈관에는 산소가, 조직 세포에서 폐로 이어지는 혈관에는 이산화 탄소가 많다.

오답 챙기기

① 3문단에서 흉강의 부피가 커지면 흉강과 폐의 압력은 낮아진다고 했으므로 흉강의 부피는 흉강과 폐의 압력에 반비례한다.

② 1문단에서 창문이 닫혀 있는 공간에서 졸음이 쏟아지는 것은 사람들이 숨을 쉬며 내뱉는 이산화 탄소가 늘어나고, 사람들이 들이마실 산소의 양이 줄어들기 때문이라고 하였다.

③ 4문단의 '콩팥, 오줌관, 방광, 요도 등의 배설 기관으로 이루어진 배설계'라는 내용을 통해, 대장은 배설계에 해당하지 않음을 알 수 있다.

④ 혈액 속 노폐물을 걸러내는 데 사구체와 보먼주머니가 중요한 역할을 함을 알 수는 있으나, 어느 것의 역할이 더 중요한지는 이 글을 통해서는 알 수 없다.

4 사례에 적용하기 답 ⑤

5문단을 통해 동맥과 연결된 ㉠은 사구체, ㉠의 주변에 있는 ㉡은 보먼주머니, ㉡과 연결된 ㉢은 세뇨관, ㉢ 주위의 ㉣은 모세 혈관임을 알 수 있다. 그런데 4문단에서 요소는 콩팥에서 걸러져 몸 밖으로 나간다고 했으므로 오줌에 요소가 포함되어 있지 않다는 이해는 적절하지 않다.

오답 챙기기

①, ② 5문단에서 ㉠(사구체)은 ㉡(보먼주머니)보다 압력이 높으며, 이 압력 차이로 크기가 작은 물질이 물과 함께 보먼주머니로 여과된다고 하였다. 따라서 분자의 크기가 큰 물질은 ㉡으로 이동하지 못하며, 물은 압력 때문에 ㉡으로 이동한다.

③ 5문단에서 포도당, 아미노산과 같이 우리 몸에 필요한 성분은 ㉢(세뇨관)에서 ㉣(모세 혈관) 속으로 재흡수된다고 하였다.

④ 5문단에서 ㉠(사구체)에서 ㉡(보먼주머니)으로 여과되지 못했던 노폐물은 ㉣(모세 혈관)에서 ㉢(세뇨관)으로 분비된다고 하였다.

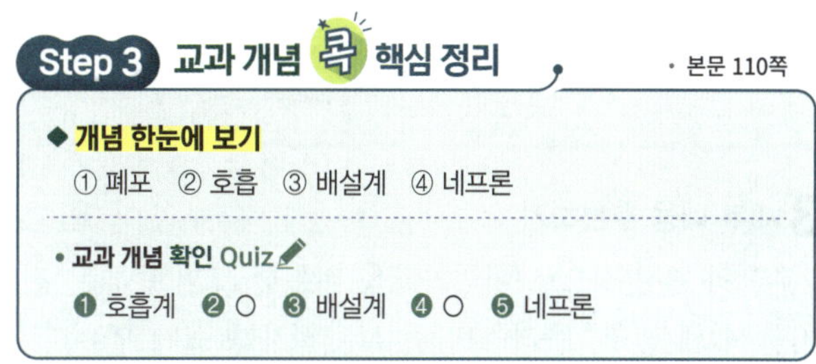 **Step 3** 교과 개념 콕 핵심 정리 · 본문 110쪽

◆ **개념 한눈에 보기**
① 폐포 ② 호흡 ③ 배설계 ④ 네프론

• **교과 개념 확인 Quiz**
❶ 호흡계 ❷ ○ ❸ 배설계 ❹ ○ ❺ 네프론

1 »물리학
찌릿찌릿, 정전기는 왜 생기는 걸까?

| 구성 |

1 정전기의 사례
빗으로 머리를 빗거나 스웨터를 벗을 때 머리카락이 위로 치솟음.

2+3 정전기의 원인과 특징
• 대전과 전기의 개념: 두 물체가 접촉하면 물체가 전하를 띠는 대전 현상이 나타나 전기가 발생함.
• 정전기의 개념 및 특징: 정전기는 전하가 한곳에 머물러 있는 현상으로, 전하를 띤 물체는 서로 밀고 당기는 힘이 작용함.

4 전류와 전압의 개념
전류는 전하의 흐름이고, 전압은 전류를 흐르게 하는 힘임.

5 저항의 개념 및 옴의 법칙
저항은 전류의 흐름을 방해하는 정도이며, 옴의 법칙은 전류의 세기가 전압에 비례하고 저항에 반비례한다는 법칙임.

| 주제 | 전기의 발생 및 전류, 전압, 저항의 관계

Step 2 교과 개념 쏙 지문 독해 · 본문 112쪽

1 ⑤   2 ④   3 ①   4 ③

1 전개 방식 파악하기 답 ⑤

이 글에서 원자를 원자핵과 전자로 나누어 설명하는 분석의 방법은 사용되었으나, 대상의 종류를 나누는 분류의 방법은 사용되지 않았다.

2 세부 내용 파악하기 답 ④

3문단에 따르면, 정전기는 대전된 물체의 전하가 다른 곳으로 이동하지 않은 상태라고 하였으므로, 마찰에 의해 두 물체 사이에 정전기가 이동한다는 설명은 적절하지 않다. 마찰에 의해 이동하는 것은 정전기가 아니라, 전자이다.

3 세부 내용 추론하기 답 ①

2문단의 '일반적으로 머리카락을 비롯한 모피 종류는 전자를 쉽게 잃고, 플라스틱 종류는 전자를 쉽게 얻는다.'

로 보아, ㉠에서 머리카락은 전자를 잃고 플라스틱 빗은 전자를 얻게 됨을 알 수 있다. 이 결과로 머리카락은 양전하를, 플라스틱 빗은 음전하를 띠게 될 것이다.

오답 챙기기

② 2문단에서 '물체가 전하를 띠는 현상'이 대전이라고 하였다.

③ 2문단의 '성질이 서로 다른 두 물체가 접촉하면 한 물체에서 다른 물체로 전자가 이동한다.'에서 확인할 수 있다.

④ 3문단에 따르면, 다른 종류의 전하가 대전되어 있으면 서로 끌어당기는 힘이 작용한다. 빗과 머리카락이 마찰하면 둘은 서로 다른 전하를 띠게 되므로 서로 끌어당기는 힘이 작용한다.

⑤ 2문단에 따르면, 물질을 구성하는 원자는 양전하의 양과 음전하의 양이 같아서 전기적으로 중성이다. 이런 상태에서 성질이 다른 물체와 접촉하면 대전이 된다. 따라서 ㉠의 상황 이전은 두 물체가 접촉하기 전이므로 전기적으로 중성인 상태이다.

4 사례에 적용하기 답 ③

수도꼭지는 수돗물의 흐름을 조절하는 장치이므로 전지가 아니라 스위치에 해당한다고 볼 수 있다. 전지의 전압에 의해 전류가 흐른 것처럼 펌프를 통한 수압에 의해 물이 흘렀다는 점에서 전지에 해당하는 것은 〈보기〉의 '펌프'이다.

오답 챙기기

① 전지와 전선을 포함하여 전류가 흐르는 통로를 회로라고 한다. 수도 시설은 전류에 해당하는 물이 흐르는 시설이므로 회로에 해당한다.

② 전선은 전자가 이동하는 연결 통로 역할을 하므로, 물이 흐르는 수도관이 전선에 해당한다.

④ 전자가 전선을 통해 운반하는 전하의 흐름을 전류라고 한다. 따라서 수도관을 흐르는 물은 전류에 해당한다.

⑤ 전압은 전류를 흐르게 하는 힘이다. 수도관에 물이 흐르게 한 힘은 수압, 즉 물의 높이 차이이므로 ⓔ는 전압에 해당한다.

Step 3 교과 개념 콕 핵심 정리 · 본문 114쪽

◆ **개념 한눈에 보기**
① 대전 ② 전류 ③ 전압 ④ 저항 ⑤ 옴의 법칙

• **교과 개념 확인 Quiz**
1 ○ **2** 전자 **3** × **4** 전류 **5** ○
Tip **3** 원자를 구성하는 원자핵은 양전하를, 전자는 음전하를 띤다.

2 »물리학
전류가 자석처럼 자기장을 만들어 낸다고?

| 구성 |

1 자기력과 자기장의 개념
자석과 자석 사이에 작용하는 힘을 자기력이라 하고, 자기력이 작용하는 공간을 자기장이라 함.

2 전류에 의한 자기장 형성
전류가 흐르는 전선 주위에도 자기장이 형성되며, 전류의 이런 성질을 이용한 것이 전자석임.

3+4+5 전동기의 개념과 원리
- 전동기의 개념: 전동기는 자석과 전류에 의한 자기장을 동시에 활용하여 회전력을 얻는 장치임.
- 전동기의 원리: 자석 속에 있는 전선에 전류를 흐르게 하면 전선은 전류와 자기장의 방향에 각각 수직인 방향으로 힘을 받음.
- 전동기의 회전 원리: 전동기의 코일에 전류가 흐르면 코일의 왼쪽과 오른쪽 부분이 받는 힘의 방향이 서로 반대가 되어 코일이 회전함.

| 주제 | 자기장을 이용한 전동기의 작동 원리

Step 2 교과 개념 쏙 지문 독해 · 본문 116쪽

1 ⑤ 2 ④ 3 ⑤ 4 ①

1 핵심 내용 파악하기 답 ⑤

1문단에서 자기력과 자기장을 설명한 뒤, 2문단에서 전류에 의해 생기는 자기장과 이를 활용하는 전자석을 설명하고 있다. 그리고 3문단에서 전자석이 사용되는 장치로 전동기를 소개한 뒤, 4~5문단에서 전동기의 원리를 설명하고 있다. 이를 종합하면 '전류에 의한 자기장과 이를 활용한 전동기의 원리'가 제목으로 가장 적절하다.

오답 챙기기

①, ② 1문단에서 언급되어 있지만, 이 제목은 부분적인 내용으로 글 전체의 내용을 포괄하지 못한다.

③ 1문단에서 지구가 큰 자석과 같다는 내용은 언급되어 있지만 지구 자기장이 인류에게 미치는 영향은 언급되지 않았다.

④ 2문단에서 전자석과 영구 자석의 차이점을 간략하게 언급하고 있지만, 장단점을 비교하지는 않았다.

2 세부 내용 파악하기 답 ④

2문단에서 전류가 흐르는 전선 주위에도 자석과 같은 자기장이 발생한다고 언급하고 있지만, 그 원인은 설명하지 않았다.

3 세부 내용 추론하기 답 ⑤

3문단에 따르면, 전동기는 자석에 의한 자기장과 전류에 의한 자기장을 동시에 활용하여 회전력을 얻는 장치이므로, 두 자기장을 함께 사용해야 큰 힘을 낼 수 있다.

오답 챙기기

① 3문단에서 전기를 사용하여 움직이는 기구에는 대부분 전동기가 들어 있으며, 특히 휴대 전화에는 최소형 전동기가 들어 있다고 하였으므로, 일상의 전자 제품에 들어가는 전동기는 그 크기가 다양할 것이라고 추측할 수 있다.

② 3문단에서 전동기는 자석과 전류의 자기장을 활용하여 회전력을 얻는 장치라고 하였으므로, 회전력을 필요로 하는 휴대용 선풍기에도 전동기가 들어 있을 것이다.

③ 2문단에 따르면, 전자석은 전류가 흐를 때만 자석이 된다. 따라서 전류를 끊으면 자석의 성질이 사라지며 원래 상태로 돌아갈 것이다.

④ 3문단에 따르면, 전동기는 자석에 의한 자기장과 전류에 의한 자기장을 동시에 활용하는 장치이므로, 전류가 흐르는 전선에 자기장이 발생하지 않으면 전동기를 만들기 어려울 것이다.

수능 찍먹

4 사례에 적용하기 답 ①

1문단의 '자기장은 N극에서 S극으로 들어가는 방향으로 형성된다.'를 통해 〈보기〉의 전동기에서 자기장의 방향은 오른쪽에서 왼쪽으로 형성됨을 알 수 있다. 그리고 4문단의 설명과 〈그림〉을 적용할 때, ⓐ에서는 오른손의 네 손가락을 자기장의 방향(왼쪽)으로, 엄지손가락을 전류의 방향(뒤쪽)으로 맞추어야 한다. 이때 ⓐ가 받는 힘의 방향은 손바닥이 향하는 방향인 위쪽이 된다. ⓒ에서는 오른손의 네 손가락을 자기장의 방향(왼쪽)으로, 엄지손가락을 전류의 방향(앞쪽)으로 맞추어야 한다. 이때 ⓒ가 받는 힘의 방향은 손바닥이 향하는 방향인 아래쪽이 된다. 한편, 4문단에서 전류의 방향과 자기장의 방향이 평행이면 힘을 받지 않는다고 하였으므로, 전류와 자기장의 방향이 서로 반대이면서 평행인 ⓑ는 힘을 받지 않는다.

Step 3 교과 개념 콕 핵심 정리 · 본문 118쪽

◆ **개념 한눈에 보기**
① 자기장 ② 자석 ③ 전류

• **교과 개념 확인 Quiz**
❶ × ❷ 자기장 ❸ 전류 ❹ ○ ❺ 회전력
Tip ❶ 자기력은 자석 자체에서 발생하며, 전류가 흐르는 전선에서도 발생한다.

1 ≫ 지구과학
별까지의 거리를 어떻게 알 수 있을까?

| 구성 |

1 밤하늘의 공간적 특징
3차원의 입체적 공간으로, 별까지의 거리를 알아내려면 특별한 방법을 사용해야 함.

별까지의 거리를 알아내는 방법

2 연주 시차를 이용한 방법
• 지구의 공전 궤도상에서 6개월 간격으로 동일한 별을 관측할 때 생기는 시차의 절반인 연주 시차를 이용하여 구함.
• 연주 시차는 별까지의 거리에 반비례함.

3 별의 밝기와 등급을 이용한 방법
눈에 보이는 밝기를 등급으로 나타낸 겉보기 등급과 모든 별이 10pc 거리에 있다고 가정했을 때의 밝기를 등급으로 나타낸 절대 등급을 비교하여 별까지의 거리를 알아냄.

4 별의 표면 온도와 색
별의 표면 온도가 높을수록 청색을, 낮을수록 붉은색을 띰.

| 주제 | 별까지의 거리를 알아내는 방법과 표면 온도에 따른 별의 색

Step 2 교과 개념 쏙 지문 독해 · 본문 120쪽

| 1 ② | 2 ③ | 3 ④ | 4 ④ |

1 세부 내용 파악하기 답 ②

4문단에서 별은 표면 온도가 높아질수록 '붉은색, 주황색, 황색, 백색, 청백색, 청색' 순으로 달라지며, 황색으로 보이는 태양보다 청백색으로 보이는 리겔의 표면 온도가 훨씬 더 높다고 하였다. 따라서 태양은 리겔보다 표면 온도가 낮은 별이라고 할 수 있다.

2 세부 내용 추론하기 답 ③

2문단에서 연주 시차는 별까지의 거리에 반비례한다고 하였다. 즉 연주 시차는 별까지의 거리가 가까울수록 크고, 별까지의 거리가 멀수록 작다. 따라서 연주 시차가 큰 별은 연주 시차가 작은 별보다 더 가까이에 있다.

오답 챙기기

① 연주 시차는 관측자가 관측한 시차의 절반이므로, 시차에 2가 아닌 1/2을 곱하여 계산해야 한다.

---

② 연주 시차는 지구의 공전으로 인해 별을 보는 지점이 달라져서 생기는 것이며, 지구의 공전 궤도상에서 6개월 간격으로 동일한 별을 관측할 때 생긴다. 따라서 지구가 공전하지 않는다면 별의 연주 시차를 구할 수 없다.

④ 연주 시차가 1″인 별의 거리를 1pc이라고 한다.

⑤ 2문단을 통해 연주 시차는 시차의 한 종류임을 알 수 있다. 그런데 시차는 한 지점에서 동시에 두 물체를 보았을 때 나타나는 차이가 아니라, 하나의 물체를 서로 다른 두 지점에서 보았을 때 나타나는 차이를 이용한 것이다.

3 세부 내용 추론하기 답 ④

2문단에서 지구가 공전 궤도상에서 가장 멀리 떨어지게 되는 6개월 간격으로 동일한 별을 관측할 때 생기는 시차의 절반을 연주 시차라고 하였다. 따라서 ㉠은 관측된 별의 위치 정보를 이용한다고 볼 수 있다. 그리고 3문단에서 눈에 보이는 별의 밝기인 겉보기 등급과 실제 별의 밝기인 절대 등급을 비교하여 별까지의 거리를 비교할 수 있다고 하였다. 따라서 ㉡은 별의 밝기 정보를 이용한다고 볼 수 있다.

수능찍먹
4 사례에 적용하기 답 ④

시리우스와 베텔게우스의 거리를 비교하기 위해서는 두 별의 겉보기 등급과 절대 등급을 비교해 보아야 한다. 먼저 시리우스는 겉보기 등급이 −1.5로, 절대 등급인 1.4보다 작다(겉보기 등급<절대 등급). 따라서 시리우스는 10pc보다 가까운 곳에 있는 별이다. 이와 달리 베텔게우스는 겉보기 등급이 0.4로 절대 등급인 −5.6보다 크다(겉보기 등급>절대 등급). 따라서 베텔게우스는 10pc보다 먼 곳에 있는 별이다. 따라서 두 별의 거리를 비교해 보면 지구를 기준으로 할 때, 시리우스는 베텔게우스보다 가까운 곳에 있다고 판단할 수 있다.

Step 3 교과 개념 콕 핵심 정리 · 본문 122쪽

◆ **개념 한눈에 보기**
① 연주 시차 ② 낮음 ③ 높음 ④ 겉보기 등급 ⑤ 10pc

• **교과 개념 확인 Quiz**
❶ ○ ❷ × ❸ 겉보기 등급 ❹ ○ ❺ 붉은색, 청색
Tip ❷ 별의 연주 시차는 별까지의 거리에 반비례한다.

2 ≫ 지구과학
밤하늘을 수놓은 천체의 무리, 은하

| 구성 |

1 성간의 개념
별과 별 사이의 공간

2 성운과 성단의 특징
성간 물질이 모여 있어 구름처럼 보이는 천체를 성운, 많은 수의 별들이 좁은 공간에 모여 있는 천체를 성단이라고 함.

3 은하와 우리은하의 특징
• 은하: 성단, 성운, 성간 물질 등이 모여 있는 거대한 천체 집단
• 우리은하: 태양계가 속해 있는 은하로, 약 2,000억 개의 별로 구성되어 있음.

4 외부 은하의 발견과 우주에 대한 지식의 발전
과학 기술의 발전과 천문학자들의 노력으로 우리은하의 밖에 외부 은하가 존재한다는 것을 발견하게 되었으며, 이를 통해 우주에 대한 시야가 넓어짐.

| 주제 | 은하의 구성 물질과 은하 연구의 발전

Step 2 교과 개념 쏙 지문 독해 · 본문 124쪽

1 ②　　2 ④　　3 ④　　4 ②

1 핵심 내용 파악하기 답 ②

2문단에서 성간 물질이란 무엇이며, 성간 물질이 어떻게 분포하고 있는지 설명하고 있다. 하지만 성간 물질이 별에 어떤 영향을 주는지는 설명하고 있지 않다.

오답 챙기기

① 2문단에서 성운은 특정 공간에 성간 물질이 마치 구름처럼 덩어리 형태로 모여 있는 것이라고 하였다.

③ 1문단에서 태양계에서 가장 가까운 별은 프록시마 센타우리로 태양에서 약 4.2광년 떨어져 있다고 하였다.

④ 4문단에서 수많은 외부 은하를 발견할 수 있었던 것은 우수한 성능의 망원경이 발명되었기 때문이라고 하였다.

⑤ 4문단에서 천체인 M31은 안드로메다은하라고 하였다.

2 세부 내용 파악하기 답 ④

3문단에서 은하는 성단, 성운, 성간 물질 등이 모여 있는 거대한 천체 집단이라고 하였다. 즉 성단은 우리은하를 구성하는 요소 중 하나라고 볼 수 있으므로, 우리은하에 성단은 존재하지 않는다는 이해는 적절하지 않다.

오답 챙기기

②, ③ 3문단에서 우리은하는 중심부에 별들이 많이 모여 있어, 옆에서 보면 중심부가 부풀어 있는 납작한 원반 모양이고, 위에서 보면 중심부가 막대 모양이라고 하였다.

3 세부 내용 추론하기 답 ④

4문단에서 M31, 즉 안드로메다은하가 우리은하 안에 있는지, 밖에 있는지를 두고 벌어진 논쟁에 대해 설명하였다. 그리고 그 결과 안드로메다은하는 우리은하 밖에 있는 외부 은하임이 밝혀졌다고 하였다. 이것은 우리은하가 우주의 전부가 아니며, 우주에는 우리은하 이외에 외부 은하들이 존재한다는 것을 의미한다. 그리고 이러한 안드로메다은하에 대한 논쟁을 계기로 우리는 우주를 보는 시야를 넓힐 수 있게 되었다. 따라서 ⑦과 같이 평가할 수 있는 이유로 ④가 가장 적절하다.

수능찍먹
4 사례에 적용하기 답 ②

4문단에서 허블은 M31이 우리은하의 크기보다 더 먼 거리에 있음을 밝혀냈다고 하였다. 이는 M31이 우리은하 내부에 있는 천체가 아니라, 외부 은하라는 커티스의 주장이 옳았음을 보여 주는 것이다. 따라서 커티스는 우주의 구조에 대해 옳은 주장을 했다고 평가할 수 있는 반면, 섀플리는 우주의 구조에 대해 틀린 주장을 한 것으로 평가할 수 있다. 한편, 〈보기〉에서 우리은하의 구조, 즉 태양계가 우리은하의 중심이냐, 아니냐에 대한 커티스와 섀플리의 논쟁 결과, 섀플리가 승리했다고 하였다. 따라서 섀플리는 우리은하의 구조에 대해 옳은 주장을 했다고 평가할 수 있는 반면, 커티스는 우리은하의 구조에 대해 틀린 주장을 한 것으로 평가할 수 있다. 따라서 커티스는 우주의 구조에 대해서는 옳은 주장을, 우리은하의 구조에 대해서는 틀린 주장을 했다는 ②의 평가가 가장 적절하다.

Step 3 교과 개념 콕 핵심 정리 · 본문 126쪽

◆ **개념 한눈에 보기**
① 성운　② 별　③ 나선팔　④ 우리은하

• **교과 개념 확인 Quiz**
❶ ○　❷ ×　❸ 성단, 성운　❹ 외부 은하　❺ 안드로메다
Tip ❷ 태양계는 우리은하의 중심부에서 약 2만 8천 광년 떨어진 나선팔에 위치하고 있다.

1 »화학
나무를 태우면 질량이 줄어들까?

| 구성 |

1 무게와 질량의 차이
무게는 어떤 물체에 작용하는 중력의 크기 이고, 질량은 각각의 물체마다 가지고 있는 고유의 양임.

2 질량 보존 법칙
화학 반응이 일어날 때 반응물의 총 질량과 생성물의 총 질량은 같음 .

3 질량 보존 법칙의 증명 ① - 앙금 생성 반응
염화 나트륨 수용액과 질산 은 수용액을 섞으면 앙금 이 생성되나, 반응 전후 물질의 총 질량은 동일함.

4 질량 보존 법칙의 증명 ② - 연소 반응과 기체 발생 반응
• 연소 반응: 연소하면서 결합한 산소의 질량 을 고려하면 반응 전후의 총 질량은 동일함.
• 기체 발생 반응: 공기 중으로 날아간 기체의 질량을 고려하면 반응 전후의 총 질량은 동일함.

5 화학 반응에서 물질의 질량이 보존 되는 이유
화학 반응을 거치더라도 이온이나 원자의 배열만 달라질 뿐, 그 종류 와 개수 는 동일하게 유지됨.

| 주제 | 질량 보존 법칙의 증명과 그 이유

Step 2 교과 개념 쏙 지문 독해 · 본문 128쪽

1 ③   2 ②   3 ⑤

1 전개 방식 파악하기 답 ③
2문단에서 질량 보존 법칙의 정의를 '화학 반응이 일어나기 전과 후 물질의 총 질량은 변하지 않는다는 것'이라고 밝히고, 질량 보존 법칙을 증명할 수 있는 구체적인 실험들을 제시하고 있다.

2 세부 내용 추론하기 답 ②
밀폐된 장소는 물질의 이동이 차단된 닫힌 공간이다. 이곳에서 강철 솜을 태우면 강철 솜이 밀폐된 장소 안의 산소와 결합하여 산화 철이 만들어지는데, 이 연소 생성물(산화 철)과 반응물(강철 솜+산소)의 총 질량은 동일하다.

오답 챙기기
① 1문단에서 무게와 질량의 차이를 언급하였다. 중력에 따라 달라지는 값은 무게이고, 질량은 각각의 물체마다 가지고 있는 고유의

양이므로 어디에서 측정하더라도 그 값은 늘 일정하다고 하였다.
③ 3문단에서 앙금 생성 반응을 설명하며, 두 물질이 화학 반응을 일으켜 고체 앙금이 만들어졌더라도 반응물의 총 질량과 생성물의 총 질량은 동일하다고 하였다.
④ 5문단에서 물질은 핵 반응을 제외한, 어떤 화학 반응을 거치더라도 이온이나 원자의 종류와 개수가 동일하게 유지되므로 질량 보존 법칙이 성립한다고 하였다.
⑤ 2문단에서 라부아지에는 실험을 통해 질량 보존 법칙을 증명했다고 하였다. 라부아지에는 이 실험에서 밀폐된 용기 안에 있던 기체의 질량은 감소하고 붉은색의 새 물질이 생긴 것을 발견했다고 하였는데, 이를 통해 반응 시 결합한 기체의 질량만큼 새 물질의 질량이 증가했음을 알 수 있다. 따라서 라부아지에가 꽉 막히지 않은 용기로 실험을 했다면, 반응하면서 결합한 기체의 질량만큼 반응 후 물질의 질량이 증가했을 것이다.

수능찍먹
3 사례에 적용하기 답 ⑤
반응이 끝난 후 마개를 열면 삼각 플라스크 안에서 생성된 기체인 이산화 탄소가 밖으로 빠져나가게 된다. 따라서 빠져나간 이산화 탄소의 질량만큼 반응 후 질량은 작아진다.

오답 챙기기
① 마개가 있다면 반응 전 질량과 반응 후 질량이 같겠지만, 마개가 없다면 삼각 플라스크 안에 생성된 이산화 탄소가 밖으로 빠져나가므로 반응 후 질량은 반응 전보다 작게 나타난다.
② 삼각 플라스크의 마개를 열면 생성된 이산화 탄소가 밖으로 빠져나가므로 정확한 질량 변화를 예측하기가 어렵다. 〈보기〉의 실험은 질량 보존 법칙을 확인하기 위한 실험이므로, 마개를 닫은 상태로 실험해야 정확한 결과를 얻을 수 있다.
③ 기체 발생 반응에서도 질량 보존 법칙이 성립하므로 반응물인 (묽은 염산+달걀 껍데기)의 질량은 생성물인 (염화 칼슘+물+이산화 탄소)의 질량과 같다.
④ 반응이 끝난 후 마개를 열면 삼각 플라스크 안에서 생성된 기체인 이산화 탄소가 밖으로 빠져나가게 되므로 반응물인 (묽은 염산+달걀 껍데기)의 질량이 더 클 것이다.

Step 3 교과 개념 콕 핵심 정리 · 본문 130쪽

◆ 개념 한눈에 보기
① 종류 ② 개수 ③ 증가 ④ 산소 ⑤ 공기

· 교과 개념 확인 Quiz
❶ 총 질량 ❷ 배열 ❸ × ❹ ○ ❺ ○
TIP ❸ 앙금이 생성되더라도 이온의 종류와 개수는 동일하게 유지되므로 질량은 변하지 않는다.

2 »화학
에너지가 열을 낸다고?

| 구성 |

1 화학 반응에서의 에너지 출입
화학 반응에서 에너지의 출입이 일어나 발열 반응 과 흡열 반응
등이 나타나며, 반응물과 생성물의 에너지 차이로 발생하는 열을
반응열 이라고 함.

2 발열 반응의 개념과 사례
주변으로 에너지를 방출하는
화학 반응으로, 주변의 온도가
올라감 .
예 연료의 연소, 호흡, 손난로

3 흡열 반응의 개념과 사례
주변의 에너지를 흡수하는 화
학 반응으로, 주변의 온도가
낮아짐 .
예 식물의 광합성, 열분해

4 흡열 반응의 실험
염화 암모늄과 수산화 바륨이
반응하여 주변의 열 을 흡수
하는 과정에서 나무판의 물이 얾.

| 주제 | 화학 반응에서의 에너지의 출입

Step 2 교과 개념 쏙 지문 독해 · 본문 132쪽

1 ④ 2 ⑤ 3 ⑤ 4 ②

1 핵심 내용 파악하기 답 ④

1문단에서 물질의 화학 반응이 일어나면 에너지의 출입
이 발생한다고 하였다. 이어 2문단에서는 발열 반응의
개념과 사례를, 3~4문단에서는 흡열 반응의 개념과 사
례를 설명하고 있으므로 '발열 반응과 흡열 반응의 개념
및 사례'가 이 글의 제목으로 가장 적절하다.

2 세부 내용 파악하기 답 ⑤

4문단의 내용으로 보아, 염화 암모늄과 수산화 바륨의
반응은 흡열 반응이다. 두 물질이 반응할 때 주변의 열을
흡수하므로 나무판 위의 물이 얼어 비커와 나무판이 서
로 달라붙게 된다고 하였다. 따라서 염화 암모늄과 수산
화 바륨이 반응하면 비커의 내부에서 열이 방출되는 것
이 아니라, 주변의 열을 흡수하게 된다.

오답 챙기기

① 1문단에서 반응열은 화학 반응이 일어날 때 방출하거나 흡수
하는 열이라고 하였으므로 반응열은 발열 반응과 흡열 반응
에서 모두 발생한다.

② 2문단에서 연료의 연소는 빛과 열에너지를 방출하는 대표적
발열 반응이라고 하였다.

③ 2문단에서 체내의 산소가 포도당과 반응하면 열에너지가 방
출되는데 이 에너지는 체온을 유지하는 데 쓰인다고 하였다.

④ 3문단에서 탄산수소 나트륨은 주변에서 가해 준 열에너지를
흡수하면 분해되어 이산화 탄소 기체를 방출한다고 하였다.

3 세부 내용 추론하기 답 ⑤

㉠은 발열 반응이고 ㉡은 흡열 반응이다. ㉠은 철 가루와
산소의 반응을 활용한 손난로처럼 반응물에 열을 가해
주지 않아도 에너지의 이동이 일어날 수 있다. ㉡은 탄
산수소 나트륨의 열분해처럼 반응물에 열을 가해 주어야
하는 경우도 있지만, 염화 암모늄과 수산화 바륨의 반응
에서처럼 열을 가해 주지 않아도 에너지의 이동이 일어
날 수 있다.

수능찍먹
4 사례에 적용하기 답 ②

〈보기〉의 석고와 물이 만나 굳는 과정은 주변으로 에너
지를 방출하는 발열 반응이다. 2문단에서 발열 반응이
일어날 때는 반응이 일어나는 쪽에서 주변으로 에너지를
방출하므로 주변의 온도가 높아진다고 하였다. 따라서
석고와 물이 반응하여 에너지를 방출하므로 붕대가 따뜻
해졌을 것이라는 반응은 적절하다.

오답 챙기기

①, ⑤ 화석 연료의 연소와 〈보기〉는 모두 발열 반응이므로 반응
이 일어나는 쪽에서 주변으로 에너지가 이동하였을 것이다.

③ 2문단에서 발열 반응이 일어날 때 반응물 내부의 화학 에너지
가 열에너지로 전환되어 주변으로 빠져나간다고 하였다. 따라
서 석고와 물이 반응할 때 역시 화학 에너지에서 열에너지로
의 전환이 일어났을 것이다.

④ 〈보기〉의 석고와 물이 만나 굳는 과정에서 새로운 물질이 발
생하였다는 정보는 찾아볼 수 없다.

Step 3 교과 개념 톡 핵심 정리 · 본문 134쪽

◆ **개념 한눈에 보기**
① 연소 ② 올라감 ③ 열분해 ④ 낮아짐

• **교과 개념 확인 Quiz**
❶ 발열 반응 ❷ × ❸ 광합성 ❹ 흡열 반응
Tip ❷ 철 가루와 산소의 반응은 주변의 온도를 높이는 발열 반응
이다.

1 » 지구과학
지구가 점점 뜨거워진다고?

| 구성 |

❶ 지구를 둘러싸고 있는 기권
기권은 지구 표면에서 약 1,000km까지 대기로 둘러싸여 있는 영역으로, 4개의 층으로 구분함.

❷ 기권의 층상 구조
기권은 높이에 따른 기온 변화를 기준으로 하여 대류권 – 성층권 – 중간권 – 열권으로 구분됨.

❸ 대기의 역할과 복사 평형
대기는 흡수한 태양 복사 에너지와 동일한 양의 지구 복사 에너지를 우주 공간으로 방출하여 복사 평형을 이룸으로써 지구의 평균 온도를 일정하게 유지함.

❹ 온실 효과와 지구 온난화
온실 기체가 지구 복사 에너지를 흡수했다가 지표로 재방출하는 과정에서 발생하는 온실 효과의 강화로 지구 온난화의 문제가 생겨남.

| 주제 | 기권과 지구의 온도

Step 2 교과 개념 쏙 지문 독해
· 본문 138쪽

1 ③　　2 ⑤　　3 ③　　4 ①

1 핵심 내용 파악하기 ▤ ③

4문단에서 대기 중의 온실 기체가 지구 복사 에너지를 일부 흡수했다가 지표로 재방출하여 지구의 온도를 높이는 현상을 온실 효과라고 하였다. 그리고 온실 효과의 강화로 지구 온난화가 발생했다고 하였다. 그러나 이 글에서 온실 효과를 줄이기 위한 대응 방안은 설명하고 있지 않다.

2 세부 내용 파악하기 ▤ ⑤

태양 복사 에너지 중 자외선을 흡수하는 영역은 오존층이고, 이 오존층이 있는 기권은 높이 약 11km~50km 구간인 성층권이다. 열권은 태양 에너지를 직접 받아 높이 올라갈수록 기온이 높아지는 기권이다.

3 세부 내용 추론하기 ▤ ③

3문단에서 지구로 들어오는 태양 복사 에너지의 일부가 대기와 지표면에서 반사되어 우주 공간으로 빠져나간다고 하였다. 따라서 지구에 대기가 없다면, 반사되는 태양 복사

에너지가 줄어들어 결국 지구가 흡수하는 태양 복사 에너지의 양이 많아질 것이다. 따라서 ㉠일 때 지구가 흡수한 태양 복사 에너지의 양은 ㉡일 때보다 많다고 할 수 있다.

오답 챙기기

① ㉠과 같이 지구에 대기가 없다면 온실 기체에 의해 지구 복사 에너지가 흡수되었다가 지표로 재방출되는 온실 효과가 나타나지 않으므로 지구 복사 에너지는 우주 공간으로만 방출된다.

② ㉡과 같이 지구에 대기가 있을 때는 ㉠과 같이 대기가 없는 경우보다 복사 평형을 이루는 온도가 더 높다. 그러나 지구 복사 에너지를 더 많이 우주로 방출했기 때문이 아니라, 대기 중의 온실 기체가 지구 복사 에너지를 흡수했다가 지표로 재방출하여 온실 효과가 발생했기 때문이다.

④ ㉠과 같이 지구에 대기가 없다면 온실 효과가 발생하지 않는다고 하였다. 오히려 대기가 존재하는 ㉡의 상황에서 온실 효과가 증가하여 지구 온난화가 발생할 확률이 높다.

⑤ ㉡과 같이 지구에 대기가 있을 때는 ㉠과 같이 대기가 없는 경우보다 복사 평형을 이루는 온도가 더 높다. 그리고 최근 대기 중 온실 기체의 증가로 온실 효과가 강화되어 더 높은 온도에서 복사 평형이 이루어지고 있다고 하였다. 따라서 ㉡과 같이 지구에 대기가 있을 때 지구의 복사 평형 온도가 낮아진다는 설명은 적절하지 않다. 그리고 매년 지구의 복사 평형 온도가 어떻게 변화하는지는 이 글을 통해 알 수 없다.

수능찍먹

4 사례에 적용하기 ▤ ①

지구 온난화로 영구 동토층이 녹으면 그 속에 녹아 있던 탄소가 온실 기체로 바뀐다고 하였다. 이는 이산화 탄소처럼 지구 복사 에너지를 흡수했다 지표로 재방출하는 물질이 증가하는 상황이므로, 온실 효과가 강화되어 지구 온난화가 가속되는 현상이 일어날 것이다.

Step 3 교과 개념 목 핵심 정리
· 본문 140쪽

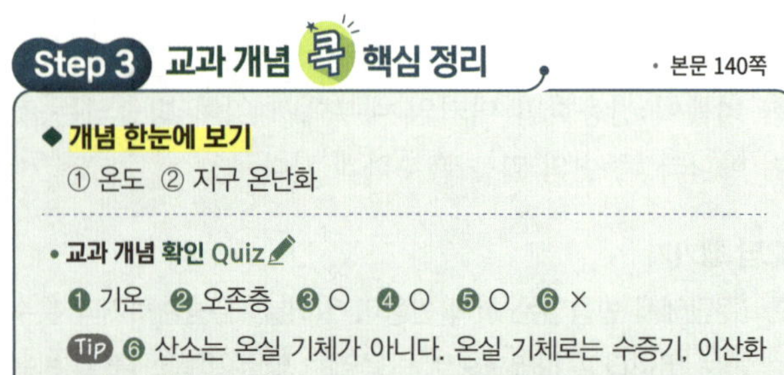

◆ **개념 한눈에 보기**
① 온도　② 지구 온난화

· **교과 개념 확인 Quiz**
❶ 기온　❷ 오존층　❸ ○　❹ ○　❺ ○　❻ ✕

Tip ❻ 산소는 온실 기체가 아니다. 온실 기체로는 수증기, 이산화 탄소, 메테인 등이 있다.

2 ▶▶지구과학
공기가 움직이면 바람이 불어요

| 구성 |

1 기압과 바람
기압의 크기는 시간과 장소에 따라 달라지며, 두 지점 사이에 기압 차이가 발생하면 공기가 기압이 높은 곳에서 낮은 곳으로 이동하며 바람이 붊.

2 기단의 형성 및 영향
공기가 대륙이나 해양과 같은 넓은 장소에 오래 머무를 때 기단 이 형성되며, 우리나라도 기단의 영향으로 계절 에 따라 다양한 날씨가 나타남.

3 전선과 날씨
전선면이 지표면과 경계를 이루는 지점에서 전선 이 형성되며, 전선을 경계로 기온, 기압 등이 달라짐.

4 전선의 종류와 특징
차가운 기단과 따뜻한 기단의 이동 형태에 따라 한랭 전선 과 온난 전선 이 만들어지며 전선면의 기울기, 구름 모양, 강수 방식 등에서 차이를 보임.

5 우리나라의 장마
장마는 차가운 기단과 따뜻한 기단의 세력이 비슷하여 한곳에 오랫동안 머무르면서 정체 전선 이 형성된 것임.

| 주제 | 기압과 바람, 전선과 날씨의 관계

Step 2 교과 개념 쏙 지문 독해 · 본문 142쪽

1 ④   2 ③   3 ③   4 ①

1 핵심 내용 파악하기 답 ④

3문단에서 전선면이 지표면과 경계를 이루는 지점에서 전선이 형성된다고 언급하고 있을 뿐, 전선면이 지표면과 만나 경계를 이루는 이유가 무엇인지는 이 글에서 설명하고 있지 않다.

2 세부 내용 추론하기 답 ③

3문단에서 기단은 다른 지역으로 이동하며 성질이 다른 기단을 만나기도 한다고 하였으므로 발생하면서부터 소멸될 때까지 한자리에 고정되어 있는 것은 아니다.

오답 챙기기

① 2문단의 '지표면의 영향을 받아 기단이 형성된다.'로 보아, 대륙보다 해양에서 발생한 기단의 습도가 높을 것이다. 그리고 해양에서 발생한 북태평양 기단과 오호츠크해 기단은 모두 습한 특징을 지니고 있다.

---

② 2문단에서 기단은 공기가 넓은 대륙이나 해양에 오랫동안 머무르면서 지표의 영향을 받아 형성된다고 하였다. 그런데 바람은 공기의 흐름이므로 바람이 강하게 불면 기단이 발생하기 어려울 것이다.

④ 3문단에서 성질이 다른 두 기단이 만나는 경계로 전선면이 만들어지고, 전선면이 지표면과 만나 이루는 전선의 앞쪽과 뒤쪽 지역은 기온, 기압, 구름의 양, 강수량 등에서 큰 차이를 보인다고 하였다. 따라서 성질이 다른 두 기단이 만난 주변으로 날씨 변화가 나타날 것이다.

⑤ 5문단에서 세력이 비슷한 기단이 오랫동안 머무르면 따뜻한 공기가 찬 공기 위로 계속 상승하여 비구름을 만든다고 하였으므로 기단의 세력이 비슷하여 공기의 상승이 일어나면 비가 내릴 것이다.

3 세부 내용 추론하기 답 ③

㉠에서 계절풍은 해륙풍과 동일한 원리를 따른다고 하였다. 해륙풍의 원리를 대륙과 해양에 그대로 적용해 보자. 육지가 바다에 비해 더 빨리 가열되고 더 빨리 냉각되는 특성이 있는 것처럼 대륙도 해양에 비해 더 빨리 가열, 냉각되며 기압 차이가 생길 것이다. 즉, 여름에는 빨리 가열되는 대륙의 기압이 낮아져 해양에서 대륙으로 바람이 불고, 겨울에는 빨리 냉각되는 대륙의 기압이 높아져 대륙에서 해양으로 바람이 불게 된다.

수능 찍먹

4 사례에 적용하기 답 ①

(가)는 차가운 기단이 따뜻한 기단 쪽으로 이동할 때 생성된 한랭 전선을 보여 주는 그림이다. 전선면의 기울기가 급하고 수직 모양의 적운형 구름이 생긴 것을 통해 확인할 수 있다. 한랭 전선이 형성되면 전선 뒤 좁은 지역에 소나기가 내리게 된다. (나)는 따뜻한 기단이 차가운 기단을 타고 올라가면서 생성된 온난 전선을 보여 주는 그림이다. 전선면의 기울기가 완만하고 수평 모양의 층운형 구름이 생긴 것을 통해 확인할 수 있다. 온난 전선이 형성되면 전선 앞 넓은 지역에 지속적인 비가 내린다.

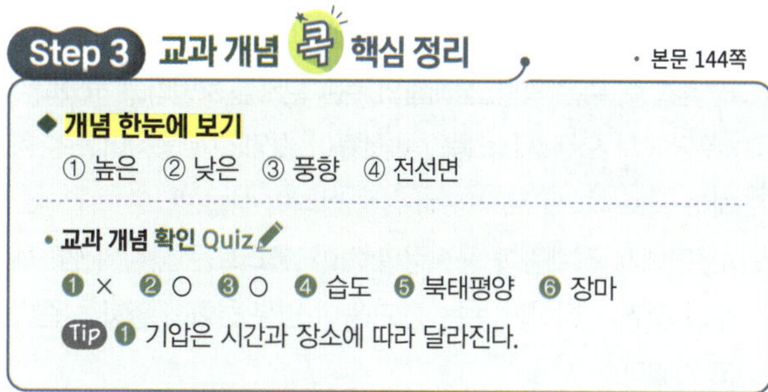

Step 3 교과 개념 콕 핵심 정리 · 본문 144쪽

◆ **개념 한눈에 보기**
① 높은 ② 낮은 ③ 풍향 ④ 전선면

· **교과 개념 확인 Quiz** ✎
❶ × ❷ ○ ❸ ○ ❹ 습도 ❺ 북태평양 ❻ 장마
Tip ❶ 기압은 시간과 장소에 따라 달라진다.

1 ≫ 지구과학
바다마다 온도가 다른 이유

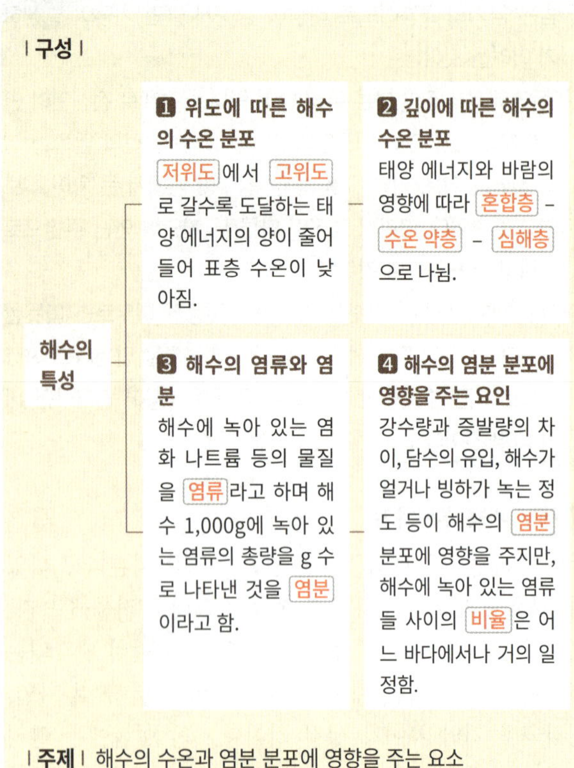

Step 2 교과 개념  지문 독해 · 본문 146쪽

1 ③ 2 ④ 3 ② 4 ⑤

1 핵심 내용 파악하기 답 ③

3문단에서 해수에 녹아 있는 염류의 종류로 염화 나트륨과 염화 마그네슘, 황산 마그네슘, 황산 칼슘 등을 언급하고 있지만, 이들의 쓰임을 설명하고 있지는 않다.

오답 챙기기

① 1문단에서 위도에 따른 해수의 온도를 설명하며 저위도에서 고위도로 갈수록 표층 수온이 낮아진다고 하였다.

② 2문단에서 수온은 수심에 따라 달라진다고 하였으며 깊이에 따라 혼합층, 수온 약층, 심해층의 수온 분포를 보인다고 하였다.

④ 4문단에서 오랜 세월 동안 바닷물이 끊임없이 움직이고 순환하여 서로 섞이므로 염분비 일정 법칙이 성립한다고 하였다.

⑤ 4문단에서 강수량과 증발량의 차이, 흘러드는 담수의 양, 해수가 얼거나 빙하가 녹는 정도 등이 염분 변화에 영향을 준다고 하였다.

2 세부 내용 파악하기 답 ④

2문단에서 수온이 급격히 낮아지는 수온 약층은 아래쪽 수온이 위쪽의 수온보다 낮아 해수가 잘 섞이지 않으므로 대류가 일어나지 않는다고 하였다. 그리고 이에 따라 혼합층과 심해층 간의 물질이나 에너지 교환을 차단하는 역할을 한다고 하였다.

3 세부 내용 추론하기 답 ②

4문단에서 흘러드는 담수의 양이 염분 분포에 영향을 준다고 하였다. 하천수나 지하수의 유입은 흘러드는 담수의 양이 증가하는 것으로 이 양이 적은 바다일수록 염분이 높게 나타날 것이다.

오답 챙기기

①, ④ 4문단에서 강수량과 증발량의 차이가 염분 분포에 영향을 준다고 하였다. 따라서 집중 호우로 강수량이 증발량보다 많은 여름철은 겨울철에 비해 염분이 낮게 나타날 것이다. 또한 건조한 기후로 증발량이 강수량보다 많은 지역일수록 염분은 높게 나타날 것이다.

③ 4문단에서 흘러드는 담수의 양이 염분 분포에 영향을 준다고 하였다. 따라서 담수의 유입이 있는, 강과 바다가 만나는 하구가 바다의 중앙부에 비해 염분이 낮게 나타날 것이다.

⑤ 4문단에서 해수는 얼면 염분이 높아지고, 빙하가 녹아 물로 변하면 염분이 낮아진다고 히였다. 따라서 해빙이 일어나는 지역은 염분이 낮게, 결빙이 일어나는 지역은 염분이 높게 나타날 것이다.

4 사례에 적용하기 답 ⑤

〈보기〉는 염분 변화와 무관하게, 해수에 녹아 있는 염류들 사이의 비율은 일정하다는 염분비 일정 법칙을 실험한 결과이다. (가)는 담수의 유입으로, (나)는 증발로 물의 양이 달라져 염분(해수 1,000g에 녹아 있는 염류의 총량)은 달라졌지만, 염류들 사이의 비율(염분비)은 일정하게 유지되고 있다.

Step 3 교과 개념 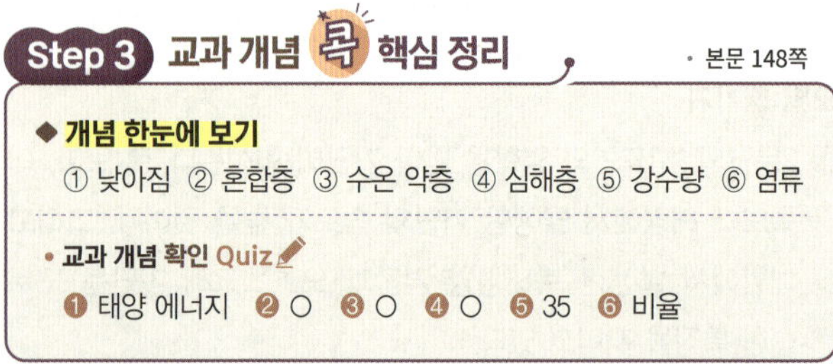 핵심 정리 · 본문 148쪽

2 ≫지구과학
기후를 움직이는 바닷물의 큰 흐름

| 구성 |

1 범선을 움직이게 하는 요소
범선은 바람 과 표층 해류 의 힘을 이용하여 이동함.

2 표층 해류와 대기 대순환의 관계
표층 해류의 방향은 대기 대순환 에 의한 바람의 방향과 비슷함.

	바람	방향
저위도	무역풍	동 → 서
중위도	편서풍	서 → 동

3 표층 순환의 개념과 분포
표층 순환은 표층 해류가 큰 순환을 이루는 것으로, 적도 를 기준으로 북반구와 남반구가 대칭적 분포를 보임.

4 표층 해류의 종류와 영향
• 표층 해류의 종류: 상대적 수온에 따라 난류 와 한류 로 나뉨.
• 표층 해류의 영향: 지구의 에너지 불균형 을 해소하고 해안 지역의 기후 변화 에 영향을 미침.

| 주제 | 표층 해류의 순환 과정과 종류 및 영향

Step 2 교과 개념 쏙 지문 독해 · 본문 150쪽

1 ②   2 ①   3 ③   4 ①

1 전개 방식 파악하기 답 ②

이 글은 2문단에서 표층 해류가 발생하는 원인을 분석하고, 3문단에서 표층 해류의 순환인 표층 순환이 일어나는 과정을 북태평양과 남태평양을 흐르는 해류를 중심으로 하며 구체적으로 설명하고 있다. 그리고 4문단에서 표층 해류의 종류와 영향에 대해 설명하고 있다.

2 핵심 정보 파악하기 답 ①

4문단에서 표층 해류는 상대적 수온에 따라 따뜻한 해류인 난류와 차가운 해류인 한류로 나뉜다고 하였다. 즉, 표층 해류는 발생 장소가 아니라 상대적 수온에 따라 한류와 난류로 나눌 수 있다.

오답 챙기기

② 4문단에서 표층 해류는 주변 해양의 수온을 변화시켜 기온이나 강수량 등 해안 지역의 기후 변화에 영향을 미친다고 하였다.

③ 2문단에서 표층 해류는 바람에 의한 마찰력으로 생겨나며, 저위도(0°~30°) 지역에서는 대체로 동에서 서로 부는 바람인 무

역풍이, 중위도(30°~60°) 지역에서는 대체로 서에서 동으로 부는 바람인 편서풍이 표층 해류에 영향을 준다고 하였다.

④ 4문단에서 표층 해류는 저위도의 열에너지를 고위도로 내보내 지구 전체에 열에너지가 골고루 퍼질 수 있게 한다고 하였다.

⑤ 3문단에서 표층 해류는 각 대양에서 서로 연결되어 큰 순환을 이룬다고 하였다.

3 세부 정보 추론하기 답 ③

3문단에서 태평양의 표층 순환은 적도를 기준으로 북반구와 남반구가 대칭적 분포를 보이며, 남태평양에서는 저위도 해역에서 남적도 해류가, 중위도 해역에서 남극 순환류가 흐르는데, 남적도 해류, 동오스트레일리아 해류, 남극 순환류, 페루 해류가 반시계 방향의 순환을 이룬다고 하였다. 따라서 ⓐ는 '남적도 해류', ⓑ는 '동오스트레일리아 해류', ⓒ는 '남극 순환류', ⓓ는 '페루 해류'이다. 3문단에서 중위도 해역에서는 편서풍에 의해 서에서 동으로 흐르는 해류가 형성되는데, 북태평양에서는 북태평양 해류가, 남태평양에서는 남극 순환류가 흐른다고 하였으므로, 북태평양 해류와 남극 순환류는 모두 서쪽에서 동쪽으로 흐른다는 것을 알 수 있다. 따라서 ⓒ(남극 순환류)가 북태평양 해류와 반대 방향으로 흐른다는 설명은 적절하지 않다.

4 사례에 적용하기 답 ①

㉮ 지역은 북태평양의 저위도 지역에 해당한다. 1문단에서 마젤란의 범선은 바람과 표층 해류의 힘을 함께 이용하여 태평양을 횡단했다고 하였다. 그리고 2문단을 통해 저위도 지역에서는 무역풍이 분다는 것을, 3문단을 통해 북태평양의 저위도 해역에서는 무역풍에 의해 북적도 해류가 흐른다는 것을 알 수 있다. 따라서 마젤란 함대가 ㉮ 지역을 항해할 때에는 무역풍과 북적도 해류의 도움을 받았을 것으로 추론할 수 있다.

Step 3 교과 개념 콕 핵심 정리 · 본문 152쪽

◆ **개념 한눈에 보기**
① 대기 대순환 ② 표층 순환 ③ 바람 ④ 열에너지 ⑤ 기후 변화

• **교과 개념 확인 Quiz**
❶ ○ ❷ 무역풍, 편서풍 ❸ × ❹ 표층 해류 ❺ 난류, 한류
Tip ❸ 표층 해류의 방향은 대기 대순환에 의한 바람의 방향과 비슷하다.

1 »물리학
물체가 어떻게 운동을 할 수 있을까?

| 구성 |

1 물체의 운동
- 시간에 따라 물체의 위치가 변하는 현상
- 이동 거리 : 운동하는 동안 움직인 거리
- 속력: 일정한 시간 동안 이동한 거리로, 물체의 빠르기를 나타냄.

2 등속 운동의 개념
에스컬레이터나 무빙워크처럼 물체가 운동할 때 시간에 따라 속력이 일정한 운동

3 자유 낙하 운동의 개념
물체가 중력만 받으면서 아래로 떨어지는 운동으로, 시간에 따라 속력이 일정하게 증가함.

4 질량이 다른 물체의 자유 낙하 운동
자유 낙하 운동하는 물체는 질량에 관계없이 1초에 9.8m/s씩 일정하게 속력이 증가함.

| 주제 | 물체의 운동과 운동 종류

Step 2 교과 개념  지문 독해
· 본문 154쪽

| 1 ③ | 2 ① | 3 ③ |

1 핵심 내용 파악하기
답 ③

3문단에서 공기 저항이란 물체의 운동을 방해하는 힘이라고 하였다. 그리고 4문단을 통해 공기가 있는 상태에서 낙하하는 쇠구슬과 깃털에 작용하는 공기 저항이 다름을 알 수 있다. 그러나 운동하는 물체가 공기 저항을 왜 받는지는 설명하고 있지 않다.

오답 챙기기

① 1문단의 '물리학에서는 시간에 따라 물체의 위치가 변할 때 운동한다고 하고'에서 알 수 있다.

② 2문단의 '지하철역이나 공항 등에 설치된 에스컬레이터와 무빙워크는 시간이 지나도 속력이 일정한 등속 운동을 하고 있다.'에서 알 수 있다.

④ 4문단의 쇠구슬과 깃털의 예시에서 공기가 있는 상태에서 떨어지는 물체에는 공기 저항과 중력이 함께 작용하며 진공 상태에서는 중력만이 작용한다는 것을 알 수 있다.

⑤ 3문단의 '사과의 움직임을 시간-속력 그래프로 나타내 보면 매초마다 9.8m/s씩 속력이 증가하는 모습을 볼 수 있는데'에서 알 수 있다.

---

2 세부 내용 추론하기
답 ①

1문단에 따르면 속력은 일정한 시간 동안 물체가 이동한 거리이다. 그런데 한자리에 정지해 있는 물체는 이동 거리가 없으므로 속력은 0이다.

오답 챙기기

② 2문단에서 등속 운동을 하는 물체의 속력은 계속하여 일정하다고 하였다.

③ 2문단에서 시간이 지나도 일정한 속력으로 움직이는 것을 등속 운동이라고 하였다. 이동 시간이 길어지면 이동 거리도 늘어날 것이므로 등속 운동을 하는 물체의 이동 거리는 시간에 비례한다.

④ 3문단에서 물체가 중력만의 영향을 받아 아래로 떨어지는 운동을 자유 낙하 운동이라고 하였다. 따라서 자유 낙하 운동을 하는 물체에는 공기 저항이 작용하지 않는다.

⑤ 3문단에서 자유 낙하 운동을 하는 물체의 속력은 매초마다 9.8m/s씩 증가한다고 하였다. 따라서 자유 낙하 운동을 하는 물체의 속력은 바닥에 가까워질수록 증가할 것이다.

3 사례에 적용하기
답 ③

토끼의 0초에서 1초까지 속력은 4cm/s, 1초에서 2초까지 속력은 8cm/s, 2초에서 3초까지 속력은 10cm/s, 3초에서 4초까지 속력은 13cm/s, 4초에서 5초까지 속력은 15cm/s가 된다. 따라서 토끼의 속력은 0초에서 5초까지 계속하여 증가하고 있다.

오답 챙기기

① 거북이는 0초에서 5초까지 매초마다 10cm씩 일정하게 이동하고 있다.

② 토끼의 속력은 시간이 갈수록 점점 더 빨라지고 있으므로 0초에서 5초까지 토끼의 속력은 계속해서 변한다고 할 수 있다.

④ 0초에서 1초까지 토끼의 속도는 4cm/s인 데 비해 거북이의 속력은 10cm/s이다. 따라서 거북이가 토끼보다 빠르다.

⑤ 토끼와 거북이 모두 5초 동안 50cm를 이동하였으므로 둘의 평균 속력은 10cm/s로 같다.

Step 3 교과 개념 핵심 정리
· 본문 156쪽

◆ **개념 한눈에 보기**
① 거리 ② 일정한 ③ 중력 ④ 질량

· **교과 개념 확인 Quiz** ✏
❶ 운동 ❷ ○ ❸ × ❹ 중력 ❺ 속력
Tip ❸ 운동하는 물체의 속력은 대부분 계속해서 변한다.

2 ≫물리학
일을 하는데 어떻게 에너지가 생기지?

| 구성 |

1 과학에서의 일
물체에 힘을 작용하여 그 힘의 방향으로 물체를 이동시키는 것
• 일의 양 = 물체에 작용한 힘의 크기×물체가 힘의 방향으로 이동한 거리

2 중력에 대해 한 일과 중력이 한 일
• 중력에 대해 한 일 → 물체를 들어 올리는 일
= 물체의 무게(질량X9.8)×물체를 들어 올린 높이
• 중력이 한 일 → 물체의 자유 낙하 운동
= 물체에 작용하는 중력의 크기×물체가 낙하한 거리

3 에너지의 개념과 종류
일을 할 수 있는 능력을 에너지라고 하며, 이를 운동 에너지와 위치 에너지 등으로 구분할 수 있음.

4 일과 에너지의 관계
일과 에너지는 서로 전환 가능하며 물체의 에너지는 그 물체가 할 수 있는 일의 양과 같음.

| 주제 | 일과 에너지의 개념 및 관계

Step 2 교과 개념 쏙 지문 독해 · 본문 158쪽

1 ⑤　　2 ④　　3 ②　　4 ③

1 전개 방식 파악하기 답 ⑤

1문단의 '일상에서와 달리 과학에서는 물체에 힘을 작용하여 그 힘의 방향으로 물체를 이동시킬 때 일을 한다고 말한다.'를 통해 일상에서의 '일'과 과학에서의 '일'의 의미상 차이를 알 수 있다. 그러나 이 글에서 두 가지 일의 공통점은 다루고 있지 않다.

2 세부 내용 파악하기 답 ④

4문단에 따르면, 물체가 외부에 일을 하면 그만큼 물체의 에너지는 감소한다.

3 세부 내용 추론하기 답 ②

3문단에 따르면, 기준면에 정지해 있는 물체는 기준면에서의 높이가 0이다. 또한 운동도 하지 않는 상태이므로 위치 에너지와 운동 에너지가 모두 0이 된다.

오답 챙기기

① 4문단을 통해 에너지가 큰 물체일수록 더 많은 일을 할 수 있음

을 알 수 있다. 그러나 이 글을 통해 위치 에너지와 운동 에너지 중 어느 것이 물체에 더 많은 일을 해 줄 수 있는지는 알 수 없다.

③ 3문단에 따르면, 운동 에너지는 그 물체의 질량에 비례하며 속력의 제곱에 비례하므로, 운동하는 물체의 속력이 2배가 되면 그 물체의 운동 에너지는 4배가 된다.

④ 4문단에서 물체가 외부에 일을 하면 그만큼 물체의 에너지가 감소한다고 한 내용을 통해, 물이 떨어지면서 물레방아를 돌리는 일을 한 만큼 물의 에너지가 줄어들 것임을 짐작할 수 있다.

⑤ 3문단에 따르면, 위치 에너지는 물체의 질량과 높이에 각각 비례한다. 따라서 질량이 동일하면 더 높은 곳에 있는 물체의 위치 에너지가 더 크다.

4 사례에 적용하기 답 ③

3문단에 따르면, 위치 에너지는 기준면으로부터 높은 위치에 있는 물체가 지니는 에너지이다. 지수가 든 가방은 바닥보다 높은 곳에 있으므로 위치 에너지를 지니게 된다. 그러나 위치 에너지는 물체의 질량 및 높이와 관련 있을 뿐 이동 속력과는 아무런 상관이 없다.

오답 챙기기

① 3문단에 따르면, 위치 에너지는 기준면으로부터 높은 위치에 있는 물체가 지니는 에너지이다. 지수가 든 가방은 바닥에서 50㎝ 높이에 있으므로 위치 에너지를 지닌다.

② 지수가 처음에 가방을 들어 올릴 때는 힘이 위쪽으로 향하고, 가방의 이동 방향도 위쪽으로 향한다.

④ 2문단에 따르면, 물체를 위로 들어 올린 경우 일의 양은 물체의 무게(N)에 물체를 들어 올린 높이(m)를 곱하여 구한다. 그리고 물체의 무게는 질량(kg)에 9.8을 곱한 값이다. 가방이 땅에서 50㎝ 높이, 즉 0.5m 높이에 있고, 가방의 질량이 2kg이므로 일의 양은 '(2kg × 9.8) × 0.5m = 9.8J'이 된다.

⑤ 1문단에 따르면, 물체를 힘의 작용 방향으로 이동시킬 때 일을 한 것이다. 그런데 지수가 가방을 들고 있었으므로 가방에 작용한 힘은 위쪽이지만 가방의 이동 방향은 앞쪽이 되어 서로 수직이 된다. 이는 가방을 힘의 작용 방향으로 이동시킨 것이 아니므로 일의 양이 0이 된다. 즉 일을 한 것이 아니다.

Step 3 교과 개념 쿡 핵심 정리 · 본문 160쪽

◆ **개념 한눈에 보기**
① 전환　② 자유 낙하 운동　③ 높이　④ 일

• **교과 개념 확인 Quiz**
❶ ○　❷ ×　❸ 에너지　❹ 속력　❺ 위치
Tip ❷ 물체를 위로 들어 올릴 때에는 중력에 대해 일을 한 것이다.

1 »생명과학
눈·코·입의 서로 다른 역할

| 구성 |

1 자극과 감각 기관의 개념
자극은 생물에 작용하여 반응을 일으키게 하는 환경 변화를, 감각 기관은 이러한 자극을 받아들이는 기관을 의미함.

2 눈의 구조와 감각 인식 과정
빛 → 각막 → 수정체 → 유리체 → 망막의 시각 세포 → 시각 신경 → 뇌

3 귀의 구조와 감각 인식 과정
소리 → 귓바퀴 → 외이도 → 고막 → 귓속뼈 → 달팽이관의 청각 세포 → 청각 신경 → 뇌

4 코와 혀의 감각 인식 과정
• 코: 기체 상태의 화학 물질 → 후각 상피의 후각 세포 → 후각 신경 → 뇌
• 혀: 액체 상태의 화학 물질 → 유두 → 맛봉오리의 맛세포 → 미각 신경 → 뇌

5 피부의 감각 인식 과정
피부 자극 → 피부의 감각점 → 감각 신경 → 뇌

| 주제 | 인체의 감각 기관이 감각을 인식하는 과정

Step 2 교과 개념 쏙 지문 독해
· 본문 162쪽

1 ②   2 ⑤   3 ④   4 ①

1 핵심 내용 파악하기
답 ②
이 글은 눈, 귀, 코, 혀, 피부 등 감각 기관의 종류별 구조와 각각이 감각을 인식하는 과정을 설명하고 있다.

2 세부 내용 파악하기
답 ⑤
2문단에 따르면, 눈에서 빛 자극을 받아들이는 시각 세포는 망막에 분포하고 있다.

오답 챙기기
① 3문단에서 귓속뼈 뒤에 있는 전정 기관과 반고리관이 몸의 균형을 유지한다고 했으므로 적절하다.
② 2~5문단에서 감각을 느끼는 기관으로 눈, 귀, 코, 혀, 피부를 제시하고 있다.
③ 2~5문단에서 시각, 청각, 후각, 미각, 피부 감각은 모두 자극이 신경을 통해 뇌로 전달되어야 느낄 수 있음을 알 수 있다.
④ 4문단에서 코의 후각 세포는 기체 상태의 화학 물질을, 혀의 맛세포는 액체 상태의 화학 물질을 자극으로 받아들임을 알 수 있다.

3 세부 내용 추론하기
답 ④
2문단에서 주변이 밝으면 홍채의 면적이 넓어지면서 동공의 크기가 작아져 빛의 양을 줄인다고 했다. 따라서 주변이 어두울 때는 홍채의 면적이 줄어들면서 동공의 크기가 커져야 받아들이는 빛의 양을 늘릴 수 있다.

오답 챙기기
① 5문단에서 매운맛과 떫은맛을 받아들이는 통점과 압점은 피부 감각의 감각점이라고 하였으므로, 매운맛과 떫은맛은 미각이 아니라 피부 감각으로 느낀다는 것을 추론할 수 있다.
② 2문단에 따르면 시각 세포가 빛 자극을 받아들이고, 이 자극이 시각 신경을 통해 뇌로 전달되어야 물체를 볼 수 있게 된다.
③ 5문단에서 피부의 감각점인 촉점, 통점, 온점, 냉점, 압점은 각각 가벼운 접촉, 아픔, 따뜻함, 차가움, 압력을 자극으로 받아들인다고 했으므로 피부의 감각점이 달라지면 받아들이는 자극의 종류도 달라진다.
⑤ 2문단에서 가까운 거리의 물체를 볼 때 수정체가 두꺼워진다고 했으므로, 수정체의 두께 조절 기능이 떨어지면 가까운 물체가 잘 안 보이는 현상이 생길 수 있다고 추론할 수 있다.

4 사례에 적용하기
답 ①
일반 이어폰은 고막의 진동을 이용하고, 뼈 전도 이어폰은 뼈와 피부의 진동을 이용하여 소리를 전달한다. 따라서 진동을 통해 소리를 전달한다는 점은 동일하다.

오답 챙기기
② 청각 신경은 소리를 증폭시키는 것이 아니라 증폭된 진동을 뇌로 전달하는 역할을 한다.
③ 뼈 전도 이어폰은 고막을 통하지 않고 뼈와 피부의 진동을 청각 세포에 바로 전달하므로 적절하지 않다.
④ 뼈 전도 이어폰은 이어폰에서 나오는 소리와 외부 소리를 같이 듣게 되므로 일반 이어폰보다 소리 전달이 잘 안 될 수 있다.
⑤ 소리의 진동이 달팽이관의 청각 세포를 거쳐 뇌에 전달되므로, 청각 세포에 이상이 있으면 소리를 듣기 어렵다.

Step 3 교과 개념 콕 핵심 정리
· 본문 164쪽

◆ 개념 한눈에 보기
① 빛   ② 소리   ③ 기체   ④ 액체

· 교과 개념 확인 Quiz
❶ ○   ❷ ×   ❸ 후각   ❹ ○   ❺ 피부 감각
Tip ❹ 귓바퀴에 모인 소리는 고막을 진동시키고, 이 진동이 귓속뼈에서 증폭된다.

2 ≫생명과학
우리 몸은 자극에 어떻게 반응할까?

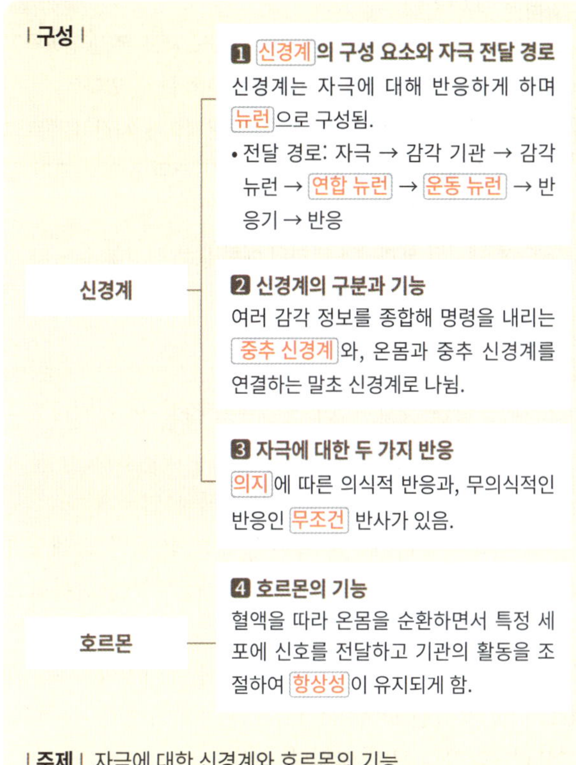

1 핵심 내용 파악하기   답 ③

2문단에서 말초 신경계가 중추 신경계와 온몸을 연결한다고 설명했을 뿐, 말초 신경계의 종류는 제시하지 않았다.

2 세부 내용 파악하기   답 ④

4문단에서 신속한 신호 전달을 하는 것은 신경계이며 호르몬은 느리지만 지속적인 반응을 일으킨다는 것을 확인할 수 있다.

3 세부 내용 추론하기   답 ④

4문단에서 날이 추울 때 갑상샘에서 티록신을 분비하여 체온을 올린다고 하였고 이러한 호르몬이 항상성 유지를 돕는다고 하였다. 따라서 티록신이 사람의 체온이 36.5도로 유지되도록 작용할 것임을 짐작할 수 있다.

오답 챙기기

① 4문단에서 호르몬은 체내의 내분비샘에서 만들어진다고 하였

다. 따라서 티록신과 인슐린을 각각 분비하는 갑상샘이나 이자 모두 내분비샘에 해당한다.

② 4문단에서 인슐린의 작용으로 혈당량이 감소한다고 하였으므로, 혈액 속 포도당의 양, 즉 혈당량이 증가하면 글루카곤이 아닌 인슐린이 작용해 혈당량을 줄여 항상성이 유지된다.

③ 4문단에서 글루카곤이 작용하면 혈당량이 증가하므로, 혈당량이 낮아지면 글루카곤이 분비되는 양이 늘어 혈당량을 높인다.

⑤ 2문단에서 간뇌가 혈당량, 체온과 체액 농도 등 몸속 상태를 일정하게 유지하는 역할을 한다고 했는데, 인슐린과 글루카곤은 혈당량을 조절하는 호르몬이므로, 체액 농도의 조절을 위해 분비된다는 추론은 적절하지 않다. 또한 인슐린과 글루카곤은 간뇌가 아니라 체내의 내분비샘(이자)에서 분비된다.

4 사례에 적용하기   답 ②

1문단에서 중추 신경계를 구성하는 연합 뉴런은 자극에 대한 판단을 내린 후 운동 뉴런에 명령을 내린다고 하였다. 또 2문단에서 중추 신경계는 뇌와 척수로 이루어졌다고 하였다. 그런데 (나)의 반응에는 척수의 명령이 필요하므로 (나) 역시 연합 뉴런이 작용함을 알 수 있다.

오답 챙기기

① 3문단에 의하면, (가)는 공을 치겠다는 사람의 의지에 따라 일어난 행동이므로 의식적 반응이고, (나)는 의식의 작용 없이 저절로 일어난 무의식적 행동이므로 무조건 반사이다.

③ 2문단에 의하면, 대뇌와 척수가 반응기에 명령을 전달할 때 중추 신경계를 온몸의 조직이나 기관과 연결하는 말초 신경계가 있어야 한다. 따라서 중추 신경계와 말초 신경계가 모두 작동해야 (가), (나)의 반응이 일어나게 된다.

④ 3문단에 의하면, 의식적 반응인 (가)는 대뇌의 명령이, 무조건 반사인 (나)는 척수의 명령이 반응기로 전달되어 일어난다.

⑤ 3문단에 의하면, 무조건 반사는 의식적 반응과 달리, 자극이 대뇌를 거치지 않고 척수까지만 전달되어 일어나므로 자극의 전달 경로가 짧다. 따라서 일반적으로 무조건 반사가 의식적 반응보다 짧은 시간 내에 일어난다고 할 수 있다.

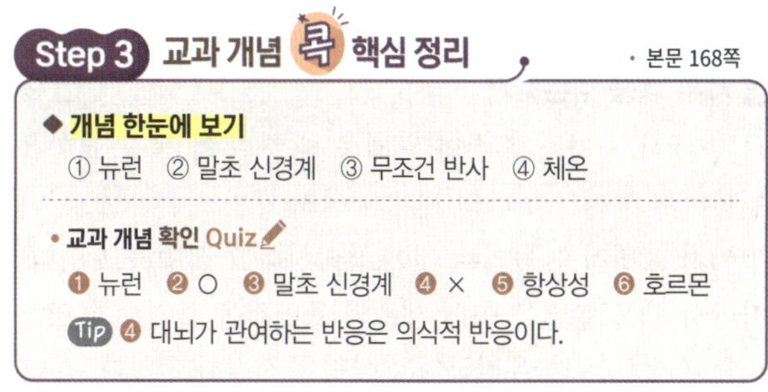

1 » 생명과학
내 몸은 어떻게 자라는 걸까?

| 구성 |

1 세포의 형태와 기능
세포는 원활한 물질 교환 을 위해 여러 개의 작은 세포로 나누어짐.

2 세포 분열의 개념과 역할
하나의 세포가 둘로 나누어지는 세포 분열을 통해 재생, 생장, 생식 등이 이루어짐.

3 체세포 속 염색체의 형태와 특징
염색체는 유전 물질인 DNA 를 가지고 있는데, 체세포에는 크기와 형태가 같은 2개의 염색체가 쌍을 이루는 상동 염색체 가 들어 있음.

4 체세포 분열의 과정
체세포 분열은 동일한 유전 정보를 가지는 2개의 딸세포 를 만드는 과정으로, 생장과 재생을 위해 반복적으로 일어남.

| 주제 | 세포의 역할과 체세포 분열의 과정

Step 2 교과 개념 쏙 지문 독해 · 본문 170쪽

| 1 ③ | 2 ② | 3 ④ | 4 ① |

1 전개 방식 파악하기 ③

이 글에서는 세포의 특징을 제시한 후 세포 분열 과정, 특히 체세포 분열 과정을 단계에 따라 차례대로 설명하고 있다.

2 세부 내용 파악하기 ②

2문단에서 단세포 생물인 아메바나 박테리아는 세포 분열이 곧 자손을 늘리는 것이지만, 다세포 생물은 세포 분열이 재생, 생장에 중요한 역할을 한다고 하였다. 따라서 단세포 동물이 세포 분열을 통해 재생, 생장, 생식을 한다는 것은 적절하지 않다.

3 세부 내용 추론하기 ④

1문단에서 영양소 흡수와 노폐물 배출 등의 물질 교환을 원활하게 하려면 하나의 세포가 여러 개의 작은 세포로 나누어져 표면적을 늘리는 것이 유리하다고 설명하고 있다. 따라서 세포 분열을 통해 세포의 표면적을 줄일수록 영양소를 흡수하는 데 유리하다는 설명은 적절하지 않다.

오답 챙기기

① 3문단에서 성을 결정하는 성염색체에 X염색체와 Y염색체가 있다고 하였다.

② 2문단에서 상처 난 손가락이 아무는 것도 세포 분열이 이루어졌기 때문이라고 설명한 내용을 통해 짐작할 수 있다.

③ 4문단에서 체세포 분열로 만들어진 딸세포가 시간이 흐르면서 어느 정도 커지면 모세포, 즉 체세포 분열 전의 세포가 된다는 설명을 통해 짐작할 수 있다.

⑤ 1문단에 제시된 코끼리와 토끼의 예를 통해 짐작할 수 있다.

4 사례에 적용하기 ①

4문단에 따르면, 〈보기〉의 그림에서 ㉮는 간기, ㉯는 전기, ㉰는 중기, ㉱는 후기, ㉲는 말기, ㉳는 세포질 분열 단계이며, ㉴는 딸세포 2개로 완전히 분열된 상태이다. ㉴의 딸세포가 시간이 흘러 어느 정도 커지면 모세포가 되어 다시 ㉮ 단계부터 시작하여 세포 분열이 반복적으로 일어난다. 따라서 ㉮는 모세포가 분열하기 전에 유전 물질이 복제되어 두 배로 늘어나는 단계이지만 ㉴는 딸세포가 막 형성된 단계이므로 유전 물질의 양이 두 배로 늘어나는 단계로 보기 어렵다.

오답 챙기기

② ㉯는 핵막이 사라지는 전기이고, ㉲는 새로운 핵막이 나타나는 말기이다.

③ ㉮는 세포 분열의 직전이므로 모세포이고, ㉴는 세포 분열이 일어난 후의 결과물이므로 딸세포이다.

④ ㉰는 염색체가 세포의 중앙에 배열되는 중기이고, ㉱는 ㉰의 염색체에 있는 염색 분체가 분리되어 1개씩 세포의 양쪽 끝으로 이동하는 후기이다.

⑤ ㉯는 세포 분열 과정의 전기로 막대 모양의 염색체 형태가 나타나는 단계이고, ㉳는 염색체가 핵 안에서 실처럼 풀어지는 세포질 분열 단계이다.

Step 3 교과 개념 콕 핵심 정리 · 본문 172쪽

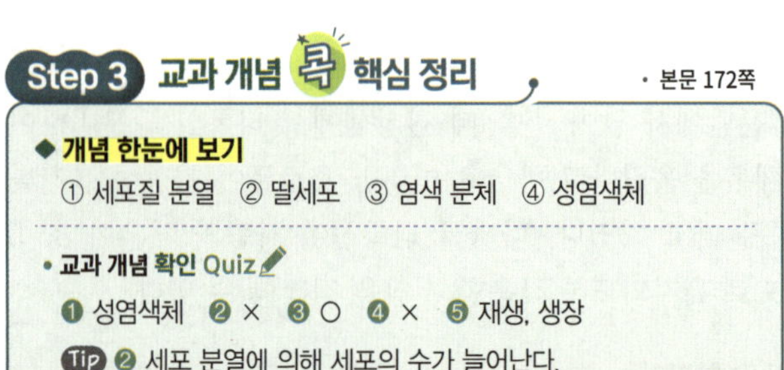

◆ **개념 한눈에 보기**
① 세포질 분열 ② 딸세포 ③ 염색 분체 ④ 성염색체

····································

• **교과 개념 확인 Quiz**
❶ 성염색체 ❷ × ❸ ○ ❹ × ❺ 재생, 생장

Tip ❷ 세포 분열에 의해 세포의 수가 늘어난다.
❹ 체세포 분열로 만들어진 딸세포는 모세포와 염색체 수가 같다.

2 넌 대체 누굴 닮은 거니?

| 구성 |

1 멘델의 완두 실험
대립 형질을 이루는 대립 유전자의 구성에 따라 겉모습이 달라질 수 있음을 알아냄.

2 분리 법칙과 우성 유전자의 발현
대립 유전자의 분리와 결합에 의해 잡종 1대가 만들어질 때, 우성 대립 유전자와 열성 대립 유전자가 결합하면 언제나 우성 형질이 발현됨.

3 독립 법칙에 따른 다양한 형질의 유전
여러 형질이 함께 유전될 때에는 각각의 형질이 독립적으로 분리되어 유전되며, 각각의 형질은 우성과 열성의 관계에 따라 다른 비율로 발현됨.

| 주제 | 멘델의 실험을 통해 살펴본 유전 형질이 전달되는 원리

Step 2 교과 개념 쏙 지문 독해 · 본문 174쪽

1 ③　　2 ⑤　　3 ④　　4 ①

1 전개 방식 파악하기　　답 ③

이 글에는 멘델의 실험 결과만 제시되어 있을 뿐 권위 있는 사람의 말은 인용되지 않았다.

오답 챙기기
① '분리 법칙'이나 '독립 법칙' 등 핵심 용어의 뜻을 밝혀 독자의 이해를 돕고 있다.
② 실생활의 사례인 수학 성적과 유전의 관계에 대한 이야기로 독자들의 관심을 유도하며 글을 전개하고 있다.
④ 3문단에서 스스로 묻고 대답하는 방식을 통해 실험 결과를 설명하고 있다.
⑤ 2문단에서 생식 세포의 결합과 발현 형질을 확인할 수 있는 시각 자료를 통해 멘델의 실험 내용을 구체적으로 제시하고 있다.

2 세부 내용 파악하기　　답 ⑤

여러 형질이 유전될 때에도 독립 법칙에 따라 각 형질은 서로 영향을 미치지 않고 각각 분리되어 서로 다른 생식 세포로 들어가 유전된다는 사실을 3문단에서 확인할 수 있다.

오답 챙기기
① 3문단에 따르면, 수학을 잘하고 못하는 것과 유전자 사이에

어떤 상관관계가 있는지는 규명이 안 된 상태로, 이를 유전되는 대립 형질로 볼 수 없다.
② 2문단과 3문단을 통해 잡종 1대를 교배하면 잡종 2대에서 '순종 둥근 완두(RR)'나 '순종 주름진 완두(rr)' 또는 '둥글고 노란색인 순종 완두(RRYY)', '주름지고 초록색인 순종 완두(rryy)'가 나타나는 것을 확인할 수 있다.
③ 2문단과 3문단에서 대립 유전자 쌍은 각각 분리되어 서로 다른 생식 세포로 들어간다고 하였다.
④ 우열의 원리에 따라 우성 형질이 유전된다.

3 세부 내용 추론하기　　답 ④

우성과 열성이 결정되는 것은 결합된 대립 유전자의 구성에 따라 구분되는 것일 뿐, 결합 순서는 상관이 없다. 즉 'Rr'의 결합 구조나 'rR'의 결합 구조는 모두 우성인 'R'에 의해 둥근 형태로 발현되며 실험 결과에서 동일하게 '둥근 완두(Rr)'로 표시된다.

4 사례에 적용하기　　답 ①

3문단에 따르면, 잡종 1대인 둥글고 노란색인 완두(RrYy)는 독립 법칙에 의해 각각 'RY, Ry, rY, ry'의 생식 세포로 분리되고, 이들이 다시 결합하게 되면 아래의 표와 같은 유전자 구성을 지니게 된다. 이때 둥근 모양(R)과 노란색(Y)이 우성 형질이므로, 'RRYY, RRYy, RrYY, RrYy'는 둥글고 노란색인 완두(파란색 음영)가, 'RRyy, Rryy'는 둥글고 초록색인 완두(초록색 음영)가, 'rrYY, rrYy'는 주름지고 노란색인 완두(붉은색 음영)가, 'rryy'는 주름지고 초록색인 완두(노란색 음영)가 된다. 그리고 이들의 비율은 '9 : 3 : 3 : 1'이 된다.

생식 세포	RY	Ry	rY	ry
RY	RRYY	RRYy	RrYY	RrYy
Ry	RRYy	RRyy	RrYy	Rryy
rY	RrYY	RrYy	rrYY	rrYy
ry	RrYy	Rryy	rrYy	rryy

Step 3 교과 개념 콕 핵심 정리 · 본문 176쪽

◆ **개념 한눈에 보기**
① 분리 ② 독립 ③ 우열

• **교과 개념 확인 Quiz**
❶ 대립 형질 ❷ × ❸ 분리 ❹ 독립
Tip ❷ 우성 형질의 대립 유전자와 열성 형질의 대립 유전자가 결합하면 우성 형질이 나타난다.

메가스터디BOOKS

내용 문의 02-6984-6897 | 구입 문의 02-6984-6868,9 | www.megastudybooks.com